A Beginning
Course in
Language
and Culture
The Capretz
Method
Third Edition
Part 1

in Action

Yale UNIVERSITY PRESS

New Haven and London

Pierre J. Capretz
Yale University

and

Barry Lydgate
Wellesley College

with

Béatrice Abetti
Yale University

Marie-Odile Germain
Bibliothèque Nationale, Paris

French in Action is a co-production of
Yale University and the WGBH Educational
Foundation, in association with Wellesley
College.

Major funding for French in Action was
provided by the Annenberg/CPB Project.
Additional funding was provided by the An-
drew W. Mellon Foundation, the Florence
J. Gould Foundation, Inc., the Ministries
of External Relations and of Culture and
Communication of the French government,
the Jessie B. Cox Charitable Trust, and the
National Endowment for the Humanities.

Yale University Press books may be pur-
chased in quantity for educational, business,
or promotional use. For information, please
e-mail sales.press@yale.edu (U.S. office) or
sales@yaleup.co.uk (U.K. office).

Editor: Tim Shea
Publishing Assistant: Ashley E. Lago
Manuscript Editor: Noreen O'Connor-Abel
Production Editor: Ann-Marie Imbornoni
Production Controller: Katie Golden

Set in MT Joanna type by BW&A Books, Inc.
Printed in the United States of America.

ISBN: 978-0-300-17610-0 (Part 1)
ISBN: 978-0-300-17611-7 (Part 2)
Library of Congress Control Number:
2012942048

A catalogue record for this book is available
from the British Library.
This paper meets the requirements of ANSI/
NISO Z39.48-1992 (Permanence of Paper).
10 9 8 7 6 5 4 3 2

Contents

Preface to the Third Edition | vii

Acknowledgments | ix

1 Introduction | 1

2 Genèse I | 9

3 Genèse II | 18

4 Genèse III | 26

5 Familles | 34

6 Portraits I | 42

7 Portraits II | 50

8 Généalogie | 58

9 Vacances en Bretagne I | 68

10 Vacances en Bretagne II | 80

11 Rencontres I | 89

12 Rencontres II | 100

13 Rencontres III | 113

14 Entrée en matière I | 129

15 Entrée en matière II | 141

16 Entrée en matière III | 156

17 Il n'y a pas de sot métier I | 168

18 Il n'y a pas de sot métier II | 180

19 Attention: Ecoles I | 194

20 Attention: Ecoles II | 208

21 Attention: Ecoles III | 220

22 A la recherche d'une invitation I | 230

23 A la recherche d'une invitation II | 242

24 Nourritures terrestres I | 256

25 Nourritures terrestres II | 273

26 Nourritures terrestres III | 285

Abréviations | A-1

Lexique | A-3

Credits | A-61

Preface to the Third Edition

The third edition of *French in Action* has been designed to allow twenty-first-century learners to connect fully with the linguistic and cultural riches of the video programs that are at the heart of the course. Those programs, originally broadcast on PBS stations and distributed on videocassette, afforded teachers an uncommonly rich access to authentic materials for teaching French language and culture. They were also unique in giving learners a window onto the look and feel of French culture through the story of Mireille Belleau and Robert Taylor and a cast of characters that one reviewer has called "so incredibly good-looking that you really, really want to be able to talk to them. It is learning by desire."[1]

A decade later, much in France and the French-speaking world had changed, and a much-enhanced second edition of the ancillary materials—textbook, workbooks, audio program—was published to reflect the changes that had taken place since the first edition.

Since then, of course, France and the French-speaking world have continued to evolve, as have technology, global awareness, and multicultural understanding. Hence this third edition, which

1. Robert Lloyd, "'French in Action': Now on an Internet near you." http://latimesblogs.latimes.com/showtracker/2011/11/french-in-action-.html.

adds a wide variety of updated and contemporary documents that open new perspectives onto today's France, and onto Francophone cultures and France's place in the European Union in an increasingly interconnected world. Among other innovations in the new edition, instructors, their students, and independent learners will find:

• more than two hundred new and revised documents (up-to-date sociological and demographic data; illustrations and cartoons; literary texts, and biographical information about their creators) whose variety and cultural appeal will stimulate discussion and help develop skills in reading and writing.

• a wholly new feature, *Le Journal de Marie-Laure*, by the now grown-up but still beguiling youngest daughter of the Belleau family who observes and comments—in her youthful idiom and with her signature impish humor—on changes in culture, politics, and technology in the world since the earlier editions. Many passages from the diary are followed by selected tweets from Marie-Laure's Twitter account.

• a wide selection of French popular songs, with texts printed in the textbook and original music reproduced in the audio program.

• a fresh graphic design for both the textbook and workbooks. Most of the roughly one thousand images in the textbook are now in full color, and a large percentage are entirely new.

Most of the new documents and *Le Journal de Marie-Laure* are supported by activities designed to train learners to uncover meaning by reading contextually. A generous array of accompanying exercises helps refine learners' skills at communicating effectively in written French. The instructor's guide and student study guides are now online (**http://yalebooks.com/fiaguides**).

The fifty-two lessons of *French in Action* provide the equivalent of two years of college-level French—elementary and intermediate—when programmed at the rate of thirteen lessons per semester. The course has also been used successfully at the secondary level, where if necessary it can be programmed at fewer lessons per term.

FOR LEARNERS: HOW TO USE THIS COURSE

The text of each lesson from 2 to 52 in this **textbook** introduces the successive installments of an ongoing story that is structured to foster progressive assimilation of the French language. In lessons 2–8 you will meet the characters and become familiar with the basic situation from which this long saga will emerge. As the story develops and becomes more complex, the grammatical, lexical, and cultural elements you will encounter become richer and more varied, and your ability to understand them and use them in actual communication will expand concurrently.

The **video programs** that accompany this text contain the story of the two lead characters, Robert and Mireille, in fifty-one half-hour episodes. Users have found that they learn most successfully when they watch the video program corresponding to each lesson before they read the text of that lesson. Viewing the story in real time will help you follow the plot and understand what is going on in every situation. Each video program includes a section designed to help you figure out the meaning of key words in the story, since no English is used. You will learn most comfortably and effectively if you view this enabling section before turning to the corresponding lesson in the **workbooks** that accompany the text.

The **audio program** for this course is designed to be used concurrently with the textbook and workbooks, at home, in a language laboratory, or online. The majority of activities in the workbooks require use of the audio recordings. To access the updated audio program, go to **yalebooks.com/fia.**

A **study guide** in English is also available online. It provides step-by-step directions for the effective use of all the components of this course, a statement of the main objectives of each lesson, a summary of each episode of the story, cultural notes, and additional assistance with the various tasks presented in the workbooks. The study guide, while indispensable for distance or independent learners, is optional for on-campus students.

Finally, you should be sure to read **Lesson 1, Introduction** (in English) before you begin following the story of Mireille and Robert and before working with the print, video, and audio materials of the course. The textbook, workbooks, video programs, and audio programs are all elements of a single, integrated system. Lesson 1 is your guide to using them together.

Acknowledgments

The development of *French in Action* was made possible initially by a grant from the Annenberg/CPB Project, for which the authors are enduringly grateful.

The authors are indebted to Catherine R. Ostrow of Wesleyan University, Nancy C. Holden-Avard of Mount Holyoke College, Sylvaine Egron-Sparrow of Wellesley College, and Benjamin Hoffmann of the Ecole Normale Supérieure and Yale University for their advisory and editorial contributions to the textbook and workbook, and to Nathan Schneider, Marie-Cécile Ganne-Schiermeier of Wellesley College, and Gilbert Lanathoua for their skill in helping to prepare the illustrations for this third edition. Special gratitude is due to Agnès Bolton of Yale University, whose tireless encouragement and fertile imagination are reflected on virtually every page of the present edition.

The authors also wish to thank Ann-Marie Imbornoni and Nancy Ovedovitz at Yale University Press, as well as Noreen O'Connor-Abel, who copyedited the printed materials for the third edition.

Finally, the managerial expertise and calm determination of Tim Shea of the Yale Press has kept the authors focused and productive; they gratefully acknowledge his critical contribution to this edition.

A NOTE FROM THE SENIOR AUTHOR OF *FRENCH IN ACTION*

The learning tool represented by this book is a complex assemblage of sounds, images, and words pulled together over some fifty years and refined over that time in use with thousands of students. Its current guise—including this book, the associated twenty-six hours of video programs, and sixty hours of audio—reflects the labors of a very great number of people, some three hundred in all. They all deserve to be thanked here for their devotion to the task. I wish I could do so, but since I can't, I would like to single out a few for special recognition.

First, I would like to thank Professor Barry Lydgate of Wellesley College, without whom this work in its current form would never have seen the light of day. A Yale Ph.D. and former student of mine, Barry imported the prototype materials from Yale to Wellesley and decided they were too good not to be made available to everyone; more to the point, he undertook to gather the necessary funds for their transformational move to video. Next I would like to thank Béatrice Abetti, M.A. in French from Yale with M.A.s in classics, French, and linguistics from the University of Montpellier, France, who during the genesis of the prototype and through production and post-production of the video and audio programs somehow managed to keep all the pieces of the puzzle together.

My thanks go next to Marie-Odile Germain, Ancienne élève de l'Ecole Normale Supérieure, Agrégée de l'Université, Conservateur Général à la Bibliothèque Nationale de France, who compiled the printed text of the story from the script of the video. I would also like to thank Michèle Bonnet, Ancienne élève de l'Ecole Normale Supérieure, Agrégée and Docteur de l'Université, Professor at the University of Besançon, who scanned hundreds of films and television programs to find many of the thousands of examples of word and phrase use that enrich the video programs of *French in Action*. Also Henriette Schoendoerffer, Présidente de Chambre Honoraire, who helped Marie-Laure recall highlights of her brilliant law career.

Finally, I thank Sylvie Mathé, Ancienne élève de l'Ecole Normale Supérieure, Agrégée and Docteur de l'Université, Professor at the University of Provence and my helpmate, who kept me from collapsing before this phase of the revision of French in Action could be brought to completion.

—Pierre Capretz

1 Introduction

Welcome to *French in Action!* Before you enter the world of French language and culture and meet the French-speaking men and women whose activities form the plot of our story, before you watch the video programs, listen to the audio recordings, and plunge into the workbook and this textbook, take a moment to read the remarks that follow. They explain the goals of the course, its methods and components, and what we believe its value will be to you as a learner.

WHY FRENCH?

There are more than four thousand languages spoken on this planet. You are lucky enough to be a speaker of English, the world's leading language. You already have access to millions of speakers in hundreds of countries, to the thoughts and deeds of thousands of writers over the centuries. So why learn French?

The first and probably most important reason is that in a fast-shrinking world, French gives you access to a wide variety of peoples and cultures. More than 200 million people speak French worldwide. The Francophone (French-speaking) world includes some fifty countries across five continents; in thirty-two of them French is the first or second official language, and in many more it is widely spoken in daily life. French is the principal language of France, of course, but it is also one of the official languages of Belgium, Switzerland, and Canada. It is the common language of several countries in the Caribbean (Haiti, Guadeloupe, Martinique, Guyana) and in Africa (Algeria, Tunisia, Morocco, Senegal, Mauritania, Chad, Togo, the Democratic Republic of Congo, and the Ivory Coast, to name only a few), and it is spoken extensively in the Middle East (Lebanon and Egypt). Along with English, French is one of the world's international languages. If you have a United States passport, notice the two languages in which it is written: English and French. Wherever you go in the world, you will find educated men and women who speak French as a second or third language. A person who knows English and French is equipped to thrive in almost any country on earth.

Knowing French brings with it a new way of seeing, of listening, and of thinking. Much of the creative thinking that has shaped the Western tradition has been done in French. French opens the doors to the works and words of many of the world's greatest philosophers, scientists, musicians, painters, and writers. To read them in their own language is to grasp subtleties and beauties that too

"I'm going to France—I'm a different person in France."

"Don't tell anyone I asked... but why don't we have muskets?"

often disappear in translation. A number of great French writers are represented in *French in Action*: Jean de La Fontaine, Victor Hugo, Simone de Beauvoir, Jean-Paul Sartre, Marguerite Yourcenar, and many others. To encounter them and other French-speaking authors in their own language is to enter sympathetically into different ways of constructing and understanding the world, since the language itself mirrors perspectives on reality that are specific to the cultures that use it.

Some people are interested in learning French because of the long and close historical ties that exist between France and the United States. In fact, no nation other than England has played a more decisive role in the making of America. (Were you aware that the first Europeans to settle in North America were French Huguenots who founded a colony in Florida in 1564?) French explorers like Cartier, Champlain, Marquette, and La Salle led expeditions through Canada and the Great Lakes region, and down the Mississippi River; and French colonists settled vast areas of the North American continent. You might be one of the 9 million Americans of French descent, or live in one of the cities founded by French people: Detroit, Michigan; Fond du Lac, Wisconsin; Terre Haute, Indiana; St. Louis, Missouri;

Baton Rouge, Louisiana; or Paris, Texas, among many others. French soldiers fought alongside the colonists in the Revolutionary War, and the treaty that ended that war was signed in Paris. Alexis de Tocqueville was one of the first and most perspicacious commentators on the new nation; his *Democracy in America* is central to the study of American political history and one of the wisest books ever written about the United States. A French architect, Pierre L'Enfant, designed the layout of Washington, D.C. The Statue of Liberty, perhaps the foremost symbol of the United States, was a gift from France. And the French and Americans fought, and died, side by side in World Wars I and II. (More Americans are buried in France than in any country except the United States.)

Many people have practical or professional reasons for wanting to learn French. They may be preparing for a career in international law or commerce (a French word), in the diplomatic corps (another French word), or in the world of fashion. France is the world's sixth-largest economy, and it is at the geographical heart of Europe, which is the world's largest market. Careers in business, science, technology, aerospace, and medicine routinely involve research, communication, and international collaboration in French. The smart card, fiber optics, HDTV, and touch-tone technology are all French inventions. And France's TGV (*train à grande vitesse*) is the fastest train in the world.

FROM FRENCH TO ENGLISH (AND BACK)

It has been said that a person who does not know a foreign language can never truly know his or her own. Whatever your purpose, studying French will enhance your knowledge and control of English. The two languages, in fact, have much in common, and you may be surprised by the amount of French you already speak. If you have ever said "Very chic!" to a friend whose new clothes you admire, you were speaking French. If you have ever been on the receiving end of a barbed criticism and retorted with a gallant "Touché!" that, too, is French. How often have you wished someone "Bon voyage!" or "Bon appétit!"? (With French, you always have *le mot juste* at the ready.) Every aspect of English has felt the French influence, from soldiery ("curfew" = *couvre-feu*) to square-dancing ("do-si-do" = *dos-à-dos*). Your native English is full of French words and expressions; indeed, it has been claimed, not entirely in jest, that 60 percent of the English language is nothing but mispronounced French. It is a fact that ever since the Norman Conquest of Britain in 1066, which led to a fusion of an earlier form of English with an earlier form of French, the two languages have shared thousands of cognate words, such as "curious" and *curieux*, "marriage" and *mariage*, not to mention "French" and *français*. Some words even returned to French after having migrated to English: the French command form *tenez!*

QU'EST-CE QUE C'EST?

C'EST L'ARGENT.

FRENCH FOR BANKERS

©Judith K. Kliban

used to announce a serve in a ball game involving nets and rackets appeared in English as "tennis" in the fifteenth century; the French repossessed the word in the early 1800s and have been playing *le tennis* ever since.

Despite these many similarities, it can sometimes be difficult to recognize a French word that has been adopted by English. One reason this is true is that English speakers have habits of pronunciation that are quite different from those of the French. For instance, speakers of French tend to say each syllable of a word with the same intensity. Speakers of English, on the other hand, tend to stress one syllable—often the first one—and to skip over the others. So when French speakers say the word *capitaine*, they stress all three syllables equally: *ca-pi-taine*. But when English speakers appropriated this word they pronounced it in their own way, stressing the first syllable so much that the second syllable disappeared altogether: *captain*. The same thing happened to the French words *cabestan* ("capstan"), *compartiment*, and *gouvernement*, among many others.

French words that have crossed over to English can also be difficult to recognize because they are spelled differently. Differences in spelling often reflect differing habits of pronunciation, but they are due as well to the fact that many French words passed into English centuries ago and kept their original spelling in the new language, while the spelling of the French originals evolved over time. This is true, for example, of many words that now have a circumflex accent (^). In modern French, the circumflex replaces an *s* that appeared in older forms of these words; in their English equivalents, that *s* is still present:

> forest (forêt), haste (hâte), host (hôte), mast (mât), coast (côte), beast (bête), feast (fête). . . .

French words ending in *-é* and *-ie* often correspond to English words ending in *y*:

> cité, éternité, bébé; biologie, calorie, envie. . . .

Many French words ending in *-eux* correspond to English words ending in *-ous*:

> spacieux, envieux, cérémonieux, curieux, dangereux. . . .

French words ending in *-ier* often correspond to English words ending in *-ar* or *-iar* (familier, particulier) or to words in *-er* (papier).

Numerous French words ending in *-e* correspond to English words having no final *-e*:

> soupe, classe, adresse, Arabe, architecte, artiste, cabine, calme, carotte, crabe. . . .

Other analogues:

> -iel often corresponds to English -ial (artificiel, partiel)
> -aque to English -ack (attaque)
> -ait to English -act or -ect (abstrait, parfait)
> -ice to English -ess (actrice)
> -aire to English -ary (anniversaire, ordinaire, culinaire, contraire, élémentaire) or -arian (autoritaire)
> -ique to English -ic (fantastique, exotique)
> -ret to English -rete (discret, concret)
> -ant to English -ating (fascinant)
> -re to American English -er (ordre, théâtre)
> -ant to English -ing (amusant, intéressant)
> -eur to English -er (boxeur)
> -ment to English -ly (certainement, complètement, essentiellement, évidemment, exactement, finalement, généreusement)
> -eur to English -or (conducteur, erreur, couleur, horreur, honneur)
> -é to English -ed (décidé, équipé, fixé, forcé)

All in all, then, there are many thousands of French words that are similar to English words, and this will streamline to some extent the process of learning French. Unfortunately, however, the fact that a French word and an English word are similar does not mean they are the same word; they aren't. Nor does it mean they refer to the same thing; they don't necessarily. When you come across a French word that sounds or looks like a word in English, you can for a moment entertain the possibility that the two are connected and that the things they refer to have some feature in common. But beware: although some English-French cognates do have essentially the same meaning ("rapid" and *rapide*, for instance), the resemblance of

Le Roi Kong

others may be quite distant, merely superficial, even purely coincidental. In fact, the majority of French words that resemble English words differ in meaning. "An injury" is a wound, for instance, but *une injure* is an insult. The French verb *prétendre* refers to making a claim or an assertion, not indulging in make-believe. (The English words "pretense" and "pretentious" are closer to the French original; a pretender to the throne is one who lays a claim, not someone who's play-acting.) The *patron* of an establishment is its owner, never its customer. The verb *demander* is used to make a simple request, not just issue an ultimatum. Your *anniversaire* falls on the date of your birth, not the date of your marriage. And so on and so forth.

The result of all this is that you must not assume that a French word means the same thing as an English word because they happen to resemble each other. You may hypothesize—very cautiously—that there might be some relationship between their meanings, but you must then check your hypothesis by studying the context in which the word is used. Only the context can give you a valid insight into the function of a word in a given situation. In this course we will concentrate a great deal on the situations and contexts in which words appear; they are the real keys to meaning.

HOW TO LEARN FRENCH

Think for a moment about how a person learns a second language. One means—the oldest known to history—is total immersion. This is the "sink or swim" process, whereby immigrants, explorers, or students in a foreign country pick up the language. Without grammar books, textbooks, audio CDs, dictionaries, language laboratories, drill sessions, tutors, or teachers, people have learned second, third, or fourth languages from the book of life and the school of experience. The incentive is survival—strong motivation indeed—and the classroom is the world. That is one method, but it is neither the easiest nor the most efficient. In the sink or swim method, you would learn what you needed in order to accomplish the chores of daily life, catch the drift of conversations, and make yourself understood. But you might never pronounce words properly, or progress beyond the speech level of a four-year-old, and you might never learn how to read anything other than street signs and labels.

Another method, one you may have already encountered in school, is the grammar-translation method, where you learn endless rules, memorize verb and noun forms in specific orders, and translate word for word from one language to another. Although this method has proven useful for languages that are no longer spoken (Sanskrit, Latin, classical Greek), it is next to worthless for learning a living language in which you must communicate with other people. When you meet someone on the street, for instance, in Paris, Dakar, or Montreal, and want to carry on a conversation, you don't have the time to run through your verb forms: "Shall I have lunch? Will you have lunch? Will he or she have lunch? Shall we have lunch?" By the time you

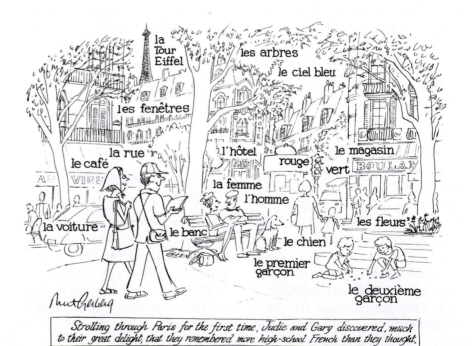

Strolling through Paris for the first time, Judie and Gary discovered, much to their great delight, that they remembered more high-school French than they thought.

find the phrase you are looking for, your acquaintance will long since have left—to go to lunch. In actual conversations, the grammar book and the dictionary aren't much use.

French in Action employs a method that is almost certainly quite different from that of any other language course you may know. It gives you the advantages of the immersion method without its chaos by presenting native speakers in vivid situations and real settings. At the same time, this course structures the way you learn the language, so that you can learn efficiently. We are going to plunge you into the French language. You are going to hear more French than you can possibly remember. At first you may think you are about to drown. Relax! You won't. If in the beginning you feel confused, that feeling is perfectly normal and will pass. Rest assured that thousands have done what you are setting out to do. You will learn slowly at first, and you are not expected to understand everything. Little by little, things will become clearer, and then suddenly your knowledge of French will expand exponentially.

The method of this course is to begin with a flood of authentic French in authentic circumstances. The lessons are carefully constructed so that your knowledge of words, phrases, sentences, and situations will gradually build and you will assimilate the language. For example, in lesson 2, you will see and hear our heroine meeting different people on her way to her Italian class at the Sorbonne. You will see and hear her greet a newspaper vendor, several friends, a professor, and one of her aunts, and you will learn different greetings. By the end of the lesson, you will know how to greet people, how to ask how they are, how to say how you are, and how to take your leave—all in French. From

"I'm moving to France to not get fat."

lesson 2 on, everything you see and hear in the course will be entirely in French.

THE STORY, THE DIARY, THE TWEETS

French in Action is more than a traditional textbook providing grammar, exercises, and explanations. It is also a story, a tale of suspense in fact, and we invite you to follow the characters as they move through Paris, other cities, and the French countryside. Like all good stories, this one has a heroine, a Parisian university student whose name is Mireille Belleau. It has a hero, an American named Robert Taylor. The story has sketchy characters, such as Jean-Pierre, the pick-up artist, and eccentrics, such as Hubert de Pinot-Chambrun, the young nobleman who plays his aristocratic role to the hilt. It has

rivals in romance. It has chases. It has escapes. And it has a dark, shadowy character, the Man in Black, a man of mystery who lurks behind the scenes, silently and relentlessly following Mireille and Robert.

In each lesson you will find an excerpt or excerpts from *Le Journal de Marie-Laure*, the diary of another character of the story, Mireille's younger sister. Many of these excerpts are also followed by Twitter postings that Marie-Laure has tweeted. We have chosen these diary passages and selected tweets because they are often funny, because they reveal much about contemporary France, and because they are written in the off-duty, colloquial French of a young person. You may not understand everything in an excerpt, but if you try to get the gist of what Marie-Laure is saying, you will find you grasp most of it, and you may find it amusing. (See below, "How to Proceed," point 1.)

Above all, keep in mind that this is a tale we have invented just for fun. The situations you will see are authentic, but the plot is actually a kind of send-up of soap opera. If you don't like the story, you will have the chance to reinvent it, to play with it, to rewrite it. You will have repeated opportunities to alter events, to recombine elements, and to tell the story in different ways in class, with a friend, or at home. All this will be part of the game of learning French.

LANGUAGE AND CULTURE

Even though *French in Action* is based on a story, what you hear and see in the various situations that are presented is the real thing: you will encounter living French that has not been simplified or expurgated, the same French you might hear spoken among members of a family, among friends, on the street, on the radio, or on television. You will see and hear real French men and women, their customs, quirks, clothes, food, cities, homes. And you will see them as the French see themselves.

In the process, you may be startled by the contrasts between the world you inhabit and the world of the French. (Just remember, the French might be equally startled by you!) Since ours is a boy-meets-girl story, one contrast you may notice is that French behavior is different from American behavior in the area of relationships between men and women. Male-female relationships are of perennial interest in all cultures, French culture being no exception. In every society, relationships between the sexes are governed by expectations that are culturally conditioned. These expectations are taken for granted by the members of a society, but

an outsider unfamiliar with the society's cultural framework may not share its expectations, and may find the behavior in some way peculiar or questionable.

The relationships between people that you will see portrayed in *French in Action* reflect cultural assumptions and notions that are specifically French. But because these assumptions are not identical to American expectations in the same areas, the behavior they underlie may seem unfamiliar, even inappropriate. To take one example: in lesson 11, Jean-Pierre, the loser, tries to pick up our heroine, Mireille. In most cultures, including French culture, the pick-up artist is considered a social pest, and indeed Jean-Pierre is portrayed throughout *French in Action* in a negative light, rejected and rebuffed at every turn as a pathetic loser. He tries to strike up a conversation with Mireille, and he ends up striking out. The put-down comes from Mireille herself, who gets rid of him in a way that may seem to make little sense in terms of American cultural assumptions but that is wholly appropriate in the French cultural system: she totally ignores him. And it works.

Why does Mireille ignore Jean-Pierre's aggressive male behavior instead of telling him off? Isn't her silence a retreat into female passivity? While observers can disagree about how much of a threat Jean-Pierre actually is to Mireille in this episode, it is important to understand that her response to him is appropriate and effective in terms of her own culture. This is true in large part because silence has a very different social function in France than in the United States. Sociologists who study the two cultures point out that Americans use speech to maintain strangers at arm's length (making small talk about the weather, for instance), whereas in the French

cultural system the act of speaking to a stranger suggests the exact opposite: that the speaker wants to create a connection. This is particularly true when the situation involves physical attraction; from the point of view of French culture, a verbal acknowledgment of the other person's presence, even in anger, only sets up a relationship and encourages further communication. As a result, Mireille's silence, which to American eyes can seem passive, even acquiescent, is in terms of her culture the very best way to keep Jean-Pierre at bay.

One thing to keep in mind, then, as you explore *French in Action* is that the situations and relationships it portrays take place in the context of a specific culture. Although it is natural to want to form an opinion of the French from an American point of view, it is also important to perceive them as much as possible from their own point of view. We are different from the French, and the French are different from us, and that variance challenges us to extend our capacity for cultural understanding and communication. So *vive la différence!*

HOW TO PROCEED

A few essential points to remember as you begin your adventure in French.

1. As you watch the video programs and listen to the audio exercises, there will be no English translations to give you access to meaning. Try to catch the general meaning of the conversations and situations. Pay close attention to the story, look at people's expressions, get the gist of what they are saying, latch onto the context. Once you understand the thrust of a situation,

the meaning of various phrases will become clear. Above all, do not try to retain everything you hear; it's not really possible, and not necessary. Keep guessing, keep hypothesizing, and soon you will develop a crucial habit: going for the gist to make sense of conversations in which the meaning of some words will escape you at first.

2. Give priority to what you hear. Throughout *French in Action* your first encounter with both the story and the exercise materials will be aural. The point of this is to give you thorough familiarity with the sounds of the language without confusing you by stressing the way it is written.

The writing systems of French and English—the use of the Roman alphabet to indicate different sounds—are an attempt at representing spoken language by means of graphic signs (letters). Unfortunately, as you have undoubtedly noticed in English, there is no natural or logical correspondence between a letter and a sound that the letter represents. The system of notation is arbitrary. Take the word *business*. We do not pronounce it *bizeeness*; we say it as if it were written *bizness*.

YOU FLUNKED FRENCH?

YES—THERE WAS TOO MUCH PIERRE PRESSURE

Moreover, the correspondence of sounds and letters is not only arbitrary, it is unsystematic. George Bernard Shaw humorously proposed that the word *fish* should be spelled *ghoti*: *gh* to represent the sound /f/ as in *enough*, *o* to represent the sound /i/ as in *women*, and *ti* to represent the sound /ʃ/ as in *nation*. If Shaw's sendup of English spelling seems farfetched, consider the different sounds of *ough* in the words *rough*, *bough*, *fought*, and *though*, or the pronunciation of *-ger* in *singer* and *danger*.

The way in which letters correspond to sounds in the French language is very different from the way they correspond in English. If you yield to the temptation to pronounce French as if it were English, what comes out of your mouth will bear very little resemblance to anything a speaker of French would recognize. Listen carefully to the sounds of French and train yourself to imitate them. When you work with the audio materials, cultivate the habit of responding out loud, as assertively as you can without bothering others. It's a kind of mimicry. As teachers, we are well aware that students love to mock their instructors by imitating their verbal habits. We tell our students that their French course is the only course they will ever take where they are encouraged to make fun of the professor.

3. Don't let English into the picture. We will not use English, because too often translation interferes with comprehension. Translating slows you down and actually gets in the way of understanding. And in any case, French is not just English with different words. You cannot simply replace a word in one language with a word in another. The standard English translation of *fenêtre*, for instance, is "window." But not all windows are *fenêtres*: not car windows

(*vitres*), store windows (*vitrines*), stained-glass windows (*vitraux*), or airplane windows (*hublots*), and in any event the windows of most French houses open out casement-style rather than sliding up and down like American double-hung windows. Result: the mechanical replacement of one word by another often obliterates the cultural connotations that are at the heart of meaning. (If you have ever used a computer translation program, you know how hilarious the results can be.) So the lessons of *French in Action* will not give you the meaning in English of a French word or phrase. There is a glossary of French words with English equivalents at the end of this textbook, but you should use it only as a last resort, since it gives you words in isolation, deprived of their context. We will present words and phrases in various ways, in different combinations, and in different contexts so that you can arrive at their meanings by yourself.

To take a specific example, in lesson 2 you will hear and read the French phrase "Salut! Comment vas-tu?" If you were to look up each word in the dictionary and literally translate those four words, you would end up with a totally absurd sentence: "Salvation! How go you?" Clearly you will have missed the point. But listening to that sentence in context, seeing and hearing one young person greeting another, you can easily figure out, without opening a dictionary, that "Salut! Comment vas-tu?" corresponds in meaning and in style to something like "Hi, how are you?" You can reach that level of understanding without ever knowing that the word *vas* is a form of the verb *aller* and that the verb *aller* is often used in French in phrases where English uses the verb *to go* or the verb *to be*.

Let's take a closer look at how you can figure out the meaning of an utterance by paying attention to the differences among several situations in which it occurs. In lesson 2 you will encounter a teacher saying, "Nous allons apprendre le français." Since this teacher is uttering this sentence at the very beginning of a French course, he must be indicating what he or you will do. But you cannot be sure what it is. Now if you see a young girl looking at her schoolbook and trying to do her homework, and if someone says, "Elle apprend sa leçon," then you will notice that the phrase *Elle apprend sa leçon* has something in common with the phrase *Nous allons apprendre le français*. You will also see a similarity between the classroom situation and the situation of the little girl doing her homework. Then when you hear the phrase *Il apprend à nager* and see a man copying the strokes he sees in a swimming manual, you will notice again the common element *apprend*. You cannot help being struck by the similarity between the last situation and the first two. And you should be beginning to have some notion of what activity the words *apprendre* and *apprend* refer to. Remember, do not let English enter into the picture. Resist the obvious translation. Associate the French words with the circumstances in which you have observed them, rather than with English words.

4. The activities of listening to a language, speaking it, reading it, and writing it all demand active skills. *French in Action* will require your active participation. To learn a language effectively, you must listen with full attention, and you must watch carefully. When you learn a new language, you are assuming a new role. Play it to the full! Participate actively by speaking out with the characters. When you listen to the audio exercises or watch the video programs, copy what you see and hear. Copy with the sound of your voice. Copy with the shape of your mouth. Copy with your gestures. In the video lessons and audio exercises, there are interactive sections of dialogue where you will be given time to respond to questions as if you were one of the characters in the story. Answer clearly, at normal volume and tempo. If you do not have time to respond before the character speaks, simply speak along with him or her.

Do not try to invent new expressions, at least for a while, and above all don't think things up in English and try to translate them into French. Imitate what you observe. Use the ready-made sentences or phrases you hear. You will be encouraged to recombine these phrases. Both imitation and recombination are vitally important. The object is to be able to respond with an appropriate utterance in a given situation, even if it is something you have heard before and is not at all ingenious or clever.

Saying "Bonjour!" when you meet someone and "Au revoir" when you leave, answering "Ça va" to "Comment vas-tu?" or "Bien, merci, et vous?" to "Comment allez-vous?" might not be original or clever, but it is a big step forward. To be able to give the right response at the right time is a deeply satisfying achievement. Before long, you will build up enough vocabulary—and confidence—to personalize what you say. You will be able to recombine familiar elements into new phrases and sentences for new situations, take some chances, and say things you didn't know you knew how to say.

Have fun! And welcome to a whole new world!

USING THE ILLUSTRATIONS

As you begin working with this book, you will discover that in each lesson the text of the story segment is accompanied by a variety of illustrations. Inserted into the text itself you will see a series of photographs; these are taken from the video program and will help you recognize and remember key contexts and situations in the story. In shaded areas next to the text you will find other images (photographs, drawings, cartoons) and written examples of how words and expressions in the text are used. Their function is to help you understand the new material of the lesson without having to resort to English. As you read, you should get into the habit of going back and forth between text and illustrations, using the pictures and written examples to help you hypothesize about the probable meaning of words and phrases in the story.

To simplify this process, the story segment of each lesson has been divided into numbered sections. A key word or phrase that is explained in the shaded area will be identified by the number of the section in which it occurs. Quite often several words from the same text section are explained; when this happens, the same section number is repeated for each.

A caption under each photograph or drawing contains, in boldface, the key word or expression associated with that illustration. Frequently this caption is followed by further written examples that show how the word or phrase can be used in other, somewhat different contexts.

LEÇON

2 Genèse I

TEXTE

1

Une salle de cours, un professeur, des étudiants.

Le professeur: Bonjour! Nous allons apprendre le français! Moi, je suis le professeur. Et vous, vous êtes les étudiants. Nous allons apprendre le français. . . . Moi, je parle français. . . . Voyons, où est-ce qu'on parle français. . . . On parle français au Canada, au Québec, on parle français en Afrique (au Sénégal, en Côte d'Ivoire, par exemple), on parle français aux Antilles, à Tahiti . . . où encore? Ah! En Suisse, en Belgique . . . et puis en France, bien sûr; en France, on parle français. . . . En Alsace, à Rouen, à Chartres, on parle français; à Paris, on parle français.

2

A Paris.

Mireille: Bonjour, Madame Rosa.

Mme Rosa: Bonjour, Mademoiselle Mireille.
Mireille: Ça va?
Mme Rosa: Ça va.
Mireille: Au revoir!
Mme Rosa: Au revoir, Mademoiselle.

1. étudiant, salle de cours

Des **étudiants** dans une **salle de cours** (un amphithéâtre) à la fac.

1. bonjour

1. apprendre

On **apprend** à lire à l'école.
On **apprend** le piano avec un professeur de piano.
On **apprend** à danser avec un professeur de danse.

1. parler

Elle **parle** (au téléphone).

2. ça va

3

Mireille rencontre une amie, Colette.

Colette: Mireille!
Mireille: Tiens, Colette!
Colette: Bonjour!
Mireille: Bonjour! . . . Bonjour!
Colette: Où est-ce que tu vas?
Mireille: A la fac, je suis pressée!
   Au revoir!

4

Mireille rencontre un ami, Hubert, sur le boulevard Saint-Michel.

Mireille: Tiens, Hubert! Salut! ça va?
Hubert: Pas mal . . . et toi?
Mireille: Ça va. . . .
Hubert: Où vas-tu comme ça?
Mireille: A la fac. Et toi?
Hubert: Oh, moi . . . non! Je ne vais pas à la fac!
Mireille: Ah, bon? . . . Bon, excuse-moi, je suis pressée. Au revoir!
Hubert: Au revoir!

5

Mireille rencontre Véronique, une amie.

Mireille: Véronique, salut! Comment vas-tu?

Véronique: Ça va, merci; et toi?
Mireille: Ça va. Excuse-moi, je suis pressée! Au revoir!
Véronique: Au revoir!

6

Mireille rencontre Ousmane, un ami.

Mireille: Bonjour, Ousmane; tu vas bien?

3. *rencontrer*

Monsieur Lemercier **rencontre** Monsieur Dugommeau.

3. *fac, faculté*

Elle est étudiante; elle va à la **fac** (à la **faculté**).

3. *pressé*

Ici, Ousmane est **pressé**.

Ici, Ousmane n'est pas **pressé**.

4. *salut*

—Salut!

Ousmane: Oui, oui, je vais très bien, merci. Et toi?
Mireille: Ça va. . . . Où est-ce que tu vas?
Ousmane: Je vais à la bibli. Et toi?
Mireille: Je vais à la fac. Salut!
Ousmane: Salut!

7

Mireille rencontre deux amis, Marc et Catherine, rue des Ecoles.

Marc: Tiens, regarde, c'est Mireille!
Catherine: Salut!
Mireille: Salut! Ça va, vous deux?
Marc: Ça va. Et toi?
Mireille: Ça va. Où vous allez comme ça?
Marc: Nous allons au restau-U.
Mireille: Déjà?
Catherine: Ben, oui!!
Mireille: Eh bien, bon appétit!
Marc: Merci! Salut!
Mireille: Salut!
Catherine: Salut!

8

Mireille rencontre un vieux professeur.

Le prof: Tiens! Bonjour, Mademoiselle Belleau! Comment allez-vous?

Mireille: Je vais bien, merci. Et vous-même, vous allez bien?
Le prof: Je vais bien, je vais bien, merci. Au revoir, Mademoiselle.
Mireille: Au revoir, Monsieur.

9

Mireille rencontre sa Tante Georgette et Fido.

Georgette: Bonjour, ma petite Mireille. Comment vas-tu?
Mireille: Ça va, merci. Et toi, ça va?
Georgette: Oh, moi, ça ne va pas trop bien.
Mireille: Ça ne va pas? Mais qu'est-ce qu'il y a? Tu es malade?
Georgette: Non, je ne suis pas malade, non. . . . Ça ne va pas fort! Je suis fatiguée!

6. bibli (bibliothèque)

Il va à la **bibli**.

Ousmane est à la **bibli** (à la **bibliothèque**).

7. restaurant, bon appétit

Au **restaurant**: "**Bon appétit**, Madame; **bon appétit**, Monsieur."

7. restau-U

Les étudiants mangent au **restau-U** (resto-U, restaurant universitaire).

9. malade

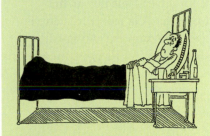

Ça ne va pas. Il ne va pas bien. Il est **malade**.

9. fatigué

Elle est **fatiguée**.

Mireille: Oh, ça va aller mieux! (*Au chien*) Et toi, mon petit Fido, comment tu vas? Tu vas bien? Tu n'es pas fatigué, toi! Tu vas très, très bien! Oh, tu es un gentil toutou. . . .

Georgette: Oh, lui, la santé, ça va! Il n'est pas malade, lui! Il n'est pas fatigué, lui!

Mireille: Oh, là, là! Je vais être en retard! Au revoir, Tante Georgette!

Georgette: Mais où vas-tu?

Mireille: A la fac. Je vais être en retard, vraiment. Au revoir!

Georgette: Au revoir, au revoir, ma petite! . . . Allez, viens, Fido! . . . Viens!

10

Mireille à la Sorbonne, au cours d'italien.

Le prof d'italien: Lasciate ogne speranza, voi ch'entrate. . . .

11

La salle de cours.

Le professeur: Où va Mireille? Elle va à la fac. Pourquoi est-ce qu'elle va à la fac? Elle va apprendre le français? Non, elle ne va pas apprendre le français; elle va apprendre l'italien. Et nous, nous allons apprendre l'italien? Non, nous n'allons pas apprendre l'italien. Est-ce que nous allons apprendre l'espagnol, l'arabe, le japonais? Non, et nous n'allons pas apprendre l'anglais non plus. . . . Qu'est-ce que nous allons apprendre, alors?

Un étudiant: Le français!

Le professeur: C'est ça, nous allons apprendre le français.

9. *en retard*

Il est **en retard.**

🎧 MISE EN ŒUVRE

Ecoutez la mise en œuvre du texte et répondez aux questions suivantes.

1. Qui est-ce que vous êtes, vous, le professeur ou les étudiants?
2. Qu'est-ce que nous allons apprendre?
3. Qu'est-ce que nous allons faire?
4. Qu'est-ce qu'on parle au Canada, en Belgique, en France?
5. Qu'est-ce que Mireille parle?
6. Où est-ce que Mireille va?
7. Comment va Hubert?
8. Est-ce qu'il va à la fac?
9. Comment va Véronique?
10. Comment va Ousmane?
11. Où est-ce qu'il va?
12. Où vont les deux amis de Mireille?
13. Comment va Tante Georgette?
14. Tante Georgette est fatiguée. Et Fido, il est fatigué?

MISE EN QUESTION

1. Où sont les étudiants et le professeur?
2. Qu'est-ce que le professeur parle?
3. Où est-ce qu'on parle français?
4. Qui sont Colette, Hubert, Ousmane, Marc, Catherine?
5. Pourquoi est-ce que Mireille dit "Bon appétit" à Marc et Catherine?
6. Qui est-ce qui dit "Mademoiselle" à Mireille?
7. Qui est-ce qui dit "vous" à Mireille?
8. Qui est-ce qui dit "tu" à Mireille?
9. A qui est-ce que Mireille dit "vous"?
10. A qui est-ce que Mireille dit "tu"?
11. Qui est Fido?
12. Qu'est-ce que c'est qu'un toutou?

DOCUMENTS

1

A. Ils parlent français

Soha, chanteuse d'origine algérienne.

Carla Bruni-Sarkozy, chanteuse d'origine italienne.

Jeune Tahitienne (Polynésie Française).

Vincent Pérez, acteur suisse.

Didier Drogba, footballeur ivoirien.

Céline Dion, chanteuse québécoise.

Sidney Gouvu,
footballeur d'origine
béninoise.

Zinédine Zidane, footballeur
d'origine algérienne.

Stromae (Paul Van
Haver), chanteur belgo-
rwandais. Son nom est
"maestro" en verlan.[1]

Linda Lê, romancière vietnamienne.

MC Solaar, rappeur
d'origine sénégalaise.

Ken Bugul (Mariètou Mbaye Biléoma), écrivaine sénégalaise.

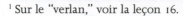

[1] Sur le "verlan," voir la leçon 16.

LE MONDE DE LA FRANCOPHONIE

■ 56 États et gouvernements membres de l'OIF   ■ 19 États observateurs

L'Organisation internationale de la Francophonie est une institution fondée sur une langue, le français, et de valeurs communes. L'Organisation internationale de la Francophonie rassemble **56** États et gouvernements membres et **19** observateurs totalisant une population de **890 millions**. On recense **220 millions** de locuteurs de français dans le monde.

ORGANISATION
INTERNATIONALE DE
la francophonie

B. La Francophonie

Un *francophone*, c'est quelqu'un qui parle français; un *anglophone*, c'est quelqu'un qui parle anglais; un *hispanophone*, c'est quelqu'un qui parle espagnol. La *Francophonie* fait référence à l'ensemble des pays où le français est la langue maternelle, officielle, ou administrative.

Beaucoup de ces pays sont proches de la France— par exemple la Belgique, le Luxembourg, la Suisse, l'île de Jersey. Il y a aussi des pays d'immigration comme le Canada (le Québec et l'Acadie) et des pays autrefois colonisés comme le Maghreb (l'Afrique du Nord), les pays d'Afrique noire, des îles de l'Océan Indien (les Comores, l'Ile Maurice, les Seychelles) et du Pacifique (Tahiti, Vanuatu).

La Francophonie c'est aussi une communauté humaine des gens qui participent aux traditions culturelles et intellectuelles d'expression française.

Léopold Sédar Senghor a défini la Francophonie en 1960: c'est un *commonwealth* à la française, une "communauté organique francophone" qui encourage la solidarité culturelle et les échanges d'idées, "en respectant la personnalité originaire de chaque nation."

—D'après un article de la revue *Ethiopiques* (2002)

ORGANISATION
INTERNATIONALE DE
la francophonie

francophonie
La voix de la diversité

C. Léopold Sédar Senghor (1906–2001)

J'ai rêvé d'un monde de soleil dans la fraternité de mes frères aux yeux bleus

Poète, essayiste, homme d'état sénégalais, Léopold Sédar Senghor est une figure majeure de la francophonie en Afrique et l'un des intellectuels africains les plus importants du XXème siècle. Il fait ses études au Sénégal, puis à Paris, au lycée Louis-le-Grand et à la Sorbonne. En 1935 Senghor est le premier Africain à être nommé professeur agrégé de l'Université de Paris. Il enseigne la littérature puis les langues et les civilisations négro-africaines.

Il s'engage dans la politique en 1945. A l'Assemblée Nationale française il est député du Sénégal, qui était encore à cette époque un territoire colonial de la France. En 1960, au moment de l'indépendance sénégalaise, il est élu premier Président de la République du Sénégal.

Dans les années 1930 Senghor est l'un des fondateurs du mouvement de la "Négritude" qui rassemble les écrivains noirs de langue française. Auteur de nombreux ouvrages littéraires, pionnier de la Francophonie, en 1983 il est le premier écrivain africain à être élu à l'Académie française.

2

Pessimisme

—Ça ne va pas mieux, hein?
—Non, ça ne va pas.
—Ah, non, ça ne va pas fort!
—Ça va mal!
—Où allons-nous?
—Nous allons à la catastrophe!

3

Journal de Mireille

Quand elle va à la fac, Mireille achète un journal— *Libération*, *Le Monde*, ou *Le Figaro*—au kiosque de Mme Rosa. Mais Mireille a aussi un journal intime, un journal personnel, secret. Voici une page du journal intime de Mireille:

28 mai

9 heures. Ça ne va pas fort. Je suis fatiguée. Je suis malade.

Je ne vais pas aller à la fac. Je vais aller à Katmandou . . . ou à Acapulco. . . . Oui, mais qu'est-ce qu'on parle à Acapulco? On ne parle pas français à Acapulco! Alors, qu'est-ce qu'on parle à Acapulco? Voyons, Acapulco, c'est où? En Californie? Mais non! Que je suis stupide! C'est au Mexique! Au Mexique, on parle espagnol! Bon, je vais apprendre l'espagnol et je vais aller à Acapulco. . . . Non, je ne vais pas apprendre l'espagnol: je suis trop fatiguée. Où est-ce que je vais aller, alors? Voyons, où est-ce qu'on parle français? On parle français aux Antilles, à Tahiti. . . . Oui! Voilà, je vais aller à Tahiti et ça va aller mieux.

9 heures 30. Non, je ne vais pas aller à Tahiti: je suis trop fatiguée. Qu'est-ce que je vais faire? Je vais aller au cinéma.

Oui, c'est ça, je vais aller au cinéma avec Ousmane. Il est gentil, Ousmane. Mais non, ça ne va pas! Ousmane est un étudiant sérieux! Il va aller à la bibli; il ne va pas aller au cinéma. Alors, qu'est-ce que je vais faire? Tiens, je vais téléphoner à Marc: il a une motocyclette!

Oh, là, là! 10 heures! Mon cours d'italien est à 10 heures 30! Je vais être en retard! Au revoir, journal, je vais à la fac. Je vais acheter la <u>Divine Comédie</u> et je vais aller à mon cours d'italien. L'Enfer! Lascia ogne speranza, ragazza. . . .

3 Genèse II

TEXTE

Une salle de cours, un professeur, des étudiants.

1

Le professeur (*à une jeune fille*): Bonjour, Mademoiselle.
La jeune fille: Bonjour.
Le professeur (*à une dame*): Bonjour, Madame.
La dame: Bonjour, Monsieur.
Le professeur (*à un jeune homme*): Bonjour, Monsieur.
Le jeune homme: Bonjour, Monsieur.
Le professeur (*aux étudiants*): Bonjour, Mesdames, Mesdemoiselles, Messieurs. Je suis le professeur. Nous allons apprendre le français. Vous êtes d'accord? Tout le monde a compris?

2

Un étudiant: Oui. Vous êtes le professeur, nous sommes les étudiants, et nous allons apprendre le français.
Le professeur: Mais vous parlez français! Vous êtes français?
L'étudiant: Non. . . .
Le professeur: Mais vous savez le français. . . .
L'étudiant: Un petit peu. . . .
Le professeur: Ah, bon!

3

Le professeur: Alors, écoutez bien! Pour apprendre le français, nous allons inventer une histoire. . . . Une histoire, comme l'histoire de Babar, l'histoire d'Astérix, l'histoire de Pierre et le Loup, l'histoire du Renard et du Loup, l'histoire du Petit Chaperon rouge. . . .

1. *d'accord*

Ils sont **d'accord**.

Ils ne sont pas **d'accord**.

Nous ne sommes pas **d'accord**: nous allons discuter.
Ils sont **d'accord**: pas de discussion.
Ils ne sont pas **d'accord**: ils discutent.

1. *comprendre*

Il n'**a** pas **compris**.

Elle **a** **compris**.

3. *histoire*

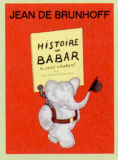

L'histoire de Babar est l'**histoire** d'un éléphant.
Peter Pan est l'**histoire** d'un petit garçon.
Alice in Wonderland est l'**histoire** d'une petite fille.

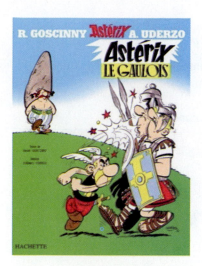

Le **loup** et le **renard**.

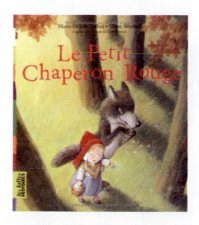

L'étudiant: Une histoire? Mais pourquoi?
Le professeur: Parce que ça va être utile pour apprendre le français.
L'étudiant: Ça va être utile?
Le professeur: Oui, bien sûr, ça va être utile.
L'étudiant: Pour apprendre le français?
Le professeur: Mais oui! Inventer une histoire, ça va être utile pour apprendre le français!

4

L'étudiant: Mais, qui va inventer l'histoire? Vous ou nous?
Le professeur: Qui est-ce qui va inventer l'histoire? Mais nous! Vous et moi! Moi, je vais proposer l'histoire.
L'étudiant: Et nous, alors?

Le professeur: Eh bien, vous, vous allez inventer l'histoire avec moi. Nous allons inventer l'histoire ensemble, vous et moi. D'accord?
L'étudiant: C'est d'accord.

5

Le professeur: Bon, alors nous allons inventer une histoire. L'histoire d'un éléphant? Non. . . . L'histoire d'un homme et d'une femme? . . . De Hansel et Gretel? De Paul et Virginie? Non, ça va être l'histoire de

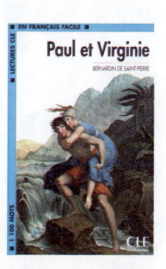

3. *utile*

En France, le français est **utile**.
En France, le swahili n'est pas très **utile**.
La mule est un animal **utile**.
Le zèbre n'est pas un animal **utile**.
Le téléphone est une invention **utile**.

4. *ensemble*

Ils sont **ensemble**.

Ils ne sont pas **ensemble**.

Dans leurs films, les Marx Brothers sont toujours **ensemble**.
Dans leurs films, Laurel et Hardy sont toujours **ensemble**.
Dans leurs films, Laurel et Hardy jouent **ensemble**.
Dans un orchestre, les musiciens jouent **ensemble**.

deux jeunes gens, l'histoire d'un jeune homme et d'une jeune fille. D'accord?

L'étudiant: Pourquoi pas. . . .

6

Le professeur: Bon! Très bien! . . . Qu'est-ce que le jeune homme va être? Est-ce que le jeune homme va être italien?

Une étudiante: Non, pas italien.

Le professeur: Non? Le jeune homme ne va pas être italien? Qu'est-ce qu'il va être, alors? Est-ce qu'il va être espagnol?

L'étudiante: Non!

Le professeur: Est-ce qu'il va être anglais? Japonais? Norvégien?

L'étudiante: Non!

Le professeur: Alors, qu'est-ce qu'il va être? Américain?

Un étudiant: Si vous voulez. . . .

7

Le professeur: Bon! Le jeune homme va être américain. Et la jeune fille, qu'est-ce qu'elle va être? Est-ce qu'elle va être américaine?

Les étudiants: Non!

Le professeur: Est-ce qu'elle va être norvégienne? Japonaise? Anglaise? Française?

L'étudiante: Française!

Le professeur: Oui, c'est ça! La jeune fille va être française . . . parce que ça va être utile pour apprendre le français. . . .

8

Le professeur: Les deux jeunes gens vont avoir beaucoup d'amis. . . . Nous allons choisir des amis pour les jeunes gens. Nous allons inventer des aventures, des voyages. . . . Nous allons discuter tout ça ensemble. Ça va être un jeu!

L'étudiant: Espérons que ça va être amusant!

Le professeur: Mais oui, bien sûr! Ça va être amusant . . . et utile!

L'étudiant: Pour apprendre le français!

5. *jeunes gens, jeune homme, jeune fille*

Des **jeunes gens.** (Ils discutent.)

Deux **jeunes gens:** un **jeune homme** et une **jeune fille.**

8. *beaucoup*

Des gens.

Beaucoup de gens.

8. *ami*

Tom Sawyer est l'**ami** de Huckleberry Fin. Ils sont **amis.**

8. *choisir*

Elle va **choisir** un chocolat.

8. *discuter*

Ils **discutent.**

8. *jeu*

Le poker est un **jeu** de cartes. La roulette est un **jeu** de hasard. Le Monopoly est un **jeu** de société.

8. *espérer*

Les joueurs de roulette **espèrent** qu'ils vont gagner des millions. Le Cap de Bonne **Espérance** est à la pointe sud de l'Afrique.

8. *amusant*

La radiographie, c'est **amusant** (pour le docteur)!

MISE EN ŒUVRE

Ecoutez la mise en œuvre du texte et répondez aux questions suivantes.

1. Qu'est-ce que nous allons inventer?
2. Pourquoi est-ce que nous allons inventer une histoire?
3. Qui est-ce qui va inventer l'histoire?
4. Ça va être l'histoire de qui?
5. Ça va être l'histoire de deux jeunes filles?
6. Qu'est-ce que le jeune homme va être?
7. Et la jeune fille, est-ce qu'elle va être américaine?

8. Pourquoi est-ce que la jeune fille va être française?
9. Qu'est-ce que les jeunes gens vont avoir?
10. Qu'est-ce que nous allons inventer?
11. Qu'est-ce que nous allons discuter ensemble?
12. Qu'est-ce que ça va être?
13. Comment est-ce que le jeu va être?

MISE EN QUESTION

1. Qu'est-ce que c'est que *Pierre et le Loup*?
2. Qu'est-ce que c'est que *Le Petit Chaperon rouge*?
3. Pourquoi est-ce que nous allons apprendre le français?

4. La jeune fille de l'histoire ne va pas être italienne ou américaine. Elle va être française. Pourquoi est-ce qu'elle va être française?

Journal de Marie-Laure

Journal intime

de

Marie-Laure Belleau

Anneé 1986

Ceci est le
Journal intime
de
Marie - Laure Belleau
Mademoiselle Marie - Laure Belleau
est la seule personne autorisée
à ouvrir le document
Il est strictement interdit
à
Madame Belleau, Monsieur Belleau
Madame Cécile Dubois et son mari Jean-Denis
Mademoiselle Mireille Belleau
Mademoiselle Georgette Belleau
Monsieur Guillaume Belleau
Monsieur Robert Taylor
et
toute autre personne vivante
de toucher à ce cahier
sous peine de poursuites

DOCUMENTS

1

"Au commencement était le Verbe..."

La coopération économique est solidifiée par l'introduction en 2002 d'une monnaie commune: l'euro (€). Certains pays ont plus de difficultés à adopter l'euro que d'autres. Pour les Allemands, la conversion est relativement facile: 1 euro = 2 deutschemarks. Mais pour les Français la conversion est particulièrement compliquée: 1 euro = 6,55957 francs.

L'UE a un programme environnemental très actif. Le projet européen de réduction des émissions polluantes est l'initiative la plus ambitieuse au monde pour combattre le changement climatique.

L'UE n'est pas une fédération d'états comme les Etats-Unis d'Amérique. Les "Etats membres" de l'UE sont des nations indépendantes, mais ils exercent leur pouvoir en commun pour avoir sur la scène mondiale une puissance et une influence qu'ils ne peuvent pas avoir séparément. L'UE offre beaucoup d'avantages aux pays de l'Europe, mais il n'est pas toujours facile de changer une identité nationale en une identité européenne.

—D'après le portail de l'Union européenne, *Europa* 2010

2

L'Union européenne

Après la Seconde Guerre mondiale (1939–1945), l'Europe est en ruine, et politiquement fragmentée. En 1957 six pays européens—la Belgique, la France, l'Allemagne, l'Italie, le Luxembourg et les Pays-Bas (la Hollande)—fondent une communauté qui va unir les pays de l'Europe sur le plan économique et politique. D'autres pays les rejoignent progressivement. Aujourd'hui 27 pays sont membres de l'Union européenne (UE). L'UE représente le plus grand ensemble de population au monde—501 millions d'habitants—après la Chine et l'Inde.

Le premier objectif de l'UE était de créer un marché unique pour garantir la libre circulation des produits, des services, des personnes, et des opérations financières en Europe. Aujourd'hui, il est possible de voyager librement dans presque toute l'Union. Il est aussi plus facile de vivre, d'étudier et de travailler dans un autre pays de l'UE.

L'Union européenne en 2011.

Drapeaux de l'UE à Bruxelles (Belgique), considérée comme la capitale de l'UE.

Le Parlement européen à Strasbourg (France).

3

A. Opinion de Fido

—Alors, Fido, tu vas apprendre le français?

—Ouah, ouah. . . .

—Quoi? Qu'est-ce que tu dis? Je n'ai pas compris.

—Ouah, ouah, ouaahh.

—Mais non, Fido, nous n'allons pas apprendre l'arabe! Tu vas apprendre le français. Et pour apprendre le français, tu vas aller à la fac.

—Ouah, ouah, ouah!

—Quoi? Pas à la fac? Alors, nous allons aller au Canada, à Québec. Ça va être très amusant!

—Ouah, ouah.

—En Afrique? Pourquoi pas! D'accord, nous allons aller en Afrique, au Sénégal ou en Côte d'Ivoire. Nous allons avoir des amis africains.

—Ouaah, ouahh!

—Un éléphant? Nous allons avoir un éléphant? Bon, d'accord.

—Ouaah, ouah, ouah, ouaah, ouah!

—Quoi? Tu vas manger l'éléphant? Mais non, Fido! Ça ne va pas être utile pour apprendre le français. Et si tu manges un éléphant, tu vas être malade.

B. Voyage de Fido

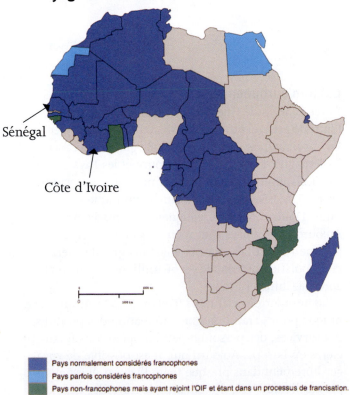

Pays normalement considérés francophones

Pays parfois considérés francophones

Pays non-francophones mais ayant rejoint l'OIF et étant dans un processus de francisation.

L'Afrique Francophone.

Drapeau du Sénégal.

Le Québec au Canada.

Drapeau de la Côte d'Ivoire.

Drapeau du Québec.

4

Blagues de Fido

—Quelle est la différence entre un éléphant africain et
un éléphant indien?
—3.000 kilomètres.

—Pourquoi les éléphants n'ont-ils pas d'ordinateurs?
—Parce qu'ils ont peur des souris.

—Comment est-ce qu'on mange un éléphant?
—Petit à petit.

LEÇON

4 Genèse III

TEXTE

Une salle de cours, un professeur, des étudiants.

1

Le professeur: Pour apprendre le français, nous allons inventer une histoire . . . avec une jeune fille française, un jeune homme américain, des amis, des aventures, des voyages. . . . Ça va être un véritable roman, un roman en collaboration, un roman collectif.

2

Le professeur: Vous aimez les romans?

Un étudiant: Oui . . . enfin. . . . Ça dépend. . . .

Le professeur: Vous aimez les romans d'amour?

L'étudiant: Ah, non! Je déteste ça!

Le professeur: Qu'est-ce que vous aimez? Les romans d'aventure? Les romans fantastiques? Les romans d'anticipation?

L'étudiant: Non, je n'aime pas ça.

Le professeur: Vous préférez les romans policiers?

L'étudiant: Oui!

3

Le professeur (à une étudiante): Et vous, Mademoiselle, vous aimez les romans?

L'étudiante: Non!

Le professeur: Ah bon! Vous n'aimez pas les romans! Vous préférez le cinéma?

L'étudiante: Oui.

Le professeur: Moi aussi, je préfère le cinéma. Qu'est-ce que vous préférez? Les films suédois? Japonais? Les comédies anglaises? Italiennes? Les comédies musicales américaines? Vous n'aimez pas les comédies? Moi non plus. Je préfère les tragédies, les drames. . . . J'adore les histoires de crime.

L'étudiant: Moi aussi! Est-ce qu'on va avoir un crime dans l'histoire?

Le professeur: Je ne sais pas. . . . Peut-être. . . . On va voir. . . . Continuons l'invention de l'histoire. Voyons! Commençons par le jeune homme.

4

Le professeur: Il est américain. Il arrive en France. Il est à l'aéroport. Il passe la police.

Le policier: Passeport? . . . Allez-y! Vous pouvez passer.

Maintenant, il est à la douane, avec deux autres jeunes gens: une jeune fille et un jeune homme.

Le douanier: Vous êtes français tous les trois?

Le jeune homme américain: Non, Mademoiselle et moi, nous sommes américains.

Le douanier: Ah! Vous parlez anglais?

Le jeune Américain: Bien sûr . . . puisque nous sommes américains!

Le douanier: Et vous, vous êtes américain aussi?

Le deuxième jeune homme: Non, eux, ils sont américains, mais moi, je suis brésilien.

Le douanier: Vous n'avez rien à déclarer?

Les trois jeunes gens: Non.

Le douanier: C'est bon, passez! Vous pouvez passer. Allez-y, allez-y! Passez!

L'Américain (au Brésilien): C'est vrai que tu es brésilien?

Le Brésilien: Oui, bien sûr! Pourquoi pas?

L'Américain: Où vas-tu?

Le Brésilien: A la Cité Universitaire. A la maison brésilienne.

L'Américain: Il y a une maison brésilienne à la Cité?

Le Brésilien: Bien sûr! Il y a une maison brésilienne pour les étudiants brésiliens, une maison suédoise pour les Suédois, une maison danoise pour les Danois, une maison japonaise pour les Japonais, une maison cambodgienne pour les Cambodgiens, une maison canadienne pour les Canadiens, une maison cubaine pour les Cubains. . . .

La jeune fille: Et une maison américaine pour les Américains.
. . .

Le Brésilien: Evidemment! C'est là que vous allez?

La jeune fille: Oui. (*Au jeune Américain*) Et toi, tu vas à la maison américaine?

L'Américain: Non, moi, je ne vais pas à la Cité. Je vais au Quartier latin. Vous prenez un taxi?

Le Brésilien: Non, le bus ou le train. Et toi?

L'Américain: Je prends un taxi. Salut!

---

1. roman

William Faulkner est un auteur de **romans**.
Thomas Mann est aussi un auteur de **romans**.
David Copperfield est un **roman** anglais.
Les Misérables est un **roman** de Victor Hugo.
Anna Karénine est un **roman** russe.

2. amour, aventure

Madame lit un **roman d'amour**.
Monsieur lit un **roman d'aventure**.

Love Story est un **roman d'amour**.
Wuthering Heights est aussi un **roman d'amour**.
Agatha Christie est un auteur de **romans policiers**.

4. aéroport

A Paris, il y a deux grands **aéroports**: l'aéroport d'Orly et l'aéroport Charles de Gaulle à Roissy.

A New-York, il y a aussi deux grands **aéroports**: La Guardia et Kennedy.

4. passer la police

Dans un aéroport international, les voyageurs qui arrivent **passent la police. A la police, les policiers** vérifient les passeports.

4. rien à déclarer

Il n'a **rien à declarer**.

4. c'est bon

C'est bon! Ça va! Pas de problème!

4. passer la douane

Les jeunes gens **passent la douane**.

A **la douane, les douaniers** inspectent les bagages.
A **la douane** américaine, **les douaniers** américains demandent: "Vous avez de l'alcool, des cigarettes, de la drogue, des fruits?"

4. vrai

—Rio de Janeiro est au Brésil!
—Oui, c'est **vrai**! C'est au Brésil!
—São Paulo est à Cuba!
—Non, ce n'est pas **vrai**, ce n'est pas à Cuba; c'est au Brésil.

4. maison

Une **maison**.

4. prendre un taxi

Il est pressé: il va **prendre un taxi**.

MISE EN ŒUVRE

Ecoutez la mise en œuvre du texte et répondez aux questions suivantes.

1. Nous allons inventer une histoire avec deux jeunes gens, des aventures, des voyages. . . . Qu'est-ce que ça va être?
2. Est-ce que l'étudiant aime les romans?
3. Est-ce que l'étudiant aime les romans d'amour?
4. Qu'est-ce que l'étudiant déteste?
5. Est-ce que l'étudiant aime les romans d'anticipation?
6. Qu'est-ce que l'étudiant préfère?
7. Est-ce que l'étudiante aime les romans?
8. Qu'est-ce que l'étudiante préfère?
9. L'étudiante n'aime pas les comédies. Qu'est-ce qu'elle préfère?
10. Qu'est-ce que l'étudiant adore?
11. Est-ce qu'on va avoir un crime dans l'histoire?
12. Où est-ce que le jeune homme arrive?
13. Où est-ce qu'il est?
14. Qu'est-ce qu'il passe?
15. Où est-ce qu'il va après la police?
16. Avec qui est-ce qu'il est?
17. Est-ce que les jeunes gens américains parlent anglais?
18. Est-ce que le deuxième jeune homme est américain aussi?
19. Où le Brésilien va-t-il?
20. Où les Suédois vont-ils, à la Cité Universitaire, en général?
21. Et les Danois?
22. Et les Japonais?
23. Et les Cambodgiens?
24. Et les Cubains, où vont-ils?
25. Et les Américains?
26. Est-ce que le jeune homme américain va à la maison américaine?
27. Où est-ce qu'il va?

MISE EN QUESTION

1. Nous allons inventer une histoire. D'accord! Mais qu'est-ce que ça va être? Quel genre est-ce que vous allez choisir? Qu'est-ce que vous préférez?
2. Quand on arrive en France, à l'aéroport, qu'est-ce qu'on fait?
3. Où vont les étudiants, à Paris?
4. Vous êtes à l'aéroport Charles de Gaulle. Qu'est-ce que vous pouvez prendre pour aller à Paris?
5. Si le bus coûte 15€ et le taxi 60€, qu'est-ce que vous allez choisir?

Journal de Marie-Laure

AUTORISATION

Je soussignée, Marie-Laure Belleau, autorise, à titre tout à fait exceptionnel, le Professeur Capretz, à l'exclusion de toutes autres personnes, à lire et à citer quelques passages de mon journal que je choisirai à ma discrétion. Je me réserve le droit de censurer certains passages qui ne regardent que moi.

Je donne aussi à Monsieur Capretz accès à mon compte Twitter et l'autorise à reproduire certains tweets.

Je lui donne aussi l'autorisation de reproduire les quelques croquis qui illustrent mon journal. Mes talents d'artiste jusque-là méconnus par ma famille seront peut-être enfin appréciés à leur juste valeur.

C'est vrai ça, quand même, y'a pas que Michel-Ange qui sait dessiner, hein Mireille !

Fait à Paris, ce 17 septembre de l'année 2011.

Marie-Laure Belleau

bdgomme @mirbelle : A mon tour d'être la star de FiA, moi Marie-Laure, boules de gomme, bdgomme... Mon talent est enfin reconnu! #àmoilagloire !
19-sept-2011

mirbelle @bdgomme : C'est moi qui t'ai recommandée, petite sœur, alors un peu de modestie stp !
19-sept-2011

DOCUMENTS

1

Cités

A. La Cité Universitaire, au sud de Paris: logements pour les étudiants étrangers et français

Une cité, en général, c'est une ville. Comme Paris, Lyon, Marseille. Mais **la Cité Universitaire** à Paris n'est pas vraiment une ville. C'est un ensemble de fondations situées à la limite sud de Paris et établies par le gouvernement français et divers gouvernements étrangers, pour loger les étudiants. Il y a une maison canadienne, une maison américaine, une maison tunisienne, et beaucoup d'autres. L'architecture des maisons est très variée: ou bien moderne, comme le pavillon (ou maison) suisse, construit par l'architecte Le Corbusier; ou bien traditionnelle et dans le style national, comme le pavillon cubain et le pavillon japonais.

Le pavillon japonais.

La maison libanaise.

La maison mexicaine.

Entrée de la Cité Universitaire de Paris.

Maison internationale à la Cité Universitaire, boulevard Jourdan.

La maison italienne.

La maison arménienne.

La maison indienne.

La maison allemande.

La maison espagnole.

La maison suisse.

B. L'île de la Cité

Au centre de Paris, il y a une autre cité: mais ce n'est pas une Cité Universitaire. C'est la partie la plus ancienne de Paris, sur une île de la Seine. C'est dans la Cité, l'île de la Cité, qu'il y a la cathédrale Notre-Dame, la préfecture de police, le Palais de Justice, et la Sainte-Chapelle.

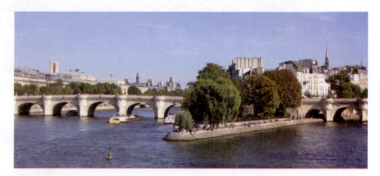

Le square du Vert-Galant, dans l'île de la Cité.

La cathédrale Notre-Dame, dans l'île de la Cité.

La Sainte-Chapelle.

2

Vaches

VACHE MEXICAINE

VACHE ESPAGNOLE

VACHE JAPONAISE

VACHE ALLEMANDE

VACHE SUISSE

VACHE ITALIENNE

VACHE PONCTUELLE

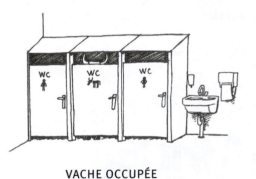

VACHE OCCUPÉE

—Extraits de Cambon, *La Vache*

3

Extrait du journal de Robert

26 mai
New York

Demain, la France!

Je vais arriver à Paris, aéroport Charles de Gaulle, à 7 heures 55. Qu'est-ce que je vais faire?

Je vais passer la police. Ça, c'est obligatoire. J'ai mon passeport, mon visa: pas de problème!

Je vais passer la douane. Le douanier va me demander si je n'ai rien à déclarer. Qu'est-ce que je vais dire? Je vais dire: "Non, Monsieur, je n'ai pas de cigarettes américaines, je n'ai pas de cigares cubains, je n'ai pas de drogue mexicaine, je n'ai pas de chien andalou, je n'ai pas de revolver, je n'ai pas de bombe à hydrogène; je n'ai rien à déclarer!"

Après la douane, qu'est-ce que je vais faire? Je vais aller manger. . . . Je vais aller manger un hamburger . . . avec un café. Est-ce qu'ils ont des hamburgers en France? Pas sûr! Mais ils ont certainement du café.

Après le café, qu'est-ce que je vais faire? . . . Je vais téléphoner à l'hôtel; c'est plus prudent. Je vais dire "Allô, bonjour Monsieur . . . ou Madame . . . (ou Mademoiselle?); c'est moi, Robert, l'Américain; je suis à l'aéroport; j'arrive! Au revoir (Monsieur . . . ou Madame . . . ou Mademoiselle)."

Comment est-ce que je vais aller à Paris? Je vais prendre un autobus ou un train. Est-ce qu'il y a un train? Je ne sais pas . . . . Pas sûr! Mais il y a sûrement un bus. Ou bien je vais prendre un taxi. . . .

Je vais sûrement rencontrer une jeune fille française formidable. Où est-ce que je vais rencontrer une jeune fille? A l'aéroport, dans le bus, dans le train . . . à Paris? La jeune fille et moi, nous allons parler, nous allons parler français, évidemment! Elle va me dire: "Oh, mais vous parlez très bien français!" Je vais lui dire: "Oui . . . mais, vous savez, ma mère est française. . . ." Je vais lui dire: "Vous aussi, vous parlez très bien français!" Elle va me dire: "Oui, . . . évidemment: je suis française. Et ma mère aussi est française!" "Ah, votre mère est française . . . et moi aussi, ma mère est française! Quelle coïncidence! C'est formidable!" Nous allons continuer la conversation; nous allons discuter; ça va être bien! Ça va être amusant, terriblement amusant! Et utile, pour perfectionner mon français (qui est déjà excellent!).

4

Blagues de Fido

—Qu'est-ce que le douanier demande au cochon qui arrive en France?
—Passe-porc, s'il vous plaît.

—Que dit la petite fourmi quand elle rencontre une fourmi énorme?
—Ah, toi alors, tu es fourmidouble!

—Pourquoi la vache a-t-elle traversé la route?
—Pour aller au cinémeuh.

LEÇON

5 Familles

TEXTE

Une salle de cours, un professeur, des étudiants.

1

Le professeur: Continuons l'invention de l'histoire. D'abord, il faut donner un prénom aux jeunes gens.

Un étudiant: Pourquoi?

Le professeur: Pourquoi? Mais c'est élémentaire. . . . Parce que tout le monde a un prénom. Moi, j'ai un prénom. Vous, vous avez un prénom. C'est quoi, votre prénom?

L'étudiant: Michael.

Le professeur: Eh bien, vous voyez! Il a un prénom! (*A une étudiante*) Vous aussi, vous avez un prénom? C'est quoi, votre prénom?

L'étudiante: Julia.

Le professeur: Elle aussi, elle a un prénom! Tout le monde a un prénom, moi, elle, lui. . . . Mais les jeunes gens de l'histoire n'ont pas de prénom! Ça ne va pas! Ce n'est pas possible! Alors, donnons un prénom aux jeunes gens . . . parce que ce n'est pas facile de raconter une histoire sans prénoms.

2

Le professeur: Voyons, la jeune fille, d'abord. Ça va être quoi, son prénom?

L'étudiant: Ethel.

Le professeur: Euh . . . non! C'est un joli prénom, mais c'est un prénom américain, et la jeune fille est française. Il faut un prénom français! Ecoutez, le prénom de la jeune fille va être Mireille.

L'étudiant: Pourquoi?

Le professeur: Parce que c'est un joli prénom. . . . Hein, Mireille, c'est joli? Et puis, ce n'est pas facile à prononcer. Tenez, essayez, dites "Mireille" . . . allez-y . . . allez-y. . . .

L'étudiant: Mir . . . Mireille. . . .

Le professeur: Vous voyez, ce n'est pas facile!

3

Le professeur: Le prénom du jeune homme va être Robert.

Un étudiant: Euh. . . .

Le professeur: Non, non, pas de discussion, c'est décidé!

L'étudiant: Pourquoi?

Le professeur: D'abord, parce que c'est un prénom à la fois français et américain: c'est un prénom français, et c'est aussi un prénom américain. Et puis, il n'est pas facile à prononcer non plus.

4

Le professeur: Bon, maintenant les deux jeunes gens de l'histoire ont un prénom. Le prénom de la jeune fille est . . .

L'étudiant: Ethel!

Une étudiante: Non, ce n'est pas Ethel, c'est Mireille.

L'étudiant: Bon, Mireille, si vous voulez.

Le professeur: Et le prénom du jeune homme est . . .

Un étudiant (*prononciation américaine*): Robert!

Le professeur: Non! Robert!

5

Le professeur: Maintenant, il faut donner une famille aux jeunes gens. D'abord à la jeune fille: la famille de Mireille n'est pas pauvre; mais elle n'est pas riche non plus. C'est une famille . . . aisée. Est-ce que Mireille va avoir une mère?

Les étudiants: Oui!

Le professeur: Est-ce qu'elle va avoir un père?

Les étudiants: Oui!

Le professeur: Bon, alors, c'est

1. d'abord

D'abord, pour commencer, en priorité. . . .

1. donner

Marie-Laure est généreuse: elle **donne** un chocolat à Mireille.

Il faut **donner** aux pauvres.
Il est riche. Il va **donner** de l'argent à l'Université. Il va faire une **donation** à l'Université.

1. prénom

Joséphine, Napoléon sont des **prénoms**.

1. facile

x = 2 + 2, c'est **facile**; c'est simple.

$$4a\frac{(2x+3y)}{2a+b} = 5y\frac{(3a+\sqrt{25x\ \ 3y})}{2b\ \ 2a+4y},$$

ce n'est pas **facile**, ce n'est pas simple!

"Bob" est un prénom **facile** à prononcer.
"Przybyszewski" n'est pas **facile** à prononcer.

1. raconter

Il **raconte** des anecdotes. C'est un **raconteur** d'anecdotes.
Schéhérazade **racontait** des histoires au Sultan.

2. joli

Un **joli** chien.

Un chien pas très **joli**.

Angelina Jolie était **jolie** dans *Lara Croft Tomb Raider*.
Frankenstein n'était pas **joli**, **joli**. . . .

3. à la fois

Un centaure, c'est **à la fois** un homme et un cheval.

Un hermaphrodite est **à la fois** un homme et une femme.
Au Canada, on parle **à la fois** français et anglais.

3. non plus

Robert n'est pas un prénom japonais. Ce n'est pas un prénom indien **non plus**.

Mireille n'est pas américaine. Elle n'est pas anglaise **non plus**. (Elle est française.)
Je n'aime pas les films japonais. Je n'aime pas les films policiers **non plus**. (Je préfère les comédies italiennes.)
Macbeth n'est pas un roman policier. Ce n'est pas une comédie **non plus**. (C'est un drame de Shakespeare.)
Mireille n'est pas mariée. Robert **non plus**.

5. famille

Mireille et sa **famille**.

5. riche, pauvre

Il est **riche**.

Il n'est pas **riche**; il est **pauvre**.

entendu. Mireille a un père et une mère. Le père et la mère de Mireille travaillent tous les deux. Son père est ingénieur chez Renault, et sa mère est chef de service au Ministère de la Santé. Mireille a deux sœurs: Cécile est plus âgée, elle a vingt-trois ans, et elle est mariée; Marie-Laure est beaucoup plus jeune, elle a dix ans . . . et elle n'est pas mariée, évidemment!

6

Le professeur: Et maintenant, donnons aussi une famille à Robert. Les parents de Robert ont de l'argent; ils sont même assez riches. Robert n'a pas de sœurs, il n'a pas de frères non plus: il est fils unique. Ses parents sont divorcés. Son père n'est pas remarié, mais sa mère est remariée. Pauvre Robert! Fils unique, parents divorcés, mère remariée. . . . Il va peut-être avoir des complexes. . . .

Un étudiant: Ah, très bien! J'adore ça! Parlons des complexes de Robert!

Le professeur: Vous voulez parler des complexes de Robert?

L'étudiant: Oui! Parce que ça va être amusant . . . et utile . . . pour apprendre le français.

Le professeur: Vous croyez? Peut-être . . . mais pas aujourd'hui. . . . Nous n'avons pas le temps! Une autre fois!

5. *travailler*

Cet homme **travaille**.

Dans l'industrie automobile, on **travaille** à la chaîne.

Il **travaille**. Il a un job (chez Renault).
Il ne **travaille** pas. Il n'a pas de job. (Il est victime de la récession économique.)

5. *marié*

Ils sont **mariés**.

6. *argent*

De l'**argent** (européen).

Il a beaucoup d'**argent**: il est millionnaire.

6. *frère, sœur*

Emily Brontë était la **sœur** de Charlotte Brontë.
Les Frères Karamazov est un roman de Dostoïevski.
Caïn était le **frère** d'Abel.

6. *aujourd'hui*

Aujourd'hui:	le 7 mai
Hier:	le 6 mai
Demain:	le 8 mai

6. *avoir le temps*

Je n'**ai** pas **le temps**; je suis pressée.
Je ne suis pas pressée; j'**ai le temps**.

MISE EN ŒUVRE

Ecoutez la mise en œuvre du texte et répondez aux questions suivantes.

1. Qu'est-ce qu'il faut donner aux jeunes gens?
2. Pourquoi?
3. Pourquoi est-ce qu'il faut donner un prénom français à la jeune fille?
4. Robert, c'est un prénom français ou américain?
5. Est-ce que la famille de Mireille est riche ou pauvre?
6. Où est-ce que le père de Mireille travaille?
7. Et sa mère, où travaille-t-elle?
8. Combien de sœurs Mireille a-t-elle?
9. Quel âge a Marie-Laure?
10. Est-ce que les parents de Robert sont pauvres ou riches?
11. Est-ce que Robert a des frères ou des sœurs?
12. Est-ce que les parents de Robert sont mariés?
13. Pourquoi est-ce que nous n'allons pas parler des complexes de Robert aujourd'hui?
14. Alors, quand est-ce que nous allons parler des complexes de Robert?

MISE EN QUESTION

1. Donnez des prénoms français; des prénoms de filles et des prénoms de garçons.
2. Pourquoi est-ce que le professeur choisit Mireille comme prénom pour la jeune fille de l'histoire?
3. Pourquoi est-ce qu'il choisit Robert pour le jeune homme?
4. Pourquoi est-ce que la famille de Mireille est aisée?
5. Pourquoi est-ce que Marie-Laure n'est pas mariée?
6. Pourquoi est-ce que Robert va peut-être avoir des complexes?

Journal de Marie-Laure

LES EUROS ARRIVENT ! C'EST SÉRIEUX !

Le 1 janvier 2002

Il n'y a plus de francs ! Depuis que je suis petite, tout le monde parle de francs ! Eh bien, maintenant, c'est fini ! Il n'y a plus de francs ; il y a des euros et c'est tout !

Ce matin, je vais à la boulangerie pour acheter ma baguette, comme tous les jours, et quand je donne mes 5 francs pour payer, la boulangère me dit:

« Ah non, ça, ça ne va pas ! Vous oubliez : à partir d'aujourd'hui, il faut payer avec des euros ! Ça fait 75 centimes d'euro, ma petite ! 0,75€. Eh oui ! Il faut s'habituer aux euros, ma pauvre... Depuis hier il n'y a plus de francs, il n'y a que des euros. C'est comme ça ! Allez, bonne année ! »

Ah là, là, la vie n'est pas simple ! J'ai 940 francs en billets et 35 en pièces ; qu'est-ce que je vais faire ?

Le 2 janvier 2002

Ce matin, je vais à la banque pour changer mes 975 francs. Pas une petite affaire ! Il y avait une de ces queues ! J'ai attendu au moins une heure et demie !

Enfin, ça y est, j'ai mes euros.... J'ai eu 148,6 euros pour mes 975 francs. Ce n'est pas beaucoup !

J'ai dû me faire avoir ! Est-ce qu'ils ont profité de moi parce que j'ai l'air jeune et timide ? Un euro fait 6,55957 francs, tout le monde sait ça. Mais avec les histoires de sous, les francs, les escudos et les pesos, les livres et les lires, les yens, les yuans et les dollars, on se fait souvent voler !... Pour les jeunes comme moi, ce n'est pas trop compliqué de s'habituer aux euros, mais la pauvre Tante Georgette, changer les francs en euros, ça va lui donner la migraine ! Il faut dire que cette pauvre Tante Georgette ~~depuis qu'elle a été~~ ~~elle n'a plus toute sa tête.~~ ~~Elle~~ ~~oublie un peu tout et il paraît que vers la fin on devient sénile.~~

bdgomme Trouvé vieux billet de 200F au fond d'une poche. Changé à la banque : 15,24€. Y a pas à dire, on se sent moins riche avec ces euros.
14-mars-2008

bdgomme New-York, j'arrive dans une semaine avec une valise vide et mes euros ! ^_^ #vivelesvacances #àmoileshopping
10-août-2011

DOCUMENTS

1

Prénoms
A. Le palmarès des prénoms

Les trente prénoms féminins les plus portés en France en 2010

1. Marie	16. Jeanne
2. Nathalie	17. Véronique
3. Monique	18. Christiane
4. Isabelle	19. Céline
5. Sylvie	20. Dominique
6. Françoise	21. Chantal
7. Jacqueline	22. Patricia
8. Martine	23. Hélène
9. Anne	24. Annie
10. Christine	25. Brigitte
11. Nicole	26. Julie
12. Valérie	27. Jeannine
13. Sandrine	28. Denise
14. Stéphanie	29. Aurélie
15. Sophie	30. Laurence

Les trente prénoms masculins les plus portés en France en 2010

1. Jean	16. Frédéric
2. Michel	17. Eric
3. Pierre	18. Julien
4. Philippe	19. Stéphane
5. Alain	20. David
6. Nicolas	21. Sébastien
7. Bernard	22. Pascal
8. Patrick	23. Thierry
9. Christophe	24. François
10. Daniel	25. Olivier
11. André	26. Alexandre
12. Christian	27. Thomas
13. Jacques	28. René
14. Gérard	29. Didier
15. Laurent	30. Robert

Les cinq prénoms à la fois féminins et masculins les plus portés en 2010

1. Claude	4. Camille
2. Dominique	5. Alexis
3. Maxime	

—D'après TonPrenom.com

B. Des prénoms à la mode en 2011
Prénoms féminins

1. Emma	11. Zoé
2. Jade	12. Louise
3. Léa	13. Lola
4. Manon	14. Eva
5. Chloé	15. Lilou
6. Inès	16. Lina
7. Camille	17. Romane
8. Clara	18. Anaïs
9. Sarah	19. Louna
10. Maëlys	20. Lena

Prénoms masculins

1. Lucas	11. Maxime
2. Nathan	12. Mathéo
3. Enzo	13. Yanis
4. Louis	14. Tom
5. Mathis	15. Hugo
6. Gabriel	16. Arthur
7. Ethan	17. Clément
8. Jules	18. Thomas
9. Noah	19. Adam
10. Raphaël	20. Théo

—D'après *Le palmarès des prénoms* 2011, www.femmeactuelle.fr

C. Prénom: Mireille
À l'origine, Mireille est un prénom de Provence, dans le Midi, le sud de la France. (La région d'Arles, Avignon, Aix-en-Provence, Marseille.)

En 1859, Mireille est le nom de l'héroïne d'un grand poème épique en provençal de Frédéric Mistral, *Mireille*.

En 1864, le musicien Charles Gounod compose, sur

le poème de Mistral, un opéra-comique qui s'appelle aussi *Mireille*.

Vers 1935, Mireille est le nom d'une chanteuse très populaire, fondatrice du Petit Conservatoire de la chanson, mariée à Jean Nohain, présentateur à la radio; Mireille Balin est une actrice de cinéma connue. (Elle joue, en 1936, avec Jean Gabin dans *Pépé le Moko*.)

En 1948, une fille sur 70 s'appelle Mireille.

Vers 1970, Mireille Darc (aucun rapport avec Jeanne d'Arc!) est une actrice de cinéma (*La Grande Sauterelle*), amie d'Alain Delon.

Vers 1975, Mireille Mathieu est une chanteuse populaire.

Vers 1992–93, Mireille Dumas présente des émissions de télévision (sur France 2).

En 2000, lors du Championnat Africain d'athlétisme, Mireille Nguimgo du Cameroun a remporté la deuxième place dans les 400 mètres.

En 2008, aux jeux Olympiques de Beijing, l'athlète Mireille Derebona-Ngaisset porte le drapeau de son pays, la République centrafricaine.

Mireille Mathieu

Jean Gabin et Mireille Balin

Mireille Derebona

Gounod, *Mireille*

Mireille, chanteuse

Mireille Nguimgo

Mireille Dumas

Alain Delon et Mireille Darc

2

Prénom: Marguerite

C'est un nom qui me plaît, parce qu'il n'est d'aucune époque et d'aucune classe. C'était un nom de reine, c'est aussi un nom de paysanne. Cela m'ennuierait de m'appeler Chantal, par exemple; c'est aussi un nom de sainte, mais il fait trop XVIème arrondissement.

—Marguerite Yourcenar et Matthieu Galey, *Les Yeux ouverts*

Marguerite Yourcenar s'appelle en réalité Marguerite de Crayencour. Yourcenar est un pseudonyme. C'est une anagramme de Crayencour, le vrai nom de Marguerite Yourcenar.

Marguerite Yourcenar est née à Bruxelles, en 1903. Elle est surtout connue comme romancière. Elle a écrit en particulier des romans historiques comme *Les Mémoires d'Hadrien* sur l'époque romaine et *L'Œuvre au noir* sur l'époque de la Renaissance.

Son père venait d'une vieille famille du nord de la France et sa mère était belge. Sa mère est morte quelques jours après sa naissance. C'est donc son père qui s'est occupé de son éducation. C'était un homme instable, qui voyageait beaucoup. Il a donné à sa fille une éducation peu conventionnelle. Elle n'est jamais allée à l'école: elle a eu des précepteurs privés.

Elle a longtemps vécu aux Etats-Unis, où elle a même enseigné. Elle a été, en 1980, la première femme à entrer à l'Académie française. Elle est morte en 1987.

3

Extrait de "Dans ma maison"

Comme c'est curieux les noms
Marie Hugo Victor de son prénom
Bonaparte Napoléon de son prénom
Pourquoi comme ça et pas comme ça . . .

—Jacques Prévert, *Paroles*

Jacques Prévert est né en 1900. C'est un poète populaire anticonformiste. Il est l'auteur de *Paroles, Spectacle, Contes pour enfants pas sages, La Pluie et le beau temps, Histoires,* etc. Il a aussi écrit des scénarios de films: *Quai des Brumes, Les Visiteurs du soir, Les Enfants du paradis.* Il est mort en 1977.

4

Les Français et le travail

- Les Français travaillent, en moyenne, 35 heures par semaine.
- 25,8 millions de Français travaillent à temps plein ou à temps partiel sur une population d'environ 65 millions.
- En 2009 le taux de chômage en France était de 9,1%. (Les chômeurs sont les gens qui n'ont pas de travail.)
- 42% des femmes travaillent à temps plein; 17% travaillent à temps partiel. 62% des hommes travaillent à plein temps; 5% travaillent à temps partiel.
- 28,5% des jeunes de 15 à 24 ans travaillent, et 38,3% des seniors (55 à 64 ans).
- 2,4 millions de travailleurs sont des immigrés; 1,4 million sont des étrangers.
- 41% des salariés se déclarent "stressés" au travail; 13% "très stressés."
- 7% des Français font un télétravail—travail à distance—utilisant des technologies de communication et des connexions internet.

—D'après *Francoscopie* 2010

5

Complexes

Deux mamans parlent de leurs enfants, et l'une dit à l'autre que son petit garçon, qui a dix ans, est malade.
—Mon Dieu, qu'est-ce qu'il a?
—Le docteur dit que c'est le complexe d'Œdipe. . . .
—Ah! Est-ce qu'il prend des antibiotiques?
—Non . . . le docteur dit qu'il n'y a rien à faire.
—Dans ce cas, ce n'est pas bien grave. . . . Et puis, l'essentiel, n'est-ce pas, c'est qu'il aime bien sa maman. . . .

—D'après *Les Histoires du Tout-Paris*

LEÇON
6 Portraits I

TEXTE

Une salle de cours, un professeur, des étudiants.

1

Le professeur: Aujourd'hui, nous allons faire le portrait de la jeune fille de l'histoire. D'accord?

Un étudiant: Si vous voulez. . . . C'est vous le professeur! C'est vous qui décidez!

Le professeur: Ah, mais non! Moi, je propose . . . mais nous discutons et nous décidons ensemble.

L'étudiant: Voyons. Essayons.

Le professeur: Dans l'histoire, nous allons avoir une jeune fille,

pas une vieille dame,

pas une jeune femme,

pas une petite fille,

mais une jeune fille. . . . Cette jeune fille va être française et son prénom va être Mireille.

2

Le professeur: Commençons par son portrait physique. Est-ce qu'elle va être grande ou petite?

Un étudiant: Grande!

Un autre étudiant: Petite!

Le professeur: Disons qu'elle va être plutôt petite. Elle n'a pas l'air costaud: elle a l'air fragile; mais en réalité, elle n'est pas fragile du tout. . . . Elle n'est pas malade. . . . Vous pensez bien qu'avec une mère qui travaille au Ministère de la Santé. . . . En fait, sa santé est excellente.

3

Le professeur: Elle est même très sportive, elle fait beaucoup de sport: elle fait du karaté, du vélo, du ski, du tennis, du cheval, du patin à glace, du canoë, du delta-plane, du parapente, de la voile, de la planche à voile, de la natation, de l'escrime, de l'alpinisme, de l'athlétisme. . . . Tout, quoi! Est-ce qu'elle va être mince ou un peu forte? Mince, évidemment, puisqu'elle a l'air fragile!

4

Le professeur: Est-ce qu'elle va avoir le cou long ou court? Mince ou épais? . . . Elle va avoir le cou plutôt long et mince. Et la taille? Est-ce qu'elle va avoir la taille fine ou épaisse? . . . Elle a la taille fine! Et les doigts? Est-ce qu'elle va avoir les doigts courts et épais, ou longs et fins? . . . Elle a les doigts longs et fins. Et elle a aussi les jambes longues et fines. Le visage, maintenant. Est-ce qu'elle

1. *portrait*

Nous allons faire un **portrait**.

2. *plutôt*

Elle n'est pas minuscule, mais elle n'est pas grande non plus. Elle est **plutôt** petite. Elle est **plutôt** petite que grande.

2. *avoir l'air*

Mireille **a l'air** fragile; c'est une apparence, une impression, une illusion. En réalité, en fait, elle n'est pas fragile. Elle est très robuste.

2. *costaud, fragile*

Elle est **costaud**. Elle n'a pas l'air **fragile**.

Elle a l'air **fragile**. Elle n'a pas l'air **costaud**.

3. *faire du sport*

Elle **fait beaucoup de sport**: du tennis, du patin à glace, du cheval, de l'escrime. . . .

3. *faire du vélo*

Elle **fait du vélo**.

3. *faire de la voile*

Elle **fait de la voile**.

3. *faire de la natation*

Elle **fait de la natation**.

3, 4. *mince, fort, fin, épais, taille*

Elle est un peu **forte**. Elle a la **taille épaisse**.

Elle est **mince**. Elle a la **taille fine**.

4. *cou*

Elle a le **cou** long et mince.

4. *doigt*

Des **doigts** longs et fins.

4. *jambe*

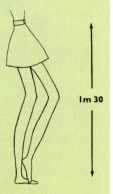

Des **jambes** longues et fines.

1m 30

Des **pattes** longues et fines.

1m 20

va avoir le visage ovale, allongé, rond, . . . carré? Ovale? Bon, disons qu'elle va avoir le visage ovale.

5

Le professeur: Est-ce qu'elle va être blonde, brune, rousse, ou châtain? Voyons . . . elle va être blonde.

Un étudiant: Dommage! Parce que moi, je préfère les brunes. . . .

Le professeur: Tant pis pour vous! Mireille est blonde et va rester blonde! Maintenant, est-ce qu'elle va avoir les cheveux longs ou courts? Qu'est-ce que vous préférez?

L'étudiant: Longs!

Le professeur: Très bien! Je suis d'accord! Elle va avoir les cheveux blonds et longs.

6

Le professeur: Et les yeux? Est-ce qu'elle va avoir les yeux noirs? Les yeux marron? Les yeux gris? Ou verts? Ou bien les yeux bleus?

Un étudiant: Les yeux bleus!

Le professeur: Bon, c'est d'accord. Elle va avoir les yeux bleus, les deux. Elle va avoir les deux yeux bleus. Voilà le portrait physique de Mireille: elle est plutôt petite, elle a l'air fragile, mais sa santé est excellente, et elle est très sportive; elle est mince, elle a le visage ovale, les cheveux blonds, et les yeux bleus.

7

Le professeur: Maintenant, faisons le portrait moral de Mireille. Au moral, elle est vive et elle a l'esprit rapide; elle est intelligente, très raisonnable, très sociable . . . un peu moqueuse, peut-être, mais elle n'est pas méchante du tout; elle a très bon caractère.

---

4. *visage, ovale, allongé, rond, carré*

Un **visage ovale** (d'après Léonard de Vinci).

Un visage **allongé** (d'après Modigliani).

Elle, elle a le visage **rond**.

Et lui, il a le visage **carré**.

5. *blond, brun, long, court*

Elle est **blonde**. Elle a les cheveux **blonds** (et **longs**).

Elle est **brune**. Elle a les cheveux **noirs** (et **courts**).

6. *œil, yeux*

Un **œil**.

Deux **yeux**.

7. *moqueur*

Mireille est **moqueuse**; elle **se moque** des ridicules.

Les enfants du clown **se moquent** de leur père.

7. *méchant*

Il est **méchant**.

Elle est **méchante**.

MISE EN ŒUVRE

Ecoutez la mise en œuvre du texte et répondez aux questions suivantes.

1. Qu'est-ce que nous allons faire aujourd'hui?
2. Est-ce que Mireille va être grande ou petite?
3. Est-ce qu'elle a l'air robuste ou fragile?
4. Elle est malade?
5. Est-ce qu'elle est en très bonne santé?
6. Est-ce qu'elle fait du sport?
7. Est-ce qu'elle est mince ou un peu forte?
8. Est-ce qu'elle a le cou épais et court?
9. Est-ce qu'elle a la taille épaisse?
10. Est-ce qu'elle a les doigts courts et épais?
11. Est-ce qu'elle a les jambes courtes et épaisses?
12. Est-ce qu'elle a le visage carré?
13. Est-ce qu'elle est blonde ou brune?
14. Est-ce qu'elle a les cheveux longs ou courts?
15. Est-ce qu'elle a les yeux bleus ou noirs?
16. Comment est-elle au moral?
17. Est-ce qu'elle est moqueuse ou indulgente?
18. Est-ce qu'elle est méchante?
19. Est-ce qu'elle a mauvais caractère?

MISE EN QUESTION

1. On va inventer une histoire, choisir des personnages, des prénoms. . . . Qui est-ce qui va décider tout ça?
2. A votre avis, quel âge peut avoir une petite fille? Et une jeune fille?
3. Qu'est-ce qu'on fait au Ministère de la Santé? De quoi est-ce qu'on s'occupe au Ministère de la Santé?
4. A votre avis, pourquoi est-ce que Mireille est en bonne santé?
5. Le professeur décide que Mireille va être blonde. Un étudiant de la classe n'est pas d'accord. Pourquoi est-ce qu'il n'est pas content?
6. Pourquoi est-ce que Mireille va avoir beaucoup d'amis?

Journal de Marie-Laure

CHANTAL EST MOCHE COMME UN POU !

Le 19 octobre 1987

Ce matin, contrôle de maths : Chantal 19/20. Moi, 11/20 !
C'est franchement exagéré. C'est même un scandale !
Madame Mathieu donne toujours la meilleure
note à Chantal. Elle dit que Chantal est
« supérieurement intelligente ! » Ouais, tu parles,
ça montre que les profs de maths ne sont pas
très intelligents. Ça prouve même qu'ils sont
stupides.
Le fait est que Chantal est la préférée de
Madame Mathieu. Elle est sa chouchoute, c'est
aussi simple que ça. Normal, c'est une vraie
fayote : elle essaie toujours de se faire bien voir
par la prof, elle lève tout le temps la main,
elle pose sans arrêt des questions, ça m'énerve !
Mais en réalité Chantal est idiote. En plus,
~~elle ~~~~~~~ bêtise et pour les pieds~~ ! En
plus, elle n'est pas belle ! Elle est même
affreuse, horrible, moche comme un pou.
D'ailleurs avec sa forêt de cheveux noirs, je suis
sûre qu'elle a plein de poux sur la tête. Et puis,
elle a un cou de girafe et des yeux en boules de
loto. Mais elle est persuadée qu'elle est très belle.
En plus, Jacques a l'air de l'intéresser. Elle est toujours
en train de le regarder avec ses gros yeux ronds et, à la récré,
elle va toujours lui parler. Lui, il n'a pas l'air intéressé du
tout. Il est trop intelligent. Je suis sûre qu'il la trouve
moche et pas du tout intéressante et que ~~c'est mon genre d'être~~
~~~~~~~~~~~~~~~~~~~~~~~~~~~~~~~~~~.
Bon, je ne sais pas pourquoi je suis aussi mauvaise avec
cette pauvre Chantal ! Elle n'est pas super belle, c'est vrai.
Pas aussi belle qu'elle le croit en tout cas, mais il y a pire ;
oui, il y a plus moche qu'elle… Et quelquefois, elle est
même pas mal ; et les garçons la regardent beaucoup…
Elle n'est peut être pas si stupide que ça, non plus. Elle est
un peu embêtante, énervante, agaçante, c'est tout.
Mireille dit que je suis jalouse, que j'aimerais
ressembler à Chantal : mais c'est pas vrai du tout, pas
vrai du tout, Mireille raconte n'importe quoi, comme
toujours !

Cecidub @bdgomme: Réunion
du personnel : comme d'hab,
Emma fayote. Être la chouchoute
lui monte à la tête & moi, la
moutarde me monte au nez.
22-févr-2010

DOCUMENTS

1

On a le monde
Quand on est blonde

On a la lune
Quand on est brune

La vie est douce
Quand on est rousse

—Boris Vian

Boris Vian, écrivain, poète, chanteur, critique et musicien de jazz (trompettiste), est né en 1920. Jeune, Vian s'intéresse au jazz, et après la Seconde Guerre mondiale il joue un rôle important dans la popularisation du jazz américain en France. Il fréquente les cafés et cabarets "existentialistes" de Saint-Germain-des-Prés à l'époque où Saint-Germain est le centre de l'activité intellectuelle et artistique de la rive gauche. Ecrivain joyeux et irrévérencieux, Vian a écrit des scénarios de films et des œuvres de science-fiction, mais il est connu principalement comme poète et romancier. Il est mort jeune, à 39 ans, en 1959. Son roman le plus célèbre est *L'Ecume des jours,* "le plus poignant des romans d'amour contemporains" disait son contemporain Raymond Queneau.

2

Brune, blonde ou rousse?

A.
Est-elle brune, blonde ou rousse?—Je l'ignore.
Son nom? Je me souviens qu'il est doux et sonore
Comme ceux des aimés que la Vie exila.
——Paul Verlaine, *Poèmes saturniens*

B.
Sois brune ou blonde
Faut-il choisir?
Le Dieu du monde
C'est le Plaisir.
——Paul Verlaine, "Chanson gothique," *Les Monténégrins*

Paul Verlaine est un poète de la fin du XIXème siècle— il est né en 1844 et il est mort en 1896. Sa poésie est très musicale, souvent mélancolique; elle a l'air très simple mais elle est très sophistiquée.

3

Aucassin et Nicolette: Portrait de Nicolette

Aucassin et Nicolette est une sorte de roman écrit au XIIème ou XIIIème siècle. Il raconte l'histoire d'Aucassin, fils du comte de Beaucaire, en Provence, et de Nicolette, son amie qu'il aime tant.

Aucassin est en prison, dans une tour. Nicolette va à la tour où est Aucassin. C'est la nuit. Il y a de la lune.

C'était en été, au mois de mai, quand les jours sont chauds, longs et lumineux, les nuits calmes et sereines.

Elle avait les cheveux blonds et frisés, les yeux vifs et riants, le visage allongé, le nez haut et régulier, les lèvres fines et plus vermeilles que la cerise ou la rose en été, les dents blanches et menues . . . sa taille était si fine que vous auriez pu l'entourer de vos deux mains.

. . .

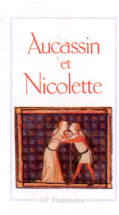

——D'après la traduction de Jean Dufournet

4

Un œil, deux yeux

Tu as de beaux yeux, tu sais.

—Jean Gabin à Michèle Morgan dans *Le Quai des Brumes* (1938, un film de Marcel Carné), un des classiques du cinéma français

5

Petites Annonces

VACANCES

1.   **Vallée du Lot**
Vacances sportives
9 - 17 ans
juillet - août
Voile-planche à voile-aviron
canoë-kayak
tennis-cheval
Séjours de 15 jours
Documentation gratuite sur demande
Camp de plein air de Marcilhac
47201 St. Cirq-Lapopie
Tél.: 53 26 08 32

RENCONTRES

2.   **Jolie brune** yeux bleus, 42 ans, élégante, vive, sens artistique, beaucoup de charme, cadre supérieur, divorcée, cherche H. 50-60 ans pour vie nouvelle.
Ecrire journal réf. 428/102

3.   **J.F.** 1m 68 intelligente et cultivée,

26 a., mince jolie sportive (ski, golf, voile) désire rencontrer H 30-40 ans, plutôt grand, costaud pour fonder famille solide.
Ecrire journal réf. 323/M

4.   **J.F.** 38 a. prof africaine française de nationalité et de culture, bien physiq. cherche H de grande culture, dynamique, aimant théâtre, musique, enfants.
Ecrire journal réf. 276/110

5.   **36 ans journaliste** très féminine aimant voyages, tennis, art, cherche homme âge indifférent, sensible, cultivé, sympathique pour relation durable.
Ecrire journal réf. 594/0A

6.   **J.H.** 25 a. gd mce bcp charm bon phys. brun beaux yx aim mus voile alp ski, ch JF 20-25 a. simple intel sympa dyn sport pr vac Alpes
Ecrire journal réf. 210/3D

6

A. Les Français et le sport

Le sport national est le football. La grande majorité des jeunes garçons font du football. A 50 ans certains hommes jouent encore, mais les adultes sont surtout des supporters enthousiastes de l'équipe nationale.

Mais le sport le plus pratiqué en France est le vélo. Beaucoup de Français, hommes et femmes, font du vélo avec des amis ou en famille. Et beaucoup sont passionnés par les courses de bicyclettes, surtout le Tour de France. Le vélo est aussi le deuxième mode de locomotion en milieu rural, après la voiture.

Certains jeunes pratiquent des sports collectifs comme le volley, le basketball, le handball et le rugby. Les moins de 25 ans aiment faire des sports "de glisse" comme le roller, le skate.

Entre 15 et 25 ans, les filles sont aussi nombreuses que les garçons à pratiquer un sport. Beaucoup de femmes adultes pratiquent des activités physiques pour être en forme comme la gymnastique, le yoga, la danse, la natation et la randonnée à pied.

B. Les sports et activités physiques les plus pratiqués (en %)

	A. Ensemble des Français	B. Proportion des femmes dans les pourcentages de la colonne A
Vélo	38	48
Natation	30	57
Randonnée pédestre	22	56
Jogging, athlétisme	17	41
Gymnastique	13	78
Football	9	14
Basketball, volleyball, handball	6	35

—D'apres *Francoscopie* 2010

C. Sports et activités physiques

Des supporters français.

L'équipe nationale française de foot gagne la Coupe du monde en 1998.

Des basketteuses françaises.

Ils font du skate à Magny-les-Hameaux.

Amélie Mauresmo, numéro un mondial de tennis en 2004 et 2006.

Ils font du roller à Paris.

Le marathon de Paris est aussi une course à pied.

Marc Raquil, champion de France de course à pied.

Ils font de la randonnée à pied.

7 Portraits II

TEXTE

Une salle de cours, un professeur, des étudiants.

1

Le professeur: Nous allons maintenant faire le portrait du jeune homme de l'histoire, Robert. C'est un Américain, un garçon solide.

Un étudiant: Vous voulez dire qu'il va être gros?

Le professeur: Mais non, pas du tout! Il est solide, robuste, costaud, mais il n'est pas gros du tout: il n'a pas de ventre; en fait,

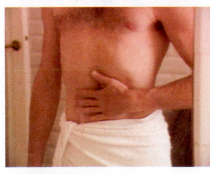

Robert est plutôt mince. Il mesure un mètre 70, un mètre 71, et il pèse exactement 70 kilos. Il est plus grand que Mireille. Mireille fait un mètre 63, un mètre 64 peut-être, pas plus. Avec ses un mètre 70, Robert est plus grand qu'elle; ou, si vous préférez, elle est moins grande que lui, elle est plus petite que lui.

2

Le professeur: Il est très sportif: il fait du ski nautique, du surfing, du polo, du football (américain, bien sûr), du basket, du volley, du hand, du hockey, du patin à roulettes. . . .

L'étudiant: C'est tout?

Le professeur: Oui, il faut lui laisser un peu de temps pour travailler.

L'étudiant: Ou pour faire la sieste.

3

Le professeur: Revenons à son portrait physique. Il n'est pas très grand, il est mince, mais solide: il a les épaules assez larges et plutôt carrées; il a le menton carré. Est-ce qu'il va être blond, roux, châtain, ou brun?

Une étudiante: Blond.

Le professeur: Ah, c'est dommage, Madame, je crois que Robert va être brun. Il a les cheveux noirs.

Un étudiant: Moi, je préfère les cheveux blancs, ou gris. . . . C'est plus sérieux, plus distingué.

Le professeur: Oui, c'est vrai! Mais Robert est un jeune homme. Il a les cheveux noirs, et les sourcils. . . .

L'étudiante: Blonds!

Le professeur: Des sourcils blonds avec des cheveux noirs? Mais non! Ça ne va pas! Ça ne va pas du tout! Avec des cheveux noirs, il faut des sourcils noirs!

L'étudiante: Dommage!

4

Le professeur: Oui, mais c'est comme ça. Robert va avoir les sourcils noirs et épais . . . enfin, assez épais. Mais est-ce qu'il va avoir une moustache? Vous préférez Robert avec ou sans moustache? Sans? Très bien. C'est entendu. Robert ne va pas avoir de moustache. Est-ce qu'il va avoir une barbe? Qu'est-ce que vous préférez, avec ou sans? Alors, qu'est-ce que vous décidez? Une barbe, ou pas de barbe?

Les étudiants: Pas de barbe!

5

Le professeur: Bon. Robert ne va pas avoir de barbe. Et les yeux? Est-ce qu'il va avoir les yeux bleus? Non! Noirs? . . . Pas vraiment! Il va avoir les yeux marron. Alors, voilà! Robert n'a pas de ventre, pas de barbe, pas de moustache, pas de cheveux blancs, mais il a les épaules larges, les cheveux noirs, les sourcils noirs, les yeux marron. Voilà pour le physique.

6

Le professeur: Au moral, maintenant. . . . Est-ce qu'il va avoir l'esprit vif, lui aussi?

Un étudiant: Non, il va être stupide.

Le professeur: Mais non, mais non! Il va être intelligent et avoir l'esprit vif, lui aussi. . . . Un peu moins vif que Mireille, peut-être, mais il ne va pas être stupide. Il est sociable, mais il parle moins que Mireille; il est aussi moins moqueur qu'elle. Il est plus indulgent.

7

Le professeur: En somme, ils ne se ressemblent pas beaucoup; ils sont même assez différents: Mireille est plutôt petite, Robert est plus grand. Elle est blonde, il est brun. Elle fait du patin à glace, il fait du patin à roulettes. Elle a les yeux bleus, il a les yeux marron. Elle est très moqueuse, il est moins moqueur. Elle est très vive, il est plus calme. Qu'est-ce que leur rencontre va donner?

Un étudiant: Ah . . . parce que . . . dans l'histoire . . . le jeune homme va rencontrer la jeune fille? . . .

Le professeur: Oui, peut-être . . . ou bien la jeune fille va rencontrer le jeune homme. . . . Tout est possible! Le hasard est si grand!

1. *petit, gros, solide*

Il est **petit.**
Il n'est pas **gros.**

Il est **solide.**
Il est même **gros.**

1. *avoir du ventre*

Il **a du ventre.**

2. faire *du patin à roulettes*

Robert **fait du patin à roulettes.**

2. *faire la sieste*

Il **fait la sieste.**

3. *menton*

Il a le **menton** carré.

3. *sourcils*

Il a les **sourcils** noirs et épais.

4. *barbe*

Il a une **barbe.**

5. *marron*

Les **marrons** sont de couleur **marron.**

7. *hasard*

La roulette est un jeu de **hasard.**
Ils se rencontrent par **hasard:** c'est une pure coïncidence.

MISE EN ŒUVRE

Ecoutez la mise en œuvre du texte et répondez aux questions suivantes.

1. Qu'est-ce que nous allons faire maintenant?
2. Est-ce que Robert est un garçon fragile?
3. Est-ce qu'il est gros? Est-ce qu'il a du ventre?
4. Combien mesure-t-il?
5. Combien pèse-t-il?
6. Est-ce que Mireille est plus grande que lui?
7. Quels sports Robert fait-il?
8. Est-ce qu'il est blond, châtain, ou roux?
9. Est-ce qu'il a les cheveux blancs ou gris?
10. Est-ce qu'il a les sourcils blonds?
11. Est-ce qu'il a une moustache?
12. Est-ce qu'il a une barbe?
13. Est-ce qu'il a les yeux bleus ou noirs?
14. Est-ce qu'il est stupide?
15. Est-ce qu'il parle beaucoup, comme Mireille?
16. Est-ce qu'il est aussi moqueur que Mireille?
17. Est-ce que Mireille et Robert se ressemblent?
18. Est-ce que Mireille va rencontrer Robert?

MISE EN QUESTION

1. Est-ce que Robert est bien proportionné? Est-ce qu'il pèse trop pour sa taille? Comparez son poids et sa taille. Combien mesure-t-il? (Combien de centimètres fait-il au-dessus d'un mètre?) Et combien pèse-t-il, en kilos? Comparez le nombre de kilos et le nombre de centimètres au-dessus d'un mètre.
2. Robert fait du patin à roulettes. Mireille aussi fait du patin (voyez la leçon 6, section 3). Est-ce que c'est la même chose?
3. Vous pesez trop: vous avez du ventre, la taille épaisse. . . . Qu'est-ce qu'il faut faire?
4. Il est deux heures. Vous êtes fatigué(e), vous ne voulez pas travailler. Qu'est-ce que vous allez faire?
5. Le professeur a décidé que Robert va être brun. Pourquoi est-ce que c'est dommage?
6. Des sourcils blonds avec des cheveux noirs, pourquoi est-ce que ça ne va pas?
7. A votre avis, est-ce que la jeune fille et le jeune homme de l'histoire vont se rencontrer? Vous êtes sûr(e) et certain(e)? Pourquoi?

Journal de Marie-Laure

COCORICO !

Le 12 juillet 1998

Moi, je ne suis vraiment pas fan de football.

J'aime bien regarder les matchs de tennis à la télé mais, en général, quand il y a du foot, je change de chaîne. Mais aujourd'hui, c'est différent. Toute la France est collée devant la télé, même Tante Georgette ! C'est la finale de la Coupe du monde de foot et l'équipe de France est victorieuse pour la première fois ! France : 3 buts. Brésil 0 !!! Cocorico ! Et quelle équipe ! 2 des 3 buts marqués par Zinédine Zidane, et de la tête, en plus ! Bravo les « Black-Blanc-Beur » ! Ils sont for-mi-da-bles !!! Tous les Français sont super fiers (et moi aussi !). Ce soir, on va projeter le portrait géant de Zidane sur l'Arc de Triomphe à Paris ! J'entends qu'on hurle dans la rue « On a gagné !! On a gagné !! On a gagné !! » Ça me donne envie de descendre dans la rue et de crier avec eux...

twitter

bdgomme Vu au gym : pauvre jeune malabar sans un poil sur la tête. J'espère qu'il se dit que calvitie = virilité...
#surcompensation

01-juin-2009

MARIE-LAURE À LA GYM

Samedi 10 mars 2001

Ce matin, je vais aller à la gym avec Jean-Denis. Lui, il est très sportif, bien plus sportif que moi. Moi, la musculation, ce n'est pas vraiment mon truc. Je préfère les sports collectifs, comme le basket ou le volley.

6 heures du soir.

Ma première visite dans une salle de sport ? Plutôt rigolo ! On y trouve toutes sortes de gens–des jeunes et des moins jeunes, des gens robustes et moins robustes, des gens minces et pas minces du tout !

Moi, je me mets à la machine à ramer pour développer mes bras. A ma gauche, il y a un petit blond qui pédale consciencieusement sur une bicyclette et qui me regarde constamment. Il n'est pas mal: cheveux plutôt longs, visage carré, ventre plat, mais des jambes comme des allumettes, le pauvre. Remarque, ~~il paraît qu'un homme qui a les jambes minces et bien ça ne veut pas forcément dire que des kilos tous en moins... un cuisine~~ ! Visiblement, il n'est pas encore prêt pour le Tour de France. A ma droite, il y a un type plus costaud qui fait de la musculation. Lui, il a les jambes bien plus musclées que le blond, un torse de gladiateur, un cou de taureau, une belle barbe noire mais alors, il est complètement chauve ! Il a peut-être 29, 30 ans, et il n'a pas de cheveux du tout ! Contrairement au blond, il est si concentré sur ses haltères, lui, qu'il ne me regarde pas du tout.

Finalement, le mieux des trois, c'est encore Jean-Denis : assez grand, bien proportionné, musclé, et pas chauve du tout ! Il n'est pas trop décrépit pour un vieux de 40 ans ! Mais moi, mon type, c'est plutôt ~~un garçon de l'âge, mais pas trop grand, avec des yeux bleus et un grand sourire–je ne sais pas—la chose comme ça. C'est un matin et c'est très proche—vivement~~

DOCUMENTS

1

Le corps humain (variante masculine)

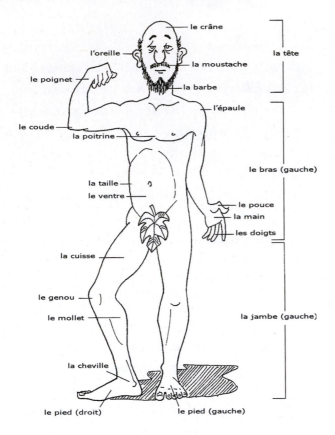

2

A. Evolution de l'apparence physique des Français

	en 1993	en 2005	en 2010
Taille moyenne des hommes	1,72 m	1,75 m	1,76 m
Taille moyenne des femmes	1,60 m	1,62 m	1,63 m
Poids moyen des hommes	75 kg	77 kg	77 kg
Poids moyen des femmes	60 kg	64 kg	62 kg

B. Coiffure et apparence physique

Un million de Français par jour vont dans les salons de coiffure.

Huit femmes sur 10 vont chez le coiffeur deux fois par an. Une femme sur deux va chez le coiffeur au moins une fois par mois.

Les deux tiers des femmes se colorent les cheveux.

Une coupe de cheveux coûte environ 25€ pour les hommes et 45€ pour les femmes.

—D'après *Francoscopie* 2010

Des jeunes gens.

3

Aucassin et Nicolette: Portrait d'Aucassin

Le comte Garin de Beaucaire était un homme âgé et fatigué. Il n'avait pas d'enfants,

à l'exception d'un seul garçon dont voici le portrait. Ce jeune seigneur s'appelait Aucassin. Beau, élégant, grand, il avait les jambes, les pieds, le corps et les bras bien faits. Ses cheveux étaient blonds et très bouclés, ses yeux vifs et rieurs, son visage lumineux et allongé, son nez haut et bien planté.

—D'après la traduction de Jean Dufournet

4

Nos ancêtres les Gaulois

Les Français d'aujourd'hui considèrent les Gaulois comme leurs ancêtres. Les manuels d'histoire de France pour les classes élémentaires commencent souvent par: "Nos ancêtres les Gaulois. . . ." En France, le coq gaulois est un emblème national comme l'aigle aux Etats-Unis, et Astérix le Gaulois est un héros aussi populaire que Mickey Mouse. Dans leur esprit, les Français sont des Gaulois modernisés. Pour comprendre les Français, il est utile d'avoir une idée des Gaulois.

5

Portrait des Gaulois

Au physique, les Gaulois sont grands. En tout cas, ils sont moins petits que les Romains.

Les Gaulois sont en général blonds . . . ou roux. En tout cas, ils sont moins souvent bruns que les Romains. Ils ont les cheveux longs et de longues moustaches. Ils ne sont pas rasés comme les Romains.

Les Gaulois ont les yeux bleus . . . en tout cas moins souvent noirs ou marron que les Romains.

Au moral, les Gaulois sont intelligents. Ils ont l'esprit vif. Ils assimilent rapidement les différentes tactiques et les procédés d'attaque des Romains. Ils aiment les combats. Ils sont extraordinairement courageux, audacieux, et endurants. Mais ils sont instables. Ils changent facilement d'idée. Ils sont facilement découragés. Ils n'ont pas la persévérance des Romains.

Les Gaulois aiment les couleurs vives, les bracelets, les colliers, les ornements. Ils aiment les plaisanteries, les chants, et les danses.

—D'après Jules César, *Commentaire sur la conquête de la Gaule* (Ier siècle de l'ère chrétienne)

6

Astérix et Obélix, auto-portrait

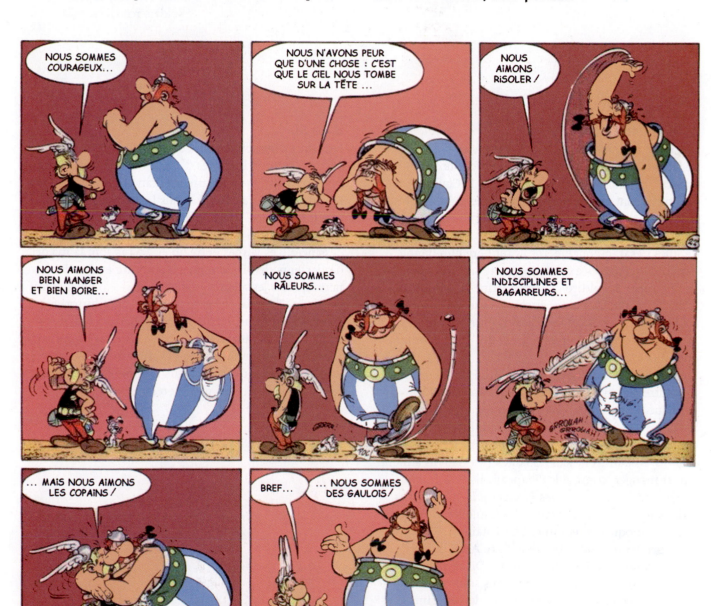

—Extrait de *La Grande Traversée*, texte de Goscinny, dessins de Uderzo

Astérix et Obélix.

Jules César.

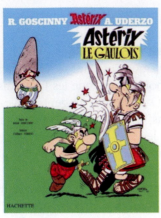

Obélix, Astérix, et des
soldats romains.

7

A. Le Phénomène Astérix

Il y a une cinquantaine d'années, un nouveau personnage de bande dessinée ("BD"—on prononce *bédé*) apparaît en France. Il s'appelle Astérix le Gaulois. Ses aventures sont un mélange d'histoire et de comique. Il parle français évidemment, mais il vit à l'époque de la conquête de la France par les Romains, sous le règne de Jules César, cinquante ans avant l'ère chrétienne. Par conséquent, ses exploits permettent à ses auteurs de combiner la culture classique latine et la culture française contemporaine, et cela amuse énormément les Français. La qualité des dessins est remarquable. Et Astérix devient très rapidement un "phénomène" culturel.

Mais Astérix est populaire chez les Français pour une autre raison aussi: il est gaulois. La Gaule de l'époque de Jules César occupait presque le même territoire que la France d'aujourd'hui. Et les Français considèrent qu'ils ont le même caractère que les Gaulois. Ils admirent leurs qualités (les Gaulois aiment rire et manger, comme les Français. Ils sont braves et généreux . . . comme les Français). Et ils sont très indulgents pour leurs défauts (les Gaulois sont indisciplinés et moqueurs, et aiment les batailles).

Au printemps 1989 s'ouvre le **Parc Astérix** à 30 kilomètres de Paris. Comme le Parc Disneyland (1992), c'est un parc à thème. Ses attractions sont inspirées par le célèbre Gaulois et les personnages de ses principales aventures.

B. La BD

Les bandes dessinées sont composées de texte et de dessins, comme les livres d'*Astérix* ou de *Tintin*. La BD est extrêmement populaire en France, comme en Europe en général. Les Français la considèrent comme une forme d'art—on l'appelle "le neuvième art."

En France, 8% des livres publiés sont des bandes dessinées. Les jeunes entre 10 et 25 ans sont la majorité des lecteurs de BD comique, d'aventure et de science-fiction, mais les adultes les lisent aussi . . . quelquefois en secret. Tous les styles sont représentés: historique, littéraire, érotique, etc. Les blogs spécialisés et les festivals de BD popularisent chaque année les nouveaux albums et leurs auteurs. Les BD africaines, par exemple *Aya de Yopougon* par deux auteurs de Côte d'Ivoire, ont un succès de plus en plus grand en Europe.

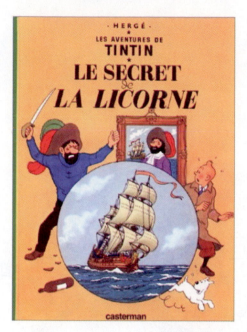

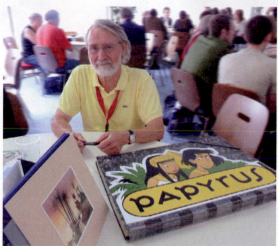

Au festival européen de la bande dessinée.

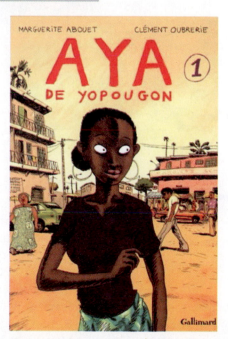

Des couvertures d'albums BD.

8 Généalogie

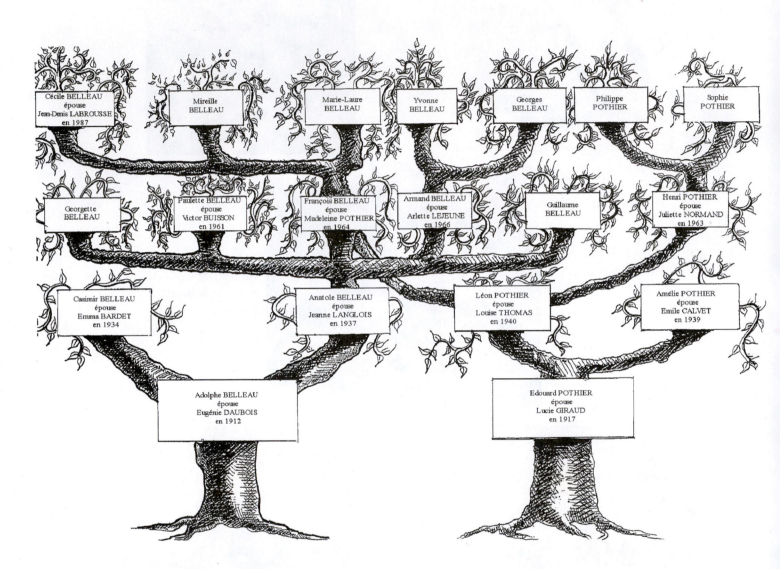

TEXTE

Le professeur: Etudions l'arbre généalogique de Mireille.

1

En 1912 (mil neuf cent douze), Adolphe Belleau épouse Eugénie Daubois. Ils ont deux enfants: Casimir et Anatole. En 1937 (mil neuf cent trente-sept), Anatole Belleau épouse Jeanne Langlois. Ils ont cinq enfants: deux filles, Georgette et Paulette, et trois garçons, François, Armand, et Guillaume. En 1964 (mil neuf cent soixante-quatre), François Belleau épouse Madeleine Pothier. Ils ont trois filles: Cécile, Mireille, et Marie-Laure.

2

Si vous examinez l'arbre généalogique, vous voyez que Mireille est la fille de François et Madeleine Belleau; Cécile et Marie-Laure sont aussi les filles de François et Madeleine Belleau. Et de qui Yvonne est-elle la fille? C'est la fille d'Armand et Arlette Belleau.

3

Mireille est la petite-fille d'Anatole Belleau et l'arrière-petite-fille d'Adolphe Belleau. Georges est le fils d'Armand Belleau, le petit-fils d'Anatole, et l'arrière-petit-fils d'Adolphe.

4

Et la famille maternelle de Mireille. . . . Madeleine Belleau est la mère, Louise Pothier la grand-mère, et Lucie Pothier l'arrière-grand-mère de Mireille. Qui est Edouard Pothier? C'est le père de Léon Pothier, le grand-père de Madeleine Pothier, et l'arrière-grand-père de Mireille.

5

Cécile et Marie-Laure sont les sœurs de Mireille. Mais est-ce que Sophie Pothier est la sœur de Mireille? Non! C'est sa cousine; et Philippe Pothier, le frère de Sophie, est son cousin. Henri Pothier est son oncle, et Juliette sa tante.

6

Le professeur: Mademoiselle, vous pouvez nous présenter votre famille?

Mireille: Ma famille?

Le professeur: Oui . . . ça ne vous ennuie pas?

Mireille: Non. . . . Oui, si vous voulez. . . . Presque tout le monde est là. Commençons par mes parents. Papa! Maman! . . . Voilà mon père et ma mère. . . . Voilà ma sœur Cécile et son mari, Jean-Denis. Tout le monde dit qu'elle me ressemble. . . . Marie-Laure!

Mais Marie-Laure est occupée.

Marie-Laure: Oh, attends! Je suis occupée!

Mireille: Viens! . . . Marie-Laure, je te dis de venir tout de suite!

1. *épouser*

Mariage d'Anatole Belleau et de Jeanne Langlois. Anatole Belleau **épouse** Jeanne Langlois. (Nous sommes en 1937.)

1. *enfant, garçon, fille*

Deux **garçons** et trois **filles:** cinq **enfants.**

2. *fille*

Il a trois enfants, trois **filles.** Il n'a pas de fils.

3. *fils*

Il a deux **fils.** Il n'a pas de filles.

6. *ennuyer*

Voilà un petit garçon qui **ennuie** son père.

6. *occupé*

Ce monsieur est très **occupé.**

Lui, il n'est pas très **occupé.** Il n'a rien à faire.

Marie-Laure: Quoi, qu'est-ce qu'il y a?

Mireille: Dis bonjour. . . . Voilà, c'est ma petite sœur, Marie-Laure.

7

Mireille: Là-bas, c'est ma grand-tante Amélie. Elle a 70 ans. Elle est veuve.

Tante Amélie: Ah . . . du temps de mon pauvre mari. . . .

Mireille: Son mari est mort à la guerre, en 40. A côté, c'est mon grand-oncle Casimir. Il a 85 ans. Il est veuf. Sa femme est morte d'un cancer.

8

Mireille: Ça, c'est Tonton Guillaume, un frère de Papa. Il a 54 ans. Il ne travaille pas. . . . Il a de la fortune, comme dit ma tante Georgette. . . . Il a des loisirs. . . . C'est agréable, les loisirs! Il est toujours en vacances. . . . Il a des relations, beaucoup de relations. C'est utile, les relations! . . . Il n'a pas d'enfants. Il est célibataire. Mais il adore les enfants, surtout Marie-Laure.

François Belleau: Guillaume est extraordinaire! Il trouve toujours du temps pour les enfants.

Tante Georgette: Oui, oui, je sais . . . et il arrive toujours avec des chocolats, des cadeaux. . . . C'est facile, quand on a de l'argent!

9

Mireille: Ça, c'est ma tante Georgette, une sœur de Papa. Elle a 59 ans. Je crois qu'elle n'a pas beaucoup d'argent. Elle n'est pas mariée. Elle est célibataire, elle aussi. Heureusement, parce qu'elle déteste les enfants! Même ses neveux et nièces! Elle trouve tous les enfants agaçants et fatigants. Mais au fond, elle est très gentille! Moi, je l'aime beaucoup!

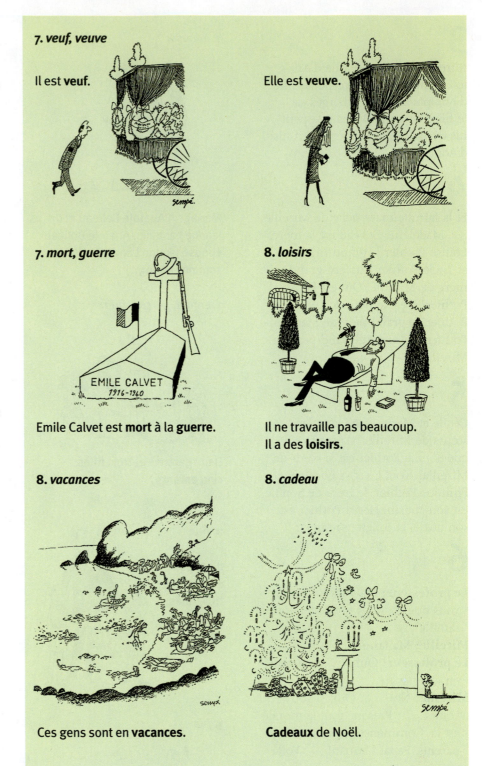

7. *veuf, veuve*

Il est **veuf**.

Elle est **veuve**.

7. *mort, guerre*

EMILE CALVET
1916–1940

Emile Calvet est **mort** à la **guerre**.

8. *loisirs*

Il ne travaille pas beaucoup. Il a des **loisirs**.

8. *vacances*

Ces gens sont en **vacances**.

8. *cadeau*

Cadeaux de Noël.

10

Mireille: Eh bien, voilà. Ma tante Paulette et mon oncle Victor ne sont pas là. Mes grands-parents non plus; mon grand-père ne va pas très bien. Mais je peux vous montrer des photos, si vous voulez. Marie-Laure!

Marie-Laure: Quoi? Qu'est-ce qu'il y a encore?

Mireille: Va chercher mon album!

Marie-Laure: Oh, mais tu m'embêtes! Tu ne peux pas aller le chercher toi-même?

11

Mireille: Ça, c'est moi à 6 ans.

Ça, c'est moi à 6 mois!

M. François BELLEAU et Mme, née POTHIER

sont heureux d'annoncer la naissance de leur fille

Mireille

le 3 janvier,
18, rue de Vaugirard
75006 Paris

Ça, c'est l'annonce de ma naissance, dans *Le Figaro*.

La Marquise de PINOT-CHAMBRUN, le Comte de BETTELHEIM d'ARBOIS et la Comtesse, née Sylvie Catherine de VILLEHARDOUIN du FAYET

ont la joie d'annoncer la naissance de leur petit-fils

HUBERT

fils du Comte Roland de PINOT-CHAMBRUN et de la Comtesse, née Chantal de BETTELHEIM d'ARBOIS,

le 3 janvier.

Il fait la joie de Diane, Eric et Gildas.

La Grange-aux-Bois
60178 Thury-en-Valois
02290 Vic-sur-Aisne

Ça, c'est l'annonce de la naissance d'Hubert. C'est un ami. Nous avons exactement le même âge: nous sommes nés le même jour.

Ça, c'est le faire-part de la naissance de Marie-Laure.

Cécile et Mireille Belleau
ont la joie de vous faire part de la naissance
de leur petite sœur

Marie-Laure
le 21 juin

18, rue de Vaugirard
75006 Paris

---

9. agaçant

Les enfants sont **agaçants**. Cet enfant **agace** son père.

9. fatigant

Le travail est **fatigant**.
Les voyages sont **fatigants**.
Quand on a la mononucléose, on est très **fatigué**.

9. gentil

Le monsieur n'est pas **gentil**.
La dame est **gentille**.

11. faire la joie

Le nouveau bébé **fait la joie de** sa grande sœur.

12

Jean-Denis: Et ça, qui est-ce?

Mireille: Ça, c'est Sophie; c'est ma cousine . . . du côté de Maman . . . une Pothier.

Jean-Denis: Ah, oui, la sœur de Philippe?

Mireille: Oui, c'est ça!

Jean-Denis: Et comment est-elle? Elle est sympathique, la petite cousine?

Mireille: Ouais . . . enfin. . . . Elle est gentille . . . mais je préfère mes cousins Belleau, surtout Georges.

Jean-Denis: Elle n'est pas mal, ta cousine! Quel âge a-t-elle?

Mireille: Elle a dix-sept ans . . . et un sale caractère, je te préviens!

Jean-Denis: C'est vrai?

13

Mireille: Ça, c'est Marie-Laure en tutu.

Marie-Laure: Et ça, c'est tante Georgette avec son toutou. Fido, il s'appelle. . . .

Ce sont mes parents . . .

et ça, c'est ma grand-mère.

Ça, c'est mon grand-père.

Ça, c'est mon arrière-grand-père.

Ça, c'est mon arrière-arrière-grand-père.

Et ça, c'est son arrière-arrière-arrière . . . grand-père: Monsieur de Cro-Magnon! D'ailleurs, elle lui ressemble, vous ne trouvez pas?

Le site préhistorique des Eyzies, où des restes de l'Homme de Cro-Magnon ont été découvertes en 1868.

12. avoir un sale caractère

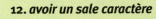

Ils **ont un sale caractère.**
Ils se disputent tout le temps.
Ils sont irascibles.

MISE EN ŒUVRE

Ecoutez la mise en œuvre du texte et répondez aux questions suivantes.

1. Combien d'enfants ont Anatole et Jeanne Belleau?
2. Combien de filles et combien de garçons ont-ils?
3. Est-ce que Mireille est la fille d'Anatole Belleau?
4. Est-ce que Mireille est la fille d'Adolphe Belleau?
5. Est-ce que Georges est le petit-fils d'Armand?
6. Qui est Louise Pothier, pour Mireille?
7. Et Edouard?
8. Qui sont Cécile et Marie-Laure?
9. Qui est Sophie?
10. Qui est Philippe?
11. Qui sont Henri et Juliette?
12. Quelle est la situation de famille de la grand-tante Amélie?
13. Quand son mari est-il mort?
14. Est-ce que Tonton Guillaume est riche?
15. Est-ce qu'il a des relations?
16. Est-ce qu'il est marié?
17. Est-ce qu'il aime les enfants?
18. Qu'est-ce qu'il apporte toujours aux enfants?
19. Est-ce que Georgette aime les enfants? Pourquoi?
20. Est-ce que Sophie est sympathique, d'après Mireille?

MISE EN QUESTION

1. Pourquoi est-ce que Marie-Laure ne vient pas tout de suite quand Mireille l'appelle?
2. A votre avis—d'après vous—pourquoi est-ce que l'oncle Guillaume ne travaille pas?
3. A votre avis, pourquoi a-t-il beaucoup de relations?
4. Pourquoi est-ce que Monsieur Belleau trouve que son frère Guillaume est extraordinaire?
5. Est-ce que vous pensez que Tante Georgette arrive toujours avec des chocolats ou des cadeaux pour les enfants? Pourquoi, à votre avis?
6. A votre avis, comment est Tante Georgette, réellement? Est-elle méchante, désagréable, gentille?
7. Pourquoi est-ce que Mireille embête Marie-Laure?
8. Quand Mireille est-elle née? Et Hubert?
9. A votre avis, est-ce que Mireille aime beaucoup sa cousine Sophie?
10. Comment Jean-Denis trouve-t-il Sophie?
11. Dans l'album de Mireille, il y a une photo (une carte postale, je crois) qui représente la statue d'un homme préhistorique devant une caverne. Qui est cet homme préhistorique?
12. A qui l'homme de Cro-Magnon ressemble-t-il, d'après Marie-Laure? Pourquoi?
13. L'homme de Cro-Magnon vivait avant l'ère chrétienne. A votre avis, combien d'années avant? Mille ans? Dix mille ans? Vingt mille ans?
14. A votre avis, est-ce que l'homme de Cro-Magnon est vraiment l'ancêtre de Mireille?

Journal de Marie-Laure

CÉCILE ATTEND UN BÉBÉ !

Le 25 juillet 1988

Ça y est, c'est officiel ! Cécile attend un bébé. Elle est enceinte de trois mois. Je crois que Maman le savait mais elle ne disait rien. Cécile et Jean-Denis sont très contents. Papa et Maman aussi : ils vont avoir leur première petite-fille ou premier petit-fils et moi je vais avoir un neveu ou une nièce (c'est pas très clair sur l'échographie). En tout cas, c'est chouette ! Je vais être Tata Marie-Laure !

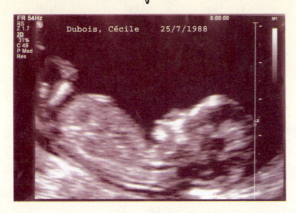

Le 18 janvier 1989

Ça y est ! Je suis tante ! Jean-Denis vient de téléphoner. Cécile a accouché. C'est une fille. Tout s'est bien passé. Pas de problèmes, pas de complications. Elles quittent l'hôpital dans trois jours. Tout va bien. Le bébé pèse 3,5 kg. J'ai hâte de voir ma petite nièce !

Le jeudi 19 janvier

On est allés voir Cécile et le bébé à l'hôpital. Elle est adorable. Cécile est radieuse. Jean-Denis est très fier. Il dit que ce bébé est un vrai bijou. Il dit qu'il n'a rien fait d'aussi beau quand il travaillait chez son joaillier.

Elle est vraiment très jolie. Tout le monde dit qu'elle me ressemble. Et elle ne pleure presque jamais. C'est le bébé idéal. J'espère que cela va durer et qu'elle ne va pas avoir le mauvais caractère de ~~sa sœur~~, ~~pronom constant~~, ~~toujours à râler~~. Elle sera exemplaire ! Son nom ? Mystère et boule de gomme. Ils hésitent : Élodie, Julie, Aurélie, Laure, Audrey, Céline, Stéphanie, ou Pauline.

twitter

bdgomme Ces jours-ci, je vois des femmes enceintes partout. Qui a dit « la surpopulation est le problème fondamental de l'avenir de l'humanité ? » #réponse : Lévi-Strauss
4-juin-2009

rroseselavy @bdgomme : Alors la maternité, ça te tente pas du tout ? Tu sais, il y a toujours l'adoption.
4-juin-2009

bdgomme @rroseselavy : J'y pense. Mais je crois que je vais d'abord adopter un chien... pour tester mon instinct maternel #voirgrandcommencerpetit
5-juin-2009

DOCUMENTS

1

Les Belles Familles

Louis Ier[1]
Louis II
Louis III
Louis IV
Louis V
Louis VI
Louis VII
Louis VIII
Louis IX
Louis X (dit le Hutin)
Louis XI
Louis XII
Louis XIII
Louis XIV
Louis XV
Louis XVI
Louis XVIII
et plus personne plus rien . . .
Qu'est-ce que c'est que ces gens-là
Qui ne sont pas foutus[2]
de compter jusqu'à vingt?

—Jacques Prévert, *Paroles*

1. Roi de France. Notez qu'on dit Louis *Premier*, mais Louis *Deux*, Louis *Trois*, etc.
2. N'utilisez pas ce mot en bonne compagnie. En bonne compagnie, dites plutôt "capables."

2

Familles

A. Familles, je vous hais.

—André Gide

André Gide est né à Paris en 1869, dans une famille d'un protestantisme rigide. Avec *Les Nourritures terrestres* (1897), il réagit contre les contraintes familiales, sociales, religieuses. Son influence a été considérable ("le contemporain capital," d'après André Malraux). Il a reçu le prix Nobel de littérature en 1947. Il est mort, à Paris, en 1951.

B. La famille . . . on ne la choisit pas.

—Tante Georgette

Georgette Belleau, née à Paris vers le milieu du XXème siècle, est connue pour son remarquable répertoire de proverbes.

C. On choisit ses amis, on ne choisit pas sa famille.

—Oncle Guillaume

Guillaume Belleau, frère aîné de la précédente, appelé dans la famille Tonton Guillaume, a beaucoup d'amis et de relations.

D. Le sort fait les parents, le choix fait les amis.

—Delille

Jacques Delille, qu'on appelle souvent l'abbé Delille, est un poète et un traducteur du XVIIIème siècle. Il a été membre de l'Académie française. Il a eu beaucoup de succès à son époque, mais il est peu connu aujourd'hui.

3
La Famille et les Français: Mariage, PACS, union libre, divorce

1. Distinguons d'abord deux définitions de la famille: le cercle de famille restreint et le cercle de famille large.

Le cercle restreint est composé du couple (le mari et la femme), des parents de la femme et du mari (les beaux-parents), les grands-parents, les enfants et les conjoints des enfants (les maris et les femmes des enfants), les petits-enfants, les frères et les sœurs et leurs conjoints.

Le cercle large comprend, en moyenne, les personnes de la famille restreinte, plus les oncles et les tantes des deux membres du couple, et les neveux et nièces.

En plus, 27% des familles possèdent un chat. 23% possèdent un chien.

2. Le mariage est le mode de vie en couple le plus fréquent: 80% des adultes vivant en couple sont mariés. En France, le mariage officiel se fait à la mairie et est donc une cérémonie laïque; le couple peut aussi avoir une cérémonie religieuse mais elle n'a pas de valeur légale.

Aujourd'hui beaucoup de jeunes gens font le choix de vivre ensemble sans être mariés: un couple sur cinq n'est pas marié et vit en union libre. Un couple sur deux préfère signer un PACS—un pacte civil de solidarité. Le PACS, inauguré en 1999, est un contrat entre deux personnes du même sexe ou du sexe opposé. Il organise la vie commune du couple. A l'origine, le PACS devait aider les homosexuels qui ne peuvent pas se marier légalement (la France ne reconnaît pas en-core le mariage homosexuel). Aujourd'hui, il y a plus de couples hétérosexuels que de couples homosexuels qui sont pacsés.

Se pacser demande une procédure plus simple que le mariage, et a moins de limitations. Beaucoup de Français considèrent que le PACS offre une alternative réaliste et moderniste aux traditions du mariage.

S'ils choisissent le mariage, les jeunes le font assez tard, les hommes à 31 ans et les femmes à 29 ans.

Beaucoup de couples ont des enfants, mais ne sont pas mariés, ou ils se marient à la naissance de leur premier enfant. De plus en plus d'enfants vivent dans des familles reconstituées, avec un parent biologique et son conjoint ou dans une famille monoparentale (avec un seul parent).

3. La famille change, mais les rapports entre les membres de la famille sont encore assez étroits. Les enfants habitent chez leurs parents plus longtemps qu'aux Etats-Unis. Un jeune homme quitte typique-ment la maison à 24 ans et une jeune fille à 22 ans. Les parents aident leurs enfants à trouver un logement ou du travail. En province, 40% des personnes entre 30 et 60 ans habitent près de leurs parents. Les grands-parents font du baby-sitting et gardent leurs petits-enfants pendant les vacances.

4. La vie en couple reste le mode de vie privilégié des Français, mais 34% des Français vivent seuls. 10% sont célibataires, 12% sont veufs ou veuves.

Parmi les gens de plus de 65 ans, il y a quatre fois plus de veuves que de veufs. Les causes principales de la surmortalité masculine sont les accidents de voiture avant 25 ans, le suicide entre 25 et 44 ans, et les can-cers entre 45 et 64 ans.

14% des Français sont divorcés. Le nombre des divorces augmente (50% des mariages finissent au-jourd'hui par un divorce), mais il n'y a que 12% des pacsés qui se séparent—ce qui peut expliquer le succès des PACS. En conséquence, il y a de plus en plus de familles monoparentales; dans 85% de ces familles, une mère divorcée ou séparée travaille et élève ses enfants seule.

—D'après *Francoscopie 2010*

4

Je sais compter jusqu'à dix

C'est un bonhomme qui dit à son gosse:

—Mais c'est terrible! Regarde ça! T'as quinze ans, tu vas à l'école et t'es incapable d'apprendre quoi que ce soit! Tu sais à peine compter, t'es nul! Dis-moi, tu sais compter jusqu'à combien?

—Je sais compter jusqu'à dix!

—Tu te rends compte? A quinze ans, tu sais compter que jusqu'à dix! Mais qu'est-ce que tu vas foutre, plus tard?

—J'serai arbitre de boxe!

—Coluche

Coluche (Michel Colucchi), acteur et chansonnier, est né en 1944 dans une banlieue pauvre de Paris. Il est arrivé, grâce à ses sketches humoristiques très irrévérencieux et caustiques, à une grande notoriété (il a même été proposé—pas très sérieusement—comme candidat à la présidence de la République!). Il a joué dans plusieurs films, en particulier dans *Tchao, Pantin*. Il est aussi connu pour son action antiraciste (c'est lui qui a lancé le fameux slogan "Touche pas à mon pote!") et pour avoir fondé les "Restos du cœur," une organisation qui offre des repas gratuits aux personnes sans ressources. Passionné de moto, il est mort en 1986 dans un accident de motocyclette.

Des jeunes manifestent contre le racisme.

Le logo des Restos du cœur.

5

Robert n'était plus tout à fait à la conversation.

—Extrait de Maja, *Bonheurs*

9 Vacances en Bretagne I

TEXTE

1

Pendant les vacances d'été, il y a deux ans, à Belle-Ile-en-Mer, en Bretagne . . . Mireille, Cécile, et Marie-Laure, leur cousin Georges, et leur cousine Yvonne sont seuls dans une maison louée en commun par les deux familles.

2

Mireille: Pouh! . . . C'est bien notre chance! Ça fait trois jours qu'il pleut! Elle est belle, votre Bretagne, hein!

Cécile: Oui; c'est mortel, la mer, quand il pleut. Il n'y a rien à faire. . . .

Georges: Jouons à la belote!

Marie-Laure: A la pelote? Dans la maison? On n'a pas la place!

Georges: Mais non, bécasse! A la belote! Pas à la pelote! Tu es sourde ou quoi? On ne va pas jouer à la pelote basque en Bretagne! Mais on peut jouer aux cartes: à la belote, au bridge, au poker, à l'écarté. . . .

Yvonne: On peut jouer aux échecs . . . ou aux dames, c'est moins compliqué.

Mireille: Ah, non! Tout ça, c'est mortel. Jouons plutôt à faire des portraits.

3

Cécile: Oui, c'est une idée! Jouons aux portraits!

Georges: C'est ça! Faisons des portraits!

Marie-Laure: Comment est-ce qu'on fait, pour jouer aux portraits?

Mireille: C'est très facile! Quelqu'un décrit une personne en trois ou quatre phrases. . . . Euh . . . par exemple: elle est grande, elle a un œil bleu, elle a un œil gris, elle est très gentille. . . . Et puis les autres devinent qui c'est.

Marie-Laure: Qui c'est?

Mireille: Qui?

Marie-Laure: Ben, grande, avec un œil bleu, un œil gris, et très gentille!

Mireille: Ben, je ne sais pas! Ce n'est personne! Elle n'existe pas! C'est un exemple!

Marie-Laure: Ah, bon! On invente des personnes qui n'existent pas?

Mireille: Mais non! Ce que tu peux être bête! . . . Quand on joue, on prend des personnes qui existent, évidemment! Sinon, on ne peut pas deviner!

4

Georges: Bon, allons-y! Commençons! On commence par des gens de la famille. Qui est-ce qui commence? . . . Allez, à toi, Yvonne, tu commences!

1. *pendant, été*

Avant les vacances d'**été**: le 15 mai (par exemple).
Pendant les vacances d'**été**: le 20 juillet.
Après les vacances d'**été**: le 3 octobre.

1. *seul*

Robinson Crusoë était **seul** sur son île.

Les ermites vivent **seuls**. Ils aiment la **solitude**.

1. *louer*

Si on n'a pas de maison, on peut **louer** une maison.
Si on n'a pas de voiture, on peut **louer** une voiture (chez Hertz, Avis, Europcar . . .).

2. *chance*

Il a de la **chance**! Il a gagné 20.000 au poker!

2. *pleuvoir*

Il **pleut**.

2. *mortel*

C'est **mortel**. Ce n'est pas amusant. C'est sinistre.

2. *belote*

Mireille et Marie-Laure jouent à la **belote** (c'est un jeu de cartes).

2. *pelote*

Au Pays Basque, on joue à la **pelote** (c'est un jeu de balle).

2. *avoir (de) la place*

Pour jouer à la pelote, il faut **de la place**, de l'espace! Ici, on n'a pas **la place**, la maison est trop petite!

2. *échecs*

On peut jouer aux **échecs**.

2. *dames*

On peut jouer aux **dames**.

3. *idée*

Newton a une **idée**.

3. *décrire*

Quelqu'un **décrit** une personne en trois ou quatre phrases.

On **décrit** une personne: on fait une **description**.

3. *deviner*

Quelqu'un décrit une personne, et les autres **devinent** qui c'est.

Devine qui c'est!

Elle **devine** tout: elle a beaucoup d'intuition.
Il est extra-lucide: il **devine** l'avenir.
Œdipe a **deviné** l'énigme du Sphinx.

Yvonne: Non, pas moi . . . je n'ai pas d'idée. . . .

Georges: Mais si, voyons! Ce n'est pas difficile! Tu prends quelqu'un de la famille . . . n'importe qui!

Yvonne: Attends. . . . Je cherche. . . . Voyons. . . . Ah, ça y est! Je sais! Il est grand, il a les cheveux gris et courts, il est toujours bronzé. Il a bon caractère, il est toujours de bonne humeur. Il est très généreux, il fait toujours des cadeaux. Il adore les . . .

Georges: Tonton Guillaume! C'est trop facile!

Marie-Laure: Qu'est-ce qu'il aime, Tonton Guillaume?

Mireille: Les enfants, bécasse!

5

Georges: Allez, c'est à moi, maintenant. C'est mon tour. Le nez fin et pointu . . . les lèvres minces . . . les dents pointues, la voix pointue: "Ah, qu'il est agaçant, ce gamin! . . ."

Cécile et Mireille: Tante Georgette!

Mireille: Bon, à moi, maintenant! Le grand sportif. Très fier de ses performances . . . passées: à la course, au 100m, 400m, au marathon; au saut en hauteur, au saut à la perche. . . . L'athlète parfait, quoi. Ne manque jamais un événement sportif . . . comme spectateur à la télé, évidemment! Il joue même au tennis . . . une fois par an!

Yvonne: Oh, là, là! Ce qu'elle est méchante! C'est Papa!

Mireille: Ben, évidemment, c'est ton père!

6

Georges: Bon, à moi! L'air distingué, les mains fines, les yeux bleus, les cheveux blonds. . . . Tout le portrait de sa deuxième fille!

Mireille: Oh . . . qu'il est galant, le petit cousin! . . . Bon. On ne va pas dire qui c'est!

Marie-Laure: Si, si, dis qui c'est!

Cécile: Allons, les enfants, il est plus de 4 heures. C'est l'heure du goûter.

Marie-Laure: Dis qui c'est! Dis qui c'est! Je veux savoir qui c'est, na!

Mireille: Oh, mais tais-toi! Tu es embêtante, à la fin! D'abord, tu vas chercher le goûter.

Marie-Laure: Eh, je ne suis pas ta bonne! Vas-y, toi!

7

Mireille: Ecoute . . . tu veux savoir qui c'est?

Marie-Laure: Ben, oui!

Mireille: Alors, va chercher le goûter!

Marie-Laure: Ah, ce que tu peux être embêtante! Pouh! . . .

Mireille: Apporte de l'Orangina et de la limonade.

Cécile: Il y a des petits pains aux raisins!

Georges: Apporte les galettes bretonnes aussi.

Marie-Laure: Il n'y en a plus!

Georges: Mais si, il en reste au moins cinq ou six!

Marie-Laure: Il n'en reste plus!

Georges: Tu es sûre?

Marie-Laure: Bien sûr que je suis sûre! Puisque je te le dis, tu peux me croire, non?

4. bronzé

Ils ne sont pas **bronzés**.

Il est **bronzé**.

Ils vont être **bronzés**!

4. être de bonne (mauvaise) humeur

Il **est de mauvaise humeur**. Elle **est de bonne humeur**.

4. généreux

Une dame **généreuse**.

5. *nez, pointu*

Un **nez pointu**.

5. *lèvres*

Des **lèvres** minces.

Des **lèvres** épaisses.

5. *dent*

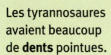

Il a les **dents** pointues.

Les tyrannosaures avaient beaucoup de **dents** pointues.

5. *gamin*

Un **gamin**.

5. *fier*

Il est **fier** de ses performances.

5. *saut*

Saut en hauteur.

Saut à la perche.

5. *manquer*

Il ne **manque** pas un événement sportif: il voit (à la télé) tous les événements sportifs.
—Le bus va passer dans deux minutes. Vite! Nous allons le **manquer!**

6. *galant*

Un jeune homme **galant**.

6. *goûter*

Le **goûter**. Ici, c'est des petits pains aux raisins, des bouteilles de limonade, d'Orangina. . . .

6. *bonne*

Une **bonne**. (Ce n'est pas Marie-Laure.)

7. *galette*

Des **galettes** bretonnes.

Marie-Laure apporte les bouteilles, les verres, et les petits pains aux raisins.

Mireille: Attention à ce que tu fais!
Marie-Laure laisse tout tomber.
Mireille: Ah, c'est malin!
Marie-Laure (*pleurant*): Ce n'est pas de ma faute!

Cécile: Allons, ne pleure pas. Ce n'est pas grave!
Marie-Laure: Alors, qui c'est?

8. *bouteille, verre*

Une **bouteille** et un **verre**.

8. *pleurer*

Il **pleure**.

8. *C'est de ma faute*

C'est de ma faute: je suis responsable.
Ce n'est pas **de sa faute:** elle n'est pas responsable.

8. *grave*

Ce n'est pas **grave:** ce n'est pas important, ce n'est pas sérieux, ce n'est pas une catastrophe!

MISE EN ŒUVRE

Ecoutez la mise en œuvre du texte et répondez aux questions suivantes.

1. A quel moment sommes-nous?
2. Où Mireille, ses sœurs, et ses cousins sont-ils?
3. Est-ce que leurs parents sont avec eux?
4. Est-ce que cette maison est aux Belleau?
5. Est-ce qu'il fait beau? Quel temps fait-il?
6. Est-ce que ça fait longtemps qu'il pleut?
7. Est-ce que c'est amusant, la mer, quand il pleut?
8. Pourquoi est-ce que c'est mortel?
9. Pourquoi est-ce qu'on ne peut pas jouer à la pelote basque dans la maison?
10. A quoi est-ce qu'on peut jouer, dans la maison?
11. Comment est-ce qu'on fait, pour jouer aux portraits? Qu'est-ce qu'on fait d'abord?
12. Et les autres, qu'est-ce qu'ils font?
13. Pourquoi est-ce qu'il faut prendre des personnes qui existent?
14. Par qui Georges propose-t-il de commencer?
15. Pourquoi est-ce qu'Yvonne ne veut pas commencer?
16. Comment est Tonton Guillaume? Est-ce qu'il est petit?
17. Est-ce qu'il a les cheveux noirs?
18. Est-ce qu'il a mauvais caractère?
19. Est-ce qu'il est souvent de mauvaise humeur?
20. Est-ce que Tante Georgette a le nez rond?
21. Est-ce qu'elle a la voix douce et mélodieuse?
22. Quel type d'homme est le père d'Yvonne?
23. De quoi parle-t-il toujours?
24. Est-ce que la mère de Mireille a l'air vulgaire?
25. Quelle heure est-il?
26. Qu'est-ce que Mireille demande à Marie-Laure?
27. Est-ce qu'il y a des galettes bretonnes? Est-ce qu'il en reste?
28. Pourquoi Mireille dit-elle: "Ah, c'est malin!"?

MISE EN QUESTION

1. Où les enfants sont-ils, à la montagne ou à la mer?
2. A votre avis, où sont Monsieur et Madame Belleau et les parents de Georges et d'Yvonne? Qu'est-ce qu'ils font?
3. Est-ce qu'il est prudent de laisser les enfants seuls? Quel âge a Cécile?
4. Pourquoi est-ce que Marie-Laure ne comprend pas tout de suite, quand Georges parle de belote? Qu'est-ce que c'est, la belote?
5. Pourquoi est-ce que Tonton Guillaume est toujours bronzé?
6. Pourquoi est-ce qu'il peut être généreux?
7. Pourquoi est-ce qu'Yvonne trouve que Mireille est méchante? Qu'est-ce que Mireille fait?
8. Pourquoi est-ce que Marie-Laure trouve Mireille embêtante?

Journal de Marie-Laure

MARIE-LAURE AU TOGO

Le 2 juin 1989

Ça y est ! C'est décidé ! Je vais en Afrique : au Togo.
Finalement, Papa et Maman sont d'accord parce que j'y
vais avec Mélanie. Elle connaît le pays. Elle était au Togo
l'année dernière pour travailler dans une association de
bénévoles à Kpalimé. Cette fois aussi, nous partons avec
une organisation internationale — ça rassure les parents !
    Papa et Maman me paient l'avion Paris - Lomé :
aller-retour 950€, ce n'est pas donné ! Moi, j'aurai 200€
à payer pour le chantier qui dure trois semaines.
On part le 5 juillet. Avétonou, à nous !

Le 6 juillet 1989

Ça y est ! Mélanie et moi, nous sommes au Togo !
    Nous avons passé la nuit dans un hôtel près de l'aéroport
à Lomé. Lomé, c'est la capitale du Togo ! Ce matin, nous
avons pris le taxi brousse pour Avétonou où est notre
chantier.
    Le chauffeur s'appelait Marwapame et il était très gentil,
très costaud et de très bonne humeur. Le taxi brousse
est une voiture prévue pour six personnes au maximum.
Mais on était dix, avec plein
de bagages et même une
poule dans une cage. Nous
étions serrés comme des
sardines, mais au fond
c'était rigolo et on a
fait connaissance les
uns avec les autres.
Il y a environ cent
kilomètres entre Lomé
et Avétonou.
Maintenant nous
sommes sur le chantier

international des jeunes bénévoles au Togo : j'ai rencontré une jeune fille, Léa, qui vient de Suisse (près de Neuchâtel) et qui a l'air d'être très gentille. J'espère que nous allons devenir amies !

Le 9 juillet 1989

On est logées dans un grand bâtiment circulaire autour d'une cour avec un puits au milieu. Les garçons vivent d'un côté, les filles de l'autre. Il n'y a pas de meubles. On couche par terre mais tout est propre. On est sept ou huit par chambre. L'idée, c'est qu'on va participer à des activités de développement avec les gens locaux. Alors, ce matin, j'ai fait du français avec un petit groupe d'enfants du village : Coffi, Emenyon, Hola, Kodjo, Madjalé, Abide, Deldyno et Balewa. C'était sympa - ils étaient énergiques, souriants, et fascinés par nous, et nous aussi par eux !
L'après-midi, j'ai fait de la poterie et de la vannerie avec Léa à l'atelier. Peut-être que j'arriverai à faire quelques petits souvenirs à rapporter aux parents.

Ensuite, j'ai fait un peu de cuisine locale : j'ai appris à faire un plat avec de l'igname, de l'ananas et de la morue séchée. Ce n'était pas mauvais. Mais ce que je préfère, ce sont les frites de banane avec du poulet cuit dans l'huile de palme : miam, miam !

Quant à Mélanie, elle est tout le temps avec Léa. Quelquefois, je me demande si elle n'est pas un peu... ~~Léa, elle, elle nous a tant dit cette semaine qu'elle était bisexuelle. J'ai bien l'impression que Mélanie est amoureuse d'elle !~~

DOCUMENTS

1

Portraits

Les portraits sont difficiles et demandent un esprit profond.

—Molière

2

Portrait de l'homme

L'homme naît sans dents, sans cheveux, et sans illusions, et il meurt de même, sans cheveux, sans dents, et sans illusions.

—Alexandre Dumas père

3

La Bretagne

Une maison bretonne.

Le port de Douarnenez.

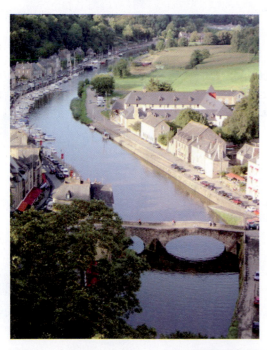

Dinan, en Haute-Bretagne sur la Rance.

Une rue en Bretagne.

Un voilier breton.

Une église bretonne.

Une femme bretonne à vélo. Elle porte une coiffe blanche sur la tête.

Il porte un chapeau rond traditionnel; elle porte une coiffe bretonne.

Un menhir (un obélisque mégalithique). Dans *Astérix*, le personnage Obélix porte souvent un menhir.

Le Mont Saint-Michel.

Un calvaire breton sculpté dans le granit. C'est un monument religieux qui représente la crucifixion de Jésus-Christ.

4

A. Le Goûter

Les enfants de moins de quatorze ans prennent encore un goûter (des biscuits ou des barres de céréales au chocolat). Le goûter est en régression chez les jeunes, mais il concerne de plus en plus d'adultes (20%) qui arrêtent leur travail pour prendre une "collation" (des fruits, des chips de pommes de terre). La tradition du goûter semble céder la place au "grignotage": des pauses tout au long de la journée où on mange "un petit quelque chose." Aujourd'hui le nombre de fois par jour où les Français s'arrêtent pour manger ou boire quelque chose est de six (aux Etats-Unis: treize).

—D'après *Francoscopie* 2010

B. La Pause-café dans la Bretagne d'autrefois

A quatre heures de l'après-midi, dans toutes les maisons honorables, c'est le café-pain-beurre. Le thé des Saxons. . . . On invite au café non seulement ses voisins, ses amis, les gens de sa coterie, mais tous ceux que l'on veut honorer et particulièrement ceux à qui l'on doit quelque chose. Et plus particulièrement encore ceux qui vous ont offert le café.

—Pierre Jakez Hélias, *Le Cheval d'orgueil*

Pierre-Jakez Hélias (1914–1995) était un journaliste, écrivain, poète et folkloriste breton. Professeur à l'Ecole normale de Quimper en Bretagne, à partir de 1946 il a animé des émissions de radio, et plus tard de télévision, en langue bretonne. Son livre le plus célèbre est *Le Cheval d'orgueil*.

5

Vivent la Bretagne et les Bretons

Ils ont des chapeaux ronds,
Vive la Bretagne,
Ils ont des chapeaux ronds,
Vivent les Bretons!

6

Un Match de football

C'était un samedi soir. J'étais allé voir un match de football. Cela ne m'arrive jamais d'ailleurs, car je trouve ce jeu complètement stupide. Des hommes, souvent très intelligents, se disputant pendant une heure et demie une balle qui n'est même pas à eux et qui revient, sitôt le match terminé, aux dirigeants du club, c'est vraiment absurde.

—Un élève d'une classe de troisième,
cité dans François George, *Professeur à T.*

Match à la télé

C'est généralement en amateur que les Français font des activités sportives. Ils s'intéressent aux compétitions sportives, mais en tant que spectateurs, à la télévision par exemple. La compétition est pour eux un rêve, une façon de vivre "par procuration," c'est-à-dire dans leur imagination. Ils se passionnent pour les matchs de foot, de rugby et de tennis.

—D'après *Francoscopie* 2010

7

Et maintenant, tu es contente?

—Extrait de Maja, *Bonheurs*

LEÇON

10 Vacances en Bretagne II

TEXTE

1

Mireille, ses sœurs, son cousin Georges, et sa cousine Yvonne sont en vacances en Bretagne. Il pleut. Ils jouent aux portraits pour passer le temps.

Mireille: Ah, quel temps! C'est pas vrai! Ça fait trois jours qu'il pleut! . . . Dire qu'à Paris, il fait beau! Ça, c'est bien notre chance!

Marie-Laure: Alors, qui c'est?

Mireille: Qui?

Marie-Laure: Tu sais bien, la personne dans le portrait de Georges, tout à l'heure: "L'air distingué, les mains fines, les yeux bleus, les cheveux blonds; tout le portrait de sa deuxième fille. . . ."

Mireille: Tu nous embêtes!

Marie-Laure: Mais je veux savoir qui c'est!

2

Cécile: Bon! Regarde Mireille. . . . Elle a l'air distingué? . . . Est-ce qu'elle a les mains fines? . . . Est-ce qu'elle a les yeux bleus? . . . Est-ce qu'elle a les cheveux blonds? . . .

Marie-Laure: Oui! . . . Alors, c'est Mireille?

Cécile: Ce que tu peux être bête! Ecoute: "Tout le portrait de sa deuxième fille. . . ." Est-ce que Mireille a des filles?

Marie-Laure: Ben, non!

Cécile: Alors, ce n'est pas Mireille. C'est quelqu'un qui a une fille qui a l'air distingué, les mains fines, les yeux bleus, les cheveux blonds, comme Mireille.

Marie-Laure: Alors, c'est Maman?

Cécile: Voilà! C'est ça!

Marie-Laure: Ah. . . . Alors, on continue?

Mireille: Oh, ça suffit comme ça!

Marie-Laure: Non, j'aime bien! Oh, c'est difficile, mais c'est amusant!

---

1. *le temps qui passe et le temps qu'il fait*

Le **temps passe.**

Quel sale **temps il fait!**

Quel **temps!**

3

Mireille: Bon, alors, écoute. . . . Euh . . . son œil droit regarde du côté de Brest, son œil gauche regarde vers . . . Bordeaux!

Georges: Oh, là, là! Ce qu'elle est méchante! Ce pauvre oncle Victor, il ne louche presque pas!

Marie-Laure: Qui c'est?

Cécile: Oncle Victor.

Marie-Laure: Pourquoi?

Cécile: Parce que l'oncle Victor louche un peu; ses yeux ne regardent pas exactement dans la même direction. C'est tout. Bon, à moi, maintenant. Il a le nez droit, il est toujours rasé de près. Il a même la tête rasée, sans doute pour cacher qu'il va être chauve.

. . .

Mireille: L'oncle Henri! Trop facile, ton portrait. Bon, à moi maintenant. Un peu de moustache, une grande bouche, mais pas de menton. Et elle parle toujours de son mari défunt: "Ah, du temps de mon pauvre mari. . . ."

2. *bête*
Ce que tu peux être **bête**! Tu es stupide! Tu es idiote!

2. *suffire*
Ça **suffit**! Assez! On arrête! On ne continue pas! Ça va comme ça!

3. *du côté de, vers, droit, gauche*

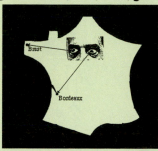

Son œil **droit** (**à gauche** sur l'image) regarde **du côté de** Brest. Son œil **gauche** (**à droite** sur l'image) regarde **vers** Bordeaux.

3. *loucher*

Ses deux yeux ne regardent pas dans le même direction: il **louche**.

3. *droit*

Un nez **droit** (style grec). Un nez crochu (style Bourbon).

3. *rasé*

Tête **rasée**.

3. *cacher*

Elle **cache** son visage

3. *chauve*

Il est **chauve**.

3. *bouche*

Une petite **bouche**.

Une grande **bouche**.

3. *défunt*
Son mari **défunt**: son mari qui est mort.
Mon pauvre mari . . . mon **défunt** mari, mon mari qui est mort.

4

Georges: Pas la peine de continuer, c'est la tante Amélie. Ils sont tous trop faciles, vos portraits. Je vais faire le suivant. Attention, ça va être plus difficile! . . . Les oreilles décollées, de grosses lunettes, une barbe énorme, des moustaches tombantes, et surtout un nez immense, monumental. . . .

Mireille: Il n'est pas très joli, ton bonhomme. . . . Je ne vois pas.

Georges: Delapierre, notre prof de maths!

Mireille: Ah, mais ce n'est pas du jeu! On ne le connaît pas, nous, ton prof de maths! Il n'est pas de la famille!

Georges: Heureusement qu'il n'est pas de la famille! Il est bête comme ses pieds, et il n'y a pas plus vache!

5

Mireille: Bon, eh bien moi, je trouve que ça suffit comme ça. Ça fait deux heures qu'on joue à ce jeu idiot. . . . Tiens, qu'est-ce qu'on joue au ciné-club, ce soir? Marie-Laure, regarde dans le journal.

Marie-Laure: Je regarde quoi?

Mireille: Ben, ce qu'on donne au cinéma ce soir! Tu es sourde ou quoi? Regarde s'il y a de nouveaux films.

Marie-Laure: Ce soir, on joue *Le Génie de Claire.*

4. *pas la peine*
Ce n'est **pas la peine** de continuer; ne te fatigue pas, c'est inutile.

4. *suivant*
Cécile fait le portrait n° 3 (le portrait de l'oncle Henri). Georges va faire le portrait **suivant** (le n° 4).

4. *oreilles, décollées*

Des **oreilles décollées.**

Une affiche **décollée.**

4. *lunettes*

Des **lunettes** (noires).

4. *moustaches tombantes*

Des **mous-taches tombantes.**

4. *ce n'est pas du jeu*
Ce n'est pas du jeu! Ce n'est pas honnête, ce n'est pas conforme aux conventions!

4. *vache*

Une **vache.**

Les profs sont quelquefois **vaches.** (Ils sont méchants!)

5. *journal*

Marie-Laure regarde dans le **journal.**

5. *sourd*

Ce monsieur est **sourd**; il n'entend pas très bien.

5. *nouveau, vieux*
Le Kid, Les Temps modernes, de Charlie Chaplin, ne sont pas des films récents. Ce sont de **vieux** films (ils datent des années 20). *Le Genou de Claire* est un **vieux** film, mais il est **nouveau** au ciné-club de Belle-Ile: c'est la première fois qu'il passe au ciné-club.

Mireille: *Le Génie de Claire?* Mais qu'est-ce que c'est que ça? Tu ne sais pas lire? Ce n'est pas *Le Génie de Claire*, c'est *Le Genou de Claire*, idiote! D'Eric Rohmer. Tout le monde connaît ça; c'est un vieux film!

Georges: Le genou de Claire. . . . Il faut dire que c'est un drôle de titre! Et pourquoi pas le pied de Claire, ou la cheville de Claire, ou l'orteil de Claire?

6

Jean-Denis (*entrant*): Salut, tout le monde! Alors, qu'est-ce que vous faites? Ça fait une heure qu'il ne pleut plus!

Mireille: Il ne pleut plus?

Jean-Denis: Ah, non!

Mireille: Pas possible!

Jean-Denis: Si, si, je t'assure! Ça se lève! Alors, vous venez faire de la voile?

Georges: Non, mon vieux, pas aujourd'hui. Aujourd'hui, on fait la sieste!

Cécile: Attendez-moi, Jean-Denis! Moi, je viens, si vous voulez!

Mireille: Oh, là, là, quelle sportive! Tiens, prends ton ciré, ça vaut mieux!

---

5. *genou, pied, cheville, orteil*

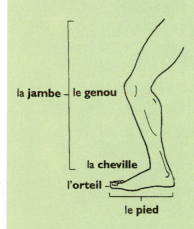

la **jambe** — le **genou**

la **cheville**

l'**orteil**

le **pied**

5. *drôle de*
C'est un **drôle de** titre! C'est un titre bizarre!

6. *il pleut, il ne pleut plus, ça se lève*

Il pleut.

Il **ne pleut plus.** Le temps **se lève.**

6. *attendre*

Ils **attendent** l'autobus.

6. *ça vaut mieux*

Ça vaut mieux, c'est préférable, c'est plus prudent.

MISE EN ŒUVRE

Ecoutez la mise en œuvre du texte et répondez aux questions suivantes.

1. Pourquoi est-ce que Mireille, ses sœurs, et ses cousins jouent aux portraits?
2. Est-ce qu'il pleut aussi à Paris?
3. Est-ce que Mireille veut continuer à jouer?
4. Pourquoi est-ce que Marie-Laure veut continuer à jouer?
5. Qu'est-ce que l'oncle Victor a de particulier?
6. Est-ce qu'il louche beaucoup?
7. Est-ce que l'oncle Henri a une barbe?
8. Est-ce qu'il a les cheveux longs?
9. Est-ce qu'il est chauve?
10. Pourquoi a-t-il la tête rasée?
11. Qui est Delapierre?
12. Est-ce qu'il a de jolies oreilles?
13. Pourquoi Mireille dit-elle que ce n'est pas du jeu?
14. Est-ce que Delapierre est intelligent?
15. Est-ce qu'il est gentil, généreux?
16. Est-ce que Mireille veut continuer à jouer aux portraits?
17. Ça fait longtemps qu'ils jouent aux portraits?
18. Qu'est-ce qu'on joue au ciné-club, d'après Marie-Laure?
19. Est-ce que c'est vraiment le titre du film? Quel est le vrai titre?
20. C'est un film récent?
21. Est-ce qu'il pleut encore?
22. Qu'est-ce que Jean-Denis propose de faire?
23. Pourquoi est-ce que Georges refuse d'aller faire de la voile?

MISE EN QUESTION

1. Pourquoi Mireille n'est-elle pas contente? Pourquoi est-ce que les jeunes Belleau n'ont pas de chance?
2. Pourquoi Mireille ne veut-elle pas répondre à Marie-Laure qui lui demande qui est la personne décrite dans le portrait de Georges? Qui est cette personne? Est-ce que c'est un portrait flatteur?
3. En quoi est-ce que Mireille ressemble à sa mère?
4. Mireille ne dit pas que l'oncle Victor louche. Comment fait-elle pour ne pas dire qu'il louche?
5. A votre avis, qui est le plus méchant, dans ses portraits, Mireille ou Georges?
6. Pourquoi Mireille pense-t-elle à aller au cinéma?
7. Georges a l'air d'être moins sportif que Jean-Denis. Pourquoi?
8. Pourquoi est-ce que Cécile veut bien aller faire de la voile? Est-ce qu'elle est vraiment très sportive?
9. Est-ce que Cécile et Jean-Denis sont mariés, dans cette scène? Cette scène se passe il y a deux ans. Il y a deux ans, c'est le passé. Maintenant, dans le présent, Cécile et Jean-Denis sont mariés. Alors, il y a combien de temps qu'ils sont mariés?

Journal de Marie-Laure

MARIE-LAURE EST SUR FACEBOOK

Le 19 février 2007

Aujourd'hui, c'est décidé : il faut que j'arrête d'aller sur Facebook. C'est vrai quoi, ça prend un temps pas possible, ce truc. Je passe tout mon temps sur Facebook ! Je n'arrête pas de me connecter ~~peur~~  ~~...~~ Et puis c'est vrai, j'aime bien discuter avec mes copines en ligne ou m'inscrire à des groupes totalement inutiles, du style « un ami, c'est quelqu'un qui sait tout de toi, et qui t'aime quand même ». (Celui-là me fait vraiment rire !) Je me dis, « Allons, Marie-Laure, arrête ! Ça suffit comme ça ! Ça fait deux heures que tu perds ton temps ! Travaille quand même un peu, ça vaut mieux. » Bon, je commence à travailler. Mais une heure plus tard, je me connecte de nouveau et j'ajoute des amis, je recherche des gens que j'ai rencontrés à une soirée ou à la gym... Ah là, là ! C'est une vraie drogue, oui, une sorte d'addiction ce Facebook ! A propos de drogues, j'entends dire que Claire ~~...~~

bdgomme J'ai échangé mon addiction à Facebook contre une à Twitter. Je comprends pourquoi les fumeurs renoncent aux clopes pour un régime chocolat.
22-janv-2008

bdgomme Vu au Monop : caissier beau comme un dieu. Son badge disait Olivier C. 2 heures sur Facebook pour essayer de le trouver ! #soiréeperdue
1-févr-2008

DOCUMENTS

1

Aucassin et Nicolette: Portrait du bouvier

Aucassin va par la forêt sur son grand cheval. Il est dans une grande affliction. Il pleure. Il pense à Nicolette, sa douce amie qu'il aime tant. A un moment, il regarde devant lui et il voit

un jeune homme dont voici le portrait: grand, monstrueusement laid et horrible, une hure énorme et plus noire que le charbon, plus de la largeur d'une main entre les deux yeux, d'immenses joues, un gigantesque nez plat, d'énormes et larges narines, de grosses lèvres plus rouges qu'un biftèque, d'affreuses longues dents jaunes.

—D'après la traduction de Jean Dufournet

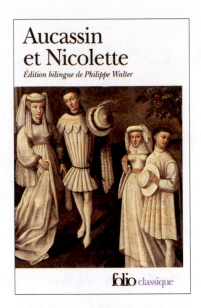

2

Paris at Night

Trois allumettes une à une allumées dans la nuit
La première pour voir ton visage tout entier
La seconde pour voir tes yeux
La dernière pour voir ta bouche
Et l'obscurité tout entière pour me rappeler tout cela
En te serrant dans mes bras.

—Jacques Prévert, *Paroles*

3

Le Genou de Claire

1. **Marie-Laure:** Tu l'as vu, toi, ce film?
   Mireille: Quel film?
   Marie-Laure: Eh bien, ce vieux film, là . . . *Le Pied de Claire!*
   Mireille: Pas *Le Pied de Claire*, idiote, *Le Genou de Claire!*
   Marie-Laure: Oui, bon, *Le Genou de Claire*. Alors, tu l'as vu?
   Mireille: Oui, je l'ai vu, il y a deux ou trois ans.

2. **Marie-Laure:** C'est bien?
   Mireille: Oui, c'est pas mal. C'est très bien, même.
   Marie-Laure: Qu'est-ce qui se passe?
   Mireille: Eh bien, il y a un diplomate. . . .
   Marie-Laure: Un vieux diplomate?
   Mireille: Non, un jeune.
   Marie-Laure: Quel âge il a?

   Mireille: Mais je ne sais pas, moi! Trente, trente-cinq ans, peut-être.

3. **Marie-Laure:** Mais alors, il est vieux!
   Mireille: Non, trente-cinq ans, pour un diplomate, c'est jeune.
   Marie-Laure: Comment il est? Il est beau?
   Mireille: Oui, il n'est pas mal. C'est un beau brun. C'est Jean-Claude Brialy. Il a une belle barbe noire, de beaux yeux noirs. Il est très bien.
   Marie-Laure: Il est marié?
   Mireille: Non, il n'est pas marié. Mais il va se marier.

4. **Marie-Laure:** Et qu'est-ce qu'il fait? Qu'est-ce qui se passe?
   Mireille: Eh bien, il a une maison sur le lac d'Annecy, dans les Alpes, en Savoie. C'est une

Eric Rohmer (1920–2010), cinéaste français, a été l'un des pionniers, avec Jean-Luc Godard, Claude Chabrol et François Truffaut, de la "Nouvelle vague" au cinéma. De 1957 à 1963 il est rédacteur en chef des *Cahiers du cinéma*. *Le Genou de Claire* fait partie de ses six Contes Moraux, avec *Ma Nuit chez Maud* et *L'Amour l'après-midi* (voir leçons 37 et 38).

Une image du film *Le Genou de Claire*.

vieille maison, une maison de vacances. Il vient passer quelques jours dans cette maison, pendant les vacances d'été. Seul. Et il rencontre une amie, une vieille amie. Elle est en vacances dans une famille, dans une autre maison sur le lac d'Annecy. Dans cette famille, il y a la mère, qui est divorcée, je pense, et sa fille, une jeune fille très jeune et très vive. L'amie du diplomate est romancière. Elle écrit des romans. Mais en ce moment, elle n'a pas beaucoup d'inspiration, elle n'a pas d'idées pour un roman.

Alors, elle invite le jeune diplomate pour qu'il rencontre la jeune fille et sa mère. Pour voir. Pour voir ce qui va se passer. C'est un jeu. Elle pense que ça va être utile . . . pour écrire un roman.

5. **Marie-Laure:** Utile? Peut-être . . . mais ça n'a pas l'air très amusant!

   Mireille: Mais si, c'est très amusant, tu vas voir. . . . La jeune fille trouve le jeune diplomate très sympathique. Ils parlent beaucoup ensemble. Ils vont faire une excursion ensemble dans la montagne. Elle est un peu amoureuse de lui. Mais elle a une sœur, une sœur plus âgée, qui s'appelle Claire et qui est à Paris—étudiante probablement. Et cette sœur arrive à Annecy pour les vacances d'été. Elle est blonde, elle a les yeux bleus, elle est mince, elle n'est pas mal, mais elle n'est pas extraordinaire. Mais le jeune diplomate est absolument fasciné par son genou.

6. **Marie-Laure:** Et alors, qu'est-ce qui se passe?

   Mireille: Eh bien, rien. Il ne se passe rien, rigoureusement rien! C'est une histoire extrêmement morale.

   Marie-Laure: Ça n'a pas l'air bien formidable! Où est l'intérêt, s'il ne se passe rien?

   Mireille: La psychologie, ma petite! . . .

4
Pluies

A. Il pleut

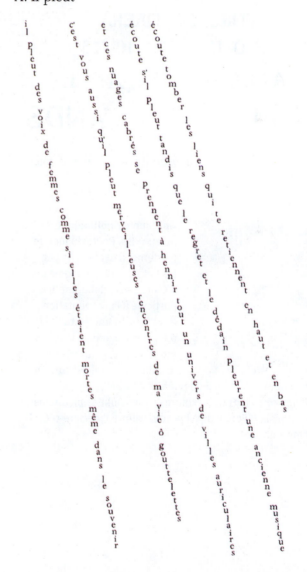

—Guillaume Apollinaire, *Calligrammes*

La Tour Eiffel

```
        S
        A
      LUT
        M
      O N
        D E
      DONT
      JE SUIS
      LA LAN
      GUE E
      LOQUEN
      TE QUESA
      BOUCHE
      O  PARIS
      TIRE ET TIRERA
      T O U        JOURS
      AUX          A  L
   LEM              ANDS
```

—Guillaume Apollinaire, *Calligrammes*

Apollinaire, par Picasso

Guillaume Apollinaire est né en 1880. Poète du monde moderne, il est fasciné par l'art et par la technologie du XXème siècle débutant. Il a participé à la fermentation artistique et intellectuelle à Paris qui a amené le modernisme, le futurisme, le cubisme. . . . Il est surtout connu pour son recueil de poèmes *Alcools* (1913). Dans *Calligrammes* (1918), il explore les possibilités picturales de la poésie ("Et moi aussi je suis peintre," déclare-t-il). Il est mort en 1918.

B. Il pleure dans mon cœur

Il pleure dans mon cœur
Comme il pleut sur la ville;
Quelle est cette langueur
Qui pénètre mon cœur?

O bruit doux de la pluie
Par terre et sur les toits!
Pour un cœur qui s'ennuie
O le chant de la pluie!
—Paul Verlaine, *Romances sans paroles*

C. Les sanglots longs

Les sanglots longs
Des violons
De l'automne
Blessent mon cœur
D'une langueur
Monotone.
—Paul Verlaine, *Poèmes saturniens*

LEÇON
11 Rencontres I

1

C'est le 29 mai. Aujourd'hui, les deux personnages principaux de cette fascinante histoire vont peut-être se rencontrer. C'est un beau jour de printemps, évidemment. Il y a une grève d'étudiants, évidemment.

2

Mireille étudie à la Sorbonne depuis un an. Elle fait des études d'histoire de l'art. En ce moment, elle vient de sortir de l'Institut d'Art et d'Archéologie, et elle se repose sur une chaise au jardin du Luxembourg.

1. *personnage, principal, secondaire*

Mireille et Robert sont les deux **personnages principaux** de l'histoire.

Marc et Catherine sont des **personnages secondaires**.

1. *faire la grève*

Les étudiants **font la grève**: ils refusent d'aller aux cours, ils ne travaillent pas, ils protestent.

2. *étudier, études*

Mireille **étudie** à la Sorbonne. Elle fait des **études** d'histoire de l'art. Elle est **étudiante**. C'est une **étudiante** très studieuse!

2. *sortir, venir de*

Mireille **sort** de l'Institut d'Art et d'Archéologie.

Ici, elle **vient de sortir** de l'Institut.

3

Robert est à Paris depuis la veille. En ce moment, il est dix heures du matin. Il sort de son hôtel et va explorer le Quartier latin.

4

Un jeune homme se promène dans le jardin du Luxembourg. Il a l'air de s'ennuyer. Il remarque une très jolie jupe rouge sur une chaise verte. Il s'approche. La jeune fille qui

porte la jupe rouge fait semblant de ne pas le voir. Elle lève les yeux. Ils sont très bleus. Son regard se perd dans la contemplation du ciel, qui est très bleu aussi. . . .

5

Le jeune homme: Quel beau temps! Quel ciel! Pas un nuage! . . . Pas un cirrus! . . . Pas un nimbus! . . . Pas un stratus! . . . Pas un cumulus! . . . Il fait vraiment beau, vous ne trouvez pas?
Mireille: . . .
Le jeune homme: Un peu frais, peut-être . . . non?
Mireille: . . .
Le jeune homme: Enfin, il ne fait pas vraiment froid. . . . Non, je

---

3. *la veille*

le 28 mai	le 29 mai	le 30 mai
dans l' histoire		
la **veille**	ce jour-là	le lendemain
dans la réalité présente		
hier	aujourd'hui	demain

4. *se promener*

Il **se promène.**

4. *s'ennuyer*

Il **s'ennuie.**

4. *jupe*

Une **jupe.**

4. *faire semblant*

Mireille **fait semblant** de ne pas voir le jeune homme. En réalité elle le voit, mais elle **fait semblant** de ne pas le voir. C'est de la simulation. . . . Elle fait comme si elle ne le voyait pas.

4. *lever*

Elle **lève** les yeux.

Elle **baisse** les yeux.

4. *se perdre*

Le Mississippi **se perd** dans le golfe du Mexique.

On **se perd** dans les labyrinthes.

"Rien ne **se perd**, rien ne se crée."
(Lavoisier)

"Tout **se perd.** Il n'y a plus de traditions." (Tante Georgette)

ne dis pas ça. ... Mais il fait moins chaud qu'hier. . . .

Mireille: . . .

Le jeune homme: Euh . . . vous venez souvent ici?

Mireille: . . .

Le jeune homme: Moi, j'aime beaucoup le Luxembourg, même quand il fait mauvais; même en hiver, sous la neige. . . . Au printemps, quand les marronniers sont en fleurs. . . . En été, quand il fait si bon, à l'ombre, près de la fontaine Médicis. . . . En automne, quand on ramasse les feuilles mortes à la pelle. . . . Vous me trouvez bête?

Mireille: . . .

5. *il fait beau, beau temps*

Quel **beau temps**! Qu'**il fait beau**! Quel ciel! Il **fait un temps** magnifique!

5. *nuage*

Un **nuage**.

5, 6. *il fait froid, chaud, frais, bon*

Il fait **froid**.

Il fait **chaud**.

0° (Celsius): Il fait **froid**.
15°: Il fait **frais**.
20°: Il fait **bon**.
30°: Il fait **chaud**.

6. *il fait mauvais*

Il fait mauvais. Il y a du vent, il pleut. . . .

6. *printemps, été, automne, hiver*

Les quatre **saisons** de l'année:
le **printemps** (du 21 mars au 21 juin);
l'**été** (du 22 juin au 22 septembre);
l'**automne** (du 23 septembre au 20 décembre);
l'**hiver** (du 21 décembre au 20 mars).

6. *neige, neiger*

Il **neige**. On fait des boules de **neige**.

6. *marronnier, en fleurs*

Dans le jardin du Luxembourg, il y a de grands arbres. Ce sont des **marronniers**.

Au printemps, les **marronniers** sont en **fleurs**.

6. *ombre, soleil*

Mme Belleau préfère l'**ombre**. (A l'**ombre**, il fait frais.) Mireille préfère le **soleil**. (Au **soleil**, il fait chaud.)

6. *ramasser, feuilles mortes, pelle*

En automne, on **ramasse** les **feuilles mortes** à la **pelle**.

7

Le jeune homme: Vous n'êtes pas bavarde! J'aime beaucoup ça. Je n'aime pas les filles qui parlent trop.

Mireille: . . .

Le jeune homme: Je ne vous ennuie pas?

Mireille: . . .

8

Le jeune homme: Vous avez une très jolie jupe. Tenez, je vais vous dire d'où elle vient. Je ne me trompe jamais. . . . Alors, ces boutons, cette poche . . . ça, ça vient de chez Dior! . . . Mmm?

Mireille: . . .

Le jeune homme: Ces boutons ne viennent pas de chez Dior? Alors, ils viennent de chez Fath! . . . Non? . . . Alors, ils viennent de chez Lanvin? . . . De chez Saint-Laurent? De chez Cardin? De chez Courrèges? De chez Givenchy?

Mireille: Prisunic. Je m'habille toujours à Prisunic.

Le jeune homme: Elle est ravissante quand même! . . . Euh . . . permettez-moi de me présenter: je m'appelle Jean-Pierre, Jean-Pierre Bourdon.

---

7. bavard

Jean-Pierre est plutôt **bavard**; il parle beaucoup. Mireille n'est pas **bavarde** du tout; elle est plutôt taciturne.

8. se tromper

—Le père de Mireille est professeur à la Sorbonne, n'est-ce pas?

—Non, non, vous **vous trompez**. Il travaille chez Renault.

—Ah, oui, c'est vrai! . . . Et Mireille a deux sœurs, ou est-ce que je **me trompe**?

—Non, vous ne **vous trompez** pas. Elle a deux sœurs, c'est exact.

8. poche, boutons

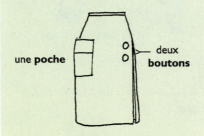

une **poche**   deux **boutons**

8. s'habiller

Cette dame **s'habille** à Prisunic.

---

8. ravissant

La jupe de Mireille est très jolie. Elle est **ravissante**. Mireille aussi est très jolie. Elle est **ravissante**.

8. quand même

La jupe de Mireille ne vient pas de chez Dior, mais elle est ravissante **quand même**.

—Allons nous promener.

—Mais il pleut!

—Ça ne fait rien. Allons nous promener **quand même**.

MISE EN ŒUVRE

Ecoutez la mise en œuvre du texte et répondez aux questions suivantes.

1. Qu'est-ce que les deux personnages principaux de cette histoire vont faire aujourd'hui?
2. Quelle sorte de jour est-ce que c'est? Quelle saison est-ce que c'est?
3. Quelle est la date?
4. Qu'est-ce qui se passe? Qu'est-ce qu'il y a, ce beau jour de printemps?
5. Où Mireille étudie-t-elle?
6. Depuis quand est-ce qu'elle étudie à la Sorbonne?
7. Quelles études fait-elle?
8. Qu'est-ce qu'elle vient de faire, en ce moment?
9. Où est-elle maintenant? Qu'est-ce qu'elle fait?
10. Où est Robert?
11. Depuis quand?
12. Quelle heure est-il en ce moment?
13. Que fait Robert?
14. Est-ce que le jeune homme qui se promène au Luxembourg a l'air de trouver ça intéressant?
15. Qu'est-ce qu'il remarque?
16. Que fait la jeune fille quand il s'approche d'elle?
17. Qu'est-ce qu'elle fait pour faire semblant de ne pas le voir?
18. Est-ce qu'il y a des nuages dans le ciel?
19. Quel temps fait-il?
20. Est-ce qu'il fait froid?
21. Est-ce qu'il fait aussi chaud qu'hier?
22. Quand est-ce qu'il y a de la neige?
23. Quand est-ce que les marronniers sont en fleurs?
24. Quand est-ce qu'il fait bon à l'ombre?
25. Quand est-ce qu'on ramasse les feuilles mortes?
26. Est-ce que Mireille est bavarde?
27. Comment le jeune homme trouve-t-il la jupe de Mireille?
28. D'où vient cette jupe? Est-ce qu'elle vient de chez Dior?

MISE EN QUESTION

1. A votre avis, quand l'auteur parle de "cette fascinante histoire," il est sérieux, ou il se moque?
2. A votre avis, pourquoi y a-t-il des manifestations d'étudiants plus souvent au printemps qu'en hiver?
3. Quelle saison préférez-vous pour la rencontre des deux jeunes gens? Pourquoi?
4. Mireille sort de l'Institut d'Art et d'Archéologie. Est-ce que c'est normal? Pourquoi?
5. Robert va explorer le Quartier latin. Est-ce que c'est normal? Pourquoi?
6. D'après vous, pourquoi est-ce que le jeune homme qui se promène dans le jardin du Luxembourg remarque Mireille?
7. Quand on veut engager la conversation avec quelqu'un—en particulier, quelqu'un qu'on ne connaît pas—ou quand on ne sait pas quoi dire, de quoi parle-t-on souvent?
8. D'après vous, pourquoi est-ce que le jeune homme énumère tous ces nuages? Est-ce que c'est amusant? Est-ce que c'est utile?
9. Qui est-ce qui est le plus bavard dans cette scène, le jeune homme ou la jeune fille?
10. Visiblement, le jeune homme veut engager la conversation avec Mireille. Est-ce qu'il a beaucoup de succès? Est-ce que Mireille répond au jeune homme ou est-ce qu'elle l'ignore?
11. Pourquoi est-ce que Mireille ne répond pas? Parce qu'elle est bête ou parce qu'elle pense que c'est une bonne stratégie?
12. Quand le jeune homme dit que la jupe de Mireille vient sûrement de chez un grand couturier, Mireille montre qu'elle a l'esprit vif. Qu'est-ce qu'elle dit pour se moquer du jeune homme?
13. Quand le jeune homme se présente, est-ce que Mireille se présente? Qu'est-ce qu'elle fait?
14. Finalement, qui est-ce qui est le plus fort, qui est-ce qui domine la situation, qui est-ce qui sort victorieux? Le jeune homme ou Mireille?

Journal de Marie-Laure

IL N'Y A PLUS DE PRISUNIC !

Le 16 octobre 1997

Il faut que j'annonce ça à Mireille avec beaucoup de précautions :

Je vais lui dire : « Ma chère Mireille, à partir de maintenant tu vas être obligée de t'habiller chez Saint-Laurent, chez Chanel ou chez Dior : il n'y a plus de Prisunic ! »

C'est Tonton Guillaume, qui sait toujours tout ce qui se passe dans le monde des affaires parce qu'il a beaucoup de relations, qui vient de me le dire au téléphone : « Tu ne connais pas la dernière nouvelle ? Prisunic a été racheté par Monoprix : il n'y a plus de Prisunic. Il n'y a plus que Monoprix ! »

Oh là, là, Mireille ne va pas être contente, mais moi, bof, qu'est-ce que ça peut bien me faire ? Je m'en fiche. Ce n'est pas grave ! Ça m'est égal. Pas de soucis, pas de problèmes ! Monoprix, c'est très bien. Ils ont un rayon d'habillement très convenable. Moi, quand j'y vais, je trouve toujours tout ce qu'il me faut. Je suis sûre qu'ils ont même des jupes rouges et des pulls blancs pour Mireille. ~~De toute façon ma sœur~~ *tout ce qui l'intéresse en ce moment* ~~c'est~~ ...

LES GRANDS COUTURIERS

Le 18 janvier 2009

Cet après-midi, révélation ! Je me regarde dans le miroir et je me dis, « Ma petite, tu ne peux pas sortir comme ça ce soir... si jamais Jacques était là... » C'est vrai que la dernière fois que j'ai vu ~~Jacques dans les Marais, on s'est vu à peine, normalement je me suis dit que j'allais intéressant~~

Alors, j'ouvre mon placard... dans l'espoir de trouver quelque chose de bien, mais non ! Rien ! Je n'ai vraiment rien à me mettre pour sortir. Il faut dire que Mireille et Maman n'arrêtent pas de me dire « Tu n'as plus l'âge de t'habiller comme une gamine, avec tes trucs de Monoprix. » Elle peut parler, Mireille, toujours ~~habillée chez ses français de~~ designers. Moi, j'aime être à l'aise quand je m'habille. Je suis plutôt du genre jean et baskets. Les grands couturiers, ce n'est pas pour moi (en plus j'ai pas les moyens de m'offrir des fringues ultra chic). Mais je vais quand même aller faire un tour Avenue Montaigne, juste pour voir et, qui sait, peut-être pour trouver un petit pull en solde. Ha, des soldes, tu parles ! Quels prix dingues. Même si tu enlèves un zéro, c'est encore bien trop cher pour moi.

Il n'y a que les touristes pleins de fric et les stars qui peuvent payer des prix pareils.

En fait, je n'ose même pas rentrer dans les boutiques. Tout ce luxe, ça m'intimide ! Alors, je me suis contentée de faire du lèche-vitrine. Je suis passée devant Dior, Céline, Nina Ricci, Chanel, Louis Vuitton, et bien d'autres. Plus loin, je m'arrête devant la devanture de Harry Winston, la bijouterie qui vient d'être cambriolée par des types déguisés en femmes: plus de 80 mil-lions d'euros de bijoux disparus ! En rentrant à la maison, je passe quand même par Monop et là, dans la vitrine, il y a une robe sensationnelle. Franchement, y'a pas mieux chez Prada. Sans blagues ! Vu le prix, j'en achète deux: l'une bleue et l'autre orange. Je crois même qu'elles vont plaire à Mireille et Maman. Je n'ai pas encore décidé laquelle des deux je vais mettre ce soir. Je n'ai pas besoin des grands couturiers pour être belle ! Et ce soir c'est décidé ~~je vais voir Jacques dans les Marais. J'ai vraiment peur mais j'ai confiance en moi encore~~ !

bdgomme Péché mignon : aller à Monop en survet & tennis, faire semblant d'être américaine (@ robtailleur ton t-shirt Yale me va encore très bien).
15-mars-2008

robtailleur @bdgomme : J'y crois pas ! C'est toi qui l'as, mon t-shirt Yale ? Ça fait des années que je le cherche !
17-mars-2008

DOCUMENTS

1

Recette

Pour inventer une histoire
d'abord bien choisir les personnages
Pour ça, surtout faire bien attention
d'avoir des hommes et des femmes aussi,
sinon ce n'est pas amusant.
Quand les personnages sont là,
avec nom, âge, occupation,
chercher une aventure:
Où? Quand? Comment?
Mettre les personnages dans l'aventure
et regarder ce qu'ils font.
Enfin raconter . . .
raconter comment ils vont se rencontrer.
Ah, et puis aussi . . . trouver quelqu'un pour écouter.
—Emmanuel Rongiéras d'Usseau

2

Grands couturiers (c'est chic!)

Chanel

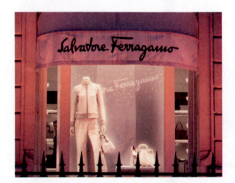

Cardin

Courrèges

Dior

Ferragamo

Yves Saint-Laurent

Givenchy

Prisunic, Monoprix, c'est moins chic

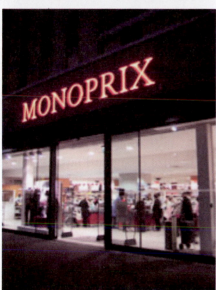

3

Saisons

A.

Le printemps maladif a chassé tristement
L'hiver, saison de l'art serein, l'hiver lucide.
                              —Stéphane Mallarmé

B.

. . . c'était le printemps
puis il a neigé,
puis c'était l'automne
puis c'était l'été
J'sais plus dans quel ordre
ça s'est succédé:
Que s'est-il passé?
Que s'est-il passé?
                  —Jean Tardieu, *L'homme qui n'y comprend rien*

Stéphane Mallarmé (1842–1898), poète symboliste, a été une figure importante de la modernité poétique et une source d'inspiration pour plusieurs mouvements artistiques du début du XXème siècle (dadaïsme, surréalisme). Il a traduit en français les poèmes d'Edgar Allan Poe. "La Poésie," disait-il, "est l'expression, par le langage humain ramené à son rythme essentiel, du sens mystérieux des aspects de l'existence."

Jean Tardieu, écrivain, artiste, musicien et poète, est né en 1903. Ses œuvres dramatiques annoncent le Théâtre de l'Absurde. Dans sa poésie il explore la relation du langage poétique avec le langage de tous les jours. Il est mort en 1995.

C.

Amour et les fleurs ne durent qu'un Printemps.
—Pierre de Ronsard

Pierre de Ronsard (1524–1585), "prince des poètes," domine le monde poétique de la Renaissance française. Auteur d'une œuvre immense, il est connu surtout pour sa poésie lyrique (*Les Amours, Sonnets pour Hélène*) et la perfection formelle qu'il a apportée au sonnet.

D.

Il faisait, dans cette avenue,
Un froid de loup, un temps de chien.

—Alfred de Vigny

Alfred de Vigny (1797–1863) est un écrivain et poète romantique. Il commence à écrire de la poésie après une brève carrière militaire, et s'intéresse au théâtre (il a fait des traductions de Shakespeare). Son roman historique *Cinq-Mars* et son drame *Chatterton* sont ses œuvres les plus connues.

E.

L'automne est un *andante* mélancolique et gracieux qui prépare admirablement le solennel *adagio* de l'hiver.

—George Sand, *François le Champi*

George Sand est le nom de plume d'Aurore Dupin (1804–1876), romancière et femme de lettres. Elle est l'auteur de romans, de pièces de théâtre, d'une autobiographie et de critiques littéraires. Sa vie bohémienne, son pseudonyme masculin et son habitude de s'habiller en homme ont fait d'elle une figure de controverse, mais elle a occupé le centre de la vie intellectuelle de son époque.

4

Chanson d'automne

Et je m'en vais
  Au vent mauvais
  Qui m'emporte
Deçà, delà,
  Pareil à la
  Feuille morte

—Paul Verlaine, *Poèmes saturniens*

5

Les Feuilles mortes

Yves Montand chantait:

Oh! Je voudrais tant que tu te souviennes,
des jours heureux où nous étions amis.
En ce temps-là la vie était plus belle
et le soleil plus brûlant qu'aujourd'hui.
Les feuilles mortes se ramassent à la pelle,
tu vois, je n'ai pas oublié.
Les feuilles mortes se ramassent à la pelle
les souvenirs et les regrets aussi,
et le vent du Nord les emporte
dans la nuit froide de l'oubli,
tu vois, je n'ai pas oublié
la chanson que tu me chantais.

C'est une chanson
Qui nous ressemble,
Toi tu m'aimais
Et je t'aimais.
Nous vivions tous
Les deux ensemble,
Toi qui m'aimais,
Moi qui t'aimais.
Mais la vie sépare
Ceux qui s'aiment
Tout doucement
Sans faire de bruit
Et la mer efface sur le sable
Les pas des amants désunis.

—Jacques Prévert

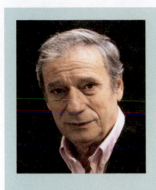

Yves Montand (1921–1991), Français d'origine italienne, commence sa carrière comme danseur-interprète de music-hall. Découvert en 1944 par Edith Piaf, il devient rapidement un chanteur et acteur mondialement célèbre. Ses derniers films sont *Jean de Florette* et *Manon des sources* (1985).

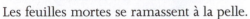

Les feuilles mortes se ramassent à la pelle.

Sécurité de la route (publicité belge)

6

L'Homme invisible

C'est Eve, au début de la création, qui est assise dans l'herbe. Un jour en automne, elle voit voltiger une feuille morte et fait:

—Tiens! L'homme invisible!

—Coluche

TEXTE

1

C'est le 29 mai. Quel beau jour de printemps! Il est 10 heures et demie, et Robert explore les petites rues du Quartier latin. Il rencontre une vieille femme qui porte un gros sac. Elle le laisse tomber.

La vieille femme: Oh! Saloperie de sac!

Robert: Attendez, Madame, je vais vous aider. Ce n'est pas grave. . . . Là, voilà! Vous allez de quel côté?
La vieille femme: Par là!
Robert: Je vais vous accompagner.
La vieille femme: Merci, jeune homme! Vous êtes bien aimable.
Robert: Ce n'est rien, Madame. Je vous en prie.

2

Au même moment, Mireille rentre chez elle. Elle trouve Marie-Laure à la maison.

Mireille: Mais qu'est-ce que tu fais ici, toi? Tu n'es pas à l'école?

Marie-Laure: Non, j'ai mal à la gorge. Tiens, tu as du courrier. Une carte postale.

Brighton, England
25 mai

POST CARD

Ma chère Mireille,

Il fait un temps affreux. Il y a du brouillard tous les matins. Il pleut tous les après-midi; même quand il ne pleut pas, le ciel est couvert. On ne peut pas jouer au tennis, mais le gazon est magnifique. Bruce aussi. Je t'embrasse Ghislaine

Mademoiselle Mireille
BELLEAU
18, rue de Vaugirard
75006 Paris
FRANCE

3

Marie-Laure: C'est où, Brigueton?
Mireille: Brighton, pas Brigueton!
Marie-Laure: Oui, mais c'est où?
Mireille: En Angleterre, bien sûr!
Marie-Laure: Ah. . . . Et Brusse, qu'est-ce que c'est?
Mireille: C'est un nom. . . .
Marie-Laure: Un nom de quoi?
Mireille: De garçon.
Marie-Laure: De gazon?
Mireille: De garçon! Mais tu es sourde ou tu es bête?
Marie-Laure: C'est anglais?
Mireille: Evidemment!
Marie-Laure: Et qui c'est, ce Bruce?
Mireille: C'est le petit ami de Ghislaine.
Marie-Laure: Il est anglais?
Mireille: Mais oui! Pourquoi pas?
Marie-Laure: Ben, moi, mes petits amis, ils ne sont pas anglais. Et pourquoi le gazon, il est magnifique?
Mireille: Parce qu'il pleut beaucoup.
Marie-Laure: Il pleut tout le temps en Angleterre?
Mireille: Oui . . . comme en Bretagne! . . . Pauvre Ghislaine! Je vais l'appeler, tiens!

1. sac

Ici, Mireille porte un **sac** à l'épaule.

1. aider

Mireille **aide** Marie-Laure.

1. accompagner

Robert **accompagne** la vieille dame.

2. école

A l'**école**.

2. avoir mal à la gorge

Marie-Laure n'est pas à l'école parce qu'elle est un peu malade. Elle a mal à la gorge, elle a une laryngite.

2. courrier

Du **courrier** (des lettres, des cartes postales, des magazines . . .).

2. brouillard

Du **brouillard**.

2. ciel couvert

Le **ciel** est **couvert**.

2. gazon

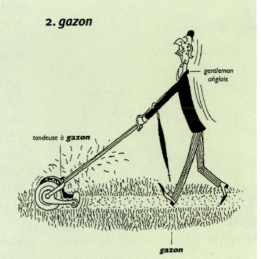

Gentleman anglais tondant son **gazon**.

2, 4. embrasser, bisou

Mireille **embrasse** Colette. Elle fait un **bisou** à Colette.

3. appeler (au téléphone)

Mireille téléphone à Ghislaine. Elle **appelle** Ghislaine (**au téléphone**).

4

Au téléphone.

Mireille: Allô. . . . Allô! Ghislaine, c'est toi? C'est moi, Mireille. Je viens de lire ta carte. Alors, tu n'as pas beau temps?
Ghislaine: Ah, non! Il fait mauvais!
Mireille: Ici, il fait beau!
Ghislaine: Ici, il fait un temps affreux!
Mireille: Ici, il fait un temps magnifique!
Ghislaine: Le ciel est gris.
Mireille: Le ciel est bleu!
Ghislaine: Le temps est couvert.
Mireille: Il n'y a pas un nuage!
Ghislaine: Il pleut.
Mireille: Il fait soleil!
Ghislaine: Il fait froid.
Mireille: Il fait chaud!

Ghislaine: J'attrape des rhumes.
Mireille: J'attrape des coups de soleil!
Ghislaine: Je me ruine en aspirine.
Mireille: Je me ruine en huile solaire! Et à part ça, ça va?
Ghislaine: Ben, oui, ça va. Toi aussi?
Mireille: Moi, oui! Et tu reviens quand?

Ghislaine: Le 2.
Mireille: Bon, à bientôt, alors! Allez, bisou!
Ghislaine: Je t'embrasse. Au revoir!

5

Mireille va sortir. . . .
Marie-Laure: Tu t'en vas?
Mireille: Oui.
Marie-Laure: Où tu vas?
Mireille: A la fac.
Marie-Laure: Tu as des petits amis anglais à la fac?
Mireille: Mais occupe-toi de tes affaires!

6

Pendant que Mireille va à la fac, Robert continue son exploration du Quartier latin. Il est 10h 40. . . .
  Un autre jeune homme se promène, et remarque une jeune fille:

"Tiens, c'est vous? Qu'est-ce que vous faites ici? . . . Eh, comment? Vous ne me reconnaissez pas? . . ." Robert, lui, découvre le Panthéon. Il voit un groupe de manifestants qui viennent de la rue Soufflot, prennent le boulevard Saint-Michel, et se dirigent vers la place de la Sorbonne. Ils crient des phrases incompréhensibles. Robert arrête un passant.

Robert: Qu'est-ce qu'il y a? Qu'est-ce qui se passe?
Le passant: Je ne sais pas, moi. C'est une manif . . . une manifestation.

"Ah," dit Robert. . . . Et il suit les manifestants. Il entre avec eux dans la cour de la Sorbonne.

4. rhume

Marie-Laure a un **rhume**. (Elle attrape souvent des **rhumes**.)

4. attraper, coup de soleil

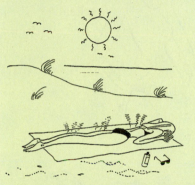

Voilà une jeune fille qui va **attraper** un **coup de soleil**!

4. se ruiner

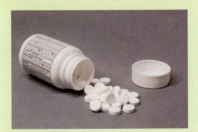

Ghislaine utilise beaucoup d'aspirine. Elle **se ruine** en aspirine.

4. huile solaire

Mireille utilise beaucoup d'**huile solaire**. Elle se ruine en **huile solaire** pour ne pas attraper de coups de soleil.

5. s'occuper des affaires de quelqu'un

Marie-Laure est curieuse. Elle pose des questions indiscrètes à Mireille. Elle **s'occupe** trop **des affaires de** Mireille.

6. connaître, reconnaître

Mireille **connaît** Hubert (c'est un ami). Mais elle ne **connaît** pas Robert (il vient d'arriver à Paris). Si elle rencontre Robert dans la rue, elle ne va pas le **reconnaître** puisqu'elle ne le **connaît** pas!

6. rue Soufflot, Panthéon

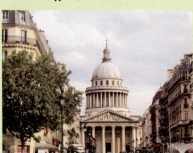

Le **Panthéon** est au bout de la **rue Soufflot**.

6. crier

Ils **crient** des phrases incompréhensibles.

—Ne **criez** pas! Je ne suis pas sourd!
—Ce n'est pas la peine de **crier**! Discutons calmement!

6. suivre

Suivez les flèches.

Robert décide de **suivre** les manifestants. Il les **suit**. Il entre dans la cour de la Sorbonne en les **suivant**.

Robert arrive à Paris le 28 mai. Il va (peut-être) rencontrer Mireille le jour **suivant** (le 29 mai).

6. manifestant

Les **manifestants** manifestent dans la cour de la Sorbonne.

7

Pendant ce temps-là, Mireille, elle, traverse le boulevard Saint-Michel et arrive à la Sorbonne par la rue des Ecoles.

Elle entre dans la Sorbonne, traverse le couloir, s'arrête pour regarder un tableau d'affichage. Puis elle passe sous les arcades et se trouve dans la cour.

Robert se trouve lui aussi dans la cour. Elle arrive tout près de lui.

Il remarque tout de suite sa silhouette élégante: elle porte une jupe rouge plutôt courte, et un pull blanc plutôt collant. Il trouve son visage agréable, et lui sourit. Elle le regarde avec amusement, et lui rend son sourire.

7. tableau d'affichage

Mireille consulte un **tableau d'affichage**.

7. arcades

Mireille passe sous les **arcades** pour entrer dans la cour.

7. tout près

Le jeune homme arrive **près de** la jeune fille.

Ici, il est **tout près de** la jeune fille.

7. collant

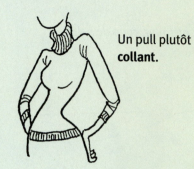

Un pull plutôt **collant**.

Du papier **collant**.

Des **collants**.

MISE EN ŒUVRE

Ecoutez la mise en œuvre du texte et répondez aux questions suivantes.

1. Que fait Robert à 10h et demie du matin, ce beau jour de printemps?
2. Qui est-ce qu'il rencontre?
3. Qu'est-ce que la vieille femme porte?
4. Qu'est-ce que Robert propose?
5. Que fait Mireille au même moment?
6. Où est Marie-Laure?
7. Pourquoi Marie-Laure n'est-elle pas à l'école?
8. Qu'est-ce qu'il y a pour Mireille dans le courrier?
9. Quel temps fait-il en Angleterre?
10. Qu'est-ce qui est beau en Angleterre?
11. Que dit Ghislaine pour terminer sa carte?
12. Qui est Bruce?
13. Pourquoi le gazon est-il magnifique en Angleterre?
14. Qu'est-ce que Mireille va faire, pour parler à Ghislaine?
15. Est-ce qu'il fait chaud en Angleterre?
16. Est-ce qu'il fait froid à Paris?
17. Qu'est-ce qu'on attrape quand il fait froid?
18. Qu'est-ce qu'on attrape quand il fait chaud et qu'on reste au soleil?
19. Qu'est-ce qu'on met pour se protéger des coups de soleil?
20. Qu'est-ce que Robert voit?
21. Que font ces manifestants?
22. Qu'est-ce que Robert fait?
23. Où entre-t-il avec eux?
24. Par où Mireille arrive-t-elle?
25. Qu'est-ce qu'elle traverse?
26. Pourquoi est-ce qu'elle s'arrête?
27. Où est-ce qu'elle passe ensuite?
28. Où se trouve-t-elle?
29. Et où est Robert à ce moment-là?
30. Comment Robert trouve-t-il le visage de Mireille?
31. Qu'est-ce qu'il fait?
32. Comment Mireille regarde-t-elle Robert?
33. Qu'est-ce qu'elle fait, quand il lui sourit?

MISE EN QUESTION

1. Le matin du 29 mai, vers 10h et demie du matin, où est Robert? Qu'est-ce qu'il fait?
2. Où est Jean-Pierre Bourdon? Qu'est-ce qu'il fait?
3. Où est Mireille?
4. Où est Marie-Laure?
5. Où est Ghislaine? Qu'est-ce qu'elle fait, à votre avis?
6. Où est Bruce? Qu'est-ce qu'il fait?
7. Où est Madame Belleau? Qu'est-ce qu'elle fait, d'après vous?
8. Où est Monsieur Belleau? Qu'est-ce qu'il fait?
9. Où est Ousmane? Que fait-il, à votre avis?
10. Et où est Hubert? Que fait-il?
11. Quelle idée les Français se font-ils du temps en Angleterre? Que pensent-ils du climat anglais?
12. Qui est ce passant que Robert arrête quand il voit les manifestants? Est-ce qu'il a l'air très politisé?
13. Pourquoi Mireille est-elle dans la cour de la Sorbonne, à votre avis? Qu'est-ce qu'elle fait là? Où va-t-elle?
14. Et Robert, que fait-il là?

Journal de Marie-Laure

ATTENTION AU SOLEIL !

Le 25 mai 1992

Bon, c'est décidé : cet été, on va passer les vacances à Andernos sur le Lac d'Arcachon... Quand j'étais petite, on allait souvent en Bretagne. La Bretagne, c'est bien beau mais il pleut trop souvent... Dans le Sud-Ouest, au moins on est à peu près sûr d'avoir du soleil. Le soleil, c'est bien ce qui inquiète Maman qui n'arrête pas de dire : « ne va pas attraper un coup de soleil comme Mireille, l'été dernier ! » Maman, il faut toujours qu'elle em~~ploie les mots convenables. Elle fait franchement chier avec ça~~.

Instructions : acheter de la crème solaire. Attention, pas du monoï ou de la crème auto-bronzante, mais de la vraie crème solaire qui protège contre les rayons ultra-violets, avec un haut indice de protection—40, ou même 50—en-dessous de ça, ça ne sert à rien...

Bien, mais je vais me ruiner en crème solaire. C'est au moins 85F le tube, il y en a même qui vont jusqu'à 300F ! C'est vraiment pas donné... mais il faut ce qu'il faut !

bdgomme Si crevée : je me suis brossé les dents avec de la crème solaire (30€ le tube !) Les dents, ça ne bronze pas ! Réveille-toi, ML ! #ducaféstp
20-juil-2009

bdgomme Saint-Tropez. Il pleut depuis 10 jours. La crème solaire indice 50 reste au fond du sac de plage. #30€ foutus
5-août-2009

mirbelle @bdg : Ne sois pas trop découragée ! La crème solaire, ça se garde, et comme ça, t'as pas de soucis d'attraper un cancer... #santéavanttout
5-août-2009

LA MANIF

Le 2 mai 2002

Hier, une grande journée. Une journée inoubliable !

Ce matin, je suis encore au lit quand j'entends qu'on chante la « Marseillaise » dans la rue. Je comprends tout de suite que ce sont les protestations contre l'incroyable pourcentage de votes pour Le Pen : au premier tour des élections présidentielles—16,86 % des votes ! Je ne suis pas farouchement de gauche, mais quand même ! Ça me scandalise de penser qu'un type d'extrême droite, raciste et tout, a la possibilité d'être élu Président !... Lui, il se déclare « socialement à gauche, économiquement à droite, nationalement français », mais à entendre les cris dans la rue, on comprend tout de suite que toute une foule de gens ne sont pas d'accord.

Alors moi, qu'est-ce que je fais ? Je bondis de mon lit, comme une vraie révolutionnaire, je m'habille en vitesse... et hop ! Dans la rue, je suis les manifestants. Il y a de la foule partout : boulevard Saint-Germain, boulevard Saint-Michel, devant la Sorbonne, le Louvre, la Concorde, le Trocadéro... Je marche avec la foule d'un bout à l'autre de Paris. Les gens tiennent des pancartes et chantent des slogans. J'aime bien celui-ci : « C'est pas les immigrés, c'est pas les sans-papiers, c'est Le Pen qu'il faut virer ! »

Ce qui est formidable, c'est que, vers deux heures, boulevard de la République, dans cette foule de 500.000 personnes ou plus, qui est-ce que je vois ?

Jacques ! Il est là, à vingt mètres de moi ! Oui, oui, c'est lui, avec une pancarte... Il y a tellement de monde qu'il ne me voit pas. En le voyant, comme ça, ça m'a fait un coup. ~~Et moi, je voulais par son depuis la fameuse soirée chez Monique où il m'a dit qu'il me trouvait mignonne.~~

Le soir, en rentrant, je passe devant l'Opéra où l'agitation continue autour de feux de camp. J'ai l'impression de participer à un moment unique et épique de l'histoire. C'est chouette, formidable, exaltant, génial, super, du tonnerre !

Mais alors, qu'est-ce que je suis crevée ! « Au dodo, ma petite ! Tu as bien mérité de la patrie ! »

DOCUMENTS

1

Rencontres

A. Je ne crois pas aux rencontres fortuites (je ne parle évidemment que de celles qui comptent).

—Nathalie Sarraute

Nathalie Sarraute (1900–1999) est née en Russie. Elle a passé son enfance entre la France et la Russie, mais elle a fait ses études en France, et donc en français, à Paris, au lycée Fénelon, à la Sorbonne, puis à la Faculté de Droit. Elle a aussi étudié l'histoire à Oxford et la sociologie à Berlin. Elle a été avocate et est devenue une des premières romancières de l'école du Nouveau Roman, avec Alain Robbe-Grillet, Claude Simon, et Michel Butor. Ses œuvres les plus connues sont *Le Planétarium, Martereau,* et *Portrait d'un inconnu.*

B. Aimer, ce n'est pas se regarder l'un l'autre, c'est regarder ensemble dans la même direction.

—Antoine de Saint-Exupéry

Antoine de Saint-Exupéry, écrivain, poète, aviateur, auteur du *Petit Prince,* est né en 1900. Devenu pilote en 1921 lors de son service militaire, il travaille pour les services postaux et transporte le courrier entre la France et le Sénégal, puis en Amérique du Sud. Ses premiers romans, *Courrier Sud* et *Vol de Nuit,* s'inspirent de ses expériences d'aviateur. Au début de la Seconde Guerre mondiale il est mobilisé dans l'armée de l'air. Il est l'une des voix de la résistance contre les Nazis, et en 1940 il va à New-York pour persuader les Américains d'entrer dans la lutte contre le nazisme. Il disparaît pendant une mission aérienne en 1944. On a finalement retrouvé son avion en 2004. Il écrit *Le Petit Prince* à New-York pendant la guerre; publié à New-York en 1943 et en France en 1945, le livre devient très rapidement un succès mondial. Plus de 134 millions d'exemplaires ont été vendus dans le monde et il a été traduit en 220 langues et dialectes. La phrase la plus célèbre du livre: "On ne voit bien qu'avec le cœur. L'essentiel est invisible pour les yeux."

2

Lieux de rencontre

Pour se rencontrer, beaucoup de couples fréquentent les boîtes, les cafés et autres lieux publics, et les clubs de vacances, ou se retrouvent à des soirées entre amis.

Mais aujourd'hui les moyens de communication électroniques prennent une place de plus en plus grande dans les rencontres. Les sites de rencontre permettent de présélectionner ses partenaires potentiels en fonction de critères d'apparence (en regardant des photos), de proximité géographique, de profession, ou en fonction de critères ethniques, raciaux, religieux ou culturels.

Les sites spécialisés comme Meetic et Netclub ont des milliers de personnes qui paient pour avoir accès à leurs ressources en ligne. A cela s'ajoutent les sites de réseaux sociaux comme Facebook, Myspace ou Twitter qui permettent de développer plus facilement de nouveaux contacts.

En offrant une approche "objective," ces sites permettent en théorie de réduire les risques d'erreur: "Qui se ressemble, s'assemble," dit le bon sens populaire. Mais évidemment quand on passe du virtuel au réel ces risques ne sont jamais complètement éliminés.

—D'après *Francoscopie* 2010

3

Météorologie

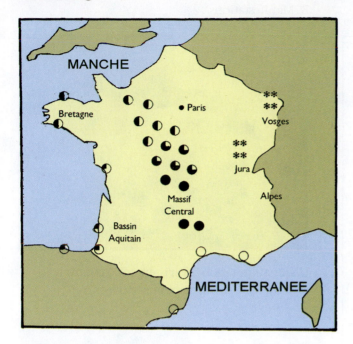

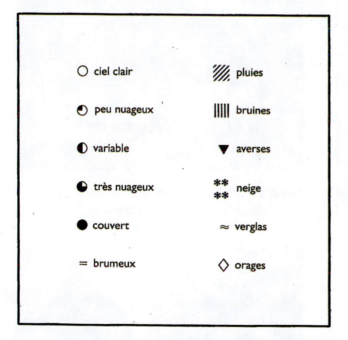

Météorologie

Météo 15 février

Temps en France aujourd'hui à 13 heures: Très nuageux avec pluies intermittentes.

Région parisienne

Aujourd'hui: Nuageux avec pluies passagères. Vent faible du sud-est. Températures en baisse (température minimale: 5°; température maximale: 10°).

Demain: Temps couvert avec pluies continues. Vent fort du nord-ouest. Températures stationnaires (température minimale: 5°; température maximale: 10°).

Après-demain: Ciel clair. Vent modéré du nord-est. Températures en hausse (température minimale: 10°; température maximale: 15°).

Ailleurs

Aujourd'hui: De la Manche aux Vosges et au Jura: Temps frais et très nuageux. Quelques faibles précipitations, sous forme de neige dans le Jura et les Vosges. Vent modéré du sud-est.

De la Bretagne au Bassin Aquitain: Ciel variable. Passages nuageux alternant avec quelques éclaircies. Rares averses.

Entre les deux zones ci-dessus: Temps couvert avec pluies passagères plus fréquentes et plus abondantes sur le Massif Central.

Sur le pourtour méditerranéen: Ciel clair. Vent modéré. Températures douces (température minimale: 14°; température maximale: 18°).

Demain: Sur toute la France: Temps couvert. Précipitations abondantes. Orages locaux, en particulier sur le Massif Central et les Alpes.

Sur le pourtour méditerranéen: Ciel clair. Vents modérés. Températures douces (température minimale: 13°; température maximale: 19°).

Après-demain: Sur toute la France: Ciel clair. Vent modéré. Températures en hausse.

Sur le pourtour méditerranéen: Temps couvert. Averses, orages violents. Températures en baisse (température minimale: 8°; température maximale: 12°).

4

Manifestations étudiantes

A. Tract étudiant

REFORME SARKOZY, PECRESSE :
UNE HONTE POUR LA DEMOCRATIE

JEUDI 5 MARS 2009
Départ manifestation : Aix-en-Provence à 14h30

Le premier ministre et la ministre de l'Enseignement Supérieur et de la Recherche annoncent comme une grande avancée qu'aucun poste d'enseignant-chercheur ne sera supprimé en 2010 et 2011.
Mais, de qui se moque-t-on ?
Nous ne sommes pas dupes! Malgré les objectifs annoncés du gouvernement—c'est-à-dire priorité à l'enseignement supérieur et à la recherche—la réalité de leur motivation est une destruction du service public.

Un nouveau paysage pour demain: privatisation, compétitivité, restriction, spéculation, finance. Un modèle de financement des universités américaines aujourd'hui en faillite.

Il ne faut pas que l'université française soit privatisée!

La loi « d'autonomie » proposée par le gouvernement porte surtout sur l'autonomie financière de l'université, ce qui entraîne une gestion de l'université comparable à celle d'une entreprise. (Comme dans les universités américaines: pour information, le prix moyen d'une année dans une université publique américaine est de 12.000 dollars, 30.000 dans une université privée, 50.000 dans les plus prestigieuses.)

Le président de la République veut dupliquer le modèle de « l'économie de la connaissance » à l'américaine. Nicolas Sarkozy menace ainsi l'indépendance de la recherche publique française.

La crise financière nous enseigne que le financement privé des universités les soumet aux instabilités du marché, comme à Harvard, la plus ancienne et la plus riche université américaine, qui a perdu 30 % de son capital sur les marchés financiers. Conséquence pour les étudiants : leurs frais de scolarité augmentent en moyenne de 6,4 % par rapport à l'année précédente dans les universités publiques, soit 6 585 dollars pour un étudiant. On se souvient du mot du président de Harvard qui avait un peu de peine à justifier l'augmentation des frais de scolarité : « Si vous trouvez que l'éducation coûte cher, essayez l'ignorance ! »

Pour toutes ces raisons, la FERC Sup CGT appelle l'ensemble de la communauté universitaire à poursuivre et amplifier la mobilisation et à participer massivement à la manif de jeudi et au succès des manifestations à venir pour obtenir de véritables négociations sur l'ensemble de nos revendications.

SAUVONS L'UNIVERSITE !!

RDV à la Fac de lettres à 14h
TOUS EN MAN!

B. Manifestations

Une manifestation à Paris en 2009 contre la réforme de l'enseignement supérieur.

Manif à Strasbourg en 2008 pour protester contre des réformes économiques.

Des Parisiens protestent en 2002 contre la guerre en Irak.

En 2002, des manifestants protestent contre la politique raciale du Front National (parti nationaliste d'extrême droite), et de son candidat à la présidence, Jean-Marie Le Pen.

Ce manifestant porte un tee-shirt avec le logo du Front National oblitéré par un X.

5

Fille d'aujourd'hui (extrait)
Où vas-tu fille
Fille d'aujourd'hui?
Où t'en vas-tu
Vers quel vertige
D'éclair et de bruit?
—Je suis fille d'aujourd'hui
Tout va vite et moi je suis.

—Guy Béart

Guy Béart est né au Caire (Egypte) en 1930. Il a un diplôme d'ingénieur, mais s'inscrit à l'Ecole nationale de musique et débute comme chanteur en 1954. Auteur de plus de 300 chansons, il a composé pour Patachou et Juliette Gréco, entre autres. En 1994 l'Académie française l'honore pour l'ensemble de ses chansons. Sa fille Emmanuelle Béart est l'héroïne du film *Manon des sources*.

6

Chez l'oto-rhino

7

Elle est froide, dit-il.

—Extrait de Maja, *Bonheurs*

13 Rencontres III

TEXTE

1

Le Quartier latin à Paris. C'est une très belle matinée de printemps. Il est 11h. C'est le 29 mai. Il y a une grève d'étudiants, évidemment.

Robert, un jeune Américain, vient d'arriver à Paris. En ce moment, il est dans la cour de la Sorbonne. Il sourit à une jeune fille.

Mireille, une jeune Française, qui étudie l'histoire de l'art, est aussi dans la cour de la Sorbonne. Elle sourit à un jeune homme.

Un autre jeune homme traverse la place de la Sorbonne. Il a l'air de s'ennuyer. Il s'approche d'une jeune fille, et lui demande du feu. Tiens! mais c'est Jean-Pierre Bourdon!

Jean-Pierre: Pardon, Mademoiselle, est-ce que vous avez du feu, s'il vous plaît?

La jeune fille le regarde sans répondre et s'en va.

2

Pendant ce temps-là, au deuxième étage de la Sorbonne, une dizaine d'étudiants attendent devant un bureau. Un jeune homme arrive. . . . C'est Jean-Pierre Bourdon! Il examine la situation, et tout de suite se dirige vers la tête de la file. Il s'approche d'une jeune fille brune qui porte une robe violette.

Jean-Pierre: Tiens, c'est vous? . . . Qu'est-ce que vous faites là? Comment ça va depuis l'an dernier?

La jeune fille le regarde, étonnée.

1. feu

la fumée

le **feu**

2. étage

Le deuxième **étage**
Le premier **étage**

2. robe

Cette jeune femme porte une **robe** rayée.

2. étonné

Ce monsieur a l'air **étonné**, surpris.

Jean-Pierre: Comment? Vous ne me reconnaissez pas? Mais si, voyons! Rappelez-vous: l'été dernier, à Saint-Tropez!

La jeune fille: Moi? A Saint-Tropez? Impossible! D'abord, j'ai horreur de Saint-Tropez . . . Les nanas, les fils à papa et les yachts, ce n'est vraiment pas mon genre! . . . Et puis je déteste l'été. Je passe tous mes étés en Patagonie, parce que l'été, là-bas, c'est l'hiver! . . . Elémentaire, mon cher Watson! Vous voyez, votre truc, avec moi, ça ne marche pas!

3

Des voix dans la queue commencent à protester: "Eh là! Pas de resquille, hein! Oh, eh, le resquilleur, là! A la queue, comme tout le monde!"

Jean-Pierre: Mais ça va! J'y vais, à la queue! Si on ne peut même plus draguer une fille en passant, maintenant. . . . Où va-t-on! . . .

Il va se placer au bout de la file. Il s'approche d'une jeune fille qui porte une robe verte.

Jean-Pierre: Pardon, Mademoiselle, vous avez du feu?

La jeune fille: Non, je ne fume pas. (*Elle montre un jeune homme devant elle*) Demandez à Jean-Luc.

Jean-Luc: Tiens, voilà!

Et il tend son briquet Bic.

4

Jean-Pierre: Merci . . . Je m'appelle Jean-Pierre Bourdon. Et toi?

Jean-Luc: Jean-Luc Marchand.

Jean-Pierre: Ah! . . . (*à la jeune fille*) Euh. . . . Et vous?

2. *se rappeler*

Il ne **se rappelle** rien! Il n'a pas de mémoire!
Je le connais, cet Américain . . . mais je ne **me rappelle** pas son nom. . . . Albert? Hubert? Ah, ça y est, je sais; maintenant, je **me rappelle**: Robert!

2. *Saint-Tropez*

Les yachts dans le port de **Saint-Tropez**.

2. *nana*

Une **nana** (familier): une femme, une jeune femme, une jeune fille.

2. *fils à papa*

"Maman! Je m'ennuie!"

Un **fils à papa** et son yacht.

2. *genre*

—Ce n'est pas mon **genre**: je n'aime pas ça; ce n'est pas mon style.

2. *truc*

JE CONNAIS LE TRUC! C'EST UN TRUC CLASSIQUE.

C'est un bon **truc**, un bon système; ça marche. Mais il y a des **trucs** qui ne marchent pas. Alors il faut essayer un autre **truc**, une autre astuce.

3. *faire la queue*

Les étudiants attendent: ils **font la queue**. Quand on arrive, il faut aller **à la queue**, au bout de la file.

—Attendez, ce n'est pas votre tour. Il faut attendre son tour; il faut **faire la queue**.

3. *resquille, resquilleur, resquiller*

PAS DE RESQUILLE! A LA QUEUE!

ÇA VA! J'Y VAIS, À LA QUEUE!

SECRETARIAT

Il essaie de **resquiller**, de passer devant les autres. C'est un **resquilleur**. Il fait de la **resquille**.

La jeune fille continue sa lecture sans faire attention à Jean-Pierre.

Jean-Luc: Elle, c'est Annick. . . . Son frère, Philippe; Nadia, Ousmane, des copains.

Jean-Pierre: Hmmm. . . . Qu'est-ce que tu fais comme études?

Jean-Luc: Je fais de la sociologie et du droit.

Jean-Pierre: Ah, tu as raison! Le droit, ça mène à tout!

Il se tourne vers Annick, qui continue à ne pas faire attention à lui.

Jean-Pierre: Euh . . . et vous?

Jean-Luc: Elle, c'est une matheuse. . . .

---

3. draguer

Il essaie de **draguer** une jeune fille. Il veut attirer son attention, engager la conversation avec elle.

3. fumer

Il **fume**. (C'est dangereux pour la santé.)

3. tendre

Il **tend** un billet de 50€ au serveur.

3. briquet

Un **briquet** qui marche!

4. copain, copine

Philippe et Ousmane sont des amis, des **copains**. Annick et Nadia sont des amies; ce sont des **copines**.

4. le droit

Il fait **du droit**; il veut être magistrat.

Jean-Luc fait du **droit**. Il étudie le **droit**. Il fait des études juridiques. Il veut être juriste, avocat ou magistrat. Il étudie les lois, la jurisprudence, la législation, ce qui est légal et ce qui est illégal.

4. avoir raison

Tu **as raison**! Je t'approuve!

4. mener

Tous les chemins **mènent** à Rome.

Le crime **mène** en prison.

Le droit **mène** à la magistrature. Mais le droit **mène** aussi à d'autres professions (administration, secteur commercial . . .).

Les études secondaires **mènent** au baccalauréat. Les études supérieures **mènent** à la maîtrise, au doctorat.

La numismatique, c'est intéressant . . . mais ça ne **mène** à rien!

5

Jean-Pierre: Ah, ouais? Ça ne m'étonne pas. Aujourd'hui, toutes les filles font des maths: c'est la nouvelle mode. Moi, j'ai une copine qui vient d'entrer à l'X. C'est un cerveau! Elle veut se spécialiser en informatique. C'est un truc qui a de l'avenir, ça, l'informatique. La biologie aussi . . . ou l'astrophysique. . . . Moi, je ne sais pas encore trop ce que je vais faire. Pour l'instant, je fais une maîtrise de psycho. Je vais peut-être faire médecine . . . ou alors, euh . . . psychanalyse. En tout cas, les psy font leur beurre, c'est sûr! . . . Ou alors, peut-être que je vais faire HEC. . . .

Jean-Luc: Tu n'as pas l'air très fixé. . . .

Jean-Pierre: Ah, non, non, non! Je ne veux pas me décider trop jeune, c'est trop dangereux.

Jean-Luc: Et quel âge as-tu, au juste?

Jean-Pierre: Moi? J'ai 29 ans. Pourquoi?

Jean-Luc: Non, rien; comme ça . . . pour savoir.

6

Jean-Pierre s'approche de la fenêtre. Il regarde dans la cour et appelle Jean-Luc.

Jean-Pierre: Eh, viens voir, viens voir! Une fille formidable, là-bas.

Jean-Luc: Quoi?

Jean-Pierre: Là, c'est la petite-fille de Greta Garbo!

Jean-Luc: Sans blague! Où ça?

Jean-Pierre: Là, dans la cour, là . . . à droite!

Jean-Luc: Laquelle? Celle avec le pantalon blanc, le chemisier bleu et vert, et le foulard?

Jean-Pierre: Mais, non, pas celle-là, l'autre, à côté!

Jean-Luc: Ah, la blonde?

Jean-Pierre: Mais non, pas celle avec le pull blanc et cette horrible jupe rouge de Prisunic, qui sourit d'un air imbécile! Non, la rousse avec le jean gris et la veste noire! . . . Quoi, tu ne la vois pas, ou quoi?

Jean-Luc: Mais je la connais, la rousse! Elle fait du russe aux Langues-O. Mais ce n'est pas la petite-fille de Greta Garbo, hein! D'ailleurs, Greta Garbo n'a jamais eu d'enfants!

Jean-Pierre: En tout cas, elle est très bien quand même, hein! . . . Tenez, il y a un drôle de type qui s'approche d'elle, un type avec un imper noir et un chapeau noir. Il va essayer de la draguer, c'est sûr. . . . Ça y est! Il lui demande du feu! C'est classique! C'est même un peu élémentaire!

Annick: Ça, oui! Je crois qu'on peut le dire! Ça ne doit pas marcher souvent, ce truc.

7

Jean-Luc: Et comment est-ce que tu fais, toi, pour engager la conversation?

Jean-Pierre: Oh, ben, je ne sais pas, moi, il y a plein de trucs. . . . Ce ne sont pas les trucs qui manquent! Tenez, par exemple, vous dites: "Tiens, c'est vous? Qu'est-ce que vous faites là? Comment ça va, depuis l'an dernier?" La fille vous regarde, d'un air étonné. "Comment? Vous ne me reconnaissez pas? Vous ne vous souvenez pas de moi? Mais si, voyons! L'été dernier, à Saint-Tropez! . . ." ou "l'hiver dernier, à Courchevel! . . ." ou

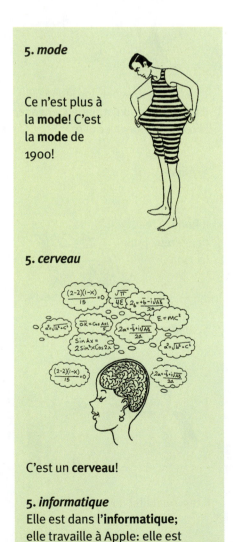

5. mode

Ce n'est plus à la **mode**! C'est la **mode** de 1900!

5. cerveau

C'est un **cerveau**!

5. informatique
Elle est dans l'**informatique**; elle travaille à Apple: elle est programmatrice.

5. *médecine*

Elles étudient **la médecine**. Elles font des études de **médecine** (à la fac de **médecine**, évidemment). Elles vont être **médecins**.

5. *faire son beurre*
Les psy **font leur beurre**! Les psychanalystes sont riches; ils gagnent beaucoup d'argent.

5, 6. *X, HEC, Langues-O.*
L'**X** = L'Ecole Polytechnique
HEC = Ecole des **H**autes **E**tudes **C**ommerciales
Langues-O. = Ecole des Langues Orientales

6. *fenêtre*

Une **fenêtre**.

6. *chemisier, pantalon*

Elle porte un **chemisier** et un **pantalon**.

En été, quand il fait chaud, Robert porte un **pantalon** et une **chemise**.

6. *foulard*

Foulard autour du cou.

Les gangsters portent un **foulard** sur le visage.

6. *veste*

Cette jeune femme porte une jupe et une **veste** sur un chemisier rayé.

Ce jeune homme porte un pantalon et une **veste** (il porte aussi une chemise et une cravate).

6. *drôle de type*

C'est **un drôle de type** . . . c'est un individu bizarre.
—Je n'aime pas ce **type**!
—Pourquoi? Il est très bien!
—Non, il a l'air d'un sale **type**, d'un gangster!

6. *imper (imperméable), chapeau*

Un drôle de type avec un **imper** noir et un **chapeau** noir.

7. *plein de, ça ne manque pas*
Il y a **plein de** trucs! Il y a beaucoup de trucs! Le trucs **ne manquent pas**!

7. *Courchevel*

Courchevel: dans les Alpes, une station de sports d'hiver.

On va à **Courchevel** pour faire du ski.

"en Patagonie! . . ." ou bien "l'année dernière, à Marienbad. . . Comment? Vous n'êtes pas . . ." et vous dites un nom ("Catherine Deneuve, Greta Garbo, Jacqueline Dupont . . ." n'importe quoi!) "Non??? Ah, ben alors, là, c'est fou ce que vous lui ressemblez! Mais alors, où est-ce que vous passez vos vacances?" Enfin, voilà: ça, c'est un truc qui marche à tous les coups. . . . Ou bien alors, je ne sais pas, moi, euh . . . vous faites semblant de tomber devant elle dans un escalier . . . ou bien (voilà!) vous laissez tomber des papiers devant elle; elle vous aide à les ramasser, vous la remerciez, et voilà! C'est parti!

Annick: Tout ça n'est pas bien neuf! On connaît! Vous n'avez rien de mieux?

8

Jean-Pierre ne répond pas. Il regarde sa montre.

Jean-Pierre: Ah, ben, dites donc, ça ne va pas vite, hein! Ça fait longtemps que vous attendez?
Jean-Luc: Une bonne demi-heure.
Jean-Pierre: Ah, zut, alors! Je ne peux pas rester, moi. J'ai un rendez-vous avec une fille superbe à l'Escholier. Je me sauve!

Il s'en va.

9

Annick: Ah, là, là, il est puant, ce mec! "Une fille superbe"! Non mais, on dirait qu'il parle d'un cheval! Pour qui se prend-il? Quel horrible dragueur! Il s'imagine que les filles ne sont là que pour lui tomber dans les bras, peut-être! Et il n'est même pas beau! Quelle tête d'idiot! Moi, ça me tue, des types comme ça. . . .
Jean-Luc: Bof. . . . Il n'est pas bien malin, mais il est inoffensif!

Annick: Eh bien, c'est ça! Défends-le! Ah, vous êtes bien tous les mêmes, vous, les hommes! Tous aussi sexistes!
Jean-Luc: Tu t'es inscrite au MLF, toi, maintenant?
Annick: Quand je vois des types comme toi, j'ai bien envie de m'inscrire, tiens!

7. *L'Année dernière à Marienbad*

Une scène de *L'Année dernière à Marienbad* (un film d'Alain Resnais, avec Delphine Seyrig).

7. *Deneuve, Garbo, Dupont*

Catherine **Deneuve** est une actrice très connue.

Greta **Garbo** est une autre actrice très connue.

Jacqueline **Dupont** est une inconnue.

7. à tous les coups

Ça marche **à tous les coups**: ça marche toujours.

7. tomber, escalier

Il **tombe** dans un **escalier**.

7. neuf

Ce n'est pas bien **neuf**: c'est un vieux truc!

8. montre

Une **montre**.

8. rester

Je ne **reste** pas: je m'en vais.

8. se sauver

Je m'en vais: je **me sauve**.

9. puant

Il est **puant**! Il est très désagréable! Il est odieux!

9. mec

Un **mec** (familier): un type, un garçon, un homme.

9. (se) prendre pour

—**Pour** qui **se prend-il**, celui-là? Il **se prend pour** Dom Juan?
—**Pour** qui **me prenez-vous**? Vous **me prenez pour** un imbécile?
Tous les garçons **se prennent pour** Superman. . . .

9. tuer

Un assassin a **tué** ce monsieur (avec un couteau).

Moi, ça me **tue**, des types comme ça. Je déteste ce genre de type!

9. malin

Il n'est pas bien **malin**! Il n'est pas très intelligent!

9. MLF, inscrit

MLF = **M**ouvement de **L**ibération de la **F**emme
Elle est **inscrite** au **MLF**: elle est membre du **MLF**. En fait, elle a participé au Congrès international féministe en 2010.

9. avoir envie de

Adam **a envie de** manger la pomme.

MISE EN ŒUVRE

Ecoutez la mise en œuvre du texte et répondez aux questions suivantes.

1. Est-ce qu'il y a longtemps que Robert est à Paris?
2. Où est-il en ce moment?
3. Qu'est-ce qu'il fait?
4. Qu'est-ce que Mireille étudie?
5. Qu'est-ce que Jean-Pierre demande à la jeune fille?
6. Est-ce que la jeune fille lui répond?
7. Que font les étudiants au deuxième étage de la Sorbonne?
8. Que fait le jeune homme qui arrive?
9. De qui est-ce qu'il s'approche?
10. Vous êtes à Paris, à la Sorbonne, et vous rencontrez une amie. Vous êtes étonné(e). Qu'est-ce que vous dites?
11. D'après Jean-Pierre, où et quand a-t-il rencontré la jeune fille brune?
12. Pourquoi la jeune fille brune ne va-t-elle jamais à Saint-Tropez?
13. Où passe-t-elle tous ses étés? Pourquoi?
14. Est-ce que le truc de Jean-Pierre marche avec cette jeune fille?
15. Qu'est-ce qu'on dit à quelqu'un qui essaie de se placer à la tête de la file?
16. Où est-ce que Jean-Pierre va se placer?
17. De qui est-ce qu'il s'approche?
18. Qu'est-ce qu'il lui demande?
19. Pourquoi n'a-t-elle pas de feu?
20. Que fait Jean-Luc pour donner du feu à Jean-Pierre?
21. Qui sont Nadia et Ousmane?
22. Qu'est-ce que Jean-Luc fait comme études?
23. Pourquoi est-ce que c'est bien, le droit?
24. Pourquoi est-ce que toutes les filles font des maths, aujourd'hui, d'après Jean-Pierre?
25. Pourquoi est-ce que c'est bien de se spécialiser en informatique?
26. Est-ce que Jean-Pierre sait ce qu'il veut faire?
27. Pourquoi est-ce que Jean-Pierre ne veut pas se décider trop jeune?
28. Où est la jeune fille que Jean-Pierre remarque?
29. Qu'est-ce qu'elle porte?
30. Que porte la jeune fille blonde à côté?
31. Que porte la jeune fille rousse?
32. Que fait-elle comme études, d'après Jean-Luc?
33. Qu'est-ce que le drôle de type en noir va essayer de faire?
34. Comment est-ce qu'il fait, pour la draguer?
35. Est-ce que c'est un truc original, d'après Jean-Pierre?
36. Qu'est-ce qu'on peut dire à une jeune fille pour engager la conversation, d'après Jean-Pierre?
37. Quand la jeune fille vous affirme qu'elle n'est pas Catherine Deneuve ou Greta Garbo, qu'est-ce que vous lui dites?
38. Si vous laissez tomber des papiers devant une jeune fille, qu'est-ce qu'elle va faire, d'après Jean-Pierre?
39. Est-ce qu'Annick trouve que tout ça est original?
40. Est-ce qu'il y a longtemps que les jeunes gens attendent?
41. Pourquoi est-ce que Jean-Pierre ne peut pas attendre?
42. Comment Annick trouve-t-elle Jean-Pierre?
43. Comment sont les hommes, d'après Annick?

MISE EN QUESTION

1. Mireille et Robert sont dans la cour de la Sorbonne. Ils se sourient. D'après vos calculs, ça fait combien de temps qu'ils se sourient? (Consultez le texte de la leçon 12 pour calculer ça.)

2. A votre avis, pourquoi Jean-Pierre se dirige-t-il vers la tête de la file quand il arrive au deuxième étage de la Sorbonne où les étudiants font la queue?

3. Quand la jeune fille en violet dit à Jean-Pierre qu'elle passe tous ses étés en Patagonie, est-ce que vous croyez que c'est vrai? Pourquoi dit-elle ça?

4. Quand les étudiants protestent parce que Jean-Pierre ne va pas à la queue, comme tout le monde, qu'est-ce qu'il dit pour se justifier? D'après lui, est-ce qu'il va en tête de file pour resquiller? Et d'après vous? (Voyez la question 2 ci-dessus.)

5. Est-ce que vous pensez que Jean-Luc fume? Pourquoi?

6. D'après vous, pourquoi est-ce qu'Annick continue sa lecture, ou fait semblant de continuer sa lecture, sans répondre à Jean-Pierre?

7. Pourquoi est-ce que Jean-Pierre va peut-être faire de la psychanalyse?

8. Quel âge a Jean-Pierre? Est-ce que c'est jeune, pour un étudiant?

9. Pourquoi est-ce que Jean-Luc demande à Jean-Pierre quel âge il a? Est-ce que vous croyez que l'âge de Jean-Pierre l'intéresse vraiment?

10. Est-ce que vous pensez que Jean-Pierre croit vraiment que la jeune fille qui est dans la cour est la petite-fille de Greta Garbo?

11. D'après Jean-Pierre, où est-ce que les gens chic (. . . comme lui!) se rencontrent, en été? Et en hiver?

12. D'après vous, pourquoi est-ce que les gens vont à Courchevel, dans les Alpes?

13. Est-ce que Jean-Pierre est présenté comme un personnage sympathique? Pourquoi?

Journal de Marie-Laure

TÉLÉPHONE PORTABLE

Le 20 mars 1991

Ce soir, je suis seule à la maison, en train de travailler comme toujours — ce n'est pas le travail qui manque : les devoirs à faire, les leçons à étudier et les interros à préparer — quand le téléphone sonne. Qui-est-ce que ça peut bien être ?
Je réponds :
— Allô ?
— Coucou, ma petite Marie-Laure !
— Allô, Tonton Guillaume, c'est toi ? Où es-tu ? T'es chez toi ?
— Non, je ne suis pas chez moi, je suis devant ton immeuble.
— Devant chez moi ? Comment ça ? Où ça ? Dans la rue ?
— Oui, dans la rue, en face de chez toi.
— Dans la rue ??? Mais il n'y a pas de cabine téléphonique dans la rue !
— Non ... c'est vrai, il n'y a pas de cabine dans la rue. Mais viens voir ! Va sur le balcon, tu vas voir.

J'y vais et qu'est-ce que je vois ? Tonton Guillaume au milieu de la rue qui me montre une drôle de petite boîte noire qu'il tient dans la main. Qu'est-ce que ça peut bien être ?

— Tu vois, ça, c'est ma cabine téléphonique privée ! ... mobile, portative, transportable. Je mets mon téléphone dans ma poche et je peux aller où je veux et téléphoner comme je veux. Et on peut aussi m'appeler.
— Sans blague ! C'est vrai ? Mais comment ça marche, ce truc-là ?

Il me l'explique mais je n'y comprends rien.

En tout cas, c'est génial de pouvoir se promener dans la rue avec son téléphone à la main ! C'est un truc magique ! Tonton Guillaume appelle ça un mobile, un portable et il dit que son ami belge appelle ça un GSM ! Mobile, portable ou GSM, c'est une super invention !

Moi, dès que j'ai un portable, je vais pouvoir téléphoner tranquillement à qui je veux. Je pourrai parler à Jacques toute la nuit. Je lui dirai que je le trouve beau et que j'ai envie de l'embrasser comme dans les films.

bdgomme Je suis tombée sur mon 1er portable en cherchant un vieux CD ! Souvenir : Tonton G & moi testant le sien au balcon #ôtempssuspendstonvol
9-déc-2008

MARIE-LAURE S'INTERROGE SUR SON AVENIR

Le 23 mai 1994

Le bac, c'est dans un mois. Je vais être reçue, y'a aucun doute. Et sûrement avec mention. Une fille aussi brillante que moi... Oui, mais après, qu'est-ce que je vais faire comme métier ? Plombier ou sénateur ? Non, c'est ce que je disais quand j'avais 10 ans. Mais maintenant, je ne sais pas... Alors, qu'est-ce qui reste : archéologue, coiffeuse, bibliothécaire, esthéticienne, cosmonaute, photographe de mode, journaliste... Papa me dit de faire Centrale ou les Mines. Moi, je ne me vois pas ingénieur. Je ne suis pas assez matheuse. Maman dit : « Fais médecine, y'a toujours des gens à soigner. » Oui, mais la médecine, c'est long : 7 ou 8 ans d'études. En plus, je ne me vois pas dans une salle de dissection. Tonton Guillaume dit, « Fais HEC. Regarde ta sœur Cécile. Elle se débrouille très bien comme DRH... » Ben... peut-être. Après tout, DRH, « Directrice des Ressources Humaines », ça fait bien et c'est pas mal payé. « Hautes Études Commerciales » ... « Hautes », oui, ça j'aime bien, mais « commerciales », ça me plaît moins... Mireille me dit de faire l'IDHEC, l'Institut des hautes études cinématographiques. En fait, ça s'appelle maintenant « la Fémis » (la Fondation européenne pour les métiers de l'image et du son). Oui, ça, ça en jette, ça impressionne : l'école des grands cinéastes français, Alain Resnais, Claude Miller, André Téchiné, Claire Denis, Arnaud Desplechin... Oui, mais ce n'est pas facile d'y entrer. Le concours est vachement difficile. On ne prend que 3 % des candidats. Même Jean-Luc Godard n'a pas été accepté, paraît-il. Moi, évidemment, je ne suis pas sûre d'être acceptée non plus, même si Mireille me recommande. Alors quoi ! Le droit ? Pourquoi pas ? Je me vois bien magistrate. La robe noire fait très sérieux. Et puis la Fac de Droit, c'est pas loin de la maison. Je peux y aller à pied ou à rollers.

DOCUMENTS

1

A. La Sorbonne

Les drapeaux de France et d'Europe devant l'entrée de la Sorbonne.

La cour de la Sorbonne.

L'Amphithéâtre Richelieu.

Chapelle de la Sorbonne vue de la place de la Sorbonne.

B. Plan de la Sorbonne

COLLEGE DE FRANCE   LYCEE LOUIS LE GRAND

RUE SAINT–JACQUES

RUE DES ECOLES

Statue de Montaigne

Secrétariat des Sciences

Cour

Galerie des Sciences

Grand Vestibule

Grand Amphithéâtre

Salle des Autorités

Galerie Robert Sorbon

Galerie Richelieu

Amphi Richelieu

Amphi Guizot

Amphi Descartes

Galerie des Lettres

Cour

Cour

Cour

Académie de Paris

Secrétariat des Lettres

Ecole des Chartes

Chapelle

Minéralogie

Cour

Cour

Physique

Cour

RUE DE LA SORBONNE

PLACE DE LA SORBONNE

2

Quel âge avez-vous?

Impossible de vous dire mon âge;
il change tout le temps.

—Alphonse Allais

3

Devinette

Un monsieur avec le cou, et sans tête,
avec deux bras et sans jambes?

—Paul Eluard

Paul Eluard, de son vrai nom Eugène Grindel, né en 1895, mort en 1952, a fait partie du groupe surréaliste avec André Breton, Max Ernst, Man Ray, Tristan Tzara, Jean Arp, René Magritte, et Joan Mirò. Poète "engagé," il s'est inscrit au parti communiste. Ses poèmes d'amour sont considérés comme parmi les plus beaux de la langue française. Son recueil de poèmes le plus connu: *Capitale de la douleur* (1926). Son poème le plus connu, écrit pendant la guerre, sous l'occupation allemande:

Liberté

Sur mes cahiers d'écolier
Sur mon pupitre et les arbres
Sur le sable sur la neige
J'écris ton nom . . .

Son vers le plus célèbre: "La terre est bleue comme une orange."

4

A. Avertissement

SELON LA LOI N° 91.32

FUMER PROVOQUE DES MALADIES GRAVES

Selon la loi No. 91.32, ce texte doit apparaître sur toutes les publicités pour les cigarettes et autres produits contenant du tabac.

B. La Vie de tous les jours

Si, dans la rue, un réverbère s'approche de vous et vous demande du feu, comment vous y prenez-vous pour ne pas paraître décontenancé?

—Jean Tardieu,
Le Professeur Froeppel

5

Entrer à l'X

$$X = \frac{4\ 000}{400}$$

Chaque année, plus de 4 000 candidats passent le concours d'entrée à Polytechnique; 400 sont reçus. L'école accepte un quart de candidats étrangers.

Conditions d'inscription pour les candidats français:

- Être de nationalité française.
- Être âgé de plus de 17 ans et de moins de 22 ans.
- Être titulaire du baccalauréat.

—Site internet de l'Ecole Polytechnique
(www.polytechnique.edu/)

6

La Santé physique et mentale des Français

Les Français vivent de plus en plus longtemps et en meilleure santé. En 2009 l'espérance de vie en France était de 84,5 ans pour les femmes et de 77,8 ans pour les hommes—un gain de 2 ans pour les femmes et presque 3 ans pour les hommes depuis 1998. Le record mondial officiel de longévité appartient à la Française Jeanne Calment, morte à Arles en 1997 à l'âge de 122 ans, 5 mois et 14 jours.

Mais malgré ces statistiques les Français n'ont pas l'impression de vivre mieux. 23% se disent stressés presque tous les jours, 45% de temps en temps. La France est un des pays les plus consommateurs de médicaments, y compris les préparations psychotropes comme des sédatifs et des antidépresseurs. Et le rôle des "psys" s'est fortement accru avec la progression de ce mal-être engendré par le stress familial, professionnel ou social, le chômage, le décès d'un proche, la maladie, la solitude. Environ un Français sur vingt a recours à la "médecine de l'âme" pour résister à des problèmes existentiels ou pour mieux confronter les difficultés de tous les jours.

—D'après *Francoscopie 2010*

7

Sourires

Plus le visage est sérieux, plus le sourire est beau.
—Chateaubriand, *Mémoires d'outre-tombe*

François-René, vicomte de **Chateaubriand** (1768–1848), est une des figures principales du romantisme français. Dans des romans comme *René* il analyse les sentiments et glorifie les passions du héros solitaire. Il a voyagé en Amérique du Nord et dans *Atala* il décrit les habitants du "nouveau monde" exotique. Son autobiographie, *Mémoires d' outre-tombe*, reste son œuvre la mieux connue.

Le sourire est le commencement de la grimace.
—Jules Renard, *Journal*

Jules Renard, né en 1864, écrivain et homme de lettres, fait partie des fondateurs du journal littéraire le *Mercure de France*, en 1889. Son livre le plus connu est *Poil de carotte*, l'histoire autobiographique d'un garçon aux cheveux roux qui est persécuté par une famille cruelle. Renard est mort en 1910. (Voir leçon 15, document 2.)

8

Tuer

A.
On tue un homme, on est un assassin. On tue des millions d'hommes, on est un conquérant. On les tue tous, on est un dieu.

—Jean Rostand

Jean Rostand, philosophe, écrivain, biologiste et historien des sciences, est né en 1894. Pacifiste, il a milité contre la prolifération nucléaire. "La science a fait de nous des dieux," a-t-il dit, "avant même que nous méritions d'être des hommes." Il a été élu membre de l'Académie française en 1959. Il est mort en 1977.

B.

Comment ce type peut trouver de la poussière ici,
moi, ça me tue!

C.

. . . Parce qu'il faut que je vous fasse un aveu. Moi, rien
que d'en parler, la maladie, ça me tue.

—Guy Bedos

9

Psycho ou judo?
C'est le genre de type, au début, tu regrettes de pas
avoir fait psycho; et puis après, tu te dis qu'il vaudrait
mieux avoir fait judo.

—Guy Bedos

Guy Bedos, né en Algérie
en 1934, fait des études
théâtrales à Paris et débute
au music-hall en 1965. Acteur
et humoriste, il est connu
surtout pour ses sketches
satiriques. "L'humour est
une langue étrangère," dit-
il. "Pour certains, il faudrait
ajouter des sous-titres."

10

A. Rencontre à la Sorbonne
Les étudiants que j'approchai à la Sorbonne, filles et
garçons, me parurent insignifiants: ils se déplaçaient
par bandes, riaient trop fort, ne s'intéressaient à rien
et se contentaient de cette indifférence. Cependant je
remarquai, au cours d'histoire de la philosophie, un
jeune homme aux yeux bleus et graves, beaucoup plus
âgé que moi; vêtu de noir, coiffé d'un feutre noir, il ne
parlait à personne, sauf à une petite brune à qui il sou-
riait beaucoup. Un jour, il traduisait à la bibliothèque
des lettres d'Engels quand, à sa table, des étudiants se
mirent à chahuter; ses yeux étincelèrent, d'une voix
brève il réclama le silence avec tant d'autorité qu'il fut
aussitôt obéi. "C'est quelqu'un!" pensai-je, impressionnée. Je réussis à lui parler et par la suite, chaque fois
que la petite brune était absente, nous causions. Un
jour, je fis quelques pas avec lui sur le boulevard Saint-
Michel: je demandai le soir à ma sœur si elle jugeait
ma conduite incorrecte; elle me rassura et je récidivai.

—Simone de Beauvoir, *Mémoires d'une jeune fille rangée*

Simone de Beauvoir (1908–1986)

B. Qui est Simone de Beauvoir?
Beauvoir, Simone de. Il semble presque absurde de
consacrer une biographie à Simone de Beauvoir. Elle
est la femme la plus influente de son époque. En
même temps, et bien qu'elle s'en défende avec un
mépris tout féminin, elle est une femme de pouvoir.
Elle pourrait, si elle le voulait, mobiliser des foules de
femmes (surtout aux Etats-Unis). . . .

Profondément autonome et indépendante, et cependant liée à Sartre par un attachement qu'elle a toujours
reconnu comme indéfectible, totalement anticonformiste et cependant puissamment séduisante, objet
d'une virulence haineuse de la part de ses ennemis
mais aussi d'un enthousiasme militant et d'une admiration littéraire inouïs de la part des féministes qui la
reconnaissent comme leur "maître à penser," elle est,

malgré son obstination à se raconter dans sa vérité la plus objective et la plus quotidienne, une légende pour les femmes. . . .

Née en 1908, elle est l'aînée d'une sœur et vient d'un milieu bourgeois. Agrégée de philosophie (juillet 1929), licenciée de lettres (et l'on connaît son goût d'adolescente pour les mathématiques). Ecrivaine, elle n'a connu d'autre définition de soi, et c'est bien ainsi qu'elle se dépeint sous les traits de Françoise, l'héroïne de *L'Invitée* (1943).

L'influence? Elle ne la refuse pas, au contraire. Elle sait qu'elle en a, et peut-on être écrivaine sans la désirer? Surtout lorsqu'on porte en soi le dessein de changer le monde, comme *Le Deuxième Sexe*, publié en 1949, prouve qu'elle veut le faire pour les femmes, ce que *Les Belles Images* (1966) et *La Femme rompue* (1968) confirment. . . .

Le 20 novembre 1970, Simone de Beauvoir, sollicitée par les membres du MLF à propos du projet de loi sur l'avortement, participe à la marche des femmes, de la République à la Nation. C'est le début d'un engagement féministe direct, actif depuis lors.

Femme de gauche, elle se rend à Cuba en 1960, prend une position sans équivoque pendant la guerre d'Algérie, participe au "tribunal Russel" qui juge les crimes de guerre américains au Viêt-nam. En 1983, elle accepte d'être la rapporteuse d'une commission intitulée Femmes et Culture mise en place par la ministre des Droits de la Femme, et reçoit une importante distinction du gouvernement danois pour l'ensemble de son œuvre.

Prix Goncourt en 1954 avec *Les Mandarins* (vendu à 40.000 exemplaires en un mois); chacun de ses livres, par la suite, est un best-seller.

Elle aime les voyages, la lecture et sait écouter qui lui parle avec une prodigieuse intensité du regard et de l'attention.

Pour toutes ces raisons, elle a du pouvoir et une formidable influence.

—Michelle Coquillat, *Qui sont-elles? Les Femmes de pouvoir et d'influence en France*

Michelle Coquillat a enseigné pendant huit ans aux Etats-Unis, puis à Paris. Elle a été chargée de mission auprès d'Yvette Roudy au Ministère des Droits de la Femme dans le premier gouvernement de François Mitterrand. Elle a publié, entre autres livres, un essai sur Simone de Beauvoir.

14 Entrée en matière I

TEXTE

1

C'est une merveilleuse matinée de printemps. Dans la cour de la Sorbonne, un jeune homme sourit à une jeune fille. Elle lui rend son sourire.

Robert: Excusez-moi, Mademoi-selle. . . . Qu'est-ce qui se passe? De quoi s'agit-il? Qu'est-ce qu'ils crient? Pourquoi est-ce qu'ils manifestent?

Mireille: Je ne sais pas. Mais ils ont sûrement raison.
Robert: Il fait vraiment beau, n'est-ce pas?
Mireille: Oui, c'est une belle matinée.
Robert: Vous êtes étudiante?
Mireille: Oui, je fais de l'histoire de l'art.

2

Robert: Moi, je viens des Etats-Unis.
Mireille: Ah, vous êtes américain![1]
Robert: Oui.
Mireille: Mais vous n'avez pas d'ac-cent du tout pour un Américain!
Robert: Vous êtes bien gentille de me dire ça, mais, vous savez, je n'ai aucun mérite: ma mère est française. . . .
Mireille: Ah, votre mère est française?
Robert: Oui. Quand j'étais enfant, je parlais toujours français avec elle.

1. il s'agit de

—**De quoi s'agit-il** dans cette his-toire? De quoi est-il question? Quel est le sujet?
—**Il s'agit d'**un jeune homme américain et d'une jeune fille française.

2. enfant

Quand Robert était **enfant**, il parlait toujours français avec sa mère.

[1]. Vous voyez que Mireille a l'esprit rapide. Elle comprend vite!

3

Mireille: Il y a longtemps que vous êtes en France?

Robert: Non, depuis hier seulement. . . . Je viens d'arriver.

Mireille: Et vous habitez où? A la Cité-U?

Robert: ?

Mireille: La Cité Universitaire . . . la maison américaine?

Robert: Ah, non! J'habite dans un petit hôtel du Quartier, le Home Latin. Ce n'est pas luxueux, mais c'est propre et pas très cher.

4

Mireille: Et vous venez souvent en France?

Robert: Non, c'est la première fois. Ma mère est française, mais mon père n'aimait pas beaucoup la France. Quand j'étais petit, nous avions l'habitude de passer nos vacances aux Bermudes ou en Amérique Latine, où mon père avait des intérêts.

Mireille: Vous passiez vos vacances en Amérique du Sud? . . . Mais pourquoi dites-vous "mon père n'aimait pas . . . avait des intérêts. . . ." Est-ce que votre père . . . ?

Robert: Ah, non, non, non. Mon père vit toujours. Il est même en excellente santé. Mais mes parents sont divorcés, et je ne vis plus avec eux. Ma mère est remariée avec un Argentin. Alors, les Bermudes, les vacances en famille, tout ça . . . c'est le passé!

5

Mireille: Je comprends. . . . Et qu'est-ce qu'il faisait, votre père, quand vous étiez petit?

Robert: Il travaillait dans une banque. D'ailleurs, il travaille toujours dans la même banque depuis vingt-cinq ans.

---

3. *luxueux*

C'est **luxueux**, magnifique, splendide, très confortable.
Le Ritz est un hôtel **luxueux**.

3. *propre*

Une main **sale**. Une main **propre**.

Un hôtel **propre**, immaculé, aseptique, hygiénique comme un hôpital.

Un hôtel pas très **propre** . . . plutôt **sale** (il y a des insectes, de la vermine . . .).

3. *cher*

La chambre coûte 500€ par jour: c'est **cher**! La chambre coûte 30€ par jour: ce n'est pas **cher**! C'est **bon marché**!

4. *avoir l'habitude de*

Quand il était petit, Robert **avait l'habitude d'**aller aux Bermudes pour les vacances. Il y allait régulièrement.

—Je fais ça souvent, tous les jours: c'est une **habitude**.

Il parle toujours français avec sa mère. Il **a l'habitude de** parler français avec elle.

Il passe toutes ses vacances à Saint-Tropez. C'est un **habitué** (de Saint-Tropez).

4. *avoir des intérêts*

Le père de Robert **avait des intérêts** (financiers) en Amérique du Sud.

4. *vivre*

Le père de Robert n'est pas mort. Il **vit** toujours. Il est toujours **vivant**. Il est **en vie**. (Il **vit** aux Etats-Unis.)

4. *remarié*

La mère de Robert est **remariée** avec un Argentin.

Mireille: Ah, oui? Et quel genre de travail fait-il? Il est caissier? Gardien de nuit?

Robert: Il est vice-président.

Mireille: Ah. . . . Il n'y a pas de sot métier, comme dit ma tante Georgette.

Elle reste silencieuse quelques instants.

6

Mireille: Excusez-moi, je dois rentrer chez moi. . . .

Robert: C'est loin, chez vous? Est-ce que vous voudriez bien me permettre de vous accompagner?

Mireille: Non, ce n'est pas loin! C'est tout près d'ici . . . et je veux bien vous permettre de m'accompagner . . . comme vous le dites si bien!

Robert: On ne dit pas ça?

Mireille: Si, si . . . mais vous avez l'air si cérémonieux!

Robert: C'est que . . . je ne veux pas vous ennuyer. . . .

Mireille: Oh, vous ne m'ennuyez pas du tout! En fait, pour être franche, je vous trouve assez sympa . . . enfin, je veux dire sympathique. Tenez, si vous voulez, nous pouvons aller nous asseoir quelques minutes au Luxembourg. Ce n'est pas loin d'ici, et puis c'est tout près de chez moi.

5. *depuis*

Il travaille dans la même banque **depuis** vingt-cinq ans.

5. *caissier*

Un **caissier**.

Dans un hold-up, les gangsters attaquent toujours les **caissiers**. Ce sont les **caissiers** qui ont l'argent. L'argent est dans la **caisse**.

5. *gardien de nuit*

Un **gardien de nuit**.

Les **gardiens de nuit** travaillent la nuit. Ils ont souvent un uniforme. Ils assurent la surveillance. Ils ont souvent un revolver.

5. *sot*

C'est un **sot**! Il est idiot!
Il n'y a pas de **sot** métier! Tous les métiers sont respectables!

5. *métier*

—Sa mère travaille?
—Oui, elle est psychanalyste.
—C'est un bon **métier**!

5. *rester*

Elle **reste** silencieuse; elle ne parle pas, elle ne dit rien.
Elle **reste** immobile; elle ne bouge pas.
Elle **reste** à la maison; elle ne sort pas.
—Je m'en vais. Tu viens avec moi?
—Non, je **reste**.

6. *loin*

Versailles est près de Paris. Tokyo est **loin** de Paris.

6. *cérémonieux*

Hubert est un peu **cérémonieux**.

6. *franc*

Mireille est **franche**. Elle dit la vérité. Elle est sincère. Elle ne cache pas son opinion. Elle a beaucoup de **franchise**. (J'aime sa **franchise**!)

6. *s'asseoir*

Robert va **s'asseoir** à côté de Marie-Laure.

Robert est **assis** à côté de Marie-Laure.

7

Ils entrent dans le jardin du Luxembourg. Mireille montre le Sénat.

Mireille: Ça, là-bas, c'est le Sénat. C'est là que les sénateurs se réunissent. Et j'habite juste en face. . . . Tiens, asseyons-nous ici. . . .

Oh, là, là, j'oubliais! Je devais amener ma petite sœur à son cours de danse à 11 heures et demie! Quelle heure est-il? Midi! Mais qu'est-ce que Maman va dire! Excusez-moi, je me sauve!

Elle se lève et s'en va.

8

Le soir, Robert est assis à la terrasse d'un café, place Saint-Michel.

Le garçon: Qu'est-ce que je vous sers?
Robert: Un café, s'il vous plaît.
Le garçon: Un express? Très bien.

Robert commence à écrire une carte postale. "Paris, le 29 mai. Ma chère Maman. . . . Je suis à la terrasse d'un café, place Saint-Michel. Le soleil se couche. Le ciel est tout rouge derrière le Louvre. Il fait très doux. C'est une belle soirée. . . . Les Parisiennes portent des pulls blancs et des jupes rouges. Elles sont très gentilles. Bons baisers; Robert." Puis il écrit l'adresse: "Señora Angèle Bellarosa de Gomina, 32 Calle de la Revolución, Resistencia, Argentine."

9

Robert appelle le garçon.
Robert: S'il vous plaît! Vous avez des timbres?
Le garçon: Ah, non! Il faut aller dans un bureau de poste . . . ou un bureau de tabac.
Robert: Ah, bon! C'est combien, le café?
Le garçon: 4 francs 50.
Robert: Où y a-t-il un bureau de poste?
Le garçon: Vous en avez un là-bas, de l'autre côté du pont, à droite.
Robert: D'accord!

Il se lève et se dirige vers le pont. Il arrive devant le bureau de poste. Malheureusement, il est déjà fermé.

7. montrer

Marie-Laure **montre** quelque chose à Robert.

7. se réunir

Quand le Sénat est en session, les sénateurs **se réunissent** au Palais du Luxembourg.

7. en face, à côté

Robert est assis **à côté de** Marie-Laure. Mireille est debout **en face d'**eux.

7. oublier

Elle **a oublié**! Elle n'a pas de mémoire, elle **oublie** tout!

7. amener

Fido **amène** Georgette au jardin du Luxembourg (il adore le jardin du Luxembourg).

7. cours de danse

Marie-Laure fait de la danse dans un **cours de danse**.

8. servir

La bonne **sert** à table. Elle fait le **service**.

8. se coucher

Le soleil **se couche**.

8. Louvre

Le **Louvre** (le musée du **Louvre**).

8. doux

Il ne fait pas trop froid, il ne fait pas trop chaud, il fait bon, il fait **doux**.

8. soirée

Robert et Mireille se rencontrent vers 10h et demie (du **matin**), par une belle **matinée** de printemps. Robert écrit à sa mère vers 6h (du **soir**); c'est une belle **soirée**.

9. timbre

Un **timbre**.

9. bureau de poste

On peut acheter des timbres dans un **bureau de poste**.

9. bureau de tabac

On peut aussi acheter des timbres dans un **bureau de tabac**.

9. pont

Un **pont** (le Pont-Neuf à Paris).

MISE EN ŒUVRE

Ecoutez la mise en œuvre du texte et répondez aux questions suivantes.

1. Qu'est-ce que Robert dit à Mireille pour engager la conversation?
2. Est-ce que Mireille sait pourquoi les manifestants manifestent?
3. Est-ce qu'elle pense qu'ils ont tort?
4. Est-ce qu'il fait beau, ce matin-là?
5. D'où vient Robert?
6. Pourquoi Mireille pense-t-elle que Robert est américain?
7. Est-ce que Robert a un accent américain quand il parle français?
8. Pourquoi Robert n'a-t-il aucun mérite à bien parler français?
9. Qu'est-ce que Robert parlait avec sa mère, quand il était enfant?
10. Depuis quand Robert est-il à Paris?
11. Où habite-t-il?
12. Comment est cet hôtel? Il est luxueux, cher?
13. Est-ce que Robert vient souvent en France?
14. Pourquoi ne passait-il pas ses vacances en France, quand il était petit?
15. Où le père de Robert avait-il des intérêts?
16. Est-ce que le père de Robert est mort?
17. Est-ce que les parents de Robert vivent toujours ensemble?
18. Avec qui sa mère est-elle remariée?
19. Où le père de Robert travaille-t-il?
20. Qu'est-ce qu'il fait?
21. Depuis quand est-il dans cette banque?
22. Que dit Tante Georgette à propos des métiers?
23. Où habite Mireille? Est-ce que c'est loin de la Sorbonne?
24. Pourquoi Mireille se moque-t-elle de Robert quand il lui demande s'il peut l'accompagner? Comment le trouve-t-elle?
25. Est-ce que Robert ennuie Mireille?
26. Où Mireille habite-t-elle? Au Sénat?
27. Pourquoi est-ce que Mireille s'en va? Qu'est-ce qu'elle devait faire à 11h et demie?
28. Qu'est-ce que Robert écrit à sa mère, une lettre ou une carte postale?
29. Où est-il, quand il écrit à sa mère?
30. Pourquoi le ciel est-il tout rouge?
31. Comment est la température? Est-ce qu'il fait très froid? Est-ce qu'il fait très chaud?
32. D'après Robert, quelle est la mode à Paris? Que portent les Parisiennes?
33. Comment Robert trouve-t-il les Parisiennes?
34. Que dit Robert pour terminer sa carte?
35. Où peut-on acheter des timbres?
36. Où y a-t-il un bureau de poste?
37. Pourquoi Robert ne peut-il pas acheter de timbres au bureau de poste?

MISE EN QUESTION

1. Nouveau calcul: Relisez le texte de la leçon 13 et faites une estimation du temps qui a passé depuis que Robert et Mireille ont commencé à se sourire. Ça fait combien de temps qu'ils se sourient, d'après vous?

2. Robert voit dans la cour de la fac une jeune fille de 18 ou 19 ans, avec des livres sous le bras. Est-ce qu'il pense qu'elle est gardienne de nuit, caissière, présidente d'une banque, ou étudiante? Alors, pourquoi lui demande-t-il si elle est étudiante?

3. D'après vous, pourquoi Robert dit-il tout de suite qu'il n'a aucun mérite à bien parler français parce que sa mère est française? Parce qu'il est honnête, modeste, ou parce qu'il ne veut pas avoir l'air d'être un étranger à 100%?

4. A votre avis, pourquoi les parents de Robert ont-ils divorcé?

5. Le père de Robert avait des intérêts, financiers probablement, en Amérique Latine. Qu'est-ce que la mère de Robert a trouvé d'intéressant en Amérique Latine?

6. Il y a des métiers qui sont plus difficiles à faire, qui demandent plus d'intelligence que d'autres. Un "sot métier" serait un métier très simple, très facile à faire, un métier qui ne demande aucune intelligence, un métier qu'un sot peut faire. Quand on dit "Il n'y a pas de sot métier" on veut dire que les métiers les plus simples sont honorables, respectables. Donc on dit "Il n'y a pas de sot métier" quand on parle d'un métier qui n'est pas particulièrement prestigieux. Alors, pourquoi Mireille dit-elle ça quand Robert dit que son père est vice-président de banque? Qu'est-ce qu'elle a l'air d'insinuer?

7. Pourquoi Robert écrit-il à sa mère que les Parisiennes portent des jupes rouges et des pulls blancs? Est-ce qu'il pense qu'il est très important d'informer sa mère de la mode parisienne? Est-ce qu'il ne généralise pas un peu? Au moment où il écrit ça, trois jeunes femmes, des Parisiennes sans doute, passent devant lui. Aucune de ces trois jeunes femmes ne porte de jupe rouge ou de pull blanc. Alors, pourquoi Robert écrit-il ça?

Journal de Marie-Laure

MÉLANIE PART AU TOGO

Le 21 août 2002

Ce matin j'ai accompagné Mélanie à l'aéroport. Elle repart au Togo. C'est la troisième fois qu'elle y va. En attendant l'embarquement, on a pris un café. Enfin, elle a pris un express et moi un crème et deux croissants. On en a eu pour 8,40€ : 2,50€ pour l'express de Mélanie, 3,80€ pour mon crème et 2,60€ pour les croissants au beurre ! Les croissants étaient délicieux, légers et croustillants mais ce sont des voleurs dans les aéroports. Ils exagèrent avec les prix ! Dans le quartier où j'habite, près de chez moi, c'est beaucoup moins cher.

Elle a quand même de la chance, Mélanie, de repartir en Afrique. J'aimerais bien être à sa place et quitter Paris. Un changement d'air ne me ferait pas de mal ! ~~C'est vraiment~~ ~~dur la sépare aro Inspa. A pour clui tout la reups. En amisicatopouffiasavocqiches maintamut. Jesais caro que go se pas danco. Il poroit qu'elle oodre aro tous la roso et quiqueis ole dos jette. Mois aro moi dos font. Il pous toujours ro supporor à queox. In no loi posdovocoti par.~~

Puisque je ne vais pas au Togo avec elle, je vais aller visiter le Parc EuroDisney qui vient d'ouvrir il y a quelques mois. Tout le monde dit que c'est super. Moi, je ne suis pas sûre que ça me plaise beaucoup, vu mon grand âge.

bdgomme Envoyer un cadeau d'anniv à Mél, toujours au Togo. Ah ! Faire la queue pendant 2 heures à la poste avant d'atteindre le guichet, j'adore !
19-mai-2008

LE VIADUC DE MILLAU

4 juillet 2005

Avec Mélanie, nous sommes descendues dans le Sud pour les vacances parce que dans le Sud, il fait toujours beau. L'Aveyron, dans la région Midi-Pyrénées, c'est magnifique ! Il y a de jolis villages haut perchés, des gorges où on fait du kayak, des grottes préhistoriques qu'on peut visiter. On peut aussi y faire du vélo, de l'escalade, des randonnées et on peut aller à Roquefort-sur-Soulzon pour y déguster le très célèbre fromage roquefort. Mais moi, ce qui m'a surtout impressionnée, c'est le viaduc de Millau.

Il paraît que c'est le plus haut pont routier du monde ! Le pilier le plus élevé fait dix-neuf mètres de plus que la Tour Eiffel et l'ensemble pèse environ quatre fois plus qu'elle, presque 40.000 tonnes ! Quel chef d'œuvre, quelle réussite ! Un véritable travail de titans ! Moi, ça m'a coupé le souffle de voir ça ! Je n'en croyais pas mes yeux ! Je n'en revenais pas ! Mélanie, la pauvre, elle a eu le vertige alors pendant toute la traversée (2 kilomètres 640 mètres), elle a fermé les yeux pour ne rien voir. C'est dommage, elle n'a pas vu les deux types dans la voiture qui nous a dépassées. Un des deux, ~~si j'étais pas super amoureuse de Jacques~~ ~~bien plutôt faire~~ ~~français.~~ ~~j'ai l'impression que je lui plaisais aussi.~~

Il paraît que la construction de ce pont a joué un rôle majeur dans le développement économique de la région. Il y a même le ministre chinois des transports qui est venu le visiter et le cabinet du gouverneur de Californie, Arnold Schwarzenegger, s'y est intéressé parce qu'ils pensent faire un truc pareil, là-bas, dans la baie de San Francisco. C'est très intéressant tout ça, mais moi ce qui me frappe c'est que ce viaduc est très esthétique. Ça fait vraiment bien dans le paysage ! Et on a pu traverser ce pont formidable pour seulement 11,80€ de péage.

twitter

bdgomme Enfin, j'ai vu le Golden Gate (nom bizarre, c'est plutôt rouge). Bellissime, mais tout compte fait, je préfère notre viaduc de Millau !
11-août-2010

auddubois @bdgomme : Et moi, je préfère les arches dorées de McDo ! #mortderire
11-août-2010

DOCUMENTS

1

Devinette

Je ne suis pas gros,
plutôt mince, costaud,
je suis assez grand,
je suis très sportif,
je fais plusieurs sports,
du ski nautique et du polo
par exemple.
Mes cheveux? Leur couleur?
Eh bien, ils ne sont pas blancs,
car je suis jeune;
mais ils ne sont pas blonds non plus:
ils sont noirs.
Bien sûr mes sourcils
sont de la même couleur!
Je me rase tous les matins,
et je n'ai ni barbe, ni moustache.
Sans exagération,
je peux dire que je suis intelligent.
Enfin, je ne suis pas de nationalité française,
mais je parle français sans accent
(sans mérite puisque ma mère est française).
Je suis le héros d'une histoire.
Qui suis-je?

—Emmanuel Rongiéras d'Usseau

2

Comme le temps passe!

A. La vie est beaucoup plus au passé qu'au présent. Le présent est toujours court et cela même lorsque sa plénitude le fait paraître éternel.

—Marguerite Yourcenar et Matthieu Galey,
Les Yeux ouverts

B.
O Temps! suspends ton vol;
. . . .
Laissez-nous savourer les rapides délices
Des plus beaux de nos jours!

—Lamartine, "Le Lac"

Alphonse de Lamartine (1790–1869) est considéré comme un des premiers grands poètes romantiques français. "Le Lac" est un des poèmes inspirés par l'amour publiés dans les *Méditations poétiques.*

C. On est en droit de se demander: Y a-t-il une vie avant la mort?

—Coluche

3

Sièges des deux assemblées législatives

Le pouvoir législatif est exercé par deux chambres, la Chambre des Députés, ou Assemblée nationale, et le Sénat. Les sénateurs siègent au Palais du Luxembourg depuis 1879. Le Palais du Luxembourg date du XVIIème siècle. Il a été construit pour Marie de Médicis, mère du roi Louis XIII.

L'Assemblée nationale (la Chambre des Députés)

Un artiste sur les quais de la Seine.

Le bassin du Luxembourg et le Sénat.

 4

Le Divorce

En France, un mariage sur deux se termine par un divorce. Si le nombre des divorces a augmenté, le nombre des remariages s'est aussi multiplié. Parmi les nouveaux mariés en 2010, un sur cinq était divorcé.

Quelles sont les raisons pour lesquelles on divorce? L'évolution de l'environnement social, économique ou professionnel a favorisé l'autonomie des individus et des époux. Beaucoup de couples n'arrivent pas à concilier leur besoin d'autonomie personnelle avec les contraintes conjugales. La vie à deux limite la liberté individuelle; cette limitation est moins bien acceptée dans une société où la liberté est considérée comme un a priori essentiel.

Cependant, quand on considère le nombre des remariages, il est évident que la fréquence du divorce ne correspond pas à un rejet de la vie de couple, mais au contraire à un attachement plus grand à sa réussite. Ce sont les femmes qui acceptent de moins en moins les inconvénients du mariage. Dans 71% des cas, ce sont elles qui sont à l'origine des demandes de divorce. Certaines considèrent que leur vie de mère et d'épouse les empêche de se réaliser dans les autres domaines, et elles préfèrent divorcer.

—D'après *Francoscopie* 2010

 5

Divorcée

Tonton Guillaume cherche un cadeau pour Marie-Laure. Il entre dans un magasin de jouets, et demande au vendeur s'il a la nouvelle sensation américaine, une poupée Barbie.

—Ah, Monsieur, nous avons beaucoup de poupées Barbie. Voyons, nous avons Barbie à la plage, 20€; Barbie au gymnase, 20€; Barbie à la discothèque, 20€; Barbie fait du shopping, 20€; Barbie fashionista, 20€; Barbie ballerine, 20€; et Barbie divorcée, 150€. Tonton Guillaume est étonné.

—Mais, pourquoi Barbie divorcée coûte-t-elle 150€, alors que les autres ne sont qu'à 20€?

—Mais, Monsieur, avec Barbie divorcée vous avez la maison de Ken, la voiture de Ken, l'argent de Ken, le bateau de Ken. . . .

6

Evidemment . . .

1. Deux personnages importants de l'histoire de France vont se rencontrer. Ils sont au paradis, évidemment. Ou bien est-ce ailleurs? Disons aux Champs-Elysées, dans une section spéciale reservée aux morts illustres.

C'est une belle journée, évidemment, puisque toutes les journées sont belles aux Champs-Elysées. Pas un nuage! Jamais! Les journées sont toujours fraîches sans être froides, et le soleil brille éternellement. C'est un peu monotone, évidemment. Mais c'est une question d'habitude. Et on prend vite l'habitude quand le temps n'existe pas.

Très mémorable rencontre de Marie-Antoinette et d'Astérix dans les jardins élyséens par un beau jour de l'éternel printemps

2. Astérix se promène dans le parc. Il arrive à une grande allée où il voit une procession de jeunes gens qui portent de longues robes blanches et

qui chantent des hymnes incompréhensibles—incompréhensibles pour Astérix parce qu'ils sont en latin, évidemment. Il les suit, et entre après eux dans la cour d'un palais en ruines.

3. Marie-Antoinette se promène dans la cour de ce palais. Elle s'approche des chanteurs. Astérix arrive près d'elle et s'arrête. Elle porte une robe très longue et très ample. Astérix remarque tout de suite son joli visage un peu triste sous une chevelure arrangée en une coiffure phénoménalement haute. Astérix croit distinguer autour de son cou une mince ligne rouge, masquée par un magnifique collier. Ça lui rappelle des incidents pénibles de l'histoire de France.

4. **Astérix:** Excusez-moi, Majesté. Pardonnez mon

ignorance de l'étiquette. Mais vous êtes bien la reine Marie-Antoinette?

Marie-Antoinette sourit, sans bouger la tête (à cause de sa coiffure), mais son sourire dit "oui!" Elle regarde Astérix et sa grande moustache (gauloise, évidemment) avec une indulgence amusée.

5. **Astérix:** Excusez-moi, Majesté, mais qu'est-ce qui se passe? Qu'est-ce qu'ils chantent?
Marie-Antoinette: Ils chantent des hymnes en latin, à la gloire de Dieu, à la gloire du roi des cieux. Je ne comprends pas très bien, parce que mon latin est un peu rouillé; mais ils ont raison: ça renforce les sentiments monarchiques; un peu trop tard, évidemment. . . .

6. **Astérix:** Il fait vraiment beau, vous ne trouvez pas?
Marie-Antoinette: Eh oui, comme toujours.
Astérix: Vous êtes encore reine, ici, Majesté?
Marie-Antoinette: Non, mais ça ne fait rien. Ici, c'est l'Egalité qui règne.
Astérix: Vous ne me connaissez pas, évidemment, mais moi, je suis gaulois. Je m'appelle Astérix.

7. **Marie-Antoinette:** Astérix? Quel joli nom!! Comment peut-on être gaulois? Mais vous parlez vraiment bien français pour un Gaulois!

Astérix: Vous êtes trop bonne de me dire ça, Majesté. Mais je n'ai aucun mérite; j'ai des milliers de descendants qui sont français. En fait, on dit que tous les Français croient descendre d'Astérix. Mais vous-même, Majesté, si vous permettez. . . . Mais quel bruit! Qu'est-ce que c'est? On ne s'entend plus!

8. **Marie-Antoinette:** Ce n'est rien! C'est un chœur d'anges qui s'exercent à la trompette.
Astérix: . . . Si vous permettez, Majesté, vous semblez avoir un très léger accent germanique.
Marie-Antoinette: Mais évidemment! Je suis autrichienne, moi, vous savez!

9. **Astérix:** Ah, vous êtes autrichienne! Et vous aimez Paris?
Marie-Antoinette: Pas tellement. Le Louvre, encore, ce n'est pas mal, mais la Conciergerie, c'est moins bien. Je préfère Versailles.
Astérix: Voulez-vous aller vous promener sur le cours la Reine avec moi?
Marie-Antoinette: Je veux bien. . . . Ah, mais non, je ne peux pas, j'ai rendez-vous avec un Suédois superbe dans dix minutes au Procope. Excusez-moi! Je ne sais plus où j'ai la tête! Je me sauve!

7

En dépit de tout, il restait sceptique.

—Extrait de Maja, *Bonheurs*

TEXTE

1

Paris. C'est le 30 mai. Il est 9 heures du matin. Robert sort de son hôtel. Il se promène dans les rues du Quartier latin. Il semble chercher quelque chose. Il s'arrête devant un bureau de tabac, et entre pour acheter un timbre.

Robert: Je voudrais un timbre . . . pour une carte postale.

La buraliste: Oui . . . voilà, Monsieur.
Robert: C'est pour l'Argentine, par avion.
La buraliste: Pour l'Argentine, par avion, alors c'est 6 francs 30 . . . 6,30 . . . 6,50 . . . 7, et trois, 10. Voilà, Monsieur.
Robert: Où est-ce qu'il y a une boîte aux lettres, par ici?
La buraliste: A gauche en sortant, Monsieur.
Robert: Merci. Au revoir, Madame.
La buraliste: Au revoir, Monsieur. Merci.

Robert met les timbres sur la carte postale. Il cherche la boîte aux lettres . . . et il la trouve. Il relit la carte postale et il la met à la boîte.

2

Robert se promène. Il traverse la place de la Sorbonne.

Il entre dans la cour de la Sorbonne. Il semble chercher quelque chose. . . . Quelque chose? Ou quelqu'un?

Il passe sous les arcades. Il traverse le couloir. Il sort par la porte de la rue des Ecoles. Il entre dans le jardin du Luxembourg. Il passe devant le Sénat. Tiens! Il y a une jeune fille sur un banc. Qui est-ce? Ce n'est pas Mireille!

1. boîte aux lettres

Robert met sa carte dans la **boîte aux lettres.**

Qu'est-ce qu'il va faire? Il ne va pas revenir à la Sorbonne! Mais ça ne va pas! Qu'est-ce qu'il a, ce garçon? Le Quartier latin, c'est très bien, mais il n'y a pas que ça à Paris! Il y a l'île Saint-Louis, les Halles, Beaubourg, la tour Eiffel, les Invalides, les Champs-Elysées, les musées, le Louvre, Orsay, Montmartre, l'Opéra. . . . Non? Ça ne vous intéresse pas? Vous préférez revenir à la Sorbonne? Comme c'est bizarre!

3

Robert revient à la Sorbonne et . . . voit . . . Mireille. Mais un jeune homme s'approche d'elle, et l'embrasse.

Mireille: Hubert! Toi, ici?
Hubert: Ben oui, je viens à la fac, quelquefois. . . . Justement, je voulais te voir. Tu sais. . . .

Et ils s'en vont. . . .

4

Nouvelle rencontre. Robert est assis à la terrasse d'un café. Et Mireille passe dans la rue. . . .

Mireille: Tiens, c'est vous? Qu'est-ce que vous faites là?
Robert: Rien. . . . Je regarde les gens qui passent.
Mireille: Excusez-moi pour hier! Mais je devais amener ma petite sœur à son cours de danse! . . . Mais puisque vous ne faites rien, allons faire un tour au Luxembourg; je ne suis pas pressée. Vous voulez bien?
Robert: Oui, bien sûr!

Ils se dirigent vers le jardin du Luxembourg.

2. A voir à Paris

L'île Saint-Louis.

Le Forum des Halles et l'église Saint-Eustache

Le Centre Culturel Georges Pompidou à Beaubourg.

La tour Eiffel.

Les Invalides.

Le musée d'Orsay (musée du XIXème siècle).

La basilique du Sacré-Cœur à Montmartre.

L'Opéra Garnier.

L'Arc de Triomphe.

Une gargouille sur la façade de la cathédrale Notre Dame.

5

Mireille: Mais, dites-moi, si votre père est banquier, vous devez être riche. Alors, pourquoi descendez-vous dans un petit hôtel minable?

Robert: D'abord, mon hôtel n'est pas minable du tout. C'est un petit hôtel très convenable. Et puis, mon père est peut-être riche, mais pas moi. Je préfère être indépendant.

Mireille: Ah, bon! Mais alors, comment faites-vous? De quoi vivez-vous? Pour venir en France, comme ça, il faut de l'argent!

Robert: Eh bien, quand j'étais petit, mes grands-parents, les parents de mon père, me donnaient toujours une centaine de dollars à Noël, et puis aussi pour mon anniversaire. C'est cet argent que je dépense maintenant.

L'Institut du monde arabe.

L'Opéra Bastille.

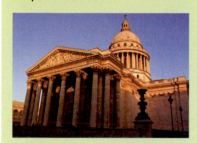

Le Panthéon.

La colonne de la place Vendôme.

4. faire un tour

–Qu'est-ce qu'on fait? On va se promener?
–Oui, d'accord. Allons **faire un tour**.

5. devoir

Vous **devez** être riche! Vous êtes probablement riche!
Je pense que Mireille a 18 ou 19 ans. Elle **doit** avoir 18 ou 19 ans.

5. minable

Un hôtel **minable**.

5. indépendant

Le père de Robert est riche, mais Robert préfère être **indépendant**.

5. vivre de

De quoi **vivez**-vous? Pour **vivre**, il faut de l'argent! La **vie** est chère à Paris; il faut beaucoup d'argent pour **vivre** à Paris.

5. Noël, anniversaire

"Ah! Voilà mes cent dollars de **Noël**. . . . J'espère qu'ils ne vont pas oublier de me donner cent dollars pour mon **anniversaire**!"

5. dépenser

Robert **dépense** l'argent de ses grands-parents.

Tante Georgette ne **dépense** pas beaucoup d'argent. Elle doit économiser.

6

Mireille: Ah, je vois! Vous ne voulez pas prendre l'argent de votre père, mais vous n'avez rien contre celui de vos grands-parents. . . . Mais, dites-moi, si c'est la première fois que vous venez ici, vous ne devez connaître personne à Paris.

Robert: Non, pas encore, mais j'ai une lettre pour des gens qui habitent quai de Grenelle. Je compte aller les voir demain.
Mireille: Quai de Grenelle? Dans une des tours?
Robert (*regardant l'adresse*): Tour Totem, 59, quai de Grenelle. Madame Jacques Courtois. C'est une amie d'enfance de ma mère.
Mireille: Madame Courtois?!! Mais ça, c'est formidable! Quelle coïncidence!
Robert: Vous la connaissez?

Mireille: Ben, si je la connais! Mais bien sûr que je la connais! C'est ma marraine! C'était la meilleure amie de ma mère quand elle faisait sa médecine.
Robert: Madame votre mère est médecin?

Mireille: Non. "Madame ma mère," comme vous dites, n'est pas médecin. Elle est chef de service au Ministère de la Santé. Mon grand-père était chirurgien. Et mon père est chez Renault.
Robert: Et vous, qu'est-ce que vous faites?
Mireille: Eh bien, moi je fais des études d'histoire de l'art. Et je fais du karaté le samedi matin . . . ça peut toujours servir. On ne sait jamais, comme dit ma tante Georgette.

7

Marie-Laure arrive avec son bateau.

Mireille: Mais qu'est-ce que tu fais là, toi? Tu n'es pas à l'école?
Marie-Laure: Non mais, ça ne va pas! C'est mercredi, aujourd'hui! Et toi, qu'est-ce que tu fais là? Euh, justement, Maman te cherchait.
Mireille: Elle n'est pas au bureau?
Marie-Laure: Ben, non, elle était à la maison; et elle te cherchait.
Mireille: Et qu'est-ce qu'elle voulait?
Marie-Laure: Ça, je ne sais pas. Mystère . . . et boule de gomme!
Mireille: Bon, je vais voir. . . .
Marie-Laure: C'est ça, va voir!
Mireille: Et toi, où tu vas?
Marie-Laure: Ben moi, je vais faire de la voile, et je vais essayer le nouveau bateau de Tonton Guillaume.
Mireille (*à Robert*): Bon, vous m'attendez? Je reviens tout de suite.

8

Mireille s'en va, laissant Robert et Marie-Laure.

Marie-Laure: Vous êtes le petit ami de Mireille? Vous êtes anglais?
Robert: Pourquoi? J'ai l'air anglais?
Marie-Laure: Non.
Robert: Alors qu'est-ce que je suis? Japonais? Espagnol? Italien?
Marie-Laure: Américain.
Robert: Comment t'appelles-tu?
Marie-Laure: Marie-Laure. Et vous, vous vous appelez comment?
Robert: Robert.
Marie-Laure: Vous la trouvez bien, ma sœur?

6. contre

Il est pacifiste. Il est **contre** la guerre, **contre** la violence.
Elle est écologiste: elle est **contre** la pollution.

6. connaître

Il ne **connaît** personne.

Il **connaît** quelqu'un.

Mireille **connaît** bien Paris: elle y est née; elle y habite depuis sa naissance.

Elle **connaît** bien le Pays Basque: elle y va tous les étés.

Elle **connaît** les Courtois: Mme Courtois est sa marraine.

Robert ne **connaît** pas encore les Courtois.

6. ami d'enfance

Mme Courtois et la mère de Robert sont des **amies d'enfance**.

6. marraine

Mme Courtois est la **marraine** de Mireille.

6. médecin

Il est **médecin**.

Elle est **médecin**.

6. chirurgien

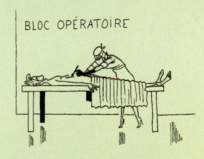

Elle est **chirurgien**. Elle opère. Elle fait une opération **chirurgicale**.

6. servir
Ça peut toujours **servir**: ça peut être utile.

7. bateau

Un **bateau** jouet.

7. boules de gomme

Des **boules de gomme**.

7. essayer

Elle **essaie** une robe.

MISE EN ŒUVRE

Écoutez la mise en œuvre du texte et répondez aux questions suivantes.

1. Que fait Robert, le 30 mai, à 9h du matin?
2. Où va-t-il pour acheter un timbre?
3. C'est combien, les timbres par avion pour l'Argentine?
4. Où y a-t-il une boîte aux lettres?
5. Où Robert va-t-il ensuite?
6. Qu'est-ce qu'il fait dans la cour de la Sorbonne?
7. Où va-t-il quand il sort de la Sorbonne?
8. Qu'est-ce qu'il voit sur un banc au Luxembourg?
9. Est-ce que c'est Mireille?
10. Où revient-il ensuite?
11. Qui est-ce qu'il voit?
12. Pourquoi ne parle-t-il pas à Mireille?
13. Qu'est-ce que Robert fait à la terrasse d'un café?
14. Qu'est-ce que Mireille lui propose?
15. Comment est l'hôtel de Robert?
16. Pourquoi Robert n'a-t-il pas beaucoup d'argent?
17. Quand les grands-parents de Robert lui donnaient-ils une centaine de dollars?
18. Où habitent les gens que Robert doit aller voir?
19. Pourquoi Mme Courtois est-elle la marraine de Mireille?
20. Qui est-ce qui était chirurgien dans la famille de Mireille?
21. Pourquoi Mireille fait-elle du karaté?
22. Pourquoi est-ce que Marie-Laure n'est pas à l'école aujourd'hui?
23. Normalement, où doit être Mme Belleau à cette heure-ci?
24. D'après Marie-Laure, où est Mme Belleau?
25. Qu'est-ce que Marie-Laure va essayer?
26. Est-ce que Marie-Laure devine la nationalité de Robert?

MISE EN QUESTION

1. Quand Robert sort de son hôtel, qu'est-ce qu'il veut faire? Qu'est-ce qu'il cherche?

2. Pourquoi est-ce que Robert précise qu'il veut des timbres pour envoyer une carte postale? A votre avis, qu'est-ce qui coûte le plus cher: envoyer une carte postale ou envoyer une lettre?

3. Qu'est-ce qui coûte le plus cher, envoyer une lettre par avion ou par bateau?

4. Quand Robert met sa carte à la boîte, il la met du côté "Paris et banlieue" ou du côté "Autres destinations"?

5. Pourquoi va-t-il dans la cour de la Sorbonne? Il cherche quelque chose? Quelqu'un? Qui?

6. Qu'est-ce qu'il y a d'intéressant à Paris, en dehors du Quartier latin?

7. Pourquoi Robert revient-il encore à la Sorbonne?

8. Est-ce que Mireille avait rendez-vous avec Hubert? Pourquoi dit-elle "Tiens! Toi, ici?"?

9. Pourquoi est-elle surprise de voir Hubert?

10. Robert est assis à la terrasse d'un café. Est-ce qu'il est gai ou triste? Content ou dépité? Satisfait ou jaloux?

11. Pourquoi est-ce qu'hier (c'est-à-dire la veille, le jour avant) Mireille est partie très vite du Luxembourg? Quelle excuse donne-t-elle à Robert?

12. Pourquoi est-ce que Mireille propose à Robert d'aller faire un tour au Luxembourg?

13. Pourquoi Mireille pense-t-elle que Robert doit avoir beaucoup d'argent? Que pensez-vous de cette supposition de Mireille? Pensez-vous qu'elle dit cela sérieusement ou pour plaisanter?

14. Est-ce que le père de Robert est riche? Qu'en savons-nous? Qu'est-ce que Robert dit à ce sujet?

15. Quelle remarque Mireille fait-elle sur les délicates réticences de Robert au sujet de l'argent? Quel trait du caractère de Mireille cette remarque montre-t-elle?

16. Calcul: si nous supposons que Robert doit avoir à peu près vingt ans, combien d'argent a-t-il? Est-ce que vous pensez que c'est suffisant pour aller en France? Pour y passer un an?

17. Robert connaît-il des gens à Paris? Pourquoi? Qui est cette Mme Courtois?

18. Quand Mireille répète l'expression de Robert: "Madame ma mère . . . ," quel trait de son caractère est-ce que ça montre?

19. Quand Mireille ajoute qu'elle fait du karaté le samedi, est-ce qu'elle est entièrement sérieuse, ou est-ce qu'elle plaisante? Est-ce que l'histoire de l'art et le karaté sont sur le même plan, est-ce que c'est le même type d'activité?

20. A votre avis, qu'est-ce qui est le plus utile, le karaté ou l'histoire de l'art?

21. Pourquoi Marie-Laure dit-elle à Mireille que sa mère la cherche? Est-ce que c'est vrai, à votre avis?

22. Qu'est-ce qui montre que Marie-Laure s'intéresse à la relation qu'il peut y avoir entre Robert et Mireille?

Journal de Marie-Laure

MIREILLE EST COLLÉE

Le 28 juin 1986

Cet aprèm, j'étais chez Mélanie quand Maman a téléphoné à la mère de Mélanie. Elle lui a dit que Mireille était collée à son cours d'art grec !

Mireille, collée ! Ce n'est pas possible ! Pauvre Mireille ! Elle adore ce cours. Qu'est-ce qui a pu se passer ? Qu'est-ce que son petit ami américain va penser ? Je suis sûre qu'au lieu d'étudier elle doit passer son temps à faire l'amour avec Robert. C'est sûr qu'elle est plutôt sexy, Robert. Elle adore faire un jeu cette ~~~~~~~~ avec ~~~~~ ~~~~~~~~ !!

Tout de suite, je lui ai téléphoné...

J'ai fait l'étonnée :

« Mireille ? Qu'est-ce qu'on dit ? Tu es collée à ton cours ? Tu disais que c'était un si bon cours et que le prof était beau comme un dieu, et très sympa... C'est pas possible ! Qu'est-ce qui s'est passé ? »

Elle n'a rien répondu. Elle a commencé à pleurer. Elle a fondu en larmes. Alors ça doit être vrai : elle doit être collée ! Elle a dû louper son examen. Incroyable ! Elle qui ne rate jamais rien ! C'est vrai, elle a toujours eu de bonnes notes en histoire de l'art et ça fait des années qu'elle s'intéresse à l'art grec. Mais il faut dire que depuis qu'elle a rencontré ce Robert, elle n'a pas l'air de beaucoup travailler. J'ai l'impression qu'~~~~ ~~~ ~~~~~ plus qu'~~ Robert. Lui, ~~~~~~~ ~~~ ~~~ ~~~ l'air ~~ ~~~~~~ ~~~~ s'~~ ~~~~~~~ avec ~~ ~~~~~ Enfin, pauvre Mireille, c'est pas de chance !

Moi, j'ai eu 18 en histoire, 18/20. Je suis assez contente de moi... et pourtant, mon prof à moi est plutôt vache !

AFFRANCHISSEMENT POUR L'ÉTRANGER

Le 2 septembre 2002

J'ai écrit à Mélanie, qui est au Togo, pour lui demander comment ça se passait pour elle là-bas et pour lui donner quelques nouvelles d'ici. Je lui ai raconté que j'avais rompu ~~avec Jacques~~ Ma lettre m'est revenue : retournée par la Poste avec ce tampon : « Affranchissement insuffisant. » Pourtant j'avais mis un timbre de 0,75€ ; au bureau de poste, la personne au guichet m'a dit que 0,75€ c'est pour l'Europe, mais c'est 0,87€ qu'il faut pour l'affranchissement d'une lettre pour les pays hors Europe. C'est fou ce qu'ils sont compliqués et difficiles à la Poste. Ce sont de vrais enquiquineurs, des vrais casse-pieds !

DOCUMENTS

1

Le Quartier latin

Le Quartier latin? Qu'est-ce que c'est? C'est un quartier de Paris. A côté des Champs-Elysées? Mais non! C'est un quartier sur la rive gauche. Mais encore? C'est un quartier touristique où il y a beaucoup de petits restaurants, surtout grecs, et puis des tunisiens, des marocains, des vietnamiens aussi. Il y a des cafés bien sûr, et des cinémas. C'est le quartier jeune où les jeunes vont le soir.

Et vous savez pourquoi on l'appelle le Quartier latin? C'est parce que c'est le quartier des étudiants et des universités. Là se trouve l'illustre Sorbonne! Et Paris VI, et Paris VII! Parce qu'au Quartier latin, on s'amuse, mais on travaille aussi!

—Emmanuel Rongiéras d'Usseau

Un café place de la Sorbonne.

La tour de Jussieu, Université de Paris VI et VII.

Un restaurant grec.

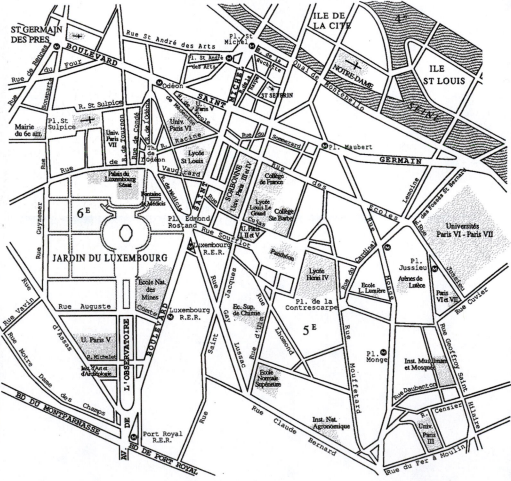

2

Questions d'argent

A. L'argent n'a pas d'odeur.

—Tonton Guillaume

B. Les affaires, c'est l'argent des autres.

—Alexandre Dumas fils, *La Question d'argent*

Alexandre Dumas fils. Il y a un Alexandre Dumas fils et un Alexandre Dumas père. Alexandre Dumas fils (1824–1895) est le fils d'Alexandre Dumas père (1802–1870). Ils ont été tous les deux des auteurs dramatiques célèbres au XIXème siècle. (Voir leçon 24, document 7.)

C. L'important dans la vie ce n'est pas d'avoir de l'argent mais que les autres en aient.

—Sacha Guitry, *Le Scandale de Monte-Carlo*

Sacha Guitry (1885–1957) est le fils d'un acteur célèbre, Lucien Guitry. Il a écrit quelque cent quarante pièces de théâtre dans lesquelles il a souvent joué lui-même. C'est essentiellement un auteur de pièces de boulevard (voir leçon 39), pas très sérieuses mais amusantes, spirituelles.

D. L'argent ne fait pas le bonheur.

—Tante Georgette, Tonton Guillaume, et d'autres

E. Si l'argent ne fait pas le bonheur . . . . Rendez-le!

—Jules Renard, *Journal*

F. Ma grande objection à l'argent, c'est que l'argent est bête.

—Alain, *Propos d'économique*

Alain (1868–1951) s'appelait en réalité Emile-Auguste Chartier. Il a surtout été professeur de philosophie, rationaliste, admirateur de Platon, Aristote, Auguste Comte, et Kant. Il a joué un rôle important par l'influence qu'il a eue sur ses élèves et par la publication de ses *Propos,* réflexions sur des sujets divers, dont beaucoup ont été publiés dans la *Nouvelle Revue Française.*

G. L'argent donne tout ce qui semble aux autres le bonheur.

—Henri de Régnier

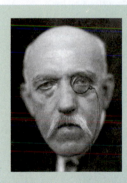

Henri de Régnier (1864–1936) est un poète qui hésite entre l'influence parnassienne (il a épousé une fille du poète parnassien José Maria de Hérédia) et symboliste (c'était un des habitués des mardis de Stéphane Mallarmé). Il a aussi écrit des romans d'amour. Son beau-père, José Maria de Hérédia, disait de lui: "Mon gendre a plus de génie que moi, mais j'ai plus de talent que lui."

H. L'argent . . . est un bon serviteur et un mauvais maître.

—Alexandre Dumas fils,
Préface de *La Dame aux camélias*

I. Mais sans argent l'honneur n'est qu'une maladie.
—Racine, *Les Plaideurs*

Jean Racine est né en 1639. Sa vie a mal commencé. En effet, sa mère est morte quelques mois après sa naissance, et son père quatre ans plus tard. Heureusement, sa grand-mère s'est occupée de lui et il a reçu une excellente éducation aux écoles de Port-Royal. Heureusement pour lui, aussi, le roi Louis XIV ayant été malade, Racine a écrit une *Ode sur la convalescence du Roi* et, grâce à ce poème, il a reçu une pension et est toujours resté en faveur à la Cour. Sa tragédie *Andromaque*, en 1667, connaît un très grand succès, un succès aussi considérable que celui du *Cid* trente ans plus tôt. Racine devient le rival de Corneille et l'auteur à la mode.

Surtout après les tragédies de *Britannicus* et de *Bérénice*, on va opposer Racine à Corneille. "Corneille se fait admirer par l'expression d'une grandeur d'âme héroïque," dit un critique de l'époque. Il "peint les hommes comme ils devraient être," dit La Bruyère, tandis que Racine "les peint tels qu'ils sont." Pour Racine, "il n'est pas nécessaire qu'il y ait du sang et des morts dans une tragédie." La tragédie est dans les sentiments. "Chez Racine tout est sentiment" (Rousseau). "Racine le poète du cœur" (Voltaire).

Après avoir éclipsé Corneille, il reste, en France, le meilleur représentant de la tragédie classique.

J. L'argent ne se souvient de rien. Il faut le prendre quand on peut, et le jeter par les fenêtres. Ce qui est salissant, c'est de le garder dans ses poches, il finit toujours par sentir mauvais.

—Marcel Aymé, *Le Vaurien*

Orphelin très jeune, **Marcel Aymé** (1902–1967) a eu une enfance difficile. Il a été élevé par ses grands-parents, des oncles, des tantes, dans le Jura. Il n'était pas très bon élève; il voulait devenir ingénieur. Il n'a jamais été ingénieur, mais il a été employé de banque, agent d'assurances, journaliste, puis, à vingt-quatre ans il publie un premier roman et devient écrivain professionnel. Il est connu pour ses romans, *La Jument verte* (1933), *La Vouivre* (1943), et *Uranus* (1948), ses nouvelles, *Le Passe-Muraille* (1943) et *Le Vin de Paris* (1947), et ses contes pour enfants, *Les Contes du chat perché*.

K. Il faut savoir le prix de l'argent: les prodigues ne le savent pas, et les avares encore moins.

—Montesquieu, *Mes pensées*

Montesquieu (1689–1755) s'appelait Charles-Louis de Secondat, baron de la Brède et de Montesquieu. Il est né au château de la Brède, près de Bordeaux, où il a passé son enfance. Il a étudié le droit et a été conseiller au parlement. Il s'est intéressé aux sciences physiques et naturelles et s'est occupé de ses vignes qui produisaient du vin blanc, du vin rouge, et de l'armagnac.

Il a beaucoup voyagé en Europe et est connu surtout pour ses *Lettres persanes* (1721), dans lesquelles il décrit la société française de l'époque, vue par les yeux d'un Persan, et pour son *Esprit des lois* (1748) qui a eu un très grand succès et une très grande influence, en particulier sur la constitution des Etats-Unis. C'est dans cet ouvrage que Montesquieu recommande la séparation des pouvoirs exécutif, législatif, et judiciaire.

L. Les succès produisent les succès, comme l'argent produit l'argent.

—Chamfort, *Caractères et anecdotes*

Chamfort (1741–1794): son vrai nom est Nicolas-Sébastien Roch, mais il y a ajouté celui du petit village d'Auvergne où il est né, Chamfort, pour se donner un air aristocratique et être mieux considéré dans la bonne société qu'il fréquentait. Il est connu pour ses *Pensées, maximes, et anecdotes*.

M. . . . les riches ne sont pas pauvres . . .

—Molière, *Dom Juan*

Molière (1622–1673), Jean-Baptiste Poquelin de son vrai nom, est, avec Racine et Corneille, l'un des plus grands auteurs dramatiques du XVIIème siècle en France. Molière n'a vécu que pour le théâtre. C'est un auteur de comédies, mais il a aussi été comédien—acteur—lui-même, et directeur d'une troupe théâtrale. Ses pièces les plus connues—*L' Ecole des femmes, Tartuffe, Dom Juan, Le Misanthrope, Le Bourgeois Gentilhomme*—soulignent surtout les contradictions du caractère humain. Frappé par la maladie sur scène pendant qu'il jouait le personnage principal de sa dernière comédie, *Le Malade imaginaire*, en 1673, il est mort quelques heures plus tard.

3

A. Les Français et l'argent

Les Français ont longtemps été hostiles à l'argent, comme le rappellent certains proverbes tels que "L'argent est un bon serviteur mais un mauvais maître," ou encore "l'argent ne fait pas le bonheur." Mais gagner de l'argent et rêver d'être riche est devenu plus acceptable. Pour 52% des Français l'argent est la deuxième chose qu'ils aimeraient avoir pour être plus heureux, après la santé (32%), le sentiment d'être utile pour la société (21%), plus de temps libre (21%), plus de sorties et de loisirs (21%), plus d'amour (11%), ou la célébrité (2%).

Cependant, les Français ont toujours un rapport complexe à l'argent. Il est au centre de leurs préoccupations, mais il faut en parler le moins possible avec les enfants, la famille et encore moins avec les amis. De plus, étaler son argent n'est pas très bien vu et est considéré comme "bling-bling"—c'est-à-dire une ostentation, une indiscrétion.

B. L'argent de poche

47% des parents donnent de l'argent de poche à leurs enfants âgés de 7 à 15 ans. Plus de la moitié des enfants reçoivent également de l'argent de poche de leurs grands-parents à l'occasion des anniversaires, des fêtes de fin d'année, de bonnes notes à l'école.

Près de la moitié des dépenses des jeunes concernent des activités de loisirs, l'achat d'un cédérom et de cadeaux à offrir. Dans un cas sur cinq, l'enfant met l'argent dans une tirelire qui contribuera à une dépense plus importante comme l'achat d'un ordinateur, un voyage ou un séjour à l'étranger.

—D'après *Francoscopie* 2010

4

A. Rengaine

Lundi matin, l'empereur, sa femme et le petit prince
Sont venus chez moi, pour me serrer la pince
Comme j'étais sorti
Le petit prince a dit,
Puisque c'est comme ça, nous reviendrons mardi.
Mardi matin, . . .
Mercredi matin, . . .
Jeudi matin, . . .
Vendredi matin, . . .
Samedi matin, . . .
Dimanche matin, . . .
Lundi matin, . . . etc.

B. Il était un petit navire (extrait)

Il était un petit navire,
Il était un petit navire,
Qui n'avait ja, ja, jamais navigué,
Qui n'avait ja, ja, jamais navigué,
Ohé, ohé!

Refrain
Ohé! Ohé! Matelot,
Matelot navigue sur les flots;
Ohé! Ohé! Matelot,
Matelot navigue sur les flots.

Il partit pour un long voyage (*bis*)
Sur la mer Mé, Mé, Méditerranée (*bis*)
Ohé, ohé!
(*Refrain*)

5

Récatonpilu, ou Le Jeu du poulet

Pour Nicolas

Si tu veux apprendre
des mots inconnus,
récapitulons,
récatonpilu.

Si tu veux connaître
des jeux imprévus,
locomotivons,
locomotivu.

Mais les jeux parfaits
sont les plus connus:
jouons au poulet.

Je suis le renard
je cours après toi
plus loin que ma vie.

Comme tu vas vite!
Si je m'essoufflais!
Si je m'arrêtais!

—Jean Tardieu, *Comme ceci, comme cela*

6

Tous les garçons et les filles

Tous les garçons et les filles de mon âge
Se promènent dans la rue deux par deux
Tous les garçons et les filles de mon âge
Savent bien ce que c'est qu'être heureux
Et les yeux dans les yeux
Et la main dans la main
Ils s'en vont amoureux
Sans peur du lendemain.
Oui mais moi, je vais seule
Par les rues, l'âme en peine
Oui mais moi, je vais seule
Car personne ne m'aime.

Mes jours comme mes nuits
Sont en tous points pareils
Sans joie et pleins d'ennui
Personne ne murmure "Je t'aime!" à mon oreille.

Tous les garçons et les filles de mon âge
Font ensemble des projets d'avenir
Tous les garçons et les filles de mon âge
Savent très bien ce qu'aimer veut dire
Et les yeux dans les yeux
Et la main dans la main
Ils s'en vont amoureux
Sans peur du lendemain.
Oui mais moi, je vais seule
Par les rues, l'âme en peine
Oui mais moi, je vais seule
Car personne ne m'aime.

Mes jours comme mes nuits
Sont en tous points pareils
Sans joie et pleins d'ennui
Oh! quand donc pour moi brillera le soleil?

Comme les garçons et les filles de mon âge
Connaîtrai-je bientôt ce qu'est l'amour?
Comme les garçons et les filles de mon âge
Je me demande quand viendra le jour
Où les yeux dans ses yeux
Et la main dans sa main
J'aurai le cœur heureux
Sans peur du lendemain
Le jour où je n'aurai
Plus du tout l'âme en peine
Le jour où moi aussi
J'aurai quelqu'un qui m'aime.

—Françoise Hardy

LEÇON
16 Entrée en matière III

TEXTE

1

Le jardin du Luxembourg, à Paris, par une belle journée de printemps. Il y a des fleurs, des petits oiseaux. Il fait beau, mais il y a quelques nuages.

Un jeune homme, brun, assez grand, sympathique, est assis sur un banc. Il parle avec une petite fille qui tient un bateau. Ce jeune homme n'est pas français. Il est en France depuis deux jours. Au loin, une jeune fille arrive.

2

Marie-Laure: Tiens, voilà ma sœur qui revient. Bon, eh bien, moi, je m'en vais. Je vais profiter du vent tant qu'il y en a. Hou! Elle n'a

pas l'air contente, ma sœur. . . . Quand je lui ai dit que Maman la cherchait, tout à l'heure, ce n'était pas vrai! C'était une blague. . . . Vous ne lui dites rien, hein! Mystère et boule de gomme!

3

Marie-Laure est partie quand Mireille revient. . . .

Mireille: Où est Marie-Laure?
Robert: Elle vient de partir par là avec son bateau. Elle a dit qu'elle allait profiter du vent tant qu'il y en avait.
Mireille: Quelle sale gosse, cette gamine! Elle me disait que ma mère me cherchait, alors qu'il n'y avait personne à la maison. C'est encore une de ses blagues stupides! Elle est vraiment impossible, cette gamine!

4

Robert: Est-ce que vous connaissez le Pays Basque?
Mireille: Eh bien vous, alors, on peut dire que vous avez des questions plutôt inattendues! Pourquoi vous me demandez ça? Je ne vois

vraiment pas le rapport. . . . Oui, je le connais un peu. L'été dernier, nous sommes allés à Saint-Jean-de-Luz avec mes parents. Autrefois, quand j'étais petite, nous allions toujours à Belle-Ile-en-Mer, en Bretagne. J'aimais bien Belle-Ile; c'était tranquille, il y avait moins de monde. On faisait de la voile, on pêchait des crevettes, on attrapait des crabes. Et quand il pleuvait, on jouait aux portraits, ou alors on allait voir de vieux films. . . . Mais ma sœur trouvait que ce n'était pas assez dans le vent . . . enfin, je veux dire à la mode. Alors, l'an dernier, nous sommes allés à Saint-Jean. C'est plus animé, mais. . . . Mais pourquoi vous me demandez ça?

Robert: J'ai envie d'y aller. Ma mère en parlait souvent quand j'étais enfant.

---

2. blague

C'est une **blague**! C'est une mystification!

Le 1er avril, les enfants font des **blagues**.

3. gosse

Un **gosse**, un gamin.

4. Pays Basque

Ma mère me parlait souvent du **Pays Basque**.

Le **Pays Basque** est une très belle région. (Une partie est en France et une partie est en Espagne.)

4. inattendu

Une visite **inattendue**. (Elle n'**attendait** personne . . .).

4. rapport

Ça n'a pas de **rapport**: ça n'a rien de commun.

4. Saint-Jean-de-Luz

Saint-Jean-de-Luz, au Pays Basque.

4. pêcher, crevette

On **pêchait** des **crevettes**.

4. attraper, crabe

On **attrapait** des **crabes** . . . (ou des **crabes** nous **attrapaient** . . .).

4. vent

Il y a du **vent**.

En Bretagne, il y a beaucoup de **vent**. Il y a des tempêtes.

Jean-Denis: «Le **vent** est bon! Allons faire de la voile!»

4. être dans le vent

Une jeune fille **dans le vent**.

Une jeune fille qui n'est pas **dans le vent**.

Tante Georgette n'est pas **dans le vent**! Elle n'est pas moderne. Elle ne sait pas ce qui est à la mode. Le fox-trot? Ce n'est plus **dans le vent**. Ce n'est plus à la mode! C'est passé de mode! C'est très passé!

4. animé

C'est **animé**.

Ce n'est pas très **animé**.

4. avoir envie de

Robert veut connaître le Pays Basque. Il **a envie d'**y aller. Robert a faim. Il **a envie de** manger. Il **a envie d'**un hamburger.

5

Mireille: C'est un très beau pays. Votre mère est de là?

Robert: Non, pas vraiment. Mais elle y a passé plusieurs années quand elle était enfant. Mon grand-père, le père de ma mère, était juge. Son premier poste a été La Rochelle. C'est pendant que mes grands-parents étaient à La Rochelle que ma mère est née. Puis mon grand-père est passé au tribunal de Bayonne quand ma mère avait quatre ou cinq ans. Ils sont restés six ou sept ans à Bayonne, je crois. C'est pendant qu'ils étaient à Bayonne que ma mère a rencontré cette Mme Courtois.

Mireille: Ah, en effet, elle est née au Pays Basque. Ses parents étaient commerçants. Ils avaient un magasin de tissus en face de la cathédrale. . . . Et vos grands-parents, où sont-ils maintenant?

6

Robert: Ils sont morts tous les deux. Ils sont morts quand j'avais neuf ou dix ans. . . . Mais dites-moi, je pensais. . . . Je vais aller chez les Courtois demain. Vous n'avez pas envie d'aller les voir demain, par hasard? Puisque Mme Courtois est votre marraine. . . .

Mireille: Non; demain, je ne peux pas. Je dois aller à Chartres.

Robert: Voir la cathédrale? Je veux aller la voir aussi, un jour. . . .

Mireille: Non, la cathédrale, je la connais, vous pensez! Je l'ai visitée au moins cinq ou six fois avec mes parents, et autant de fois avec l'école! Demain, je dois aller voir une exposition dans un petit musée qui se trouve juste à côté.

Robert: Est-ce que vous voudriez bien me permettre de . . .

Mireille (*riant*): . . . de m'accompagner? Oh, mais vous pouvez, si vous voulez. Mais vous oubliez que demain, vous allez chez les Courtois!

Robert: Oh, je peux y aller un autre jour: après-demain, par exemple. . . .

7

A ce moment-là, Marie-Laure arrive en pleurant: "Mireille!"

Mireille: Quoi, qu'est-ce qu'il y a encore?

Marie-Laure: Je suis en panne. . . .

Mireille: Tu es en panne?

Marie-Laure: Oui, le bateau est en panne: il n'y a plus de vent, et il est au milieu du bassin; il ne revient pas. Viens!

Mireille: Ecoute, tu m'embêtes. Débrouille-toi.

Marie-Laure: Mais viens!

Mireille: Non!

Marie-Laure: Viens. . . .

Robert: J'y vais.

Mireille: Mais qu'elle est agaçante, cette gamine!

8

Robert et Mireille se lèvent.

Ils se dirigent vers le bassin: mais le bateau de Marie-Laure est revenu tout près du bord.

Mireille: Tu te moques de nous! "Gna, gna, gna, mon bateau est en panne, il est au milieu du bassin. . . ." Eh!

Marie-Laure: Ben, oui. . . . Il était là, tout à l'heure, au milieu du bassin. Le vent est revenu, c'est tout! . . . Oh, c'est tout emmêlé!

Mireille: Eh, débrouille-toi!

Robert: Ce n'est pas grave. Je vais arranger ça. . . . Et voilà.

Mireille: Eh bien, dis merci!

Marie-Laure (*souriant à Robert*): Merci!

9

Robert et Mireille s'en vont ensemble dans le jardin du Luxembourg.

Mireille: Vous êtes trop gentil! . . . Mais, dites-moi, avec tout ça, comment vous appelez-vous?

Robert: Robert Taylor. . . . Aucun rapport avec l'acteur. Et vous-même?

Mireille: Mireille Belleau. . . . Aucun rapport avec le poète! (*Quelle pédante, cette Mireille! Elle fait allusion à Rémy Belleau, un poète du XVIème siècle, un peu oublié. . . .*)

5. *La Rochelle, Bayonne*

Le port de **La Rochelle**.

5. *magasin, tissu*

Un **maga-sin** de **tissus**.

7. *en panne*

Un bateau **en panne** (il ne marche pas).

7. *se débrouiller*

Il s'est embrouillé dans la corde.

Il **s'est débrouillé**.

8. *bord, bassin*

Le bateau est revenu au **bord** du **bassin**.

8. *emmêlé*

La ficelle est tout **emmêlée**!

8. *arranger*

JE VAIS ARRANGER ÇA!

Il y a un petit problème, mais le mécanicien va **arranger** ça.

9. *Taylor, Belleau*

GARBO · TAYLOR

Affiche d'un film avec Robert **Taylor** et Greta Garbo.

Rémy **Belleau**, poète, 1528–1577.

MISE EN ŒUVRE

Ecoutez la mise en œuvre du texte et répondez aux questions suivantes.

1. Qu'est-ce qui indique que c'est le printemps, au jardin du Luxembourg?
2. Où est le jeune homme brun et sympathique?
3. Qu'est-ce que la petite fille tient?
4. Pourquoi est-ce que Marie-Laure veut s'en aller?
5. Est-ce que c'était vrai que Mme Belleau cherchait Mireille, tout à l'heure?
6. Pourquoi Mireille est-elle étonnée quand Robert demande si elle connaît le Pays Basque?
7. Pourquoi Mireille connaît-elle un peu le Pays Basque?
8. Où est-ce qu'elle allait en vacances, quand elle était petite?
9. Pourquoi Mireille aimait-elle la Bretagne?
10. Qu'est-ce qu'elle faisait, en Bretagne, quand il faisait beau?
11. Qu'est-ce qu'elle faisait quand il pleuvait?
12. Pourquoi est-ce que la sœur de Mireille n'aimait pas la Bretagne?
13. Pourquoi Robert a-t-il envie d'aller au Pays Basque?
14. Quel était le métier du grand-père de Robert?
15. Que faisaient les parents de Mme Courtois?
16. Où était leur magasin, à Bayonne?
17. Est-ce que les grands-parents de Robert vivent toujours?
18. Pourquoi Mireille ne peut-elle pas aller chez les Courtois le lendemain?
19. Pourquoi Robert veut-il aller à Chartres?
20. Est-ce que Mireille y va pour voir la cathédrale?
21. Si Robert ne va pas chez les Courtois demain, quand est-ce qu'il peut y aller?
22. Pourquoi Marie-Laure pleure-t-elle?
23. Pourquoi son bateau est-il en panne?
24. Quand Robert et Mireille arrivent au bassin, où est le bateau de Marie-Laure? Est-ce qu'il est toujours au milieu du bassin?
25. Comment le bateau est-il revenu près du bord, d'après Marie-Laure?

MISE EN QUESTION

1. Pourquoi Marie-Laure s'en va-t-elle? Est-ce qu'elle veut vraiment profiter du vent pour jouer avec son bateau sur le bassin? Ou est-ce qu'elle préfère ne pas s'exposer à la fureur de sa sœur?

2. Pourquoi Robert parle-t-il du Pays Basque? Est-ce qu'il veut détourner la conversation, ou est-ce que le Pays Basque l'intéresse?

3. Quel genre de personne est Mireille? Est-ce qu'elle préfère les endroits à la mode, le monde, le bruit, les discothèques, les boîtes de nuit, ou la solitude, le calme, la nature, les sports de plein air? Et vous? Si on vous propose d'aller passer vos vacances à Saint-Jean-de-Luz ou à Belle-Ile-en-Mer, qu'est-ce que vous allez choisir? Pourquoi?

4. Pourquoi la mère de Robert lui a-t-elle beaucoup parlé du Pays Basque? Quelle est sa relation au Pays Basque? Est-ce que sa famille est basque? Est-ce qu'elle est née au Pays Basque?

5. Pourquoi Robert suggère-t-il à Mireille d'aller voir Mme Courtois le lendemain?

6. Comment Mireille se moque-t-elle de Robert quand il lui demande s'il ne peut pas aller à Chartres avec elle? Qu'est-ce qu'elle lui rappelle?

7. Est-ce que Robert considère qu'il est très important qu'il aille chez les Courtois le lendemain? Qu'est-ce qu'il préfère, aller chez les Courtois, seul, ou aller à Chartres avec Mireille?

8. Qu'est-ce que Mireille préfère, continuer sa conversation avec Robert, ou s'occuper du bateau de Marie-Laure?

9. Pourquoi va-t-elle au bassin? Est-ce qu'elle y va de bonne grâce, ou malgré elle? Qu'est-ce qu'elle dit qui montre qu'elle n'est pas contente d'être forcée d'y aller?

10. Quand ils sont arrivés près du bassin, qu'est-ce qui montre la mauvaise humeur de Mireille?

11. Qu'est-ce que le nom de Robert a de particulier? Et le nom de Mireille?

Journal de Marie-Laure

UN NOUVEL ÉLÈVE

Le 12 septembre 1988

Il y a un nouvel élève qui vient d'arriver dans notre classe. Il a l'air un peu timide et réservé mais il semble très gentil. Il s'appelle Malik Sharif, je crois. Je le trouve très mignon et j'ai l'impression que lui ~~aussi~~ ~~...~~ !! ~~...~~ ~~...~~ ~~...~~

Ma copine Chantal dit qu'il est beur. Elle veut dire arabe, parce que beur, ça veut dire <u>arabe</u> en verlan. Dire un mot en verlan, c'est dire ce mot à l'envers... (parce que si on dit « à l'envers » à l'envers... ça fait « vers l'en, » <u>verlan</u> ! Ha ! Ha! Et arabe à l'envers, ça fait... <u>baara...</u> <u>beur</u>. Une femme, en verlan, ça fait une <u>meuf</u>... femme/ meuf, hein ? Un flic, c'est un <u>keuf.</u> Le métro, c'est le <u>tromé</u> ou le <u>trom</u>. Ouais, tout ça, c'est plutôt <u>zarbi</u> (bizarre)... c'est un truc de <u>ouf</u> ! (Ça, c'est fou en verlan). C'est ouf ce que c'est compliqué, ce verlan quand on n'a pas l'habitude ! Chantal, elle fait toujours sa frimeuse, elle fait semblant de tout savoir. C'est vrai qu'elle sait beaucoup de choses mais elle dit aussi beaucoup de bêtises.

Chantal dit que Malik est né en France mais que ses parents sont marocains. Ils tiennent un petit magasin, une épicerie. Ils vendent de tout : des fruits et légumes, des conserves, des vins, des biscuits, du chocolat, des fleurs et des plats préparés comme des poulets rôtis et du couscous marocain.

Ce qu'il y a de bien, elle dit, c'est qu'ils restent ouverts très tard tous les soirs, alors que la plupart des magasins ont déjà fermé. En plus, ils sont ouverts le dimanche.

DOCUMENTS

1

Penser est le propre de l'homme

A. Je pense donc je suis.

—René Descartes,
Méditations métaphysiques

René Descartes (1596–1650) est un philosophe, un mathématicien, et un physicien. Il a créé la géométrie analytique et a découvert les principes de l'optique géométrique. Il est surtout connu aujourd'hui pour son œuvre philosophique: le *Discours de la méthode* (1637) et les *Méditations métaphysiques* (1641).

B. L'homme n'est qu'un roseau, le plus faible de la nature; mais c'est un roseau pensant.

—Blaise Pascal, *Pensées*, VI

Blaise Pascal est aussi un philosophe, un mathématicien, et un physicien du XVIIème siècle (1623–1662). Il est considéré comme le précurseur des ordinateurs et de l'informatique; en effet, il a inventé, à dix-huit ans, une machine à calculer. Il a découvert, entre autres, les lois de la pression atmosphérique, le calcul des probabilités, la presse hydraulique. Ses *Pensées* sont des notes pour une *Apologie de la religion chrétienne* qu'il n'a pas eu le temps de terminer.

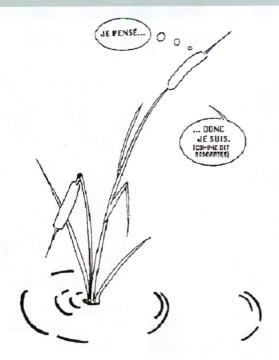

2

Le Pays Basque

Une rue à Saint-Jean-de-Luz.

Une maison basque.

Port et Maison de l'Infante, Saint-Jean-de-Luz.

La plage et la mer à Biarritz.

Des joueurs de pelote.

Un défilé pour les fêtes de Bayonne.

Piments sur les façades à Espelette.

Une spécialité basque: la pipérade.

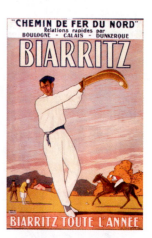

Une affiche des chemins de fer français, vers 1900.

Charcuteries et fromages basques.

La plage à Saint-Jean-de-Luz.

3

Belle-Ile ou Pays Basque?

(Conversation téléphonique entre Mireille et Mme Courtois, captée par un détective privé non identifié.)

1. **Mireille:** Allô, Marraine?

Mme Courtois: Ah, c'est toi, ma petite Minouche? Ça fait une éternité qu'on ne t'a pas vue! Qu'est-ce que tu deviens? Tu travailles?

Mireille: Euh, oui. . . . Dis, je voulais te demander. . . . Cécile ne veut pas aller à Belle-Ile, cet été! Elle trouve que ce n'est pas assez dans le vent. Elle veut absolument aller au Pays Basque, à Saint-Jean-de-Luz. Qu'est-ce que tu en dis, toi, qui connais bien le Pays Basque?

2. **Mme Courtois:** Ecoute, ma petite Minouche, je ne connais pas Belle-Ile, je n'y suis jamais allée. Tu sais, moi, avec Minouche, je ne voyage pas, je ne vais nulle part! Alors, je ne peux pas comparer, mais ce que je peux te dire, c'est que le Pays Basque, c'est formidable. Tu ne peux pas imaginer comme c'est pittoresque! C'est la France et c'est aussi l'Espagne . . . ou plutôt, non; c'est en partie en France et en partie en Espagne, mais ce n'est ni la France ni l'Espagne. Non! C'est le Pays Basque!

3. C'est sans doute pour ça que tous les Basques sont indépendantistes . . . enfin, peut-être pas tous, mais presque tous. . . . Plus du côté espagnol que du côté français, d'ailleurs. Les Basques sont, avant tout, basques. D'abord ils ont une langue à eux . . . incompréhensible! Ni espagnol, ni français! J'ai passé toute mon enfance au Pays Basque, mais je n'ai jamais pu apprendre le basque. Le basque, ça ne ressemble à aucune langue connue. . . . Il y a des gens qui disent que ça ressemble au japonais . . . d'autres au hongrois ou au finnois! Les gens disent n'importe quoi! Tu sais, quand quelqu'un parle mal français, on dit qu'il parle français "comme une vache espagnole." Eh bien, mon père disait que l'expression vient de "il parle français comme un Basque espagnol!" C'est-à-dire qu'on n'y comprend rien!

4. Les Basques sont fiers de leur langue et de leurs traditions. Ils sont différents et ils veulent conserver leur différence. Ils ont une cuisine bien à eux: la pipérade, une omelette avec des poivrons, des tomates, du jambon et de l'ail; le poulet basquaise avec des poivrons, des tomates, de l'oignon, de l'ail...et, surtout, du piment d'Espelette! Le ttoro (une soupe de poissons) et du fromage de lait de brebis qu'on mange avec

. . . de la confiture de cerises noires. Les maisons sont blanches et brun-rouge, et le nom de celui qui a construit la maison est sculpté en relief dans la pierre au-dessus de la porte—avec la date et quelquefois avec une swastika, qui porte bonheur. La vraie swastika basque, bien sûr, qui tourne de la droite vers la gauche, pas la croix gammée des Nazis qui tourne de la gauche vers la droite (parce que tu sais que les Nazis ont voulu imiter la swastika basque,[1] mais ils se sont trompés de sens!).

5. Et puis, sur la place du village, tu as toujours le fronton, pour jouer à la pelote basque; et pendant les matchs, il y a quelqu'un qui compte les points en chantant, en basque . . . comme une récitation . . . une sorte de psalmodie. . . . Et souvent, sur la place du village, il y a des danses, des danses basques . . . des fandangos, la danse du verre, la danse du cheval . . . pas des boléros (. . . je dis ça parce que tu sais que Maurice Ravel est né dans le petit village de Ciboure, à côté de Saint-Jean-de-Luz, et que les gens s'imaginent que c'est là qu'il a composé le *Boléro*).

6. Tu vois, ce que j'aime, chez les Basques, c'est leur dignité. Même dans leurs danses il y a quelque chose de sérieux. Ce sont des gens profondément sérieux, et courageux, aventureux. Autrefois ils allaient très loin pêcher la baleine[2] (aujourd'hui c'est plutôt le thon) ou les sardines. Et quand ils ne sont pas pêcheurs, ils sont contrebandiers. Ils vont dans la montagne la nuit pour passer des marchandises entre l'Espagne et la France, ou en se cachant des douaniers . . . un métier dangereux. Remarque que maintenant, depuis 1993 et la libre circulation des marchandises en Europe, il ne doit plus y avoir beaucoup de contrebandiers . . . c'est dommage! Mais si tu ne risques plus de rencontrer de contrebandiers dans la montagne, il y a toujours des bergers. Et pas seulement dans les montagnes pyrénéennes: il y a des bergers basques jusqu'en Amérique du Sud, et en Amérique du Nord, aussi, dans le Montana, par exemple.

7. A propos de bergers, je ne t'ai jamais raconté que j'ai presque épousé un berger basque? Oui, oui, oui! Comme je te le dis! Figure-toi qu'un jour, j'étais en voiture sur une petite route de montagne, au-dessus d'Irouléguy (ah, le petit vin d'Irouléguy), et un troupeau de moutons a bloqué la voiture. Le berger s'est approché, il a commencé à me parler. Il m'a offert

1. Nous ne sommes pas sûrs que Mme Courtois ait raison. Les Nazis se sont plutôt inspirés du symbole sacré indien. (Note des auteurs)

2. Voir leçon 17, document 6.

des pommes de son jardin, puis il m'a dit qu'il était veuf, que c'était bien triste d'être tout seul, de devoir faire sa cuisine . . . et il m'a demandée en mariage! Oui, oui, oui, comme je te le dis! J'ai répondu que j'étais déjà mariée (et c'était vrai, je venais de me marier) et que j'avais quatre enfants. Ça c'était moins vrai . . . mais il n'a pas insisté. A propos de mariage, tu sais, bien sûr, que Louis XIV a épousé Marie-Thérèse, l'Infante d'Espagne, à Saint-Jean-de-Luz . . . en 1660. . . .

8. Oui, Saint-Jean-de-Luz, ce n'est pas mal; il y a une belle plage, c'est très animé, mais il y a trop de monde! Moi, je préfère Bayonne. Il n'y a pas de plage à la mode, mais c'est une ville intéressante: D'abord, c'est là que je suis née! Et puis il y a les jambons de Bayonne . . . et le sel de Bayonne . . . et les baïonnettes. . . . Bayonne—baïonnettes . . . Oui, bien sûr, au XVIIIème siècle, c'est là qu'on faisait les baïonnettes et c'est pour ça qu'elles s'appellent baïonnettes. Mais oui! Tu ne le savais pas? Les baïonnettes ne t'intéressent pas? Bon, mais il y a aussi une belle cathédrale (c'est là que je me suis mariée) et surtout un très beau cloître, gothique . . . du XIVème. . . . Toi qui t'intéresses à l'histoire de l'art. . . . Mais si ce sont les plages à la mode qui intéressent Cécile, eh bien, vous avez Biarritz . . . très chic . . . une très jolie côte, avec le Rocher de la Vierge dans la mer et, à côté, la plage de la Chambre d'Amour. . . .

Mireille: Ça m'a l'air très romantique. . . . Je crois que nous allons aller au Pays Basque cet été. . . .

4

Canada français ou anglais?

Il y a au Canada environ 7 millions de francophones sur une population de 34 millions. Leur présence a ses origines dans l'établissement en 1604, par des émigrés français, d'une colonie—L'Acadie—qui comprend les provinces maritimes canadiennes actuelles de la Nouvelle-Écosse, du Nouveau-Brunswick et de l'île du Prince-Edouard.

En 1663, quand le roi Louis XIV a donné un gouvernement à sa colonie de "Nouvelle-France," le pays avait seulement 2.500 habitants. Cette année-là, pour augmenter la population, le roi envoie 800 "filles du Roy" pour devenir les épouses des colons français. La population de la Nouvelle-France atteint par la suite 7.000 en 1674, et 15.000 en 1689.

Mais les Anglais ont aussi des ambitions coloniales au Canada. De 1689 à 1713, l'Acadie est le théâtre d'une rivalité politique et militaire entre la France et l'Angleterre. Comme les Britanniques sont supérieurs en nombre et en tactique, l'Acadie devient définitivement anglaise en 1713 sous le nom de Nouvelle-Écosse. (La France abandonne totalement ses prétentions coloniales au Canada en 1763.)

Les Acadiens continuent de pratiquer leurs coutumes, leur religion, et de parler leur langue. Mais en 1755 le gouverneur britannique exige que les Acadiens—francophones et catholiques—jurent leur fidélité à la Grande-Bretagne—anglophone et pro-

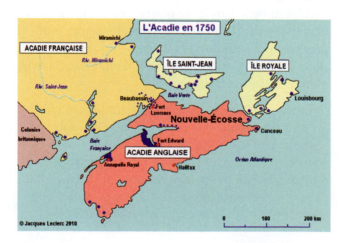

L'Acadie en 1750

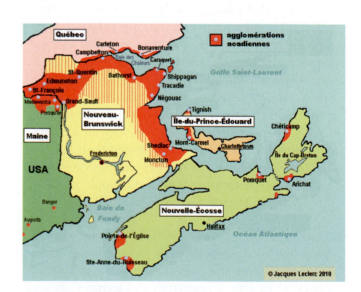

. . . et aujourd'hui.

testante. La plupart refusent, et sont expulsés de la colonie. La déportation des Acadiens—qu'ils appellent encore aujourd'hui le Grand Dérangement—constitue une opération de nettoyage ethnique significative. Le poète américain Henry Wadsworth Longfellow a consacré un long poème à l'expulsion des Acadiens: *Evangeline: A Tale of Acadie* (1847).

Aujourd'hui, sur les 7 millions de Canadiens francophones, 300.000 s'identifient comme Acadiens, dont la majorité habitent au Nouveau-Brunswick. D'autres Canadiens d'origine acadienne vivent au Québec (près d'un million), mais aussi aux Etats-Unis—en Louisiane (les *Cajuns*) et en Nouvelle-Angleterre (dans le Maine et le Massachusetts)—et environ 300.000 en France.

En ce qui concerne le Canada francophone, en 1969 la "Loi sur les langues officielles" confère au français un statut égal à celui de l'anglais dans toutes les institutions gouvernementales du Canada—sauf dans la province du Québec, où le français est la seule langue officielle. Il subsiste de graves tensions sociales et linguistiques entre le Québec et le Canada anglophone; certains Québécois parlent d'indépendance, voire de sécession.

—Sources: Nicolas Landry, *Histoire de l'Acadie* (2001); site de Radio Canada

5

Mon Pays (extrait)

Mon pays ce n'est pas un pays c'est l'hiver
Mon jardin ce n'est pas un jardin c'est la plaine
Mon chemin ce n'est pas un chemin c'est la neige
Mon pays ce n'est pas un pays c'est l'hiver

Dans la blanche cérémonie
Où la neige au vent se marie
Dans ce pays de poudrerie
Mon père a fait bâtir maison
Et je m'en vais être fidèle
A sa manière à son modèle
La chambre d'amis sera telle
Qu'on viendra des autres saisons
Pour se bâtir à côté d'elle.

—Gilles Vigneault

Gilles Vigneault, poète, chanteur, compositeur québécois, est né en 1928 à Natashquan, sur le golfe du Saint-Laurent, à l'est du Québec. Ardent défenseur de la langue française et de la cause de la souveraineté politique et culturelle du Québec, Vigneault est une célébrité dans son pays et un ambassadeur du Québec à l'étranger.

17 Il n'y a pas de sot métier I

TEXTE

1

Paris au printemps. . . . Il y a des fleurs dans le jardin du Luxembourg. Une petite fille joue gentiment avec son bateau.

Il est dix heures du matin. Au Sénat, les sénateurs discutent.

Dans le jardin, sur un banc, deux jeunes gens parlent: ce sont Mireille Belleau et Robert Taylor.

Mireille: Vous vous appelez Taylor? Mais ça veut dire *tailleur,* ça, en anglais.

Robert: Euh . . . je ne sais pas.

Mireille: Mais si, *tailor,* ça veut dire tailleur en anglais. Tout le monde sait ça: "My tailor is rich," c'est dans tous les livres d'anglais!

Robert: Oui . . . euh, non . . . bien sûr! Mais, je veux dire . . . mon nom s'écrit avec un y, et le mot anglais pour "tailleur" s'écrit avec un i.

2

Mireille: Oh, mais ça ne fait rien, c'est sûrement la même chose! L'orthographe, vous savez, ça ne veut rien dire! D'ailleurs, il y a des tas de gens qui ont un nom de métier; tenez, par exemple *Boucher,* c'est un nom propre, un nom de famille. Il y a des tas de gens qui s'appellent Boucher, comme Boucher, le peintre du XVIIIème siècle, ou Hélène Boucher, par exemple (c'était une aviatrice); et *boucher,* évidemment, c'est aussi un nom de métier: le boucher qui vend de la viande. C'est comme ça qu'une fois, je me souviens, j'ai vu sur une pharmacie: "M. Boucher, pharmacien." C'était un monsieur qui était pharmacien de son métier et qui s'appelait Boucher.

Robert: Et vous avez déjà vu sur une boucherie: "M. Pharmacien, boucher"?

3

Mireille: Ah, non! *Pharmacien*, c'est un nom de profession, de métier, mais ce n'est pas un nom propre. Personne ne s'appelle Pharmacien . . . que je sache! Ni Informaticien! Mais il y a des tas de gens qui s'appellent *Boulanger* (comme celui qui fait le pain), ou *Charpentier*, comme celui qui fait les charpentes: Gustave Charpentier, par exemple, c'était un compositeur. . . . *Messager*, aussi, c'est un nom de métier: celui qui porte des messages ou des marchandises; et c'est aussi un nom propre: André Messager, c'était un compositeur aussi. *Charbonnier*, quelqu'un qui vend du charbon, c'est aussi un nom propre . . . et aussi *Forestier*, *Couturier*, *Bouvier*. . . .

Robert: Bouvier? C'était le nom de jeune fille de ma mère! Mais ce n'est pas un nom de métier!

3. *boulanger*

Un **boulanger.** Il met du pain au four.

Une **boulangère.**

Une **boulangerie.**

3. *compositeur*

Un **compositeur.**

3. *messager*

Un **messager,** c'est quelqu'un qui porte des **messages.** (Mercure était le **messager** des dieux.)

3. *charbonnier*

Un **charbonnier** vend du **charbon** et du bois (pour le chauffage).

3, 4. *bouvier, bœuf*

Un **bouvier** et ses **bœufs.**

4

Mireille: Mais si, bien sûr que c'est un nom de métier! . . . Enfin, c'était un nom de métier autrefois: le bouvier, c'était celui qui conduisait les bœufs. Evidemment, aujourd'hui, ça ne se fait plus beaucoup en France. "Profession: bouvier," ça ne se dit plus beaucoup. On parle plutôt de conducteur de tracteur. *Chevrier* aussi c'est un nom de famille, et le chevrier est celui qui s'occupe des chèvres. Et puis, il y a aussi *Berger*, comme celui qui s'occupe des moutons, et puis *Mineur*, *Marin*.

Robert: Marin. . . . C'est ce que je voulais être quand j'avais douze ou treize ans. . . .

5

Mireille: Oui . . . c'est drôle, les idées qu'on a, quand on est petit. Vous savez ce que je voulais être, moi, quand j'étais petite? Je voulais être infirmière et actrice: infirmière pendant le jour, et actrice le soir.

Robert: Moi aussi, j'avais des idées plutôt bizarres. Quand j'étais petit, quand j'avais sept ou huit ans, je voulais être pompier, pour rouler à toute vitesse dans les rues et faire beaucoup de bruit; monter en haut de la grande échelle, et plonger dans une fenêtre ouverte qui crache des flammes et de la fumée. . . .

Mireille: . . . et sauver les bébés endormis au milieu des flammes.

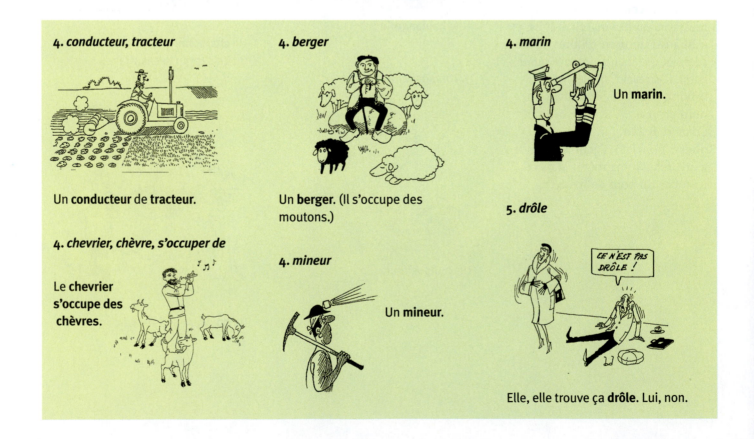

4. *conducteur, tracteur*

Un **conducteur** de **tracteur.**

4. *chevrier, chèvre, s'occuper de*

Le **chevrier** s'occupe des **chèvres.**

4. *berger*

Un **berger.** (Il s'occupe des moutons.)

4. *mineur*

Un **mineur.**

4. *marin*

Un **marin.**

5. *drôle*

CE N'EST PAS DRÔLE !

Elle, elle trouve ça **drôle.** Lui, non.

5. *infirmier, acteur*

"Je voulais être **infir-mière** le jour et **actrice** le soir."

5. *pompier, échelle, flamme*

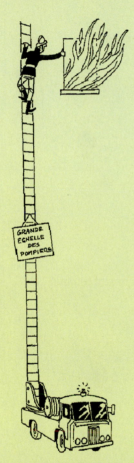

Pompier en haut de la grande **échelle** et fenêtre ouverte qui crache des **flammes**.

5. *rouler*

Les trains **roulent**.

Les autos **roulent** (sur quatre **roues**).

Les bicyclettes **roulent** (sur deux **roues**).

5. *bruit*

Les voitures de pompiers, les voitures de police, les sirènes, les canons, les explosions, font beau-coup de **bruit**. (Le **bruit** se mesure en décibels.)

5. *plonger*

Il **plonge**.

5. *cracher*

Il **crache**.

5. *endormi*

Marie-Laure est **endormie**. Elle **dort**.

5, 7. *sauver, nager*

Bouée de **sauvetage** pour **sauver** les gens qui ne savent pas **nager**.

6

Mais que se passe-t-il? . . . C'est encore Marie-Laure qui arrive toute trempée!

Mireille: Mais d'où sors-tu comme ça?
Marie-Laure: Du bassin. . . .
Mireille: Tu es allée plonger dans le bassin?
Marie-Laure: Ben, non, pas vraiment! Je suis tombée. J'ai voulu attraper mon bateau, je me suis penchée, et puis j'ai glissé, alors je suis tombée. Voilà.

Mireille: C'est malin! Allez, va te changer! Rentre à la maison tout de suite. Et tu avais mal à la gorge, hier! Mais qu'est-ce que Maman va dire?

7

Et Marie-Laure s'en va. . . .

Mireille: Cette gamine est insupportable! Heureusement qu'elle sait nager!
Robert: Elle va sûrement devenir championne de natation; ou bien elle va faire de l'exploration sous-marine avec l'équipe de Cousteau.
Mireille: On ne sait jamais!
Robert: Ouais! On ne sait jamais comment les choses vont tourner. . . .

Il **se penche.**

Il va sûrement tomber.

6. *trempé*

Elle est **trempée.**

6. *se pencher*

Robert **se penche** pour attraper le bateau de Marie-Laure. Il va peut-être tomber dans le bassin.

6. *glisser*

Il **a glissé** et il est tombé. (La glace, **ça glisse**, c'est **glissant!**)

MISE EN ŒUVRE

Ecoutez la mise en œuvre du texte et répondez aux questions suivantes.

1. Quelle heure est-il?
2. Qu'est-ce qui se passe au Sénat?
3. Où sont Robert et Mireille?
4. D'après Mireille, que veut dire *Taylor* en anglais?
5. Comment s'écrit le nom de Robert? Est-ce qu'il s'écrit comme le mot anglais pour tailleur?
6. D'après Mireille, est-ce qu'il faut faire très attention à l'orthographe?
7. *Boucher* est un nom de famille, un nom propre, mais qu'est-ce que c'est aussi?
8. Que fait un boucher?
9. Que fait un boulanger?
10. Que fait un messager?
11. Pourquoi Robert remarque-t-il le nom de Bouvier?
12. Qu'est-ce que c'est qu'un bouvier?
13. Est-ce que ça se fait beaucoup, d'être bouvier, en France, aujourd'hui?
14. Qui est-ce qui a remplacé les bouviers?
15. Qu'est-ce que c'est qu'un chevrier?
16. Et un berger?
17. Qu'est-ce que Robert voulait être quand il avait douze ans?
18. Qu'est-ce que Mireille voulait être quand elle était petite?
19. A quels moments est-ce qu'elle voulait exercer ces professions?
20. Qu'est-ce que Robert pense maintenant des idées qu'il avait quand il était petit?
21. Qu'est-ce qu'il voulait faire quand il avait huit ans?
22. Pourquoi voulait-il être pompier?
23. Qu'est-ce qui est arrivé à Marie-Laure? Est-ce qu'elle a plongé dans le bassin?
24. Comment est-ce que c'est arrivé? Qu'est-ce qu'elle a fait pour tomber dans le bassin?
25. Qu'est-ce que Marie-Laure doit faire maintenant?

MISE EN QUESTION

1. Quel genre de phrases trouve-t-on dans les livres écrits pour enseigner les langues étrangères?
2. Qui est François Boucher? Et Hélène Boucher?
3. Pourquoi *informaticien* ou *pharmacien* ne sont-ils pas des noms de famille? Quelle différence y a-t-il entre le métier de boulanger et celui d'informaticien? Est-ce que la profession d'informaticien est une profession très ancienne? A votre avis, depuis quand y a-t-il des gens qui exercent la profession de boulanger?
4. Qui sont Gustave Charpentier, André Messager, César Franck, et Pierre Boulez?
5. Pourquoi n'y a-t-il plus beaucoup de bouviers, en France, aujourd'hui? Qu'est-ce qu'on utilisait pour les travaux agricoles, autrefois? Et aujourd'hui, qu'est-ce qu'on utilise?
6. A votre avis, pourquoi Mireille voulait-elle être infirmière et actrice?
7. A votre avis, pourquoi Robert voulait-il être pompier? Pour jouer un rôle prestigieux ou pour sauver des personnes en danger? Quand Mireille suggère que c'était pour "sauver des bébés endormis au milieu des flammes," qu'est-ce qu'elle a l'air d'en penser? Est-ce qu'elle est tout à fait sérieuse ou est-ce qu'elle se moque un peu de lui?
8. D'où Marie-Laure sort-elle? De l'école? De chez elle?
9. Pourquoi est-ce que la maman de Marie-Laure ne va pas être contente?
10. A votre avis, est-ce qu'il est dangereux de plonger dans le bassin du Luxembourg? Est-ce qu'il y a assez d'eau? Est-ce qu'il faut savoir nager pour jouer près du bassin? Pourquoi?
11. Est-ce que Robert est sérieux quand il dit que Marie-Laure va être championne de natation ou faire de l'exploration sous-marine, ou est-ce qu'il essaie d'être spirituel?
12. Et quand Mireille dit "On ne sait jamais," est-ce qu'elle parle sérieusement ou est-ce qu'elle fait semblant d'apprécier la plaisanterie de Robert?

Journal de Marie-Laure

C'EST MAMAN QUI FAIT TOUT

Le 8 septembre 1987

Maman a l'air très fatiguée ce soir. Elle a l'air vraiment crevée, épuisée, à bout. Elle n'en peut plus! Elle en a plein le dos!

Quand on y pense, ce n'est pas étonnant avec le boulot qu'elle fait!

Elle passe sept heures chaque jour au Ministère de la santé, où elle a beaucoup de responsabilités, et ça, cinq jours par semaine, sauf quand il y a une urgence et qu'elle doit y aller en plus le samedi ou le dimanche.

Moi, je me tape cinq heures de cours par jour — ce n'est pas beaucoup mieux et ça me crève. Je suis morte de fatigue. Je n'ai pas une minute à moi! Je n'ai jamais le temps d'aller jouer avec mon nouveau bateau au bassin du Luxembourg. Il y a toujours quelque chose à faire. J'en ai vraiment assez. J'en ai marre. J'en ai ras-le-bol! Je fais la grève! Je démissionne! J'arrête!

Maman fait tout à la maison ... sauf mes devoirs bien sûr ... ça, c'est moi qui dois me les farcir. Je suis bien obligée!

Mais Maman, elle, elle fait tout le reste. Papa ne lève jamais le petit doigt. Un véritable pacha, Papa! Moi, plus tard, avec mon mari, ça ne va pas se passer comme ça. On va se partager le boulot à la maison!

Maman fait la cuisine le soir et aussi le week-end pour qu'on ne va pas souvent au restau, comme Tonton Guillaume.

En principe, c'est Mireille et moi qui faisons la vaisselle mais Mireille trouve toujours une excuse ... « Il faut que je révise mon examen d'art grec, » et moi, il faut dire que j'ai beaucoup de

twitter

bdgomme C'est le GNP — grand nettoyage de printemps! Retrouvé le bateau de Tonton G au fond d'un placard. Qui vient jouer avec moi au Luxembourg?
24-mars-2008

bdgomme C'est le chaos chez moi! Je perds la tête, ne trouve plus rien. Ah, si Maman était là pour m'aider! #GNP #ilmefautunebonne
25-mars-2008

travail, tous les soirs... alors c'est souvent Maman qui doit se taper la vaisselle avant d'aller se coucher.

C'est aussi elle qui fait le ménage parce que nous n'avons pas de bonne comme les Courtois. Moi, je fais ma chambre les week-ends où je n'ai pas trop de devoirs et je m'occupe de mon poisson rouge. Je nettoie son bocal et je lui donne à manger deux fois par jour.

Et puis, Maman, elle fait les comptes. Elle paie les factures d'électricité, de gaz, etc. Elle trouve toujours qu'on dépense trop. Mais Papa ne s'inquiète pas: Papa ne s'en fait jamais. Non, Papa, lui, ne se fait jamais de souci. Il lit tranquillement son journal dans son fauteuil ou bien il regarde la télé. Un pacha, je vous dis!

En plus, Maman fait du sport. Elle fait un peu de vélo, le week-end, pas ici, à Preux quand on y va.

Et elle fait une heure de tennis par semaine. C'est plus que moi, oui, mais moi je fais de la danse, pas elle, na!

Maman trouve toujours quelque chose à faire. Elle dit qu'elle ne sait pas rester oisive! Ce n'est pas comme Mireille qui trouve toujours une excuse pour ne pas travailler.

Et puis, Maman, elle me fait la guerre parce qu'elle trouve que je ne fais rien. Quel culot! Je fais ce que je peux!

Oh, ce n'est pas qu'elle me fasse des reproches, non, mais toujours des remarques, comme ça, en passant:

« Qu'est-ce que tu fais? Tu as fait tes devoirs? Tu les as finis? » Quand je dis non, elle fait la grimace. C'est pénible, à la fin! Lâchez-moi les baskets! Laissez-moi un peu tranquille. Fichez-moi la paix! Laissez-moi vivre en paix! Occupez-vous de vos oignons!

bdgomme Entendu au Luxembourg une mémé disant à son toutou, « tiens-toi bien ! », j'ai cru que c'était Maman, c'était la même voix ! #bizarre
13-mai-2012

DOCUMENTS

1

Mon Ministre des finances

Géniale, l'idée de voler le camion des pompiers
avec l'échelle télescopique,
d'acheter ce petit singe!
Nul ne se doute à qui ça peut servir.
Nous circulons en ville, lentement.
A la moindre fenêtre ouverte, je dresse l'échelle,
le petit singe y monte, enjambe l'appui et rafle
ce qu'il trouve.
Depuis lors, le petit singe et moi vivons richement,
et—sauf le bruit du moteur quand je
dresse l'échelle—discrètement . . .
comme il sied à des gentlemen.

—Boris Vian

2

Pompiers

A.

B.

C.

D.

3

Au feu, les pompiers!

Au feu, les pompiers,
La maison qui brûle!
Au feu, les pompiers,
La maison a brûlé!

—Marie-Laure

4

Accidents de la rue

Cinq millions et demi de conducteurs français ont une mauvaise vue. Heureusement, leur nombre diminue de jour en jour.

—Coluche

5

Les Français en vue

Dans un sondage qui demandait aux Français en 2010 quelles étaient les personnalités qui comptaient le plus pour eux, c'est Yannick Noah, ex-champion de tennis et chanteur populaire, né d'un père d'origine camerounaise et d'une mère française, qui arrive en tête de liste.

Zinédine Zidane, souvent appelé Zizou, ex-footballeur d'origine algérienne qui a marqué deux buts de la tête qui ont permis à l'équipe française de gagner le championnat du monde de football en 1998. Zinédine Zidane arrive en deuxième position.

Viennent ensuite des acteurs comme Dany Boon et Jean Dujardin, et des actrices comme Sophie Marceau et Marion Cotillard.[1]

La première personnalité politique citée est Simone Veil, première présidente au Parlement Européen et ministre d'Etat. C'est en tant que Ministre de la Santé qu'elle fait voter en 1975 la loi Veil qui légalise l'IVG (l'interruption volontaire de grossesse) et dépénalise donc l'avortement en France. (La contraception est légale en France depuis 1972; elle est remboursée par la Sécurité sociale et est disponible aux mineurs sans autorisation parentale.) Simone Veil est aussi membre de l'Académie française depuis 2010.

6

Les Baleines

Du temps qu'on allait encore aux baleines,
Si loin que ça faisait, matelot, pleurer nos belles,
Y avait sur chaque route un Jésus en croix,
Y avait des marquis couverts de dentelles,
Y avait la Sainte Vierge et y avait le Roi!

Du temps qu'on allait encore aux baleines,
Si loin que ça faisait, matelot, pleurer nos belles,
Y avait des marins qui avaient la foi,
Et des grands seigneurs qui crachaient sur elle,
Y avait la Sainte Vierge et y avait le Roi!

Eh bien à présent tout le monde est content,
C'est pas pour dire, matelot, mais on est content! . . .
Y a plus de grands seigneurs ni de Jésus qui tiennent,
Y a la république et y a le président,
Et y a plus de baleines.

—Paul Fort, *Ballades françaises*

---

1. Le père de Marion Cotillard, Jean-Pierre Cotillard, est très connu lui aussi des adeptes de *French in Action*, où il a joué le Mime et l'Homme en noir. (*Note des auteurs*)

7

Arthur tombe dans le bassin

Cet après-midi, j'ai poussé Arthur dans le bassin. Il est tombé et il s'est mis à faire glou-glou avec sa bouche, mais il criait aussi et on l'a entendu. Papa et maman sont arrivés en courant. Maman pleurait parce qu'elle croyait qu'Arthur était noyé. Il ne l'était pas. Le docteur est venu.

Arthur va très bien maintenant. Il a demandé du gâteau à la confiture et maman lui en a donné. Pourtant, il était sept heures, presque l'heure de se coucher quand il a réclamé ce gâteau et maman lui en a donné quand même. Arthur était très content et très fier. Tout le monde lui posait des questions. Maman lui a demandé comment il avait fait pour tomber, s'il avait glissé et Arthur a dit que oui, qu'il avait trébuché. C'est chic à lui d'avoir dit ça, mais je lui en veux quand même et je recommencerai à la première occasion.

D'ailleurs, s'il n'a pas dit que je l'avais poussé, c'est peut-être tout simplement parce qu'il sait très bien que maman a horreur des rapportages. L'autre jour, quand je lui avais serré le cou avec la corde à sauter et qu'il est allé se plaindre à maman en disant: "C'est Hélène qui m'a serré comme ça," maman lui a donné une fessée terrible et lui a dit: "Ne fais plus jamais une chose pareille!" Et quand papa est rentré, elle lui a raconté et papa s'est mis aussi en colère. Arthur a été privé de dessert. Alors, il a compris et, cette fois, comme il n'a rien dit, on lui a donné du gâteau à la confiture: j'en ai demandé aussi à maman, trois fois, mais elle a fait semblant de ne pas m'entendre. Est-ce qu'elle se doute que c'est moi qui ai poussé Arthur?

—Jehanne Jean-Charles, *Les Plumes du corbeau*

8

"Les Filles" (extrait)

Les filles parlent des garçons
Elles vont aux toilettes à deux
Ça fera pas une chanson
Une chansonnette au mieux.

Les filles mangent du chocolat
Elles ont trop chaud ou trop froid
Ont mal au ventre, à la tête
Au cœur, elles vont mal en fait.

Les filles travaillent à l'école
Elles ont de belles écritures
Elles gardent des mots, des bricoles
Dans des vieilles boîtes à chaussures.

Les filles ont des sacs à main
Les filles marchent les bras croisés
Elles traînent dans les salles de bains
Elles aiment les fleurs, les bébés.

Refrain:
Faut pas généraliser
Y'a sûrement plein d'exceptions
Les étudier, les cerner
C'est mon credo ma mission.

Les filles plient bien leurs affaires
Elles jouent rarement du tambour
Elles s'énervent avec leur mère
Qu'elles rappellent chaque jour.

Les filles nous font des reproches
Trop lent, trop pressé, pas là
Ou trop loin ou bien trop proche
Ou pas assez, pas comme ça.

Refrain

—Garou

Garou (Pierre Garand), né en 1972, est un chanteur canadien originaire de Sherbrooke, au Québec. *Seul,* son premier album, a été un best-seller en 2001 et demeure l'un des albums français les mieux vendus.

9

LEÇON
18 Il n'y a pas de sot métier II

TEXTE

1

Il est 10h 30 dans le jardin du Luxembourg, à Paris. Sur un banc vert, Mireille et Robert parlent toujours. . . .

Marie-Laure, la petite sœur de Mireille, qui jouait avec son bateau, est tombée dans le bassin. Elle est allée se changer chez elle; elle habite tout près, juste en face, de l'autre côté de la rue.

2

Robert: Non, on ne sait jamais comment les choses vont tourner. Tenez, j'avais un ami, aux Etats-Unis, qui adorait le violon: il jouait merveilleusement, un vrai virtuose; il rêvait de donner des concerts dans toutes les grandes villes du monde. Eh bien, vous savez ce qu'il fait, maintenant? Il n'est pas violoniste du tout! Il fait de la saucisse aux abattoirs de Chicago!

Mireille: C'est comme la sœur de mon amie Ghislaine. Elle voulait être pianiste. Et en fin de compte, elle travaille dans le bureau de son papa . . . comme dactylo.

3

Mais Marie-Laure s'approche, en souriant. . . .

Mireille: Mais c'est encore toi? Qu'est-ce que tu fais là?
Marie-Laure: Je te dérange?
Mireille: Tu m'agaces! Et puis, laisse ce banc tranquille!

Marie-Laure: Quoi? C'est un banc public, non? Il n'est pas à toi, ce banc! Il est à tout le monde, parce que c'est un banc public, un banc public, un banc public. . . . C'est un banc public dans un jardin public. Le jardin appartient à l'Etat et le banc aussi; donc, ils sont à moi autant qu'à toi, na!
Robert: Eh bien, voilà une jeune

fille qui va sûrement être avocate, ou au Conseil d'Etat, et va défendre les intérêts de la société et de l'Etat!
Marie-Laure: Avocate? Moi? Pouh! Non! Toujours debout, crier, faire de grands gestes! C'est fatigant! . . . Le Conseil d'Etat? Bof. . . . Le Sénat, peut-être: c'est presque en face de la maison. C'est pratique: pas de métro pour aller au boulot. . . . Mais la politique, ça ne m'intéresse pas.

4

Robert: Qu'est-ce que tu veux faire, alors?
Marie-Laure: Beuh, je ne sais pas. Plombier, peut-être. . . .
Robert: Plombier? Pourquoi? Les tuyaux, les robinets, ça t'intéresse?

Marie-Laure: Ouais, j'aime bien jouer avec l'eau. Et puis, Papa dit que les plombiers gagnent plus que lui. . . . Et puis, quand on est plombier, on travaille quand on veut: si un client vous appelle et qu'on n'a pas envie d'aller travailler, eh bien, on reste chez soi. Tandis que si on veut être ingénieur ou dans un ministère, il faut aller travailler tous les

2. jouer du violon

Il **joue** merveilleusement **du violon**.

2. rêver

Elle **rêve** d'être riche.

2. saucisse

Il fait
de la
saucisse.

2. abattoir

Des **abattoirs**.

2. dactylo

Elle est **dactylo**. Elle fait
du traitement de texte.

3. déranger, laisser tranquille

«Arrête ce bruit! Tu me **déranges**!
Laisse-moi lire mon journal
tranquille!»

3. avocat

Une **avocate**.

3. Conseil d'Etat

Le **Conseil d'Etat** est une cour supérieure qui s'occupe des affaires très
importantes de l'Etat.

3. debout

Marie-Laure est **debout**. Sa tante
est assise.

On est mieux assis que **debout**, et
couché qu'assis.

3. pratique

Ce n'est pas très **pratique** pour
traverser! Un pont serait plus
pratique!

3. boulot

«Oh, là, là, quel **boulot**!» Marie-
Laure a trop de travail.
Le **boulot** (familier), c'est le travail.
En général, quand on travaille à
Paris, on prend le métro pour aller
au **boulot**.

4. plombier

Un **plombier**.

4. tuyau, robinet, eau

Les
plombiers
installent
et réparent
les **tuyaux**,
les **robi-
nets**. . . .

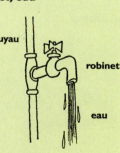

4. gagner

Pour **gagner** de l'argent, il faut
travailler.

jours, même si on n'a pas envie. . . . Dans la vie, on ne fait jamais ce qu'on veut! Tenez, mon papa, quand il était jeune, il voulait être masseur. . . . Pas Mireille! . . . Parce que Mireille, c'est ma sœur, oui, mais ce n'est pas ce que je veux dire! Je veux dire masseur . . . pour masser les gens qui ont mal au dos. Seulement, il avait toujours les mains froides, mon papa. Alors, hein, forcément, on ne peut pas réussir comme masseur si on a les mains froides. Les clients ne supportent pas ça. Alors maintenant, il fabrique des autos, parce que les autos supportent très bien les mains froides.

Mireille: Remarquez que ça n'empêche pas mon père d'être un homme très chaleureux. . . . "Mains froides, cœur chaud," comme on dit.

Marie-Laure: On dit ça?

Mireille: Oui, ça se dit. Du moins Tante Georgette le dit, et Grand-mère aussi.

5

Robert: Moi, mon père voulait devenir athlète professionnel; ou bien boxeur, ou joueur de football. Maintenant, il est vice-président d'une grande banque internationale. Le sport mène à tout.

Mireille: "Et tous les chemins mènent à Rome," comme dit ma tante Georgette! . . . On parle toujours dans la famille d'un ami qui était sûr de voir un jour son fils ambassadeur. Eh bien, le fils en question est représentant d'une maison de jouets. . . . Et mon beau-frère, Jean-Denis, le mari de ma sœur Cécile, voulait être rou-

tier pour conduire des camions énormes, un de ces vingt-tonnes avec neuf ou dix paires de pneus qui filent à toute vitesse dans un nuage de gasoil. Eh bien, vous savez ce qu'il fait, à présent? Il dessine des bijoux chez un bijoutier de la place Vendôme.

6

Robert: Moi, j'ai un ami qui, dans sa jeunesse, voulait se faire prêtre. Seulement, depuis l'année dernière, il ne croit plus en Dieu! C'est un problème, ça, pour quelqu'un qui veut être prêtre. . . . Alors, il vient d'entrer dans une grande compagnie d'assurances, la Providence.

Mireille: Moi, tous mes amis veulent faire du cinéma. Ils se prennent tous pour des Fellini, des Kurosawa, ou des Truffaut. Ils se font des illusions! . . .

Robert: Peut-être, mais on ne sait jamais. . . . Et de toute façon, faire du cinéma, c'est quand même

---

4. masseur

Les **masseurs massent** les gens. Il font des **massages**.

4. réussir

Un monsieur qui **a réussi**; il a beaucoup de succès, c'est une célébrité.

4. supporter

Tante Georgette ne **supporte** pas les enfants (les enfants l'agacent). Elle ne **supporte** pas le bruit (elle n'aime pas le bruit; ça la fatigue).
—Je ne **supporte** pas l'alcool (ça me rend malade).
—Je ne **supporte** pas la contradiction (ça me rend furieux).

4. fabriquer

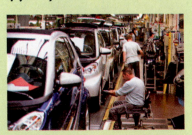

Chez Renault, on **fabrique** des autos.

4. chaleureux

Il a les mains froides, mais il a le cœur **chaud**. Il est **chaleureux**, cordial, gentil, bon.

4. cœur

Un **cœur**.

5. jouet

Ça, ce n'est pas un vrai bateau. C'est un **jouet**.

plus intéressant que d'être dans l'industrie, l'agriculture, le commerce, les affaires, la magistrature, l'armée, ou l'enseignement.

Mireille: C'est vrai, mais tout le monde ne peut pas faire du cinéma ou de la télévision; il en faut des industriels, des agriculteurs, des commerçants, des femmes et des hommes d'affaires, des magistrats, des enseignants, et même des militaires!

Robert: Des cinéastes et des vidéastes aussi, il en faut! L'ennui, avec le cinéma, c'est que même avec beaucoup de talent, on n'est jamais sûr de réussir.

5. routier, camion

Un **routier** dans son **camion** qui file dans un nuage de gasoil.

5. pneu

Des **pneus**.

5. bijou

Des **bijoux**.

5. place Vendôme

Sur la **place Vendôme**, à Paris, il y a des bijoutiers, des couturiers, des hôtels chics (le Ritz, par exemple).

6. prêtre

Un **prêtre**.

6. assurances

Une compagnie d'**assurances** qui s'appelle La Providence.

Les compagnies d'**assurances** vendent des **assurances** contre les accidents, l'incendie, des **assurances** sur la vie.

6. cinéaste, faire du cinéma

Il **fait du cinéma**; il est **cinéaste**.

6. industriel

Un **industriel**. Il est dans l'**industrie**. Il a des usines.

6. commerçant

Les parents de Mme Courtois étaient **commerçants**. Ils faisaient du **commerce**: ils vendaient des tissus.

6. femme/homme d'affaires

Des **hommes d'affaires**. Ils sont dans les **affaires**.

6. enseignant

Une **enseignante**. Elle est dans l'**enseignement**.

6. ennui

Il y a un **ennui**, il y a un problème, il y a une difficulté.
Le grand-père de Mireille est malade. Il a des **ennuis** de santé.

6. sûr

Mireille a un père et une mère. Ça, c'est **sûr**. Nous en sommes **sûrs**. Nous le savons.
Est-ce qu'elle va avoir des enfants? Peut-être, mais ce n'est pas **sûr**. On ne peut pas en être **sûr**. Nous ne le savons pas.

7

Mireille: Ah, ça, on ne peut jamais être sûr de rien. On ne sait jamais ce qui va se passer. Mais ça ne fait rien; dites-moi quand même ce que vous allez faire.

Robert: Moi? Vous voulez vraiment le savoir? Eh bien, je crois que je vais vous inviter à prendre quelque chose à la terrasse de la Closerie des Lilas. . . . Et vous, qu'est-ce que vous allez faire?

Mireille: Hmmm. . . . Je crois que je vais accepter.

Marie-Laure: Et moi, je peux venir?

Mireille: Mais tu es encore là, toi? Qu'est-ce que tu fais là? Tu sais tes leçons pour demain?

Marie-Laure: Ouais. . . .

Mireille: Et tu as fait tes devoirs?

Marie-Laure: Ouais. . . .

Mireille: Et tu les as finis?

Marie-Laure: Presque.

Mireille: Alors, va les finir! Tout de suite.

Marie-Laure: Oh, ce que tu peux être embêtante, toi! *(à Robert)* Puisque vous êtes américain, vous devez savoir l'anglais?

Robert: Oui, un peu. . . .

Marie-Laure: Vous ne pouvez pas m'aider pour mon devoir d'anglais?

Robert: Peut-être. . . .

Marie-Laure: Alors cet après-midi, à deux heures, ici. OK?

---

7. quand même

—J'ai beaucoup de travail, mais je vais aller au cinéma **quand même**.
—Vous savez que c'est dangereux et vous fumez **quand même**?

7. la Closerie des Lilas

7. devoir

Marie-Laure fait ses **devoirs**.

7. presque

Marie-Laure va avoir 11 ans dans un mois. Elle a **presque** 11 ans.

MISE EN ŒUVRE

Ecoutez la mise en œuvre du texte et répondez aux questions suivantes.

1. Où habitent les Belleau?
2. Que voulait faire l'ami de Robert, quand il était petit?
3. Qu'est-ce qu'il fait maintenant? Est-ce qu'il est violoniste?
4. Que fait la sœur de Ghislaine qui voulait être pianiste quand elle était petite?
5. Est-ce que Mireille est contente de voir arriver Marie-Laure?
6. A qui sont les bancs du Luxembourg?
7. Pourquoi Marie-Laure ne veut-elle pas être avocate?
8. Pourquoi est-ce que le Sénat n'intéresse pas Marie-Laure?
9. Qu'est-ce que Marie-Laure veut être, plus tard?
10. Pourquoi est-ce qu'elle veut devenir plombier?
11. Quand on est plombier, est-ce qu'on est obligé d'aller travailler tous les jours?
12. Que fait un masseur?
13. Pourquoi le père de Marie-Laure n'est-il pas masseur?
14. Pourquoi est-ce qu'on peut très bien avoir les mains froides et fabriquer des autos?
15. Qu'est-ce que le père de Robert voulait faire, quand il était petit?
16. Qu'est-ce qu'il fait maintenant?
17. Quelle conclusion est-ce qu'on peut en tirer?
18. Qu'est-ce que Jean-Denis voulait être, quand il était petit?
19. Qu'est-ce qu'il fait maintenant?
20. Pourquoi l'ami de Robert qui voulait être prêtre est-il finalement dans les assurances?
21. Que veulent faire tous les amis de Mireille?
22. Est-ce qu'ils vont vraiment faire du cinéma?
23. Comment appelle-t-on les gens qui sont dans l'industrie?
24. Et ceux qui sont dans l'agriculture?
25. Et ceux qui sont dans le commerce?
26. Et ceux qui sont dans les affaires?
27. Et ceux qui sont dans la magistrature?
28. Et ceux qui sont dans l'enseignement?
29. Et ceux qui sont dans l'armée?
30. Et ceux qui sont dans le cinéma?
31. Qu'est-ce que c'est, l'ennui, avec le cinéma?
32. D'après Mireille, de quoi est-ce qu'on peut être sûr?
33. Qu'est-ce que Robert va faire?
34. Qu'est-ce que Mireille va faire?
35. Est-ce que Marie-Laure a fini ses devoirs?
36. Quand Marie-Laure et Robert ont-ils rendez-vous?

MISE EN QUESTION

1. Dans l'idée de certains Français, qu'est-ce qu'il y a à Chicago?

2. Quand on joue du piano, avec quoi est-ce qu'on tape sur les touches du clavier? Et quand on fait du traitement de texte, avec quoi est-ce qu'on tape sur les touches du clavier de l'ordinateur?

3. A votre avis, pourquoi est-ce que Marie-Laure agace Mireille? Parce qu'elle joue du piano sur le dossier du banc, ou pour une autre raison?

4. Qu'est-ce qu'il faut faire pour arriver au Sénat, pour devenir sénateur?

5. Pourquoi est-ce que ce serait commode pour Marie-Laure d'être sénateur?

6. D'après ce que dit Marie-Laure, quelle doit être l'opinion de Monsieur Belleau sur les plombiers?

7. D'après ce que dit Marie-Laure, est-ce que vous pensez que Madame et Monsieur Belleau sont consciencieux dans l'exercice de leurs professions respectives?

8. Que dit Tante Georgette au sujet des mains froides?

9. A votre avis, pourquoi Jean-Denis voulait-il être routier? Comparez avec les raisons pour lesquelles Robert voulait être pompier.

10. Où trouve-t-on, à Paris, des bijoutiers célèbres, comme Cartier, Van Cleef & Arpels?

11. Comparez le métier de conducteur de camions et celui de créateur de bijoux. Lequel demande le plus de force physique, de sens artistique, de génie inventif, de résistance à la fatigue, d'attention, de calme devant le danger, de bons yeux, d'habileté manuelle, de réflexes, etc.? Qu'est-ce qui vaut le plus cher, les camions ou les bijoux? Qu'est-ce qui est le plus durable?

12. Qu'est-ce que Robert pense du cinéma comme profession?

13. Quand Robert dit à Mireille qu'il va l'inviter à aller prendre quelque chose à la Closerie des Lilas, est-ce qu'il répond vraiment à sa question? Qu'est-ce que Mireille voulait savoir?

14. Qu'est-ce que Marie-Laure aurait envie de faire?

15. Comment Mireille empêche-t-elle Marie-Laure de les accompagner?

16. Comment Marie-Laure prend-elle sa revanche? Comment se venge-t-elle de Mireille? Quel truc invente-t-elle?

Journal de Marie-Laure

JD FAIT DE L'INFORMATIQUE

Le 2 septembre 1988

Hier, on a eu des nouvelles de Jean-Denis. Cécile a appelé Mireille pour lui dire qu'il change de boulot. Dessiner des bijoux, ça lui plaît beaucoup, mais les commandes sont irrégulières. C'est un travail plutôt instable, Papa dit même que c'est précaire. Maintenant que Cécile et lui vont avoir un enfant, c'est décidé : Jean-Denis veut un job plus sérieux, plus stable, avec un salaire correct et régulier. Il est ingénieur : il est diplômé de l'École Supérieure de Physique et Chimie Industrielles de Paris. Il paraît que c'est une très bonne école. Il voudrait se faire embaucher dans une grosse boîte, une grosse société, comme ingénieur informaticien. C'est vrai qu'il aime les ordinateurs et qu'il se débrouille très bien en informatique. Et puis, on dit que l'informatique, ça mène à tout.

Moi, j'aimais mieux son ancien boulot : il me montrait ses modèles de bijoux et je pouvais essayer ses créations (j'adore les bijoux : les bagues, les bracelets, les boucles d'oreille, les broches, etc.). Souvent, il me demandait mon avis. Et même quelquefois il en tenait compte. J'aimais bien !

bdgomme Alors les tweeteurs, un petit sondage : job, c'est synonyme de précaire ? #laviemoderne #existentiel

27-déc-2009

IL Y EN A MARRE DE LA POLITIQUE.
IL EST TEMPS QUE ÇA CHANGE !

Le 6 mai 2007

Ça y est ! Nicolas Sarkozy a été élu Président ! Il a eu 31,18 %
des votes et Ségolène Royal en a eu 25,87 %.

Va falloir que j'attende encore jusqu'en 2012 avant d'avoir ma
chance ! Encore 5 ans, au minimum, avant que la France puisse
enfin avoir une femme Présidente de la République. Et encore,
on ne sait jamais comment les choses vont tourner.

J'en ai plus que marre de la politique !

J'en ai vraiment ras-le-bol !

bdgomme Les élections
présidentielles approchent &
il n'y a aucun candidat
qui me plaît. Que des
pantins, des discours vides.
#désenchantement   15-juil-2011

auddubois @bdg : Alors, Marie-
Laure Présidente en 2017 ?
#onpeutrêver   16-juil-2011

bdgomme @auddubois :
À condition que tu sois
mon premier ministre !
#dreamteampolitique   16-juil-2011

DOCUMENTS

1

Nationale Sept; poids-lourd

Je me fous des poulets sur la route et des petits
oiseaux dans les platanes.

C'est pas ça qui me chante, mais un vingt-tonnes
qui crache, qui pète et qui me pose quand une fille me
regarde passer dans un nuage de gasoil.

Que saute un des vingt pneus, je montre à qui veut
les poils noirs sur mes bras, l'huile dans mes cheveux;
et je crache mon mégot, comme ça, pour leur montrer
à tous que je commande, même au feu.

—Norge, *Les Cerveaux brûlés*

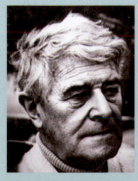

Norge (pseudonyme de
Georges Mogin) est un
poète belge francophone
né à Bruxelles en 1898.
Une première période de
production poétique a été
interrompue par la Seconde
Guerre mondiale; après
la guerre, Norge émigre
en Provence, où il devient
antiquaire, tout en publiant
des recueils de poèmes qui gagnent plusieurs prix. Il est
mort en 1990.

2

Les Amoureux des bancs publics (extraits)

Refrain
Les amoureux qui s'bécotent sur les bancs publics
Bancs publics, bancs publics,
En se foutant pas mal du regard oblique
Des passants honnêtes,
Les amoureux qui se bécotent sur les bancs publics
Bancs publics, bancs publics,
En se disant des "Je t'aime" pathétiques
Ont des petites gueules bien sympathiques.

Ils se tiennent par la main
Parlent du lendemain
Du papier bleu d'azur
Que revêtiront les murs de leur chambre à coucher.
Ils se voient déjà doucement
Elle cousant, lui fumant
Dans un bien-être sûr
Et choisissent les prénoms de leur premier bébé.
(Refrain)

—Georges Brassens

Georges Brassens est l'un des plus célèbres chanteurs français du XXème siècle. Né en 1921 dans une famille où tout le monde chante, son amour pour la musique l'amène d'abord à s'intéresser à la poésie. Il étudie Villon, Verlaine, Baudelaire, Hugo, et écrit lui-même des recueils de poésie. En 1943, sous l'occupation nazie, il est envoyé travailler en Allemagne, mais il s'évade en 1944 et se réfugie à Paris chez sa tante Jeanne, où il commence à écrire des chansons. La maison est extrêmement modeste—pas d'électricite, de gaz ou d'eau courante, et dans la cour, des chats, des chiens, et une cane qu'il célèbre plus tard dans sa chanson "La Cane de Jeanne" (voir la leçon 20). En 1952 la chanteuse Patachou le découvre, et Brassens se fait rapidement connaître du public; il sortira quatorze albums entre 1952 et 1976. Ses chansons sont à la fois poétiques (l'Académie française lui décerne son Grand Prix de poésie en 1967) et incisives: elles critiquent les hypocrites, les conformistes, ceux qui refusent la solidarité humaine. Il est mort en 1981.

3

Prénoms et professions: Quand un vicomte rencontre un bouvier

Le parcours social d'un prénom saisi par la mode suit, en général, le schéma classique de la diffusion des innovations. Il se propage grosso modo du haut en bas de l'échelle sociale.

Ce phénomène est ancien. Victor Hugo l'avait déjà pressenti (dans *Les Misérables*):

Il n'est pas rare aujourd'hui que le garçon bouvier se nomme Arthur, Alfred ou Alphonse, et que le vicomte—s'il y a encore des vicomtes—se nomme Thomas, Pierre ou Jacques. Ce déplacement qui met le nom "élégant" sur le plébéien et le nom campagnard sur l'aristocrate n'est autre chose qu'un remous d'égalité.

—Philippe Besnard et Guy Desplanques,
Un Prénom pour toujours

4

Quand un vicomte rencontre un autre vicomte (extrait)

Maurice Chevalier chantait:
Quand un vicomte
Rencontre un autre vicomte
Qu'est-ce qu'ils se racontent?
—Des histoires de vicomtes.
Quand une marquise
Rencontre une autre marquise
Qu'est-ce qu'elles se disent?
—Des histoires de marquise.
—*Chanson des années 30: Paroles de Jean Nohain*

Maurice Chevalier, né en 1888, devient célèbre dans les années 1920 pour ses rôles dans des revues et opérettes comme *Dans la vie faut pas s' en faire.* En 1927, avec l'avènement du cinéma parlant, il va à Hollywood et commence une carrière dans le cinéma qui durera jusqu'en 1967; avec son accent, son charme et sa joie de vivre, il incarne pour les Anglo-Saxons le Français cosmopolite et galant. Sa filmographie compte une cinquantaine de titres, y compris plusieurs films de Walt Disney. (Le personnage de Lumière, le candélabre, dans *La Belle et la Bête* de Disney, est un hommage à Maurice Chevalier.) Il est mort en 1972.

5

La Cote des métiers

Les jeunes de 15 à 25 ans sont surtout attirés par les métiers qui leur offrent liberté et autonomie, qui leur donnent la possibilité de rechercher et d'inventer, d'aider les autres, de gagner beaucoup d'argent. . . .

Ils veulent travailler dans des secteurs comme les sports et les loisirs, les nouvelles technologies (informatique, multimédias), la santé et l'enseignement, l'environnement, le commerce.

L'évolution de la société a fait que les notables d'hier (médecins, architectes, avocats) ont un peu perdu de leur position privilégiée sociale et financière. Par contre, ceux qui travaillent dans l'information (journalistes, professions intellectuelles, experts, consultants) détiennent une part de plus en plus grande du pouvoir économique et social. En revanche, certains métiers manuels ou de service ont été revalorisés: plombier, restaurateur, services aux personnes (baby-sitting, aide aux personnes âgées ou handicapées), kinésithérapeute. Ils ont profité du fait que la population française vieillit, a besoin de services et s'occupe de sa santé.

Enfin, la mondialisation de l'économie a changé la conception du travail. L'emploi à plein temps et les contrats à durée indéterminée sont devenus rares. Un quart des travailleurs occupent des postes à temps partiel, ont des contrats à durée déterminée et font des intérims ou des stages. Les horaires et les lieux de travail sont diversifiés pour satisfaire le besoin de flexibilité des entreprises. Le télétravail—le travail à distance—prend aussi de l'importance, et concerne aujourd'hui quelque 2 millions de personnes sur 28 millions d'actifs. Sa croissance est favorisée par le développement des nouvelles technologies de communication et la généralisation des connexions internet.
—*D'après Francoscopie 2010*

6

Il n'y a pas de sous-métier

C'est la deuxième fois que les Bali côtoient un vendeur de bonheur. Le père, Djuliane, a acheté une encyclopédie Saber dans les mêmes circonstances, l'année dernière. *Saber* veut dire "savoir" en latin. C'est le représentant qui l'a dit. Le latin, c'est pas n'importe quoi, ça impressionne.

—Avec les livres, l'avenir des enfants est assuré. Vous verrez, ils vont changer, a juré le monsieur.

Il ne pensait pas si bien dire.

Djuliane a été ravi de rencontrer quelqu'un d'aussi bonne éducation, qui parlait si bien et surtout qui savait écouter les autres. Parce que lui, Djuliane, il n'en connaissait pas beaucoup, autour de lui, des gens qui "savaient écouter les autres"!

—On vit dans un monde où les gens ne parlent plus. Et, même quand vous parlez, ils s'en foutent . . . les gens sont abîmés . . . , il a commenté.

Siloo a entendu.

Les dix volumes Saber explorent la vie du monde, des planètes, des animaux, et tout ce qu'on peut imaginer. Tout est exploré, décrit, expliqué, dessiné, dans le plus petit détail. Avec les croquis et illustrations, les enfants se transforment en savants, résultat garanti, promis, juré, ma mère elle meurt sur place et à l'instant si je mens! Saber: même les parents, qui sont les premiers moniteurs de l'éducation des enfants, peuvent apprendre des choses.

—Vous êtes seulement réparateur de cycles et de

mobylettes? Y a pas de sous-métiers! a rétorqué le vendeur avec le sérieux des mots encyclopédiques. Djuliane a redressé les épaules.

Y a pas de sous-métiers.

—En plus de tout ce que je viens d'énumérer, il y a justement des rubriques sur les moteurs à trois temps, à deux temps, à tous les temps, moteurs à explosion . . . , et puis, n'oubliez pas que, dans le mot "encyclo-pédique," il y a "cyclo": c'est votre rayon, les moto . . . cycles, les bi . . . cycles . . . ?

Le type n'arrêtait plus. Il avait de la suite dans les idées.

—C'est aux parents de montrer l'exemple aux enfants. J'ai pas raison?

Personne n'a dit le contraire.

—C'est trop cher pour vous? Ah, l'argent, toujours l'argent!

Le vieux Bali a rentré la tête dans les épaules et le vendeur a assené:

—Vous préférez acheter des cigarettes plutôt que d'assurer l'avenir éducatif de vos enfants?!

Il hurlait presque, comme s'il était chez lui.

—Quelques francs par mois pendant un an et des poussières, c'est une goutte d'eau dans l'océan d'une vie.

Le marché est conclu.

Ensuite, Massouda a pris les choses en main, comme tout le reste. Elle a enfermé au placard les bouquins à la couverture luxueuse, pour la décoration.

—Celui qui touche avec ses mains sales, je le mas-sacre! Je lui enlève ses yeux!

—Azouz Begag, *L'Îlet-aux-Vents*

Azouz Begag, d'origine algérienne, est né à Lyon en 1957. Il est docteur en économie et chercheur à la Maison des Sciences Sociales et Humaines de Lyon. Il poursuit trois carrières en même temps: sociologue, écrivain et politicien. Il a publié une vingtaine de livres qui ont pour sujet les problèmes que confrontent les "Beurs"—les jeunes Français d'origine du Maghreb, pris entre deux cultures et entre la tradition et le modernisme, et menacés par la pauvreté et le racisme. Il valorise leur culture d'origine et leur propose des modèles positifs d'identité. Azouz Begag a été ministre de 2005 à 2007 dans le gouvernement du président Jacques Chirac.

7
Devoirs et leçons

8

Masseurs

9

Il avait réussi à placer son bras juste sur la ligne d'horizon.

—Extrait de Maja, *Bonheurs*

19 Attention: Ecoles I

TEXTE

1

Paris, le Quartier latin . . . le quartier des écoles, des facultés, des études, et des étudiants. Mireille et Robert discutent. Ils sont sûrement étudiants. . . . Les étudiants étudient, manifestent, et, le reste du temps, discutent.

Robert a invité Mireille à prendre quelque chose à la Closerie des Lilas.

Ils ont traversé le jardin du Luxembourg, sont passés devant l'Institut d'Art et d'Archéologie, où Mireille suit un cours.

Mireille: Ça, là, à droite, c'est l'Institut d'Art et d'Archéologie. J'y suis un cours d'art grec.

Ils se sont assis à la terrasse de la Closerie des Lilas. Il était 11 heures et quart à l'horloge de l'Observatoire, et 5h 15 à la montre de Robert.

Robert: Quelle heure est-il?
Mireille: 11h, 11h et quart. . . . Oui, onze heures et quart.
Robert: J'avais encore l'heure de New-York.

2

Mireille: Pourquoi avez-vous voulu venir ici?
Robert: Vous savez, je ne connais pas beaucoup de cafés à Paris. Je connaissais celui-ci à cause d'Hemingway, de Scott Fitzgerald, de Gertrude Stein. . . . Vous ne venez jamais ici?
Mireille: Non, c'est la première fois.
Robert: Ça ne vous plaît pas?
Mireille: Si, si! Mais c'est un peu trop chic et trop cher pour une pauvre petite étudiante comme moi. Si je veux prendre un café avec des copains, je vais plutôt dans un petit bistro du Quartier.

---

1. *suivre (un cours)*

Mireille fait des études d'histoire de l'art. Elle fait l'histoire de l'art. Elle étudie l'histoire de l'art. Elle **suit des cours** d'histoire de l'art.

1. *horloge*

L'**horloge** de l'Observatoire. (L'Observatoire est tout près de la Closerie.)

2. *plaire*

—Ça ne vous **plaît** pas? Vous n'aimez pas ça?
Marie-Laure veut être plombier parce qu'elle aime jouer avec l'eau. Ça lui **plaît**.
Elle ne veut pas faire de politique; ça ne lui **plaît** pas. Elle n'aime pas du tout la politique.

2. *bistro*

Mireille retrouve ses copains au Condé, un petit **bistro** du Quartier.

3

Le garçon: Qu'est-ce que je vous sers?

Mireille: Voyons . . . Hemingway prenait sans doute un whisky, mais ce n'est pas particulièrement français. Qu'est-ce qu'il y a comme apéritifs bien français?

Le garçon: Vous avez le Dubonnet, le Martini. . . .

Mireille: C'est italien, ça, non?

Le garçon: L'Ambassadeur, le Pernod, le Ricard. . . .

Mireille: Mmmm, le Pernod, j'adore ça, mais c'est un peu trop fort.

Le garçon: La Suze, le pineau des Charentes, le Saint-Raphaël, le Byrrh, le kir. . . .

Mireille: Ah, c'est ça, je vais prendre un kir!

Le garçon: Et pour Monsieur?

Robert: Euh . . . la même chose.

4

Robert: Alors, vous faites de l'histoire de l'art?

Mireille: Oui! J'ai toujours aimé le dessin et la peinture. Déjà, toute petite, à l'école maternelle, je plongeais les doigts avec délices dans les pots de couleurs, et je barbouillais d'admirables tableaux abstraits. J'étais imbattable. C'était moi la championne de ma classe, et j'ai gardé le titre jusqu'à la fin de l'école maternelle. Plus tard, à l'école primaire, l'institutrice nous a montré des reproductions de peintures murales de Matisse. Transportée d'admiration, le soir

3. *fort*

La vodka, c'est **fort**: il y a beaucoup d'alcool.

Les Italiens aiment le café très **fort**.

3. *kir*

Un **kir**: un mélange de vin blanc (souvent un bourgogne, en particulier de l'aligoté) avec un peu de crème de cassis. (Une spécialité de Dijon, en Bourgogne.) On appelait ça, autrefois, un vin blanc-cassis. Depuis la Seconde Guerre mondiale, ça s'appelle un **kir** en l'honneur du chanoine **Kir**, de Dijon, qui s'est illustré dans la Résistance, et qui aimait beaucoup le vin blanc-cassis.

4. *dessin, peinture*

Dessin au crayon.

Il **peint**, il fait de la **peinture**.

Les Français ont toujours aimé le **dessin** et la **peinture**.

4. *école maternelle, primaire*

Ecole **maternelle**: 3 à 5 ans.

Ecole **primaire**: 6 à 11 ans.

Collège: 11 à 14 ans.

Lycée: 15 à 18 ans.

4. *barbouiller, pot de peinture*

Mireille aimait plonger les doigts dans les **pots de peinture**, les **pots de couleurs**, et elle **barbouillait** d'admirables tableaux abstraits.

4. *imbattable*

Un boxeur **imbattable**. Il **bat** tout le monde. Personne ne peut le **battre**.

4. *titre*

Mireille a reçu le **titre** de championne de peinture.

4. *transporté*

Mireille a été **transportée** d'admiration devant les peintures de Matisse. Elle a été enthousiasmée.

même, j'ai entrepris de couvrir de fresques les murs et le plafond de ma chambre. Mes parents n'ont pas apprécié. En France, les grands artistes sont toujours incompris.

5

Robert: Des peintures de Matisse? Ça devait être une école d'avant-garde!

Mireille: Une école d'avant-garde? Pourquoi? Vous savez, Matisse était considéré comme un peintre d'avant-garde vers . . . 1910!

Robert: C'était une école privée?

Mireille: Non, l'école du quartier, une école publique.

Robert: Ça devait être une bonne école.

Mireille: Comme toutes les autres. Vous savez, en France toutes les écoles sont à peu près pareilles: c'est l'Etat qui finance et qui contrôle l'éducation nationale. Le système est le même dans toute la France.

6

Robert: Alors, plus tard, au lycée, vous avez continué à faire de l'art et à étudier l'histoire de l'art?

Mireille: Mais non! Pensez-vous! Il y a tellement d'autres matières à étudier! Rien qu'en histoire, par exemple, on étudie l'histoire ancienne, l'histoire de France, le Moyen Age, les Temps modernes, l'Epoque contemporaine, l'histoire des pays étrangers; on n'en finit pas! Sans compter la géographie! Ça ne laisse pas beaucoup de temps pour l'histoire de l'art.

4. entreprendre, mur, plafond

Mireille **a entrepris** de couvrir les **murs** de fresques: elle a commencé à peindre sur les **murs**.

Elle a entrepris de couvrir de fresques **le plafond** de sa chambre (comme Michel-Ange qui avait entrepris de couvrir de fresques le **plafond** de la chapelle Sixtine, à Rome).

4. apprécier

Les parents de Mireille n'ont pas **apprécié** son art.

4. incompris

Mireille est une artiste **incomprise**. Ses parents n'ont pas **compris** la valeur de ses fresques. (Les parents ne **comprennent** pas les enfants. Les enfants sont souvent **incompris**.)

Robert: Moi, j'ai suivi un cours d'histoire européenne quand j'étais à l'école secondaire aux Etats-Unis. Je n'ai pas beaucoup aimé ça; trop de rois, trop de guerres. . . . Mais vous êtes obligés de faire de l'histoire?

Mireille: Bien sûr, l'histoire est obligatoire . . . comme presque toutes les matières, d'ailleurs. Vous savez, jusqu'en première, on n'a pas beaucoup de choix.

5. école privée/publique

En France, il y a quelques **écoles privées** (les écoles catholiques, l'école Alsacienne, l'école des Roches, le collège Sévigné . . .), mais il y a surtout des **écoles publiques**.

5. pareil

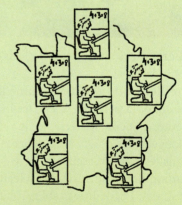

En France, toutes les écoles sont à peu près **pareilles**.

6. Penses-tu! Pensez-vous!

—Tu viens au cinéma?
—**Penses-tu!** J'ai trop de travail!

7

Robert: Quels cours avez-vous suivis?

Mireille: Eh bien, moi, j'ai fait A en première, c'est-à-dire la section Lettres. J'ai fait du latin, mais pas de grec. Et puis, j'ai suivi les cours communs à toutes les sections: j'ai fait du français, naturellement; des maths, malheureusement (parce que j'ai toujours été nulle en maths; j'ai failli rater mon bac à cause des maths). Et puis, j'ai fait des sciences nat . . . je veux dire des sciences naturelles: de la zoologie, de la géologie, de la physiologie, de la botanique (ça, ça m'a beaucoup plu, la botanique, à cause des fleurs. . . . J'adore les fleurs! J'étais très bonne en botanique). Et puis j'ai fait de la chimie, de la physique . . . quoi encore? De la philo, en terminale.
. . .

Robert: ?

Mireille: La dernière classe du lycée, avant le bac. . . . Et puis j'ai fait des langues, allemand et anglais.

Robert: Vous savez l'anglais?

Mireille: Oui, un peu, mais ce n'est pas au lycée que je l'ai appris. J'ai passé trois étés en Angleterre. Au lycée, on enseigne plutôt mal les langues étrangères. Et puis, vous pensez bien qu'avec toutes ces matières au programme, on ne sait jamais rien à fond!

---

6. matière

Matières:
    maths
    physique
    latin
    anglais
    allemand
    français
    histoire
    géographie
    sciences naturelles
(lycée, classe de première S)

6. rien que . . .

Il y a beaucoup de musées en France. **Rien qu**'à Paris, il y en a au moins soixante!

6. histoire

L'Histoire ancienne: Sumer, l'Egypte, la Grèce, Rome.

Le Moyen Age: du IVème au XVème siècle.

Les Temps modernes: du XVème siècle à la Révolution française (1789).

L'Epoque contemporaine: de 1789 à nos jours.

7. nul

Mireille était **nulle** en maths.

7. faillir

TU SAIS, MON VIEUX, J'AI BIEN FAILLI MOURIR.

Il a eu un grave accident. Il **a failli** mourir. Il n'est pas mort mais . . . presque!

7. rater

Raté!

7. baccalauréat (bac)

Le **baccalauréat** est l'examen qui sanctionne les études secondaires et permet d'entrer à l'université.

7. chimie

Sempé

Classe de **chimie**.

7. collège, lycée (enseignement secondaire)

classe de sixième: 11–12 ans
    cinquième: 12–13 ans
    quatrième: 13–14 ans
    troisième: 14–15 ans
    seconde: 15–16 ans
    première: 16–17 ans
    terminale: 17–18 ans

7. à fond

On n'étudie rien **à fond**. On ne sait jamais rien complètement.

—J'ai bien étudié la question. Je la connais **à fond**.

Il n'est pas sérieux. Il fait tout superficiellement. Il ne fait rien **à fond**.

8

Robert: Même si on n'apprend rien à fond, tout ça donne l'impression d'un travail énorme!

Mireille: Oh, ça, oui! Il y a du travail! Le pire, c'est le travail à la maison, les devoirs à faire, les leçons à apprendre, les interrogations écrites à préparer. Sans compter l'obsession du baccalauréat à la fin des études!

Robert: En somme, vous devez être bien contente d'en avoir fini avec le lycée?

Mireille: Ça, oui, vous pouvez le dire! Maintenant, à la fac, je me sens beaucoup plus libre. Tous les cours que je suis me plaisent, surtout les cours d'art grec. Le prof est un amour! Il est beau comme un dieu, et tellement spirituel. . . . C'est un régal de l'écouter!

Robert: . . . .

8. *pire, le pire*

"L'arithmétique, c'est difficile, mais l'algèbre, c'est encore **pire**! Et **le pire**, c'est le calcul intégral." (Mireille)

"Yvonne est agaçante, mais **la pire**, c'est Marie-Laure." (Tante Georgette)

8. *se sentir*

Maintenant qu'elle est à la fac, Mireille **se sent** beaucoup plus libre.

Je **me sens** libre. J'ai l'impression que je peux faire tout ce que je veux.

J'ai été très malade, mais maintenant, c'est fini: Je **me sens** tout à fait bien.

Il ne **se sent** pas bien. Il est malade.

Nous **nous sentons** responsables.

8. *libre*

Il n'est pas **libre**.

Il est **libre**.

8. *spirituel*

Le prof de Mireille est **spirituel**. Il est plein d'esprit: amusant, drole, brillant.

8. *régal*

Cette mousse au chocolat et un **régal**! Elle est vraiment délicieuse!

MISE EN ŒUVRE

Ecoutez la mise en œuvre du texte et répondez aux questions suivantes.

1. Quelle est la caractéristique du Quartier latin?
2. Où Robert et Mireille sont-ils allés prendre quelque chose?
3. Par où sont-ils passés pour arriver à la Closerie des Lilas?
4. Où Mireille suit-elle un cours?
5. A la Closerie des Lilas, est-ce qu'ils se sont assis à l'intérieur?
6. Est-ce que Mireille vient souvent à la Closerie des Lilas?
7. Pourquoi?
8. Où est-ce qu'elle va quand elle veut prendre un café avec des copains?
9. Pourquoi Mireille ne prend-elle pas de Pernod?
10. Qu'est-ce qu'elle prend finalement?
11. Et Robert?
12. Pourquoi Mireille fait-elle de l'histoire de l'art?
13. Qu'est-ce qu'elle aimait faire à l'école maternelle?
14. A l'école primaire, qu'est-ce que l'institutrice a montré aux enfants?
15. Qu'est-ce que Mireille a fait, le soir, chez elle?
16. Est-ce que ses parents ont aimé ses fresques?
17. Est-ce qu'on apprécie les artistes, en France, d'après Mireille?
18. Est-ce que l'école de Mireille était une école privée?
19. Est-ce qu'il y a de grandes différences entre les écoles, en France?
20. Pourquoi le système des écoles publiques est-il le même dans toute la France?
21. Pourquoi Mireille n'a-t-elle pas continué à faire de l'art au lycée?
22. Pourquoi Robert n'a-t-il pas aimé le cours d'histoire européenne qu'il a suivi?
23. Est-ce qu'on est obligé de faire de l'histoire, en France?
24. Quelle section Mireille a-t-elle faite?
25. Alors, elle a fait du latin et du grec?
26. Est-ce que Mireille était bonne en maths?
27. Est-ce qu'elle était nulle en botanique?
28. Comment s'appelle la dernière classe du lycée?
29. Est-ce que Mireille a fait des langues, au lycée?
30. Où est-ce que Mireille a appris l'anglais? Au lycée?
31. Qu'est-ce qu'il y a comme travail à faire à la maison?
32. Quel examen est-ce qu'on prépare au lycée?
33. Est-ce que Mireille a encore beaucoup de travail, à la fac?
34. Quel est son cours préféré?
35. Comment est le prof d'art grec?

MISE EN QUESTION

1. Il y a deux personnes assises sur un banc au Luxembourg. Ce sont sans doute des étudiants. Pourquoi?

2. D'après ce qu'on dit dans le texte, où doit être l'Institut d'Art et d'Archéologie?

3. D'après ce qu'on dit dans le texte, où doit se trouver l'Observatoire de Paris?

4. Pourquoi est-ce que la montre de Robert n'a pas la même heure que l'horloge de l'Observatoire? Est-ce qu'elle s'est arrêtée?

5. Pourquoi Robert a-t-il invité Mireille à la Closerie des Lilas plutôt que dans un autre café?

6. Quand Mireille lui demande pourquoi il a voulu aller à la Closerie, Robert est tout de suite inquiet, anxieux, perturbé. . . . Pourquoi? Qu'est-ce qu'il pense?

7. Pourquoi Mireille ne veut-elle pas commander de whisky? Quelle objection fait-elle au Martini?

8. Pourquoi Robert prend-il un kir?

9. Quel genre de tableaux Mireille faisait-elle, quand elle était à l'école maternelle?

10. De quoi Mireille était-elle championne, à l'école maternelle? De boxe? De course à pied?

11. Quel titre a-t-elle gardé jusqu'à la fin de l'école maternelle?

12. Quelle a été la réaction de Mireille quand l'institutrice a montré aux enfants de la classe des reproductions de peintures de Matisse?

13. Quand Matisse était-il considéré comme un peintre d'avant-garde?

14. Est-ce que Mireille a le bac? Est-ce qu'elle a raté le bac ou est-ce qu'elle a été reçue au bac?

15. A cause de quoi a-t-elle failli rater son bac?

16. Pourquoi était-elle bonne en botanique? Pourquoi aimait-elle la botanique?

17. Pourquoi est-ce qu'on ne sait jamais rien à fond, au lycée?

18. Pourquoi Mireille est-elle contente d'en avoir fini avec le lycée?

19. Pourquoi est-ce que c'est un régal d'écouter le professeur d'art grec?

Journal de Marie-Laure

ON N'EST PLUS TRANQUILLE !

Le 5 mai 1998

Cet aprèm, rue d'Assas, je rentrais chez moi, tranquille, je pensais à mes petites affaires, à la fac... au robinet de la cuisine qui ne ferme pas bien... au plombier qui n'est pas venu hier, à Jacques, au fait que ~~la techni faisait son vard et et...~~ ~~malgré tous les dépenses qu'il avait me fera méditer vous vraiment pas être la petite amie d'un type...~~ Et tout d'un coup j'entends : « Arrête ! Tu vas encore faire une connerie ! » Je me retourne, il y avait un mec qui marchait derrière moi, mais sans faire attention à moi ; il parlait à je ne sais pas qui dans son portable, comme si je n'existais

pas, comme s'il était seul au monde. Ça devient vraiment emmerdant, insupportable même, tous ces gens avec leurs mobiles qui parlent dans la rue ou au restaurant comme s'ils étaient chez eux !

On n'est plus chez soi dans la rue... merde !

Tante Georgette ne serait pas contente si je lui racontais ça... mais ce n'est pas ma faute si le type a dit « une connerie »... Je ne pouvais pas aller lui dire « Pardon Monsieur, permettez-moi de vous dire qu'on ne peut pas parler comme ça... surtout pas dans la rue où tout le monde peut entendre. On ne dit pas "connerie" ! On dit "bêtise". C'est plus convenable. »

D'ailleurs, on ne dit pas « merde » non plus... On dit... zut !

bdgomme Dans le bus : un mec soûl hurle des jurons devant la jeune fille assise en face de lui. Tante G, où étais-tu ? #corruptiondemineur

22-janv-2010

DOCUMENTS

1

Rengaine

La peinture à l'huile
C'est plus difficile
Mais c'est bien plus beau
Que la peinture à l'eau.

2

La marine à l'huile

La marine à l'huile, c'est plus difficile,
mais c'est bien plus beau que la marine à l'eau !

3

A. L'école à trois temps

En France l'enseignement public, qui dépend du Ministère de l'Education nationale, est gratuit, laïque et obligatoire jusqu'à 16 ans. La plupart des jeunes Français sont inscrits dans l'enseignement public.

Le système éducatif français est une pyramide à trois étages:

Premier degré

- *Ecole maternelle.* Trois ans de maternelle. Les enfants vont à la maternelle de l'âge de 3 ans (quelquefois 2 ans) jusqu'à 6 ans.
- *Ecole primaire.* Cinq ans (de 6 à 11 ans d'âge).

Enseignement secondaire

- *Premier cycle.* Quatre ans de collège (classes de sixième, de cinquième, de quatrième, de troisième)
- *Deuxième cycle.* Trois ans de lycée (classes de seconde, de première, de terminale). A la fin de la terminale, au mois de juin, les lycéens passent le bac (le baccalauréat), qui ouvre les portes à l'enseignement supérieur.

Enseignement supérieur

Les étudiants peuvent faire des études supérieures dans les universités, dans les IUT (Instituts universitaires de technologie), les STC (Sections de techniciens supérieurs), les écoles et instituts spécialisés, y compris les "grandes écoles," par exemple, ENA (Ecole nationale d'administration), HEC (Hautes études commerciales), ENS (Ecole normale supérieure), L'X (Ecole polytechnique), l'Institut des Sciences-Politiques, l'Ecole des Mines. Toutes les grandes écoles recrutent sur concours après généralement deux ans de classes préparatoires, alors que l'entrée à l'université est de droit pour les titulaires du baccalauréat.

B. L'intégration à l'école

Un des principaux défis du système de l'éducation publique en France est l'accommodation et l'intégration des élèves en difficulté. D'abord les enfants qui viennent de milieux socialement défavorisés, pour qui échouer à l'école est un prélude à d'autres difficultés tout au long de leur vie. Ensuite les enfants immigrés non francophones. Enfin les enfants handicapés qui ne peuvent pas aller dans des établissements scolaires réguliers parce qu'il n'y a pas d'enseignants spécialisés ou de lieux adaptés à leurs besoins.

C. Les filles réussissent mieux à l'école que les garçons

Les filles réussissent mieux leurs études dans presque toutes les matières (scientifiques, littéraires et économiques) et obtiennent un diplôme supérieur plus souvent que les garçons. Dès l'âge de 7 à 9 ans, leurs résultats scolaires sont meilleurs en français. Au lycée, elles ont les mêmes résultats en mathématiques que les garçons. Et leur taux de réussite au bac est supérieur à celui des garçons (88% contre 86%).

—D'après *Francoscopie* 2010

4

Le téléphone mobile

L'immense majorité des Français utilise un téléphone mobile aussi appelé téléphone portable. Les jeunes entre 18 et 24 ans sont beaucoup mieux équipés que les personnes de plus de 70 ans. Outre l'utilisation de leur mobile pour . . . téléphoner, les Français s'en servent pour envoyer des SMS ou des photographies. Les contenus multimédias jouent un rôle de plus en plus important, surtout chez les jeunes, qui envoient des vidéos ou écoutent de la musique.

L'arrivée des téléphones avec photo numérique intégrée, lecteur et enregistreur vidéo, lecteur de MP3, baladeur ou GPS a favorisé l'utilisation des téléphones mobiles. Les jeunes communiquent par SMS et Twitter parce que cela coûte moins cher et que c'est plus rapide d'écrire un texto ou un tweet qu'un courriel. Le texto crée un langage nouveau que les parents ont de la difficulté à comprendre. Quelques exemples: *kestudi* (qu'est-ce que tu dis?), MDR (mort de rire), *a2m1* (à demain), à+ (à plus tard), *Cpa5pa* (c'est pas sympa).

Si le téléphone mobile est devenu un objet banal pour les Français, son utilisation crée des tensions. Pour une grande majorité, appeler entre 18 et 20 heures du soir est considéré comme impoli. Un Français sur deux pense aussi qu'il n'est pas convenable de passer un appel dans un train ou un bus, et qu'il est normal de dire à quelqu'un qu'il parle trop fort en téléphonant. Enfin, les adultes trouvent que la déclaration d'amour et la rupture par SMS sont des pratiques inacceptables, alors que les jeunes les tolèrent plus facilement. Seuls 1% des Français jugent convenable de prendre un appel pendant un rapport sexuel.

—D'après *Francoscopie* 2010

5

Avertissement

> L'ABUS D'ALCOOL EST DANGEREUX POUR LA SANTÉ. CONSOMMEZ AVEC MODÉRATION.

D'après la loi, ce texte doit apparaître sur toutes les publicités pour des boissons alcoolisées.

6

De l'histoire

A. Je me méfie du fait que l'Histoire systématise, qu'elle est une interprétation personnelle qui ne s'avoue pas telle, ou au contraire qu'elle met agressivement en avant une théorie prise pour une vérité, qui est elle-même passagère. L'historien ne nous montre pas ses points de départ, soit individuel, soit idéologique, l'un camouflant l'autre. Il en a pourtant: c'est un bourgeois du XIXème siècle, ou c'est un militariste allemand, qui admire l'impéralisme romain, ou c'est un marxiste qui voit partout le communisme, ou l'absence de communisme, dans le passé. Il est dominé par des théories, quelquefois sans même s'en apercevoir.

—Marguerite Yourcenar et Matthieu Galey, *Les Yeux ouverts*

B. L'histoire est un roman qui a été, le roman est de l'histoire qui aurait pu être.

—Edmond et Jules de Goncourt, *Journal*

Les frères Goncourt, Edmond (1822–1896) et Jules (1830–1870), sont les auteurs de romans en collaboration. Aujourd'hui on lit surtout leur *Journal*, chronique de la vie artistique et mondaine de la deuxième moitié du XIXème siècle. Edmond de Goncourt est le fondateur de l'Académie Goncourt, qui depuis 1903 décerne chaque année un prix littéraire. (Le gagnant ne reçoit que 10 euros, mais son livre bénéficie d'un tirage et d'une distribution importants.)

C. L'histoire est une galerie de tableaux où il y a peu d'originaux et beaucoup de copies.

—Alexis de Tocqueville

Alexis de Tocqueville, né en 1805, est un historien, penseur politique et écrivain, célèbre pour ses analyses de la démocratie américaine et de la Révolution française. Il est envoyé aux Etats-Unis en 1831 et publie en 1835 *De la démocratie en Amérique,* ouvrage régulièrement cité aujourd'hui par les politiques et dans les cours d'histoire américaine. Il est élu à l'Académie française en 1841. En 1859 il succombe à la tuberculose, dont il souffrait depuis longtemps.

D. Le bon historien n'est d'aucun temps ni d'aucun pays; quoiqu'il aime sa patrie, il ne la flatte jamais en rien.

—Fénelon

François de Salignac de la Mothe-Fénelon (1651–1715), homme d'église, théologien et écrivain, a occupé une position influente à la cour du roi Louis XIV. Nommé tuteur d'un des petits-fils du roi, Fénelon écrit pour son élève royal un roman de voyages, *Les Aventures de Télémaque*, qui contient une critique incisive de la doctrine du droit divin des rois. Fénelon est banni de la cour royale; *Télémaque*, publié en 1699, devient l'un des ouvrages les plus populaires du XVIIIème siècle.

E. Les historiens arrivent à tirer plusieurs volumes d'un personnage dont on ne sait pas grand-chose. C'est une manière de contempler l'univers dans une bulle de savon.

—Prosper Mérimée

Prosper Mérimée a mené trois carrières parallèles: historien, écrivain et archéologue. Il est né à Paris en 1803. Il sait l'arabe, l'anglais, le russe et le grec. Il aime l'exotisme et le mysticisme (il est influencé par la fiction historique de Walter Scott). Son ouvrage le plus connu est une nouvelle, *Carmen*, qui est publiée en 1847 et a inspiré l'opéra du même nom de Georges Bizet (1875). Mérimée a été élu à l'Académie française en 1844. Il est mort à Cannes en 1870.

F. L'Histoire a un goût de carton. Tous ces rois qui se suivent comme dans un jeu de piquet. Les dates ressemblent aux étiquettes de l'épicier. Et combien de bouteilles vides dans la cave de tous ces gens-là! L'Histoire? Des aventures de statues! Tout le monde sait bien que ça n'a presque pas existé, toutes ces histoires de l'Histoire.

—Norge, *Les Cerveaux brûlés*

7

Rengaine

un éléphant   sa trompe

Un éléphant, ça trompe, ça trompe.
Un éléphant, ça trompe énormément.

—Marie-Laure

8

Fable

A. Le Corbeau et le renard (d'après Marie-Laure Belleau)

1. **Mme Belleau:** Tu sais ta fable?
Marie-Laure: Ouais!
Mme Belleau: Voyons!
Marie-Laure: Euh . . . eh bien . . . il y a le corbeau qui est sur un arbre, et il tient un gros fromage. Le renard arrive, parce qu'il a senti le fromage. Il s'approche et il dit au corbeau qu'il est très chouette, très beau, bien habillé et tout ça. (Mais c'est de la flatterie; parce que ce n'est pas vrai: les corbeaux ne sont pas beaux, ce sont plutôt de vilains oiseaux.) Il lui dit que si sa voix est aussi belle que son apparence, c'est lui, le roi de cette forêt. (C'était un truc pour avoir le fromage, parce que les renards, ça aime le fromage et c'est très malin. . . .)

2. Alors, le truc du renard marche: le corbeau veut montrer qu'il a une très belle voix, il ouvre la bouche pour chanter, et, en ouvrant la bouche, il laisse tomber son fromage et le renard l'attrape. Mais il ne le mange pas tout de suite. Avant de le manger, il fait un discours au corbeau. C'est la morale. (Parce que dans les fables il y a toujours une morale.) Il dit au corbeau: Monsieur le Corbeau, il faut savoir que les flatteurs malins, comme moi, profitent de la stupidité des gens comme vous qui aiment qu'on les flatte. Voilà!

3. **Mme Belleau:** Oui. Eh bien, ce n'est pas du tout ça!

Marie-Laure: Comment ce n'est pas ça? Mais si, c'est exactement ça! On l'a discuté en classe! C'est exactement comme ça!

Mme Belleau: Non! Enfin . . . tu as compris l'idée générale, mais ce n'est pas le texte de La Fontaine. Allez! Prends ton livre et apprends-moi ce texte! Par cœur! Et tout de suite!

Marie-Laure: Oh, là, là! On ne peut jamais être tranquille!

B. Le Corbeau et le renard, de Mme Belleau, Marie-Laure Belleau, et Jean de la Fontaine

1. **Mme Belleau:** Tu sais ta fable?

Marie-Laure: Ouais!

Mme Belleau: Voyons!

Marie-Laure: "Monsieur Corbeau . . ."

Mme Belleau: Non! "*Maître Corbeau* . . ."

Marie-Laure: Bon! "Maître Corbeau, monté sur son arbre. . . ."

Mme Belleau: Non! Ce n'est pas ça! Qu'est-ce qu'ils font les oiseaux sur les arbres? Ils sont assis? . . . Debout?

Marie-Laure: Ils se perchent?

Mme Belleau: Ben, oui, évidemment! Allez. . . . "Maître Corbeau sur son arbre *perché*. . . ."

Marie-Laure: "Avait dans la bouche un fromage. . . ."

2. **Mme Belleau:** Mais non! D'abord, les oiseaux n'ont pas de bouche, ils ont un bec, bécasse! Et puis ce n'est pas *avait*, c'est *tenait*! "*Tenait* en son *bec* un fromage."

Marie-Laure: "Monsieur Renard. . . ."

Mme Belleau: "*Maître Renard*. . . ."

Marie-Laure: Oui!!! "Maître Renard attiré par l'odeur. . . ."

Mme Belleau: Non! "par l'odeur *alléché*. . . ."

Marie-Laure: "Par l'odeur alléché, lui tient ce langage. . . ."

Mme Belleau: Non! ". . . lui *tint* . . ." C'est le passé, le passé simple.

Marie-Laure: Oui . . . eh ben, c'est simple!! "par l'odeur alléché, lui tint à peu près ce langage: Eh, bonjour, Monsieur du Corbeau, que vous êtes joli! Que vous me semblez beau! Sans mentir, si votre . . . votre . . . chant. . . ."

3. **Mme Belleau:** Non!

Marie-Laure: "Votre . . . voix. . . ."

Mme Belleau: Non!! Comment est-ce qu'on appelle le chant des oiseaux?

Marie-Laure: Le cuicui . . . le gazouillis. . . .

Mme Belleau: Le *ramage*! Allez! "Si votre ramage. . . ."

Marie-Laure: "Ressemble. . . ."

Mme Belleau: Non! Pas "ressemble": "se rapporte"!

Marie-Laure: "Si votre ramage se rapporte à votre . . . votre. . . ." Je ne sais plus!

Mme Belleau: Qu'est-ce qu'ils ont, les oiseaux? Des poils? Des cheveux?

Marie-Laure: Ben, non, des plumes! "Si vos plumes . . ."

Mme Belleau: "Si votre *ramage* se rapporte à votre *plumage* . . ." Ça rime!

4. **Marie-Laure:** "Vous êtes le roi . . ."

Mme Belleau: Non!

Marie-Laure: "Le champion . . ."

Mme Belleau: Non! "le *phénix* . . ."

Marie-Laure: " . . . des gens qui habitent dans ces forêts. . . ."

Mme Belleau: "Vous êtes le phénix des *hôtes* de *ces bois*!"

Marie-Laure: "A ces mots, le corbeau est transporté de joie . . ."

Mme Belleau: ". . . le corbeau *ne se sent pas* de joie . . ."

Marie-Laure: "Il ouvre un large bec et laisse tomber son brie."

5. **Mme Belleau:** Non! "sa proie"!

Marie-Laure: "Le renard le prend."

Mme Belleau: Non!! "Le renard *s'en saisit* et dit: . . ."

Marie-Laure: "Mon bon Monsieur, apprenez que tout flatteur vit aux dépens de celui qui l'écoute. La leçon vaut bien un fromage, sans doute!"

Mme Belleau: Ce n'est pas fini!

Marie-Laure: Ah, oui! "Le corbeau jura, mais un peu tard, qu'on ne l'attraperait plus, avec ce truc!"

Mme Belleau: "Qu'on ne l'y *prendrait plus*"! Point! C'est fini.

Marie-Laure: Eh bien, c'est pas trop tôt! Je peux regarder la télé, maintenant, oui?

C. Le Corbeau et le renard

Maître corbeau, sur un arbre perché,
Tenait en son bec un fromage,
Maître renard, par l'odeur alléché,
Lui tint à peu près ce langage:
Hé! bonjour, monsieur du corbeau!
Que vous êtes joli, que vous me semblez beau!
Sans mentir, si votre ramage
Se rapporte à votre plumage,
Vous êtes le phénix des hôtes de ces bois.
A ces mots le corbeau ne se sent plus de joie;
Et, pour montrer sa belle voix,
Il ouvre un large bec, laisse tomber sa proie.
Le renard s'en saisit et dit: Mon bon monsieur,
Apprenez que tout flatteur
Vit aux dépens de celui qui l'écoute:
Cette leçon vaut bien un fromage, sans doute.
Le corbeau, honteux et confus,
Jura, mais un peu tard, qu'on ne l'y prendrait plus.

—Jean de la Fontaine, *Fables de La Fontaine,*
illustrées par Simonne Baudouin

Jean de la Fontaine (1621–1695) est sans doute l'écrivain que les petits Français connaissent le mieux, parce qu'ils apprennent tous à réciter par cœur des fables de La Fontaine dès les petites classes. Ces fables, souvent inspirées des fables latines d'Esope ou de celles du Grec Phèdre, mettent en scène des animaux qui se conduisent et parlent comme des gens de la bonne société du XVIIème siècle. Elles contiennent toutes une "morale," qui ne se propose pas de prêcher ce qu'on devrait faire, mais plutôt de montrer ce qui se fait dans la société . . . et qui n'est pas toujours moral. Dans "Le Loup et l'agneau," par exemple, nous apprenons que la loi du plus fort est toujours la meilleure.

On fait apprendre ces fables aux enfants, mais ce n'est certainement pas pour eux que La Fontaine les écrivait. Il est aussi l'auteur de *Contes et nouvelles en vers* qui sont encore moins pour les enfants, mais on l'appelle souvent "le bon La Fontaine," ou "le fabuliste," à cause de ses fables.

9

🎧

Les Bonbons

Je vous ai apporté des bonbons
Parce que les fleurs, c'est périssable
Puis les bonbons c'est tellement bon
Bien que les fleurs soient plus présentables
Surtout quand elles sont en bouton
Je vous ai apporté des bonbons.

J'espère qu'on pourra se promener
Que Madame votre mère ne dira rien
On ira voir passer les trains
A huit heures, moi je vous ramènerai
Quel beau dimanche, allez!, pour la saison
Je vous ai apporté des bonbons.

Si vous saviez ce que je suis fier
De vous voir pendue à mon bras
Les gens me regardent de travers
Il y en a même qui rient derrière moi
Le monde est plein de polissons
Je vous ai apporté des bonbons.

Oh oui, Germaine est moins bien que vous
Oh oui, Germaine elle est moins belle
C'est vrai que Germaine a des cheveux roux
C'est vrai que Germaine, elle est cruelle
Ça, vous avez mille fois raison!
Je vous ai apporté des bonbons.

Et nous voilà sur la grand-place
Sur le kiosque on joue Mozart
Mais, dites-moi que c'est par hasard
Qu'il y a là votre ami Léon
Si vous voulez que je cède la place
J'avais apporté des bonbons.

Mais bonjour, Mademoiselle Germaine!
Je vous ai apporté des bonbons
Parce que les fleurs, c'est périssable
Puis les bonbons c'est tellement bon
Bien que les fleurs soient plus présentables . . .

—Jacques Brel

Jacques Brel est né en 1929 près de Bruxelles (Belgique). Adolescent, il aime la musique classique et compose des mélodies sur sa guitare. En 1953 il se rend à Paris pour tenter une carrière de chanteur. Il a son premier grand succès en 1956 avec la chanson "Quand on n'a que l'amour." Son second disque reçoit un grand prix en 1957, et c'est la célébrité. En 1966 il décide d'abandonner la chanson pour se consacrer au cinéma comme acteur et cinéaste. (En 1968 sort une comédie musicale américaine basée sur ses chansons, *Jacques Brel Is Alive and Well and Living in Paris*; elle est jouée dans le monde entier.) Il est mort d'un cancer du poumon en 1978.

TEXTE

1

Paris, le jardin du Luxembourg, la Closerie des Lilas. Deux jeunes gens, une jeune fille et un jeune homme, parlent de leurs études.

Mireille: Il est beau, il est beau, mais il est beau! Vous ne pouvez pas vous imaginer comme il est beau!

Robert: Qui ça?

Mireille: Mais le prof d'art grec! Il a la tête du Moïse de Michel-Ange, je vous jure!

Robert: Ah, ouais? Il est si vieux que ça?

Robert prend son verre un peu brusquement. . . . Catastrophe! Un peu de kir tombe sur la jupe de Mireille. Le garçon se précipite.

Le garçon: Permettez. . . . Un peu d'eau, ça va partir tout de suite.
Mireille lui dit de ne pas se déranger.

Mireille: Oh, laissez, ça n'a pas d'importance. Ce n'est pas grave! Ce n'est rien! C'est une vieille jupe; je ne la mets presque jamais.

Le garçon: Voilà, voilà, c'est parti. . . .

2

Robert: Alors, si je comprends bien, vous aimez bien vos études à la fac?

Mireille: Oui! Vous savez, après le lycée. . . . Au lycée, on n'a pas une minute à soi, on n'est jamais tranquille; on n'est pas libre: il y a toujours quelque chose à faire. C'est les travaux forcés! A la fac, c'est plus relaxe. On travaille, on travaille beaucoup si on veut, mais on n'est pas forcé. . . . On fait ce qu'on veut. Au lycée, je n'avais jamais le temps de lire pour moi, pour mon plaisir. Maintenant, je peux prendre le temps de lire. Tenez, justement, ces jours-ci, je lisais Hemingway!

1. *Moïse*

Le **Moïse** de Michel-Ange.

1. *jurer*

—Si, si, c'est vrai, je vous assure! Je vous **jure** que c'est vrai!
Au tribunal: "Je **jure** de dire la vérité, toute la vérité, rien que la vérité."

1. *se précipiter*

Le garçon **se précipite**. Il arrive très vite.

1. *(se) déranger*

Le garçon vient aider Mireille. Il **se dérange**.

Mireille: Oh, ne **vous dérangez** pas, ce n'est pas grave!

Marie-Laure: Je **te dérange**?
Mireille: Oui! Tu m'agaces!

Mireille: Allô, Maman! Dis, ça te **dérange** si je ne mange pas à la maison aujourd'hui?
Mme Belleau: Non, au contraire, ça m'**arrange**: justement, j'avais envie d'aller manger à la Closerie avec ta marraine.

3

Le garçon: Ah, Hemingway. . . . Il se mettait toujours là où vous êtes, Mademoiselle.

Mireille: Ah oui? Vraiment?

Le garçon: Oui, Mademoiselle; à cette même table.

Mireille: Pas possible? C'est vrai?

Le garçon: Oui, Mademoiselle. Ah, quel homme!

Mireille: Vous l'avez connu?

Le garçon: Non, Mademoiselle, je suis trop jeune! . . . Il n'y a qu'un an que je suis à la Closerie. Mais on me l'a dit, Mademoiselle . . . des gens qui l'ont connu. . . . Quel écrivain! Quel talent!

Mireille: Vous l'avez lu?

Le garçon: Non, Mademoiselle, je n'ai pas le temps! Vous savez ce que c'est . . . le travail, la famille, le jardin. . . . Je ne connais pas son œuvre, mais j'en ai entendu parler. Il paraît qu'il buvait beaucoup . . . mais c'était un écrivain de génie!

Robert: Eh bien, moi, je ne suis pas écrivain, et je n'ai pas de génie, mais je crois que je vais quand même boire. . . .

Le garçon: La même chose?

Robert: S'il vous plaît!

4

Mireille: Et vous êtes étudiant?

Robert: Oui. . . . Non. . . . Enfin, je l'étais. . . . Je suppose que je suis toujours étudiant, mais en ce moment, je n'étudie pas. Je viens de quitter l'université après deux années d'études. J'ai décidé de me mettre en congé pour un an.

1. mettre

Aujourd'hui, Mireille **a mis** sa jupe rouge. (Elle dit qu'elle ne la **met** presque jamais; en fait, elle la **met** presque tous les jours!)

2. travaux forcés

Les **travaux forcés**.

3. se mettre

Ce monsieur mange toujours au restaurant. C'est un habitué. Il **se met** toujours à cette table.

3. écrivain, œuvre

Un **écrivain**. Il écrit une **œuvre** importante.

Gertrude Stein, Ernest Hemingway, Victor Hugo, Marcel Proust, Thomas Mann, Simone de Beauvoir sont des **écrivains**. Ils ont écrit des **œuvres** importantes.

3. Il paraît que . . .

Il paraît qu'Hemingway buvait beaucoup (de whisky); on dit qu'il buvait beaucoup.

4. quitter

Il **quitte** l'université. Il part. Il s'en va. Il prend des vacances. Il se met en congé.

4. congé

Il ne travaille pas aujourd'hui. Il est en **congé**.

—M. Belleau est en **congé** en ce moment.
—En **congé** de maladie?
—Non, c'est son **congé** annuel. Il a cinq semaines de **congé** par an.

Mireille: Tiens! Vous vous êtes mis en congé? Vous prenez un an de vacances, comme ça? Comme c'est commode! Quelle bonne idée! Pourquoi est-ce que je n'ai pas pensé à ça? . . . Mais pourquoi est-ce que vous vous êtes mis en congé?

Robert: Pour me trouver.

Mireille: Pour vous trouver? Pauvre petit! Vous étiez perdu?

Robert: Vous vous moquez de moi!

Mireille: Moi? Jamais! Je ne me moque jamais de personne! . . . Mais qu'est-ce que vous voulez dire quand vous dites: "Je veux me trouver"?

Robert: Eh bien, je veux réfléchir, je veux faire le point, je veux voir où j'en suis. Je veux découvrir ce que je veux vraiment faire, savoir si je veux continuer ou faire autre chose.

5

Mireille: Je vois. . . . En somme, vous en aviez assez, vous n'aimiez pas les études!

Robert: Mais non, ce n'est pas ça du tout, non! Mais je trouve qu'on nous enseigne trop de choses inutiles; je trouve que l'enseignement est beaucoup trop autoritaire, beaucoup trop dirigiste. Je trouve que l'enseignement n'est pas adapté à la vie moderne.

Mireille: Rien que ça? C'est tout? . . . Mais, dites-moi, est-ce que vous étiez bon élève?

Robert: Ah, oui! Pas mauvais du tout; très bon, même. J'ai toujours été un bon élève. J'ai toujours eu de bonnes notes. J'ai toujours réussi à tous mes examens. Je n'ai jamais raté aucun examen. Jamais. Je suis ce qu'on appelle doué; mes profs disaient même que j'étais surdoué. . . . J'ai appris à lire presque tout seul.

Mireille: Sans blague! Et à écrire aussi? Vous avez appris à écrire tout seul?

Robert: Oui, et j'ai toujours été un des meilleurs élèves de ma classe.

Mireille: Et vous avez eu aussi le prix de modestie?

Robert: Voilà encore que vous vous moquez de moi!

Mireille: Moi? Pas du tout! Jamais de la vie! Non, je comprends très bien. Vous dites les choses comme elles sont, tout simplement!

---

4. commode

—Pour aller à la fac, j'ai un bus très **commode**: il s'arrête juste devant chez moi. C'est pratique! C'est **commode**! C'est facile!

4. perdu

Il est **perdu**. Il ne sait pas où il est.

4. réfléchir

Il **réfléchit**. Il pense.

Il faut **réfléchir**. C'est une question délicate qui demande de la **réflexion**.

4. faire le point

Quand on est sur un bateau, il faut **faire le point** tous les jours à midi pour déterminer la longitude et la latitude. Si on ne **fait** pas **le point** tous les jours, on part pour New-York et, deux mois plus tard, on se retrouve à Hong Kong ou à Valparaiso!

5. en avoir assez

—**J'en ai assez**, je m'arrête!
—Marie-Laure, ça fait une heure que tu m'embêtes! **J'en ai assez**! Ça suffit comme ça!
Robert **en a eu assez** de ses études, alors il a quitté l'université.

5. *rien que ça*

—Pour mon anniversaire, je veux une montre, une paire de skis Rossignol, une caméra vidéo, une Harley-Davidson, une voiture de sport, et un voyage aux Bermudes.
—**Rien que ça**? C'est tout?

5. *note, noter*

En France, à l'école primaire, on **note** en général sur 10. 9/10, c'est une bonne **note**. 2/10, c'est une mauvaise **note**.

A l'école secondaire, on **note** sur 20. 16/20, c'est une bonne **note**. 4/20, c'est une mauvaise **note**.

5. *doué*

Mozart était **doué** pour la musique.
Léonard de Vinci était **doué** pour tout . . . enfin, presque tout.
—C'est simple! Tu ne comprends pas? Eh bien, tu n'es pas **doué**!

5. *meilleur, le meilleur*

En peinture, Mireille était **meilleure** que Stéphane, Loïc, Elodie, Laurence, et les autres. En fait, c'était elle **la meilleure** de la classe (à la maternelle).

5. *prix, modestie*

Robert a eu beaucoup de **prix** à l'école. Il a eu le **prix** de mathématiques, le **prix** de physique, le **prix** d'histoire . . . mais peut-être pas le **prix** de **modestie**!

C'est dur d'être **modeste**!

MISE EN ŒUVRE

Ecoutez la mise en œuvre du texte et répondez aux questions suivantes.

1. Qu'est-ce qui se passe quand Robert prend son verre?
2. Que dit Mireille de cette jupe?
3. A quoi est-ce que ça ressemble, le lycée, d'après Mireille?
4. Et à la fac, est-ce qu'on est forcé de travailler?
5. Qu'est-ce que Mireille n'avait pas le temps de faire, quand elle était au lycée?
6. Est-ce que le garçon a connu Hemingway?
7. Est-ce que le garçon a lu des œuvres d'Hemingway?
8. Comment est-ce qu'il connaît l'œuvre d'Hemingway?
9. Que faisait Hemingway, à la Closerie des Lilas?
10. Qu'est-ce que Robert veut faire, lui aussi?
11. Est-ce que Robert est étudiant?
12. Qu'est-ce qu'il vient de faire?
13. Comment a-t-il pu faire ça?
14. Qu'est-ce que Mireille pense de cette idée?
15. Mais pourquoi est-ce que Robert s'est mis en congé?
16. Est-ce que Mireille admet qu'elle se moque de Robert?
17. Qu'est-ce que Robert veut dire par "se trouver"?
18. Est-ce qu'il trouve que ce qu'on enseigne est utile?
19. Est-ce qu'il pense que l'enseignement est assez libéral?
20. Trouve-t-il cet enseignement bien adapté?
21. Qu'est-ce qui prouve que Robert était bon élève?
22. Est-ce qu'il a quelquefois raté des examens?
23. Est-ce qu'il a eu des difficultés à apprendre à lire?
24. Comment Mireille se moque-t-elle de lui?

MISE EN QUESTION

1. Quand Mireille s'exclame "Ah, il est beau, il est beau! . . . ," pourquoi Robert demande-t-il "Qui ça?"? Est-ce qu'il n'a vraiment pas compris de qui Mireille parle, ou est-ce qu'il fait semblant de n'avoir pas compris? Pourquoi?

2. Qui est Moïse? Un acteur de cinéma? Un homme politique français? Un prophète de l'Ancien Testament?

3. Qui est Michel-Ange? Un cinéaste, un sculpteur, un peintre, un coiffeur?

4. Comment Robert profite-t-il de la comparaison avec le Moïse de Michel-Ange pour dénigrer le professeur d'art grec de Mireille? Qu'est-ce qu'il suggère? Quelle supériorité Robert peut-il avoir sur ce professeur? Est-ce que la jeunesse est une supériorité, ou est-ce qu'il vaut mieux être vieux, d'après vous? Pourquoi?

5. Pourquoi Robert a-t-il renversé une partie de son kir sur la jupe de Mireille? Est-ce qu'il l'a fait exprès, est-ce que c'était intentionnel, ou est-ce que c'est un simple accident? Est-ce que c'est une maladresse? Est-ce qu'il est naturellement maladroit ou bien est-ce que c'est un mouvement d'humeur involontaire?

6. Pourquoi Mireille dit-elle qu'elle ne met jamais cette jupe? Est-ce que c'est vrai? Ou bien dit-elle ça par politesse, pour minimiser l'importance de la maladresse de Robert?

7. Mireille a l'air de dire qu'on travaille plus à l'école secondaire qu'à l'université. Dites ce que vous en pensez d'après votre expérience personnelle.

8. Pourquoi Mireille cite-t-elle le nom d'Hemingway? Qui est Hemingway? Pensez-vous que Mireille le lisait vraiment, il y a quelques jours?

9. Pourquoi le garçon dit-il qu'Hemingway se mettait toujours là où sont Robert et Mireille? Est-ce que vous pensez que c'est vrai, qu'il se mettait vraiment, précisément, là, et pas ailleurs?

10. Quand Hemingway vivait-il? Quand était-il à Paris? Quel âge pensez-vous que le garçon peut avoir? Est-ce que le garçon peut avoir connu des personnes qui ont connu Hemingway?

11. Pourquoi le garçon n'a-t-il jamais lu Hemingway?

12. Comment le garçon a-t-il l'air de pardonner à Hemingway d'avoir beaucoup bu? Quelle excuse lui trouve-t-il? Est-ce que Robert a la même excuse?

13. Quand Mireille dit qu'elle ne se moque pas de Robert parce qu'elle ne se moque jamais de personne, est-ce qu'elle parle sérieusement ou est-ce que c'est encore une façon de plaisanter?

14. Comment Mireille se moque-t-elle encore de Robert quand il explique pourquoi il a quitté l'université et quand il critique l'enseignement? Quelle interprétation donne-t-elle de l'attitude de Robert?

15. Comment Robert se montre-t-il maladroit en essayant de se défendre contre les insinuations moqueuses de Mireille? Qu'est-ce qu'il essaie de prouver? Que dit-il de lui-même? Quel est le résultat de cette maladresse? Comment Mireille réagit-elle?

16. A votre avis, qu'est-ce que Mireille pense de Robert, à ce point-là? Qu'il est stupide, vaniteux, puant, persuadé de sa supériorité, ou, au contraire, peu sûr de lui, anxieux d'attirer l'attention, désireux d'être admiré, maladroit, mais, au fond, touchant et plutôt sympathique?

Journal de Marie-Laure

LE 11 SEPTEMBRE 2001

Le 11 septembre, 2 heures du matin

J'arrive pas à dormir cette nuit. J'essaie de lire un bouquin, mais ça ne marche pas. Je ne peux quand même pas compter des moutons comme quand j'étais petite ! Aujourd'hui, en rentrant à la maison vers 19h30, j'ai allumé la télé parce que j'avais entendu dire qu'il venait d'y avoir une catastrophe à New York, et j'ai vu des choses horribles, abominables.

On voyait en boucle une des tours du World Trade Center en flammes, avec d'immenses nuages de fumée noire, des choses qui volaient partout en l'air... Puis on voyait un avion qui s'approchait de l'autre tour et qui la percutait de plein fouet. Il y a eu alors une gigantesque explosion ; le milieu de la tour était en feu, des papiers volaient, des objets tombaient... des objets et aussi des gens. Abominable ! Insoutenable ! Puis les tours se sont effondrées l'une après l'autre. Les gens hurlaient ; ils couraient dans tous les sens. On entendait les sirènes des camions de pompiers. Il y avait des policiers partout. On aurait dit un film-catastrophe.... Mais non, ce n'était pas un film. C'était bien la réalité, tout ce qu'il y a de plus vrai ...

J'étais effondrée. Je me suis mise à pleurer tellement c'était horrible. Je suis restée scotchée à la télé jusque très tard dans la soirée.

C'est un attentat monstrueux. On dit que des terroristes, des membres d'Al-Qaida, ont pris des avions de passagers à l'aéroport de Boston et Newark et les ont pilotés jusqu'à New York pour les faire s'écraser, exprès, contre les tours. C'est absolument affreux. Evidemment, tous les passagers des avions, et les pilotes, bien sûr, sont morts sur le coup et sans doute les milliers de gens qui travaillaient dans les tours. Et il y a tous ces pauvres pompiers, policiers et autres secouristes qui ont perdu la vie en se sacrifiant.

C'est un acte horrible et difficile à comprendre. C'est incroyable, impensable ! Mais, malheureusement, c'est bien vrai : je l'ai vu !

Le 12 septembre

Ce matin je suis allée acheter mon journal au kiosque du coin. J'ai eu le dernier exemplaire du Monde. Il ne restait plus aucun autre journal ; tout avait été vendu. Tout le monde s'est précipité sur les journaux pour essayer de comprendre ce qui s'était passé. Rentrée chez moi j'ai tout de suite lu tous les articles sur le désastre de New York. C'est effroyable. On se sent aussi catastrophé que si on avait été là. On se sent solidaire. J'ai beaucoup apprécié l'éditorial de Jean-Marie Colombani : « Nous sommes tous Américains. »

bdgomme 9ème anniversaire du 11 septembre & personne ne semble plus y penser. C'est ça, la condition humaine ? Oublier tout ? #philodecomptoir
11-sept-2010

DOCUMENTS

1

La Closerie des Lilas

La Closerie des Lilas

RESTAURANT BRASSERIE PIANO BAR
171 BD DU MONTPARNASSE 75006 PARIS   TEL 01 40 51 34 50

Menu à 85 Euros

Kir Royal au Crémant de Loire

Amuse bouche

Saumon fumé parfumé au gingembre, salade de jeunes pousses

Filet de Daurade Royale, sauce à l'anis, tian de légumes

Brie de Meaux petite salade

Royal au chocolat, griottines aux kirsch

Café
Mignardises

Vins (1/2 Bouteille par personne)

Sélection du Sommelier
Eau minérale

Au menu . . .

La Closerie des Lilas.

Le menu.

2

Boire dans son verre

Mon verre n'est pas grand, mais je bois dans mon verre.

—Alfred de Musset, *La Coupe et les lèvres*

Alfred de Musset (1810–1857), poète, dramaturge et romancier, est considéré comme un des grands écrivains romantiques français. Ses œuvres les plus connues sont un drame, *Lorenzaccio*, et un roman autobiographique, *La Confession d'un enfant du siècle*, qui, comme sa poésie lyrique, reflètent sa liaison tumultueuse avec la romancière George Sand. Il est élu a l'Académie française en 1852.

Mon verre est petit, mais je ne veux pas que vous
buviez dedans.

—Jules Renard, *Journal*

3

Le Pélican

Le capitaine Jonathan,
Etant âgé de dix-huit ans,
Capture un jour un pélican
Dans une île d'Extrême-Orient.

Le pélican de Jonathan,
Au matin, pond un œuf tout blanc
Et il en sort un pélican
Lui ressemblant étonnamment.

Et ce deuxième pélican
Pond, à son tour, un œuf tout blanc
D'où sort, inévitablement,
Un autre qui en fait autant.

Cela peut durer pendant très longtemps
Si l'on ne fait pas d'omelette avant.

—Robert Desnos

Robert Desnos est né en
1900 à Paris. Attiré par la
poésie moderniste, il se lie
en 1922 avec les écrivains
surréalistes. Pendant la
Seconde Guerre mondiale il
est actif dans la résistance;
arrêté et déporté en
1944, il meurt en 1945 au
camp de Theresienstadt
(Tchécoslovaquie), épuisé par la privation et malade
du typhus, un mois après la libération du camp par les
troupes russes. "Le Pélican" vient du recueil *Chantefables
et chantefleurs,* de courts poèmes qui caractérisent,
souvent de façon amusante, les animaux et les fleurs.

4

La Cane de Jeanne

La cane de Jeanne
Est morte au gui, l'an neuf
Elle avait fait la veille
Merveille
Un œuf.

La cane de Jeanne
Est morte d'avoir fait
Du moins on le présume
Un rhume
Mauvais.

La cane de Jeanne
Est morte sur son œuf
Et dans son beau costume
De plumes
Tout neuf

La cane de Jeanne
Ne laissant pas de veuf
C'est nous autres qui eûmes
Les plumes
Et l'œuf.

Tous, toutes, sans doute
Garderont longtemps
Le souvenir de la cane
De Jeanne.
Morbleu!

—Georges Brassens

5

Les Français lisent-ils ?

Les Français lisent peu de livres . . .

Les Français lisent moins qu'il y a vingt ans et
regardent de plus en plus la télévision.

Ils semble que l'émergence du livre électronique
pourrait réduire cette tendance à la baisse du taux de
lecture.

Les femmes et les jeunes sont ceux qui lisent le plus.
Les femmes arrivent largement en tête: 42% d'entre
elles lisent plus de six livres par an, surtout des romans, contre 26% pour les hommes. Les jeunes lisent
autant que les plus âgés; la plupart lisent des bandes
dessinées et des livres pour la jeunesse.

Quant au choix du livre, c'est d'abord le sujet de l'ouvrage qui est déterminant, puis, dans une moindre mesure, l'auteur.

. . . mais beaucoup de journaux.
Les Français sont davantage lecteurs de magazines que de quotidiens, en partie parce que les journaux sont chers. Parmi la population adulte, 97% lisent au moins un magazine a cours de sa période de parution (hebdomadaire, bi-mensuel, mensuel . . .). Chaque mois près des deux tiers lisent au moins un magazine qu'eux-mêmes ont acheté, et un individu sur deux lit un magazine auquel il est abonné.

—D'après *Francoscopie* 2010

6

Que lisent les Français?

- Un livre sur quatre achetés est un roman.
- Les femmes sont plus fréquemment inscrites que les hommes dans les bibliothèques, ou adhèrent à un club de lecture.
- Des essais sur des gens connus et des célébrités constituent 5% des livres vendus.
- Au cours des douze derniers mois, 88% des Français ont acheté au moins 1 livre, contre 75% pour un DVD, 69% pour un CD, et 34% pour un jeu vidéo.
- La dépense moyenne annuelle des Français, 100€ par personne, est comparable à celle du Royaume-Uni et de la Suède, mais inférieure à celle de l'Allemagne et de la Belgique, les pays les plus consommateurs de livres de l'Union Européenne.
- Parmi les ouvrages en traduction, l'immense majorité sont traduits de l'anglais (61%), loin devant le japonais (8%), l'allemand (7%), l'italien (5%) et l'espagnol (3%).
- Plus de 200 titres sont publiés par jour en France.

—D'après *Francoscopie* 2010

7

Lycéen de jour, travailleur de nuit

D'après un article publié dans *Le Monde*, un nombre de plus en plus grand de lycéens travaillent. Les lycéens qui travaillent viennent en général de familles très modestes, et sont inscrits dans des lycées professionnels ou techniques. Ils arrivent souvent en classe de seconde vers seize ans et finissent leur terminale à vingt ou vingt-et-un ou vingt-deux ans. Légalement, ils peuvent travailler. Ils travaillent parce qu'ils ont des besoins de jeunes adultes que leurs parents ne peuvent pas financer.

Ismaïl Bouguessa, dix-neuf ans, étudiant au Lycée professionnel Marc Séguin à Vénissieux, dans la banlieue de Lyon, travaille depuis l'âge de quatorze ans et demi. Il a commencé par faire les marchés, de sept heures à treize heures, les week-ends, pour 40€ la journée. Aujourd'hui majeur, il travaille pour une entreprise.

"Je travaille surtout le soir, de 19 heures à 1 heure du matin," dit-il. La fatigue? "C'est une question d'habitude." Le travail scolaire? "On n'a pas beaucoup de devoirs." Il travaille environ vingt-cinq heures par semaine pour 240€. "J'en donne une partie à mes parents," dit-il. Sa mère fait des ménages et son père est au chômage. "Je paie mes sorties, mes vêtements, mes repas. Je mets de l'argent de côté pour passer mon permis de conduire."

Même s'ils disent le contraire, le travail que font les étudiants influence leur scolarité. "On perd des élèves," déplore Geneviève Khol, conseillère principale d'éducation du lycée. "Ils s'absentent et finissent par abandonner. Le problème du travail des lycéens est ignoré par l'institution." "Nous essayons de convaincre ces jeunes de venir régulièrement en classe," explique Bernard Riban, le proviseur. "Mais c'est parfois peine perdue. Certaines familles sont en situation de grande précarité."

Une étude commandée par l'Union nationale lycéenne révèle que 18% ont déjà exercé ou exercent une activité rémunérée depuis qu'ils sont lycéens, en dehors des vacances d'été. Les activités se répartissent entre le baby-sitting, le commerce, la vente et la distribution, l'hôtellerie et la restauration, l'accueil, l'industrie, etc. La grande majorité déclarent qu'ils travaillent pour "se faire de l'argent de poche et s'offrir ce dont ils ont envie." Seuls 18% disent "en avoir besoin pour vivre" ou "pour avoir de l'expérience et se former à leur futur métier"; 4% travaillent parce que leurs parents "les y ont incités."

Sur le terrain, les proviseurs gèrent tant bien que mal la situation. "C'est un gros problème," témoigne Jacques Boyadjian, proviseur au Lycée professionnel Hélène Boucher à Tremblay-en-France, au nord-est de Paris. "Cela perturbe le travail scolaire. Mais certains ne feraient pas d'études du tout s'ils ne travaillaient pas."

Scolarisée au lycée Hélène Boucher, Corinne travaille tous les soirs dans une pizzeria de 19 heures à 22h 30 ou 23 heures. Elle travaille pour aider sa famille: elle a neuf frères et sœurs, son père est technicien, sa mère sans emploi. Elle fait ses devoirs en revenant de la pizzeria et la jeune fille réussit à avoir de bonnes notes.

—Adapté du *Monde*, article de Martine Laronche

Le Monde est un des journaux quotidiens les plus connus en France. Il paraît depuis 1944.

Lycée Marc Séguin, Lycée Hélène Boucher. Des deux lycées professionnels nommés dans l'article, l'un porte le nom d'un ingénieur et l'autre, d'une aviatrice.

Marc Séguin (1786–1875) a fait construire les premières locomotives françaises et perfectionné le système des ponts suspendus à câbles métalliques.

Hélène Boucher (voir la leçon 17), née à Paris en 1908, a battu de nombreux records de vitesse, notamment le record international de vitesse sur 1 000 km avec 409 km/h. Elle est morte dans un accident d'avion en 1934.

8

Tout le monde n'est pas content de l'éducation qu'il a reçue

A. Opinion d'un philosophe
Vous n'imaginez pas le nombre de bêtises qu'on m'a enseignées quand j'étais étudiant.

—Jean-Paul Sartre

B. Enquête auprès de quelques lycéens
Quelles critiques faites-vous au lycée?

Muriel: Les cours devraient être facultatifs, pour les volontaires. De ce fait, certaines options seraient approfondies. Les cours devraient être davantage pratiques. Il faudrait faire des voyages à l'étranger pour les langues vivantes et la géographie.

Isabelle: Le lycée, c'est dépassé. La méthode d'enseignement est à revoir. Elle ne convient plus aux besoins de la société actuelle. Sept ans d'étude dans un lycée ne nous donnent que des connaissances trop limitées. Quand on pense qu'après sept ans d'allemand ou d'anglais on serait absolument incapable de parler la langue couramment! Un an dans le pays suffirait.

Jacqueline: On nous enseigne des tas de trucs. Mais que nous font à nous les poèmes de Shakespeare en anglais ou les fonctions linéaires? De quelle utilité nous seront toutes ces choses laborieusement apprises quand, au sortir de la terminale, nous nous trouverons face à la vie?

Gilles: On nous envoie dans un lycée pour nous apprendre des tas de choses qui ne nous serviront pour ainsi dire . . . à pas grand-chose dans la vie. . . . Je reproche aussi au lycée la manière d'enseignement. L'enseignement, comme je l'ai dit, n'est pas adapté à la vie que l'on mènera après. . . .

Comment concevriez-vous l'enseignement?

Jacqueline: Plus près de la vie. Par exemple, il faudrait recevoir une éducation politique. Pour les langues, il faudrait apprendre le langage courant au lieu d'étudier les textes littéraires.

Gilles: Laïque (il l'est), gratuit (il l'est moins déjà), et surtout ouvert aux réalités de la vie (il ne l'est pas du tout). Il faudrait . . . nous laisser libres de penser ce qu'on veut. . . .

Isabelle: On ne peut pas réformer uniquement l'enseignement. Il faut tout réformer.

—Extraits de François George, *Professeur à T.*

9

Il l'avait très tôt soumise à une éducation stricte.

—Extrait de Maja, *Bonheurs*

10

TEXTE

1

Il est 11 heures 45 à l'horloge de l'Observatoire. Robert et Mireille sont encore à la terrasse de la Closerie des Lilas. Ils sont en train de boire leur troisième kir.

Mireille: Alors, comme ça, vous trouvez qu'on enseigne beaucoup de choses inutiles. Quoi, par exemple?

Robert: Ben . . . je ne sais pas, moi . . . presque tout! Prenez les mathématiques, par exemple. La géométrie, la trigonométrie, le calcul intégral, le calcul différentiel, à quoi ça sert, tout ça? Une fois qu'on sait faire une addition, une soustraction, une multiplication, et une division, c'est tout ce qu'il faut! Et d'ailleurs, maintenant, avec les petites calculatrices électroniques et les ordinateurs, ce n'est même plus la peine d'apprendre à compter!

Mireille: Oui, mais enfin, les ordinateurs, il faut quand même les programmer! . . .

2

Robert: C'est la même chose pour la chimie: toutes ces formules, à quoi ça sert? Je vous le demande! C'est peut-être bon si on veut être distillateur ou pharmacien, ou pour raffiner de l'héroïne, mais à part ça. . . .

Mireille: Ça peut aussi servir si on veut fabriquer des explosifs. . . . Malheureusement, moi, j'ai toujours eu de mauvaises notes en chimie. J'ai toujours eu horreur de la chimie. Tous ces acides, ça fume, ça sent mauvais . . . la chimie, c'est la cuisine du diable!

3

Robert: Et toutes les lois de la physique, c'est la même chose! A quoi ça vous sert de connaître la loi de la chute des corps quand vous tombez d'un balcon?[1] . . . Et le latin? Vous avez fait du latin, n'est-ce pas?

1. Il faut savoir que Robert est tombé d'un balcon, à la Nouvelle-Orléans, quand il avait dix ans. Il est resté trois semaines à l'hôpital.

Mireille: Oui, six ans, de la sixième jusqu'à la première.

Robert: Eh bien, est-ce que vous parlez latin? Non, bien sûr! Vous avez fait six ans de latin et vous ne parlez pas latin! D'ailleurs, même si vous parliez latin, avec qui est-ce qu'on peut parler latin? Je vous le demande! Même au Home Latin, en plein Quartier latin, on ne parle pas latin!

4

Mireille: D'accord, oui, personne ne parle plus latin; même les curés disent la messe en français, maintenant. Mais on apprend le latin pour d'autres raisons! . . .

2. *distillateur*

Un **distillateur**. Il **distille** de l'alcool.

Les **distillateurs distillent** le vin pour faire de l'alcool, de l'eau-de-vie, du cognac, de l'armagnac.

2. *raffiner*

En France, on produit très peu de pétrole, mais on **raffine** beaucoup. Il y a de grandes **raffineries** de pétrole près de Bordeaux, à Fos sur la Méditerranée, etc.

2. *héros, héroïne*

Le **héros** de notre histoire, c'est Robert. L'**héroïne**, c'est Mireille. (L'**héroïne**, c'est aussi une drogue . . . illégale!) Les **héroïnes** de romans policiers raffinent quelquefois de l'**héroïne**. L'**héroïne** de notre histoire ne raffine pas d'**héroïne**. Le **héros** non plus; il en parle, c'est tout!

2. *avoir horreur de*

Mireille déteste la chimie. Elle **en a horreur**. Elle trouve ça **horrible**.

2. *sentir mauvais*

"Ouh! Il **sent mauvais**, ce fromage! Il pue!"

2. *cuisine, diable*

La chimie, c'est la **cuisine** du **diable**.

3. *loi de la chute des corps*

Newton découvre la **loi de la chute des corps**.

Robert découvre la **loi de la chute des corps**. (Il tombe d'un balcon, à la Nouvelle-Orléans.)

Robert est tombé d'un balcon. Il a fait une **chute** (sans parachute!). Voyez aussi les **chutes** du Niagara, les **chutes** du Zambèze. Il y a aussi la **chute** de l'empire romain. Et avant ça, la **chute** d'Adam et Eve.

3. *en plein*

La Sorbonne est **en plein** Quartier latin. Elle est au centre, au cœur du Quartier latin. Le Home Latin aussi est **en plein** Quartier latin.

4. *curé, messe*

La **messe** est un service religieux catholique, célébré par les prêtres, les **curés**. Le culte est un service religieux protestant. Autrefois, la **messe** était en latin. Le culte a toujours été en français.

Robert: Ah, oui? Et pourquoi, dites-moi?

Mireille: Eh bien, pour mieux savoir le français . . . et puis pour la discipline intellectuelle.

Robert: Discipline intellectuelle! Vous me faites rire avec votre discipline intellectuelle! Si vous voulez mon avis, faire des mots croisés ou jouer au bridge est plus utile comme exercice mental!

Mireille: Oui, mais enfin, il y a quand même une belle littérature latine!

5

Robert: Ah, là, là! La littérature! C'est de la fiction, des mensonges! Rien que des choses qui n'existent pas! Toute cette mythologie, est-ce que ça existe? Vous en avez vu, vous, des sirènes et des centaures? Et puis, qui est-ce qui a jamais parlé en vers, comme dans vos tragédies classiques: ta ta ta, ta ta ta, ta ta ta, ta ta ta? Allons, voyons, c'est ridicule! C'est artificiel! Il n'y a rien de plus artificiel qu'une tragédie classique! Même les romans, ce n'est pas la vie, c'est de la fiction!

6

Mireille: Alors, pourquoi est-ce que vous n'aimez pas l'histoire? Au moins, ça, ça parle de gens réels, de gens qui ont vécu, de gens qui ont influencé les événements!

Robert: Ah! Si vous croyez que l'histoire vous dit la vérité, vous vous trompez. L'histoire, c'est arrangé pour vous faire adopter les préjugés de votre nation: votre pays a toujours raison, et les autres ont toujours tort.

7

Mireille: Mais alors, les langues modernes, ça, au moins, c'est utile, non?

Robert: Pouh! Pas comme on les enseigne! Avec toutes ces conjugaisons, ces déclinaisons, ces listes de vocabulaire . . . c'est ridicule, ça ne sert à rien! On apprend des règles de grammaire pendant quatre ans, et on n'est pas capable de dire deux phrases compréhensibles! . . . Enfin, j'exagère. J'ai eu de très bons professeurs d'allemand . . . mais je ne sais pas demander à quelle heure le train arrive!

Mireille: C'est vrai que vous exagérez. Vous êtes amusant, mais vous exagérez. D'ailleurs, tout le monde a toujours été contre l'éducation qu'il a reçue. Heureusement que la culture, c'est ce qui reste quand on a tout oublié.

8

Robert: Oh! Ce que vous êtes sentencieuse, quand vous vous y mettez! Est-ce que je peux vous inviter à déjeuner?

Mireille: C'est parce que je suis sentencieuse que vous voulez m'inviter à déjeuner?

Robert: Non, c'est parce que j'ai faim, parce qu'il va être midi, parce que je crois que vous devez avoir faim, vous aussi, que la conversation m'intéresse et que je veux la continuer.

Mireille: Ça fait beaucoup de bonnes raisons, mais je ne peux pas accepter. Je rentre tous les jours déjeuner à la maison.

Robert: C'est dommage.

Mireille: Quelle heure est-il? Vous avez l'heure?

Robert: Il est midi moins cinq.

Mireille: Oh, là, là! Je vais être en retard! Excusez-moi, je file. . . . Non, non, surtout, ne vous dérangez pas. A bientôt! Au revoir!

4. faire rire

Le monsieur est tombé; ça **fait rire** la dame.

4. avis

—Vous voulez mon **avis**?
—Oui, donnez-moi votre opinion.
—Malheureusement, je n'ai pas d'**avis** sur la question. Je n'ai pas d'opinion.

4. mots croisés

Il fait des **mots croisés**. C'est un excellent exercice mental.

5. sirène

Les **sirènes**, est-ce que ça existe?

6. événement

La naissance et la mort d'un roi, le mariage de la princesse de Monaco, est-ce que ce sont des **événements** importants?

Si vous voulez suivre les **événements**, il faut lire le journal, écouter la radio, ou regarder la télévision.

6. arrangé

L'histoire, c'est **arrangé** . . . c'est manipulé, réorganisé, transformé. Les événements sont présentés de façon tendancieuse.

L'appartement des Belleau était vieux, sale, pas confortable de tout, mais ils l'ont bien **arrangé**. Ils ont fait des transformations.

6. préjugé

—Je n'ai aucun **préjugé**, aucune opinion préconçue. J'ai l'esprit très large, très ouvert. Je suis objectif, impartial.

6. avoir raison, tort

—J'**ai** toujours **raison**. Je ne me trompe jamais. Je sais où est la vérité. Les autres **ont** toujours **tort**. Ils se trompent. Ils sont dans l'erreur.

8. se mettre à

Il **s'est mis à** pleuvoir. Il a commencé à pleuvoir.

—Je **me mets au** travail vers huit heures, et je travaille jusqu'à deux heures du matin. . . .

—Nous avons beaucoup de travail. Il faut **s'y mettre**! Commençons tout de suite! Allez, au boulot!

En général, Philippe est plutôt ennuyeux, mais quand il **s'y met**, il peut être très amusant.

8. avoir faim

Robert **a faim**. Il rêve d'un hamburger.

8. midi

Il va être **midi**. . . .

8. filer

Mireille s'en va, elle se sauve, elle **file**.

🎧 MISE EN ŒUVRE

Ecoutez la mise en œuvre du texte et répondez aux questions suivantes.

1. Quelle heure est-il à l'horloge de l'Observatoire?
2. Où sont Robert et Mireille?
3. Qu'est-ce qu'ils font?
4. Quelles sont les opérations mathématiques qu'il faut savoir faire?
5. Maintenant, on a des ordinateurs et des calculatrices. Est-ce qu'il faut encore apprendre à compter?
6. Quand est-ce que la chimie est utile, selon Robert?
7. Et quand est-ce que c'est utile aussi, selon Mireille?
8. Est-ce que Mireille était bonne en chimie?
9. Pourquoi est-ce qu'elle n'aime pas la chimie?
10. Quand est-ce que Robert est tombé d'un balcon?
11. Est-ce que Mireille a fait du latin?
12. Est-ce qu'on parle encore latin?
13. Alors, pourquoi est-ce qu'on apprend le latin, selon Mireille?
14. Qu'est-ce que Robert trouve supérieur au latin, comme exercice mental?
15. Qu'est-ce que la littérature, selon Robert?
16. Où est-ce qu'on parle en vers?
17. Qu'est-ce que Robert pense des romans?
18. De quoi parle l'histoire?
19. Comment est-ce que l'histoire est arrangée?
20. Pourquoi est-ce qu'on enseigne mal les langues modernes, en général?
21. Est-ce que Robert sait bien l'allemand?
22. Quelle définition Mireille donne-t-elle de la culture?
23. Pourquoi Robert veut-il inviter Mireille à déjeuner?
24. Pourquoi Mireille ne peut-elle pas accepter l'invitation?
25. Quelle heure est-il?

MISE EN QUESTION

1. A votre avis, quelle est l'attitude de Mireille? Est-ce qu'elle continue à se moquer de Robert? Est-ce qu'il l'ennuie? Est-ce qu'elle est légèrement amusée? Est-ce qu'elle a envie de continuer la conversation? Pourquoi? Parce qu'elle trouve la conversation absolument fascinante, ou parce qu'elle trouve Robert plutôt sympathique?

2. Quelle est l'attitude de Robert? Est-ce que ses critiques vous paraissent justifiées? Est-ce que Robert pense vraiment tout ce qu'il dit, ou est-ce qu'il exagère pour essayer d'impressionner Mireille?

3. Quand il parle de l'inutilité de la chimie, qu'est-ce qui montre qu'il n'est pas vraiment sérieux? Quelles exceptions admet-il? Est-ce qu'elles sont sérieuses?

4. Comment Mireille répond-elle? Est-ce qu'elle prend les critiques de Robert au sérieux, ou est-ce qu'elle entre dans son jeu? Comment défend-elle l'utilité de la chimie? Est-ce que l'exemple qu'elle donne est plus sérieux que ceux de Robert?

5. Conclusion: Est-ce que Robert et Mireille discutent sérieusement des mérites des mathématiques ou de la chimie, ou est-ce qu'ils pratiquent simplement l'art de la conversation?

6. Pourquoi Robert et Mireille parlent-ils? Pour arriver à découvrir la vérité sur l'utilité des diverses matières enseignées, ou pour une autre raison? Laquelle?

7. Est-ce que les arguments que Mireille invoque pour défendre l'étude du latin vous paraissent valables? Est-ce que vous pensez qu'ils expriment l'opinion personnelle de Mireille, ou bien qu'elle ne fait que répéter ce qu'elle a entendu dire autour d'elle? Quelles raisons peut-elle avoir de défendre l'étude du latin?

8. A votre avis, qu'est-ce qui est le plus près de la vie, les romans, les tragédies classiques, les biographies, les autobiographies, l'histoire?

9. Est-ce que vous savez demander à quelle heure le train arrive, en français? Essayez! Qu'est-ce que vous dites?

10. D'après la définition de la culture que cite Mireille, quelles sont les deux choses qu'il faut faire pour être cultivé?

11. Comment Robert se moque-t-il un peu de Mireille quand elle parle de culture?

12. Comment Mireille répond-elle à sa moquerie?

13. Comment Robert répond-il à la petite attaque de Mireille? Par une contre-attaque, une autre moquerie, ou par une réponse qui a un air de simplicité et de sincérité?

14. A votre avis, est-ce que la réponse de Mireille, "ça fait beaucoup de bonnes raisons . . .," est moqueuse ou gentiment amusée? Est-ce que vous pensez qu'elle regrette de ne pas pouvoir rester? Et Robert? Est-ce que vous pensez qu'il est assez riche pour pouvoir inviter Mireille à déjeuner à la Closerie?

Journal de Marie-Laure

LA STATUE DE MONTAIGNE

Le 17 avril 1990

Cet aprèm, je suis allée à la Sorbonne pour retrouver Mireille après son cours d'histoire de l'art italien. En passant rue des Écoles, je n'ai pas vu la statue de marbre de Montaigne devant le Square Painlevé. À la place, il y avait une horrible statue de Montaigne en bronze.

« Eh oui, » m'a dit un vieux monsieur qui passait par là, « la statue de marbre attirait trop les graffitis. Tous ces jeunes rigolos de la Sorbonne venaient y écrire des bêtises, alors on l'a remplacée par du bronze. Le bronze, ça se prête moins au vandalisme. Faire des graffitis sur du bronze, c'est pas facile.

Mais regardez son pied droit : on dit que si on l'embrasse, ça porte bonheur pour les examens. Alors voyez, il commença à être usé ce pied. Il doit y avoir des foules d'étudiants qui ont surtout besoin de chance pour réussir leurs examens ! C'est pas étonnant : ce sont tous des tire-au-flanc, ces sorbonnards ! » Voilà ce qu'il disait le Monsieur. Ouais, ben, c'est pas moi qui irais embrasser un pied de bronze après des milliers d'étudiants sans certificats médicaux ! Ça ne me semble pas très hygiénique. À moins que l'on y mette des préservatifs. En tout cas, je préférais de beaucoup la statue de marbre. Au moins on pouvait lui mettre du rouge à lèvres. Ça lui allait bien à Montaigne !

DOCUMENTS

1

L'Heure exacte

Et n'oublions pas, ajoutait son ami Ernest, que toute montre arrêtée donne l'heure absolument exacte deux fois par jour.

—Norge, *Les Cerveaux brûlés*

2

Hommage à Gertrude Stein

Quelle heure est-il est une question
Quelle heure est-il est une phrase
Quelle heure est-il est quelle heure est-il
Quelle heure est-il n'est pas heure est-il
Quelle heure est-il est une question est une phrase
Quelle heure est-il est une phrase n'est pas une
   question
Quelle heure est-il est quelle heure est-il
Quelle heure est-il est une question
Il est douze heures trente à Paris

—Raymond Queneau

Raymond Queneau (1903–1976), passionné de mathématiques, de langues et d'écriture expérimentale, est fasciné par les différences entre le français littéraire et le français parlé. Dans ses écrits il explore la convertibilité de l'un à l'autre, pour créer des effets comiques mais aussi pour restituer à la langue écrite le dynamisme de l'oralité. Dans son roman *Zazie dans le métro* (1959), les personnages s'expriment dans ce que Queneau appelle le "néo-français," un français écrit comme il est parlé ("elle se méfie" devient *essméfie*; on entend chanter la chanson américaine *à pibeursdé touillou*). Le livre est devenu un best-seller et le film du même nom, réalisé par Louis Malle, sort en 1960. Queneau a été élu à l'Académie Goncourt en 1951.

3

Du savoir

A. Madame, c'est un grand ornement que la science, un outil de merveilleux service.

—Montaigne

Michel de Montaigne (1533–1592) a été soldat, diplomate, magistrat et maire de la ville de Bordeaux, mais il doit sa renommée à ses *Essais*, qui ont créé le genre de l'essai littéraire et marqué la pensée occidentale jusqu'à nos jours. Il s'est retiré de la vie publique en 1571 pour se consacrer à l'étude et à l'écriture, mais son projet, à l'origine philosophique, devient progressivement autobiographique. Dans un style personnel et intime, presque bavard, il analyse le monde à travers la seule certitude qu'il a—son propre jugement—et articule des valeurs universelles: la liberté individuelle ("il faut se prêter aux autres, et ne se donner qu'à soi-même"), le courage devant la mort, la tolérance, l'acceptation de la nature humaine, l'amour de la vie.

B. Science sans conscience n'est que ruine de l'âme.

—Rabelais

François Rabelais (1494?–1553), moine, puis médecin, puis écrivain, est avec Montaigne l'un des plus célèbres auteurs français du XVIème siècle. Il puise dans le folklore et les traditions populaires pour écrire des histoires de géants dont les appétits immenses symbolisent l'énorme ambition intellectuelle des gens de la Renaissance. Sa satire des abus des autorités de son temps l'a amené à écrire ses romans comiques *Pantagruel* (1532) et *Gargantua* (1534) sous un pseudonyme. Le fait que les livres ont été condamnés n'a pas réduit leur immense popularité, qui s'explique par l'humour souvent suggestif de Rabelais, par l'absence d'inhibitions chez ses personnages, par son message de réforme religieuse et renouveau culturel et par la créativité explosive de son langage.

C. La culture, c'est ce qui demeure dans l'homme lorsqu'il a tout oublié.

—Emile Henriot, *Notes et maximes*

Emile Henriot (1889–1961) est un romancier, essayiste, poète et journaliste. En 1945, à la Libération, il devient critique littéraire du journal *Le Monde*. Il a été élu à l'Académie française en 1946.

D. Un homme qui enseigne peut devenir aisément opiniônâtre, parce qu'il fait le métier d'un homme qui n'a jamais tort.

—Montesquieu

E. Il ne faut pas beaucoup d'esprit pour enseigner ce que l'on sait, il en faut infiniment pour enseigner ce qu'on ignore.

—Montesquieu

F. C'est une question de propreté: il faut changer d'avis comme de chemise.

—Jules Renard, *Journal*

G. Arithmétique! Algèbre! Géométrie! Trinité grandiose! Triangle lumineux! Celui qui ne vous a pas connues est un insensé.
O mathématiques saintes, puissiez-vous, par votre commerce perpétuel, consoler le reste de mes jours de la méchanceté de l'homme et de l'injustice du Grand-Tout!

—Lautréamont, *Les Chants de Maldoror*

Lautréamont, de son vrai nom Isidore Ducasse, est un poète français né en 1846 en Uruguay. Il est surtout connu pour *Les Chants de Maldoror,* un long poème en prose considéré à l'époque comme blasphématoire et transgressif, et qui a beaucoup influencé les écrivains du mouvement surréaliste au début du XXème siècle. Il est mort à vingt-quatre ans.

4

A. Réforme de l'enseignement: les institutions

La majorité des jeunes Français font des études supérieures, dans l'espoir de trouver de meilleurs emplois avec des salaires plus élevés. Ils sont de plus en plus nombreux à s'inscrire dans les quatre-vingt universités françaises—établissements publics qui dépendent pour leur budget du Ministère de l'Enseignement supérieur et de la Recherche. Or, l'austérité budgétaire actuelle fait que les dépenses pour l'enseignement supérieur n'ont pas suivi l'augmentation du nombre des étudiants. Le budget alloué par étudiant en université est de moins de 9.000 euros en France, contre 22.000 euros aux Etats-Unis. (Aujourd'hui, la France dépense plus en moyenne pour un lycéen que pour un étudiant en faculté.)

Face à ce problème, trois solutions évoquées:

—Augmentation massive du financement public, solution préférée des enseignants et des étudiants; refusée au nom de la dette publique déjà élevée.

—Hausse des frais de scolarité, difficile à imposer tant que les conditions d'enseignement ne sont pas améliorées.

—Recherche d'un financement privé, option soutenue par le gouvernement. En 2007 une loi vise à moderniser la gouvernance de l'université française. Elle donne aux universités une nouvelle autonomie budgétaire, qui leur permet notamment de chercher de l'argent dans le secteur privé. Les nombreux opposants à cette initiative craignent qu'elle place l'université au service du marché et la pousse vers la privatisation. De plus, ils pensent que cela risque de créer deux catégories d'universités: les bonnes (où le secteur privé investit) et les autres. Pour rester fidèle au modèle républicain français, l'université doit rester publique et indépendante à 100%, disent-ils.

—Sources: site du Ministère de l'Enseignement supérieur et de la Recherche (www.enseignementsup-recherche.gouv.fr); *Francoscopie* 2010

B. Réforme de l'enseignement: les programmes

Ouvrez un journal français: vous avez de grandes chances d'y trouver un article intitulé "la réforme de l'enseignement." Il y a dans tous ces articles un cri de guerre récurrent: "Les programmes sont trop lourds! Il faut alléger les programmes!" D'accord: les programmes sont énormes. Mais il n'est pas si facile d'organiser des programmes d'enseignement: il faut concilier des exigences très diverses et presque contradictoires: le collectif et l'individuel, l'écrit et l'écran, la théorie et la pratique. D'un côté il faut transmettre la "culture," décorée du nom de "culture générale" pour la rendre plus désirable. D'un autre côté, il faut préparer les jeunes à la vie, à prendre leur place dans la machine économique, il faut leur donner un métier. Il faut développer le jugement, la logique, la capacité de prendre des décisions, mais il faut aussi enseigner une énorme masse de faits.

Dès le seizième siècle, Montaigne signalait le conflit: "Il faut," disait-il, "une tête bien faite plutôt qu'une tête bien pleine." Il préférait une tête bien organisée, qui pensait bien, à une tête pleine de faits.

En somme, il voulait déjà alléger les programmes. Malheureusement, Montaigne ne faisait pas partie d'une commission de réforme. C'est peut-être pourquoi le problème de la réforme de l'enseignement n'est pas encore résolu.

5

Les Français et les langues étrangères

Les Français pratiquent encore peu les langues étrangères, mais ils ont pris conscience qu'il est nécessaire d'en connaître au moins une. Seuls 45% se disent capables d'avoir une conversation dans une autre langue que leur langue maternelle.

Un tiers des Français ont étudié l'anglais; un sur dix seulement sait l'espagnol; peu pratiquent l'allemand (7%). Inversement, le français est la première langue étrangère parlée au Royaume-Uni (14%), et occupe la seconde place dans sept des vingt-trois autres pays européens (en Belgique, en Allemagne, en Italie, à Chypre, au Portugal, en Irlande, en Autriche). Les Européens sont 84% à penser que chaque Européen doit parler au moins une langue étrangère; un sur deux estime qu'il faut parler au moins deux langues.

—D'après *Francoscopie* 2010

6

Vaches

VACHE HIP HOP

MEUH CROISÉS

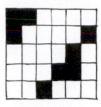

HTTP://WWW.MEUHMEUH.FR

WACHE

—Extraits de Cambon, *La Vache*

7

Le 3 vertical et 5 horizontal est pas mal !

—Extrait de Maja, *Bonheurs*

LEÇON

22 A la recherche d'une invitation I

TEXTE

1

Il est midi à Paris. Marie-Laure, qui jouait au Luxembourg, rentre à la maison. Elle chante:

"Midi!
Qui l'a dit?
La petite souris!
Où est-elle?
A la chapelle.
Que fait-elle?
De la dentelle.
Pour qui?
Pour les dames de Paris."

Mme Belleau: Marie-Laure, c'est toi? Va te laver les mains. Dépêche-toi, tu es en retard!

2

Il est midi cinq. Robert est seul à la terrasse de la Closerie des Lilas. Mireille est partie; elle est allée chez elle pour déjeuner avec Papa, Maman, et la petite sœur.

Il est six heures cinq (du matin) à New-York, et six heures cinq (du soir) à Bombay. Robert a mis sa montre à l'heure française. Il vient de finir son troisième kir. Il appelle le garçon.

Le garçon: Monsieur?
Robert: Est-ce que je peux téléphoner?
Le garçon: Oui, Monsieur, au sous-sol, à côté des toilettes.
Robert (qui n'a pas compris): Euh, ce n'est pas pour les toilettes. . . . C'est pour téléphoner.

1. *souris, dentelle*

Une petite **souris** qui fait de **dentelle**.

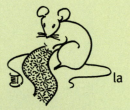 la

De la **dentelle**.

1. *chapelle*

Une **chapelle**.

Le garçon: Oui, Monsieur. Les cabines téléphoniques sont au sous-sol, en bas, à côté des toilettes, au fond de la salle, à droite.

Robert: Merci.

3

Robert se lève, entre dans la salle, et descend au sous-sol pour téléphoner. Il est suivi par un étrange personnage, tout en noir. . . . Robert entre dans la cabine. Il essaie de mettre une pièce dans la fente de l'appareil, sans succès. Il sort de la cabine. Il remonte dans la salle. Il va à la caisse.

Robert: Pour téléphoner, s'il vous plaît?

La caissière: Il faut un jeton.

Robert: Je peux en avoir un, s'il vous plaît?

La caissière: Voilà. Ça fait deux francs. Merci.

Robert redescend au sous-sol, entre dans la cabine, essaie encore. Cette fois, ça marche.

Robert: Allô, Madame Courtois?

Une voix, à l'accent portugais: Non. La madame, elle n'est pas là. La madame, elle est sortie. Elle est allée promener Minouche. Elle n'est pas rentrée. Elle va rentrer

tout à l'heure, pour déjeuner. Rappelez vers midi, midi et demi.

Robert: Ah, bon. Merci, merci beaucoup. Je vais rappeler dans une demi-heure. Au revoir, Madame.

Robert sort de la cabine, toujours suivi par l'étrange homme en noir.

---

1. *se laver*

Marie-Laure **se lave** toujours les mains avant de se mettre à table.

2. *sous-sol*

Dans les cafés, le téléphone est presque toujours au **sous-sol**, à côté des toilettes.

3. *remonter*

Robert **remonte** dans la salle.

1. *se dépêcher*

Il **se dépêche.** (Il est pressé.)

Il ne **se dépêche** pas. (Il a tout son temps.)

—**Dépêchez-vous**! Faites vite! Je suis pressé! Je n'ai pas le temps! Je n'ai pas de temps à perdre!

3. *descendre*

Robert **descend** au sous-sol.

3. *jeton*

Un **jeton** de téléphone.

3. *fente*

Fente à lettres.

4

Robert revient à sa table.

Robert: Ça fait combien?
Le garçon: Trente et trente: soixante, et quinze: soixante-quinze. Soixante-quinze francs.

Robert: Le service est compris?
Le garçon: Oui, Monsieur, quinze pour cent. . . . Au revoir, Monsieur; merci, Monsieur.

5

Robert marche maintenant le long du boulevard Montparnasse. Puis il regarde sa montre, cherche une cabine téléphonique. En voilà une! Mais Robert n'a pas l'air de comprendre comment elle marche.

Un passant: Il faut une carte, une carte magnétique. Essayez l'autre: elle marche avec des pièces. Vous avez de la monnaie?

Robert lui montre une pièce de 10F.

Robert: C'est tout ce que j'ai.
Le passant: Ah, non, ça ne va pas. C'est pour Paris?
Robert: Oui.
Le passant: Il faut des pièces de 50 centimes, 1 franc, ou 5 francs. Vous n'avez pas de monnaie?
Robert: Pas du tout.

Le passant: Attendez, je vais voir si j'en ai. . . . Tenez!
Robert: Merci! Au revoir!
Et Robert peut enfin téléphoner.

6

Robert: Allô, Madame Courtois?
La voix à l'accent portugais: Ah, non, c'est la bonne! Attendez, je vous la passe. Madame! . . . C'est le monsieur de tout à l'heure!

Mme Courtois: Allô! . . . Allô, oui!
Robert: Allô, bonjour, Madame.
Mme Courtois: Allô, j'écoute!
Robert: Ici Robert Taylor.
Mme Courtois: Ah, Robert! Comment allez-vous, mon cher petit? Quelle coïncidence! Nous parlions justement de vous hier avec mon mari! Il y a longtemps que vous êtes arrivé?
Robert: Depuis hier . . . non . . . oui, enfin . . . avant-hier. Je suis arrivé avant-hier.

7

Mme Courtois: Ah! Et comment allez-vous? Vous avez fait un bon voyage? Pas trop fatigant, non, avec le décalage horaire? . . . Mon mari, qui voyage beaucoup, dit que ce qu'il y a de plus dur, c'est le décalage horaire. . . . Moi, je ne voyage pas. Je reste à la maison. Qu'est-ce que vous voulez . . . avec Minouche, je ne peux pas voyager. . . . Alors, votre maman n'est pas venue? Elle ne vous a pas accompagné? Elle est toujours en Argentine? Sa lettre nous a fait très plaisir. Nous sommes impa-

5. *marcher*

Ils **marchent**.

Ils sont **arrêtés**.

5. *pièce, carte*

Cet appareil marche avec une **carte**.

Une **télécarte**.

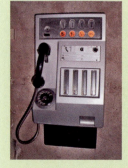

Cet appareil marche avec des **pièces** (de monnaie).

tients de vous voir. Et je suis sûre que Minouche sera ravie de faire votre connaissance. (Minouche, c'est ma chatte . . . c'est un peu

comme notre fille, vous savez. . . .) Alors, quand venez-vous nous voir? Alors, aujourd'hui, malheureusement, ce n'est pas possible: Minouche ne va pas très bien. Non. Je ne sais pas ce qu'elle a, et il faut que je l'amène cet après-midi chez le docteur. Et puis, mon mari est absent, il est en voyage. . . . Il n'est jamais à la maison, toujours en voyage. . . . Les affaires, vous savez ce que c'est! Je le lui répète tous les jours: tu devrais faire attention! Tu te fatigues trop, ça finira mal; tu vas me faire un infarctus! Il ne m'écoute pas. Il rit! Ah, les hommes! Tous les mêmes! . . . Alors, quand, voyons, quand? Euh . . . après-demain? C'est ça, venez donc dîner après-demain, tout simplement. Nous serons si heureux de vous voir! Alors, c'est entendu, après-demain, disons . . . 7 heures et demie. Ça vous va? Vous avez l'adresse? C'est à côté du Nikko, l'hôtel japonais. Vous trouverez?

Alors, nous vous attendons! Au revoir! Et à après-demain, n'oubliez pas, surtout!

Des **pièces** de monnaie.

7. *décalage horaire*

Quand il est midi à Paris, il est 6h du matin à New-York. Il y a 6h de **décalage** entre Paris et New-York.

7. *faire plaisir*

Tonton Guillaume a donné un bateau à Marie-Laure. Ça lui **a fait** très **plaisir**.

Quand Robert a vu Hubert et Mireille s'embrasser dans la cour de la Sorbonne, ça ne lui **a pas fait plaisir**. . . .

—Venez nous voir! Ça nous **fera plaisir**!

7. *ravi, faire la connaissance de*

Elle sera **ravie** de **faire votre connaissance**! Ça lui fera très plaisir de vous connaître!

7. *faire attention*

—**Fais attention**, Robert! Tu vas tomber!

7. *mal finir*

Ça **finira mal**!

Ça **a mal fini**!

7. *infarctus*

M. Courtois a un **infarctus**. Il "fait" un **infarctus**, comme dit Mme Courtois.

8

Il est midi 45: Robert a faim. Il aperçoit un café-restaurant et s'assied à une table libre. La serveuse sert un jeune homme à côté.

La serveuse: Un jambon de pays et un verre de beaujolais. Voilà. (A Robert) Et pour Monsieur, qu'est-ce que ça sera?

Robert: Euh. . . un jambon de pays et un verre de beaujolais, s'il vous plaît.

Puis, Robert continue sa promenade. Il est une heure 30. Robert hésite, et revient au jardin du Luxembourg. . . . Marie-Laure arrive peu après.

Marie-Laure: Salut!
Robert: Bonjour!
Marie-Laure: Ça va?
Robert: Mmm. . . . Et alors, ce devoir d'anglais, où est-il?
Marie-Laure: Bah, je n'ai pas de devoir d'anglais! Je suis à l'école primaire: on ne fait pas d'anglais . . . enfin, pas vraiment! Je fais de l'anglais, mais ce n'est pas sérieux! On apprend: "How do you dooo?" "Very well, thank you". . . . C'est tout.
Robert: Mais alors, pourquoi est-ce que je suis venu ici, moi?

Marie-Laure: Mystère . . . et boule de gomme. Vous en voulez une? . . . C'était bien, la Closerie? Qu'est-ce que vous avez bu?
Robert: Un kir.
Marie-Laure: Ah! . . . Je ne bois que de l'Orangina. Maintenant, vous savez, les jeunes ne boivent plus d'alcool. . . .

9

A ce moment, elle aperçoit un mystérieux homme en noir qui se cache derrière un arbre et les regarde.

Marie-Laure: Vous avez vu ce monsieur, là-bas?
Robert: Tiens! Comme c'est bizarre!
Marie-Laure: Vous le connaissez?
Robert: Non, mais tout à l'heure, à la Closerie, je suis allé téléphoner et il est descendu derrière moi. Il est entré dans la cabine à côté, il y est resté pendant que je téléphonais, il est sorti quand je suis sorti, il est monté derrière moi. . . . C'est vraiment bizarre. . . .
Marie-Laure: Bizarre . . . bizarre. . . .

MISE EN ŒUVRE

Ecoutez la mise en œuvre du texte et répondez aux questions suivantes.

1. Que fait Marie-Laure, au Luxembourg?
2. Quelle heure est-il?
3. Où est Robert, à midi cinq?
4. Est-ce que Mireille est avec lui?
5. Pourquoi est-ce que Mireille est partie?
6. Qu'est-ce que Robert boit?
7. Qu'est-ce que Robert veut faire?
8. Où se trouve le téléphone?
9. Qui est-ce qui suit Robert quand il descend téléphoner?
10. Pourquoi Robert ne réussit-il pas à téléphoner?
11. Combien coûte un jeton?
12. Que fait Mme Courtois? Est-ce qu'elle est chez elle?
13. Quand est-ce qu'elle va rentrer?
14. Quand est-ce que Robert va rappeler?
15. Qu'est-ce que Robert cherche sur le boulevard Montparnasse?
16. Qu'est-ce qu'il faut, pour téléphoner de cette cabine?

17. Et pour l'autre cabine, est-ce qu'il faut aussi une carte magnétique?
18. Est-ce qu'on peut mettre une pièce de 10F?
19. Qui est-ce qui répond au téléphone?
20. Que fait le mari de Mme Courtois?
21. Qui est Minouche?
22. Quand Robert va-t-il dîner chez les Courtois?
23. Où habitent les Courtois?
24. Qu'est-ce que Robert commande au restaurant?
25. Où retourne-t-il après le déjeuner?
26. Qui arrive au jardin?
27. Est-ce que Marie-Laure est à la fac?
28. Qu'est-ce qu'elle étudie?
29. Est-ce que les jeunes boivent beaucoup, d'après Marie-Laure?
30. Que fait l'homme en noir que Marie-Laure aperçoit?

MISE EN QUESTION

1. De quoi s'agit-il dans la petite chanson enfantine de Marie-Laure? Quel en est le sujet? Pourquoi dit-on que c'est une petite souris qui a dit que c'était midi? Pourquoi la petite souris est-elle à la chapelle, plutôt qu'à l'église, ou à la maison, ou ailleurs? Pourquoi fait-elle de la dentelle, plutôt que des gâteaux, de la broderie, ou du tricot? Avec quoi "Midi" rime-t-il? Avec quoi la "chapelle" rime-t-elle?

2. Qu'est-ce qu'une petite fille modèle doit toujours faire avant de se mettre à table?

3. Pourquoi la narration dit-elle que Mireille est allée déjeuner avec "Papa, Maman, et la petite sœur" plutôt que "son père, sa mère, et sa sœur"? Quel point de vue est-ce que ça reflète? A votre avis, qu'est-ce que Robert doit penser de cette habitude de déjeuner en famille? Est-ce que ça lui paraît normal? Est-ce que c'est ce qu'il a l'habitude de faire? Est-ce qu'il approuve, ou est-ce qu'il trouve ça regrettable? Qu'est-ce qu'il doit penser de ce manque d'indépendance de Mireille?

4. Où est New-York par rapport à Paris? A l'est ou à l'ouest? Et Bombay? Pourquoi est-il six heures cinq du matin à New-York quand il est midi cinq à Paris? Et pourquoi est-il six heures cinq du soir à Bombay?

5. Est-ce que vous avez déjà vu cet étrange homme en noir qui suit Robert? Où? Est-ce que Robert l'a déjà remarqué? D'après vous, pourquoi est-il là? Qui est-ce?

6. Qui est-ce qui répond à Robert quand il téléphone chez les Courtois? Est-ce que cette personne parle un français tout à fait normal? Pourquoi? Elle dit, "La Madame, elle n'est pas là." Qu'est-ce qu'une personne française dirait?

7. Calcul: Combien est-ce que le garçon fait payer à Robert? Comment arrive-t-il à ce chiffre? Est-ce que ça vous paraît normal? Combien de kirs Robert et Mireille ont-ils bus? Combien doit coûter un kir? De combien est le service? Ça doit faire combien pour le service? Est-ce que vous pouvez arriver à comprendre le calcul du garçon?

8. Combien de sortes différentes de cabines téléphoniques y a-t-il? Avec quoi marchent-elles? Avec quoi marchent les cabines modernes?

9. Pourquoi Mme Courtois ne voyage-t-elle pas?

10. Mme Courtois dit qu'elle parlait justement de Robert avec son mari la veille. Est-ce que c'est vraiment une coïncidence? Pourquoi? Qu'est-ce qu'elle a reçu de la mère de Robert? Pourquoi la mère de Robert a-t-elle écrit à Mme Courtois?

11. Pourquoi Robert ne peut-il pas aller chez les Courtois avant "après-demain" (c'est-à-dire, le surlendemain)? Quelles sont les deux raisons?

12. Pourquoi Mme Courtois dit-elle que son mari va finir par avoir un infarctus (c'est-à-dire, une crise cardiaque)?

13. D'après Mme Courtois, pourquoi Robert doit-il trouver facilement l'appartement des Courtois? Est-ce que vous pensez que Robert sait où est le Nikko, l'hôtel japonais? Pourquoi?

14. Est-ce qu'il est vrai que Marie-Laure avait un devoir d'anglais à faire? Pourquoi a-t-elle donné rendez-vous à Robert au Luxembourg? Pour ennuyer Mireille? Parce qu'elle aime bien Robert? Pour une autre raison?

15. Quand Marie-Laure dit que maintenant, les jeunes ne boivent plus d'alcool, pourquoi est-ce que c'est amusant? Qu'est-ce que ça a l'air de dire?

Journal de Marie-Laure

DES PORTABLES PARTOUT

Le 6 février 1997

Il y a longtemps, peut-être cinq ou six ans, je me rappelle que, comme je traversais le Luxembourg, j'ai remarqué une femme appuyée contre un arbre qui avait la tête penchée et qui se tenait la joue... j'ai pensé qu'elle n'allait pas bien, qu'elle était peut-être malade et moi, bécasse comme je suis, pauvre idiote, toujours prête à aider les gens, je me suis approchée d'elle et je lui ai demandé ce qui n'allait pas. Elle m'a jeté un regard furibond, l'air de dire : "Mêlez-vous de ce qui vous regarde! Occupez-vous de vos affaires!" Et alors j'ai compris qu'elle ne se tenait pas la joue mais qu'elle téléphonait avec son portable. J'étais un peu embarrassée, mais ça m'apprendra à vouloir aider les autres!

Aujourd'hui, où que tu sois (dans la rue, dans les magasins, au restaurant, à la banque, à l'aéroport, à la plage, dans le métro et autres lieux publics), tu vois au moins une vingtaine de personnes qui se promènent avec leur portable, qui marchent, s'arrêtent, gesticulent, crient, rient, racontent leur vie, font des déclarations d'amour, prennent des rendez-vous, discutent affaires... L'autre jour, j'ai même entendu une dame qui a dit qu'elle ~~mon fait l'amon dans la ruisseau restaurant~~ Tous ces gens qui parlent sur leur portable, on dirait une bande de fous échappés de l'asile. Les portables, c'est insupportable.

bdgomme Oui, j'ai dit autrefois que les portables étaient insupportables, mais depuis j'ai succombé. C'est interdit d'évoluer ?!
#smartphonejetaime

8-juin-2011

IL N'Y A PLUS DE JETONS ?

Le 2 mai 2010

Cette espèce de truc rond en métal un peu oxydé que j'ai trouvé hier au fond de mon tiroir, eh bien, non, d'après Mireille, ce n'est pas une vieille pièce d'un franc. « Non, mais ça ne va pas la tête ? » qu'elle m'a dit ! (C'est comme ça qu'elle me parle ma sœur, toujours aimable !...)

« Tu te rappelles pas ? Tu as la mémoire courte ? Tu es devenue amnésique ? Tu perds la tête ? C'est un jeton, un jeton de téléphone, voyons ! » Ben, oui, maintenant je me souviens... c'est vrai que quand j'étais petite, il y avait beaucoup de cabines téléphoniques dans les rues, et dans les cafés aussi, et on pouvait téléphoner en mettant des pièces de monnaie ou des jetons dans la fente de l'appareil, ou utiliser une carte téléphonique. Maintenant que presque tout le monde a un portable (même moi je m'y suis mise), il n'y a plus beaucoup de cabines dans les rues, mais il paraît qu'on a installé, à titre expérimental, des cabines multimédia ou, plutôt, des bornes téléphoniques d'où on peut téléphoner et surfer sur Internet grâce à un écran tactile. On n'arrête pas le progrès !

twitter

bdgomme Trouvé : un jeton de téléphone. A quoi ça peut servir ? Une médaille ? Un talisman ? #recyclage #salutlesannées80
2-mai-2010

guillaubello @bdgomme : Je te dis, jette ton jeton ou fais-en donc don à ton tonton !
3-mai-2010

DOCUMENTS

1

Les Repas chez soi et à l'extérieur

Le temps que les Français consacrent aux repas quotidiens—environ deux heures par jour—est resté stable depuis 1999. Le dîner, principal repas pris à la maison, dure en moyenne trente-cinq minutes en semaine et quarante-deux minutes le week-end. Le temps consacré au petit déjeuner a beaucoup augmenté: dix-huit minutes par jour en semaine, contre dix minutes en 1980 et cinq minutes en 1965. Le temps consacré aux repas pris à l'extérieur a en revanche beaucoup diminué: trente minutes par jour en moyenne, contre une heure trente-huit minutes en 1985. Les Français prennent un repas sur sept à l'extérieur (les Espagnols un sur six, les Britanniques un sur trois, les Américains un sur deux).

Sur les quelque 9,5 milliards de repas pris à l'extérieur, les deux tiers environ le sont en restauration collective (restaurants d'entreprise, cantines d'écoles, etc.), un tiers en restauration commerciale.

En 2010 les Français ont dépensé la moitié de leur budget de restauration rapide dans les 1.500 restaurants de fast-food de type anglo-saxon. (Il y a plus de 1.100 McDo en France—12.000 pour les Etats-Unis—et la France est le deuxième pays le plus rentable pour l'entreprise.) Les Français consomment environ neuf fois plus de sandwichs et seize fois plus de pizzas que de hamburgers. La restauration rapide a perdu le caractère innovant et "branché" qu'elle a eu pendant des années. Elle est aussi concurrencée par le développement du grignotage (manger hors des heures des repas) et du nomadisme (manger là où l'on se trouve). Deux milliards de repas "sur le pouce" sont ainsi pris chaque année.

—D'après *Francoscopie* 2010

2

La Consommation d'alcool

La France est le pays d'Europe où la consommation globale d'alcool a le plus baissé depuis 1960, mais elle reste l'un des pays du monde où la consommation d'alcool est la plus élevée. Elle se situe après l'Irlande, la Hongrie et la République tchèque. La baisse constatée en France concerne essentiellement la consommation de vin. La proportion des consommateurs de vin est passée de 50% de la population à 20% entre 1990 et 2010. La consommation de bière est stable mais la plus faible d'Europe, quatre fois inférieure à celle des Allemands, par exemple.

—D'après *Francoscopie* 2010

3

La Nouvelle Cabine téléphonique

La première cabine téléphonique apparaît à Paris en 1881, cinq ans après l'invention du téléphone par Alexander Graham Bell. En 1998 il y a 241.000 cabines en France. Mais depuis ce temps-là il y a plus de téléphones portables en France que d'habitants, et les cabines téléphoniques sont passées de mode. On ne s'en sert plus guère aujourd'hui que pour limiter le coût de son téléphone mobile ou pour se dépanner quand son mobile est déchargé. (Ou pour rechercher l'anonymat si on ne veut pas être identifié par son correspondant. . . .)

La cabine téléphonique classique cède la place à une cabine interactive "nouvelle génération" qui ne ressemble plus du tout à l'ancienne. Elle est équipée d'un écran tactile qui donne accès à un portail de services interactifs permettant de surfer sur Internet.

Elle offre à ses utilisateurs la possibilité de naviguer sur Internet gratuitement pendant dix minutes, d'envoyer et de recevoir des courriels, et . . . de téléphoner, bien entendu, en passant par Internet, ce qui donne une qualité de son optimale. De plus, grâce à la géolocalisation, ces cabines offrent une multitude d'informations sur les services à proximité, comme les cinémas, les restaurants, les stations de vélib' et de taxi les plus proches, ou encore la météo.

Autre avantage pour les visiteurs étrangers: accéder facilement à Internet sans avoir à utiliser leur téléphone mobile avec des tarifs de roaming prohibitifs.

Source: site de téléphonie Orange

4

Monnaie

Des pièces de monnaie.

5

Le Bistro

Le restaurant typiquement parisien, à la mode depuis l'autre guerre, c'est le bistro, mot d'argot qui provient peut-être de la couleur bistre dont, le plus souvent, ses murs étaient enduits, le bistro avec son comptoir en étain, luisant et courbe, derrière lequel le patron sert les apéritifs et verse le vin, le bistro dont la patronne fait elle-même la cuisine, le bistro aux tables de marbre, à l'unique servante que les habitués appellent par son prénom, le bistro où il n'y a que deux ou trois plats, un bon vin ordinaire, un téléphone dans le placard aux balais, le bistro au carrelage saupoudré de sciure de bois, le bistro dont le patron vous tend une main humide par-dessus le comptoir et vous offre un petit verre au jour de l'an, le bistro avec ses jambons et ses saucissons pendus au plafond, ses tables en tôle à la terrasse et ses fusains en caisse sur le trottoir.

Il est d'autant meilleur qu'il est plus loin, plus retiré, au diable, dans une petite rue dont on ne sait pas le nom, où l'on ne connaît personne, où l'on amène tout le monde et dont on parle chez des gens chics ou dans un bar des Champs-Elysées d'un ton négligent et en disant: "Je connais une petite boîte où nous pourrions aller. . . ."

Les clients arrivent, les prix montent, les habitués s'en vont, la patronne prend une cuisinière, puis un cuisinier, repeint ses murs, modernise son restaurant, le patron n'est plus en bras de chemise mais en veston, le bistro s'est enlaidi, il a perdu sa saveur, le charme est rompu. Il faut en trouver un autre. Dieu merci, il n'en manque pas.

—Doré Ogrizek, *Paris tel qu'on l'aime*

6

Une Visite médicale

L'inspectrice médicale est là pour une révision générale: propreté des ongles, état des dents, état du squelette, de la tête, extérieur, intérieur. On est très excité de passer au garage, à cause du petit risque de s'entendre dire que ça ne va pas du tout.

L'excitation est aussi due aux lunettes.

Depuis que les enfants voient passer dans leur école des maîtres qui portent tous des lunettes, ils croient que, pour devenir intelligent, il faut porter des lunettes. Alors, à chaque visite médicale, beaucoup perdent la vue. Ils deviennent incapables de lire la moindre lettre sur le tableau blanc de l'inspectrice, où l'alphabet est déversé pêle-mêle, sans logique, commençant par Z, U, V. . . .

Madame Bugeaud est inspectrice médicale depuis des années. Elle sait tout. Pas de lunettes pour personne. Elle dit toujours: "Lis!" Et quand l'élève fait l'aveugle, elle tranche immédiatement: "Ça va. Dispose."

"Dispose," c'est quand on doit partir.

Elle parle bien, vite et avec autorité.

A cause des malins qui font semblant, ceux qui ont vraiment des problèmes de vue n'ont aucune chance d'avoir des lunettes. Ils risquent de devenir aveugles pour de bon!

Madame Bugeaud sait.

—Azouz Begag, *L'Ilet-aux-Vents*

7

Le Chat

Je souhaite dans ma maison:
Une femme ayant sa raison,
Un chat passant parmi les livres,
Des amis en toute saison
Sans lesquels je ne peux pas vivre.

—Guillaume Apollinaire, *Le Bestiaire*

8

Naufragés

9

Il y a quelqu'un derrière

L'artiste est seul sur scène.
(Après s'être retourné rapidement plusieurs fois)

C'est drôle . . . !

Tout à coup, j'ai eu l'impression qu'il y avait quelqu'un derrière moi!

Cela m'arrive parfois quand je suis tout seul. Tout à coup, j'ai l'impression qu'il y a quelqu'un derrière moi.

Je me retourne . . . et puis, il n'y a personne! Cela arrive à d'autres aussi! Je ne sais plus qui me disait qu'il connaissait un monsieur qui, lorsqu'il était tout seul, avait toujours l'impression qu'il y avait quelqu'un derrière lui. Alors, il se retournait tout le temps. . . . Et finalement, il n'y avait jamais personne! Et il ajoutait:

—Il doit être détraqué!

Je lui dis:

—Détraqué, c'est vite dit! D'abord, comment savez-vous qu'il n'y avait personne derrière lui, puisqu'il était tout seul?

Il me dit:

—Parce que j'étais là!

Je lui dis:

—Donc, il y avait quelqu'un!

Il me dit:

—Il ne pouvait pas me voir. J'étais derrière!

Je lui dis:

—Oui! Mais ça justifiait son impression. Et à part vous, derrière lui, il n'y avait personne?

Il me dit:

—Non, j'étais tout seul!

Je lui dis:

—Ah, oui! . . . Mais alors, qui me prouve que ce n'est pas vous qui avez eu l'impression qu'il y avait quelqu'un devant vous?

Hé! Cela justifierait tout! Vous avez eu l'impression qu'il y avait quelqu'un devant vous, lequel forcément vous donnait l'impression qu'il y avait quelqu'un derrière, puisque vous y étiez!

Il avait du mal à me suivre, hein!

Il me dit:

—D'abord, s'il n'y avait eu personne devant, je l'aurais vu!

Je lui dis:

—C'est justement quand il n'y a personne devant qu'on ne le voit pas!

Là, il ne me suivait plus du tout! Et pourtant, j'avais toujours l'impression qu'il était derrière moi. A un moment, je me retourne . . . et puis, il n'y avait personne! . . . Ça justifie ce que je viens de vous dire. Vous me suivez, là? Alors, écoutez . . . !

(Directement au public)

S'il vous arrive, comme à moi en ce moment, d'avoir l'impression qu'il y a quelqu'un derrière vous, ne vous retournez pas! Parlez-lui!

(S'adressant, sans se retourner, à quelqu'un qui est supposé être derrière lui)

—Je sais que vous êtes derrière moi, vous savez. . . . Vous pouvez rester; ça ne me dérange pas! Maintenant, ce que vous y faites. . . .

(Interrogeant le public)

Qu'est-ce qu'il fait? Il fait des grimaces. . . . C'est ce qu'ils font tous, quand ils sont derrière vous, ils font des singeries . . . les primitifs! Si vous permettez, je voudrais vérifier une chose! Parce que là, j'ai l'impression qu'il y a quelqu'un derrière moi. . . . Je me demande, si je me retournais. . . . Est-ce que j'aurais l'impression qu'il y a quelqu'un devant?

(Il se retourne.)

C'est drôle! J'ai toujours l'impression qu'il y a quelqu'un derrière!

—Raymond Devos

Raymond Devos, mime, comédien, musicien, jongleur, prestidigitateur, est né en 1922. Dans les années 1950 il apparaît avec Maurice Chevalier, qui l'aide à se faire connaître du public. Il est célèbre pour sa versatilité—il joue de la clarinette, du piano, de la harpe, de la guitare, du concertina, de la trompette—et pour ses paradoxes et jeux de mots. (Boris Vian et Raymond Queneau sont parmi ses inspirateurs et modèles.) Il est mort en 2006.

10

Je prétends que la vie privée ne doit pas interférer avec le service au comptoir.

—Extrait de Maja, *Bonheurs*

LEÇON

23 A la recherche d'une invitation II

TEXTE

1

Robert est assis sur un banc du jardin du Luxembourg, parlant avec Marie-Laure. Mireille arrive. Elle semble un peu surprise de les trouver là.

Mireille: Mais qu'est-ce que vous faites là, tous les deux?
Marie-Laure: On parle. . . .
Mireille: Mais qu'est-ce que vous avez? Vous avez l'air bizarre. . . .
Marie-Laure: Nous? On a l'air bizarre? Bizarre . . . bizarre. . . .
Robert: J'ai téléphoné aux Courtois, tout à l'heure.
Mireille: Ah, oui?
Robert: D'abord, je suis tombé sur une dame avec un accent bizarre, que je ne comprenais pas très bien.

Mireille: Ah! ça devait être Concepción, leur bonne. Elle est portugaise. C'est une perle! C'est une excellente cuisinière. Elle fait remarquablement bien la cuisine. Marraine aussi, d'ailleurs.

2

Robert: J'ai retéléphoné un peu plus tard. Là, j'ai eu Mme Courtois. J'ai eu aussi du mal à la comprendre.
Mireille: Pourtant, elle n'a pas l'accent portugais, que je sache!

1. tomber sur

–Tiens, Hubert! C'est rare de **tomber sur** toi à la fac!
–Ah, c'est vrai. On ne me rencontre pas souvent à la Sorbonne . . . mais, tu vois, j'y viens quelquefois!

–Alors, Marie-Laure, tu as trouvé tes boules de gomme?
–Non, mais en les cherchant, je **suis tombée sur** un *Astérix* que je n'ai pas encore lu.

1. perle

C'est une **perle!** Elle est sensationnelle!

1. faire la cuisine

Elle **fait la cuisine.**

2. avoir du mal à

Marie-Laure **a du mal à** porter ça! C'est trop lourd pour elle!

Robert: Non, mais . . . ouh, là, là, ce qu'elle parle vite! Et qu'elle est bavarde!

Mireille: Ah, ça, c'est vrai; elle parle beaucoup. Enfin, quand son mari est là, c'est lui qui parle; elle, elle ne dit rien. Alors, quand il n'est pas là, elle en profite!

Robert: Je n'ai pas pu placer un mot! Enfin . . . il paraît que M. Courtois est absent: il est en voyage. Minouche ne va pas bien du tout: elle a la migraine, ou quelque chose comme ça. . . . Elle doit l'amener chez le vétérinaire. Alors ils ne peuvent pas me voir avant après-demain. Mais elle m'a invité à dîner après-demain. C'est gentil!

3

Mireille: C'est une excellente personne. Elle a le cœur sur la main. Et lui aussi, d'ailleurs. Lui, c'est un bon vivant, toujours content, toujours optimiste. Il ne s'en fait jamais. Il répète toujours: "Ne vous en faites pas, tout ira bien! Ne vous inquiétez pas, il n'y aura pas de problème! Ça ne fera pas un pli! Vous verrez, tout s'arrangera! Il ne faut pas s'en faire!" Elle, c'est plutôt le contraire. Elle est toujours un peu tendue, inquiète. Elle répète toujours: "Tout ça finira mal!" Et lui: "Mais non, Bobonne, tu verras, ça s'arrangera!" . . . Elle a une passion pour les chats. . . . Ils n'ont jamais eu d'enfants. . . . Lui, c'est un gourmet. Il voyage beaucoup pour ses affaires. Il connaît tous les grands restaurants de France. Et comme Concepción est une excellente cuisinière, et Mme Courtois aussi, on mange très bien chez eux.

4

Robert: Vous aimez la bonne cuisine?

Mireille: Oh, oui!

Robert: Eh bien alors, puisque Mme Courtois est votre marraine, vous ne pouvez pas vous faire inviter à dîner, après-demain?

Mireille: Ah, je ne sais pas. Je ne sais pas si je serai libre. . . . Enfin, ça ne dépend pas entièrement de moi. . . . Je verrai. . . . Oh, là, là, excusez-moi, je file! Je vais être en retard! Au revoir!

Robert: Où est-ce qu'elle va?

Marie-Laure: Mystère . . . et boule de gomme! Vous en voulez une?

* * *

2. amener

Mme Courtois **amène** sa chatte chez le vétérinaire.

3. avoir le cœur sur la main

Elle **a le cœur sur la main.** Elle est très bonne, très généreuse.

3. bon vivant

M. Courtois est un **bon vivant.**

3. s'en faire

Il **s'en fait.** Il est préoccupé, inquiet.

3. s'inquiéter

Mme Courtois **s'inquiète** parce que Minouche est malade.

3. pli

Ça fait un **pli.**

3. tendu

Une tente **tendue.** (Ça ne fait pas de plis.)

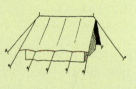

Une tente **détendue.** (Ça fait des plis.)

4. se faire inviter

—Vous ne pouvez pas **vous faire inviter**? Vous ne pouvez pas vous arranger pour être invitée?

4. dépendre de

—Où est-ce que tu joues?
—Ça **dépend.** Ça **dépend** du temps: quand il fait beau, je joue au Luxembourg; quand il fait mauvais, je joue à la maison.

5

Jeudi 31 mai. Robert se promène dans Paris. Il traverse le marché aux fleurs, il passe devant la Conciergerie, sur les quais de la Seine. Il est nerveux, tendu, inquiet. Il se demande si Mireille sera chez les Courtois, le lendemain.

Il entre au musée du Louvre. Il voit un tableau d'un peintre qui s'appelle Robert. Comme c'est bizarre: il s'appelle Hubert Robert! Bizarre, bizarre. . . . Il passe devant la Victoire de Samothrace.

Un petit garçon: Dis, Papa, pourquoi elle n'a pas de tête?
Le père: C'est la Victoire de Samothrace!
Le petit garçon: Ah! . . .
Robert s'arrête devant la Vénus de Milo.
Le petit garçon: Dis, Papa, pourquoi elle n'a pas de bras?
Le père: C'est la Vénus de Milo!
Le petit garçon: Ah! . . .
Il va voir la Joconde . . . mais il ne pense qu'à Mireille: est-ce qu'elle sera chez les Courtois?

* * *

6

Vendredi 1er juin. Robert a mal dormi. Il se demande si Mireille sera chez les Courtois.

Il ouvre sa fenêtre. Il fait un temps magnifique . . . Oui, elle y sera!

Il se rase; il se coupe. . . . Non, elle n'y sera pas! Il est neuf heures du matin; le dîner chez les Courtois est à sept heures et demie . . . du soir! Robert va se promener pour passer le temps.

Il fait le tour de l'île Saint-Louis, il passe devant l'Hôtel de Ville, il explore le Forum des Halles, il visite Beaubourg. Et il se demande si Mireille sera chez les Courtois ce soir.

5. *quais de la Seine*

Des bateaux le long des **quais de la Seine.**

5. *La Victoire de Samothrace*

La Victoire de Samothrace a des ailes, mais elle n'a pas de tête.

5. *La Venus de Milo*

La Vénus de Milo.

5. *La Joconde*

La Joconde a une tête et elle sourit. (C'est un tableau de Léonard de Vinci.)

6. *ouvrir*

Marie-Laure **ouvre** la porte.

6. *couper*

Il **coupe** de la viande.

7

Trois heures: Robert rentre à son hôtel, *se change*, et prend le métro pour aller chez les Courtois. En sortant du métro, il a l'air perdu.

Robert (à une passante): Mademoiselle, s'il vous plaît, la tour Totem?

La passante: Je ne connais pas! Ici, vous êtes à la Défense. Ce n'est pas ici, je ne crois pas.
Robert: Merci. . . .

Robert reprend le métro, regarde son plan, semble de plus en plus perdu. Il sort du métro.

Robert (à un passant): Le quai de Grenelle, s'il vous plaît, c'est par ici?
Le passant: Le quai de Grenelle? Mais c'est dans le 15ème! Ici, vous êtes à Montmartre! Il faut prendre le métro!
Robert: Ah, non alors! Je n'ai pas le temps! Merci!

8

Et Robert part à pied. Il traverse tout Paris à pied. . . . Il marche vite, il regarde son plan, il regarde l'heure: 5 heures, 6 heures, 6 heures et demie, 7 heures. . . . Enfin, voici le quai de Grenelle, la tour Totem . . . il est 7 heures 29.

9

Il sonne à une porte. Un monsieur ouvre.

Robert: Pardon, Monsieur; Mme Courtois, c'est bien ici?
Le monsieur: Ah, non, Monsieur, non! Mme Courtois, ce n'est pas ici, non, vous vous êtes trompé de porte. Mme Courtois, c'est à côté, la porte à côté . . . juste ici.
Robert: Excusez-moi, Monsieur, je suis désolé de vous avoir dérangé; excusez-moi. . . .
Le monsieur: Ce n'est pas grave, Monsieur. Il n'y a pas de mal. Au revoir, Monsieur.
Robert: Au revoir, Monsieur. Il est 7 heures 30. . . . Ouf!

7. plan

Robert regarde le **plan** du métro.

7. le 15ème

Le 15ème: le 15ème arrondissement. Paris est divisé en arrondissements. Le quai de Grenelle est dans **le 15ème** arrondissement. Mireille habite dans le 6ème.

9. sonner

Robert **sonne.**

MISE EN ŒUVRE

Ecoutez la mise en œuvre du texte et répondez aux questions suivantes.

1. Où sont Robert et Marie-Laure?
2. A qui Robert vient-il de téléphoner?
3. Qui a répondu au téléphone?
4. Pourquoi Concepción a-t-elle un accent quand elle parle français?
5. Qu'est-ce que Concepción fait remarquablement bien?
6. Pourquoi Mme Courtois est-elle aussi plutôt difficile à comprendre?
7. Où est M. Courtois?
8. Comment va Minouche?
9. Où Mme Courtois doit-elle amener Minouche?
10. Quand Robert est-il invité à dîner chez les Courtois?
11. Comment est M. Courtois?
12. Qu'est-ce qu'il répète toujours?
13. Et Mme Courtois, comment est-elle?
14. Qu'est-ce qu'elle dit souvent?
15. Pourquoi M. Courtois connaît-il tous les grands restaurants de France?
16. Qu'est-ce que Robert suggère à Mireille?
17. Pourquoi Mireille n'est-elle pas sûre de pouvoir aller dîner chez les Courtois?
18. Robert se promène dans Paris. Est-ce qu'il est calme, détendu?
19. Qu'est-ce qu'il se demande?
20. Est-ce que Robert a bien dormi?
21. A quelle heure est le dîner chez les Courtois?
22. Que va faire Robert pour passer le temps?
23. Que fait Robert à trois heures?
24. Comment va-t-il chez les Courtois?
25. Comment va-t-il de Montmartre au quai de Grenelle? En métro?
26. Quelle heure est-il quand il arrive à la tour Totem?
27. Est-ce qu'il sonne à la bonne porte?
28. Où est l'appartement des Courtois?

MISE EN QUESTION

1. Quand Mireille demande à Marie-Laure et à Robert ce qu'ils font là, et quand elle prétend qu'ils ont l'air bizarre, est-ce qu'elle est simplement surprise, ou est-ce que ça l'agace de trouver Robert en compagnie de Marie-Laure? Serait-elle jalouse? Est-ce que Marie-Laure et Robert ont vraiment un air bizarre? Pourquoi auraient-ils un air bizarre? Pourquoi sont-ils là? Est-ce qu'ils ont une bonne raison d'être là? Est-ce qu'ils ont quelque chose à cacher? Est-ce que Mireille savait qu'ils étaient là? Au fait, pourquoi Mireille est-elle venue au Luxembourg?

2. Qu'est-ce que Robert dit pour changer de sujet?

3. Est-ce que Mireille se moque légèrement de Robert quand elle fait remarquer que Mme Courtois n'a pas d'accent portugais? Est-ce que Mireille a du mal à comprendre Mme Courtois? Pourquoi?

4. Pourquoi Mme Courtois est-elle souvent bavarde? Est-ce qu'elle parle toujours beaucoup?

5. Quand un chien ou un chat est malade, est-ce qu'on l'amène, normalement, chez un docteur ou chez un vétérinaire? Pourquoi Mme Courtois dit-elle qu'elle doit amener Minouche "chez le docteur"? Quel genre de maladie a Minouche?

6. Quelle expression Mireille utilise-t-elle pour dire que Mme Courtois est très bonne, très généreuse?

7. Qu'est-ce qui explique peut-être que Mme Courtois aime tellement les chats?

8. Qu'est-ce qui explique qu'on mange très bien chez les Courtois?

9. D'après vous, pourquoi Robert suggère-t-il à Mireille de se faire inviter chez les Courtois? Est-ce qu'il dit la vraie raison? Quelle est la raison qu'il donne? Pourquoi devrait-il être facile à Mireille de se faire inviter?

10. D'après vous, pourquoi est-ce que Mireille ne dit pas si elle va se faire inviter chez les Courtois? Est-ce qu'elle n'a pas envie de passer la soirée avec Robert? Est-ce qu'elle n'est pas sûre d'en avoir envie et elle veut se donner le temps de décider? Est-ce qu'elle n'est pas libre? Elle dit qu'elle ne sait pas si elle pourra. De quoi ou de qui est-ce que ça peut dépendre? Ou bien est-ce que c'est un jeu? Est-ce qu'elle ne veut pas donner à Robert l'impression qu'elle a envie de le revoir?

11. Pourquoi part-elle précipitamment? Est-ce qu'elle est vraiment pressée? Pourquoi? Où peut-elle bien aller? Ou bien est-ce qu'elle ne veut pas que Robert insiste? Elle ne veut pas être forcée de décider et de dire oui ou non?

12. Dans la grande galerie du Louvre, Robert remarque un tableau d'Hubert Robert. Observez bien la vidéo. Qu'est-ce que ce tableau représente?

13. Qu'est-ce qu'il manque à la Victoire de Samothrace? Et à la Vénus de Milo?

14. Le matin, quand Robert ouvre sa fenêtre, pourquoi pense-t-il que Mireille sera chez les Courtois? Et puis, quand il se rase, quelques minutes plus tard, pourquoi est-ce qu'il pense qu'elle n'y sera pas?

15. Vers quelle heure Robert part-il de son hôtel pour aller chez les Courtois? Est-ce que vous pensez qu'il va être en retard?

16. Un passant lui dit qu'il est très loin du quai de Grenelle, et qu'il faut prendre le métro. Pourquoi décide-t-il de ne pas prendre le métro et d'y aller plutôt à pied?

17. Finalement, est-ce qu'il arrive à l'heure?

Journal de Marie-Laure

DÉPART DE CONCEPCIÓN

Le 13 juin 1990

Marraine Courtois n'en peut plus.
Elle a trop de travail.
Elle est morte de fatigue, épuisée, accablée, éreintée.
Elle est exténuée, crevée, complètement à plat.
Elle ne sait plus où donner de la tête.
Elle n'y arrive pas.
Elle est désespérée, elle n'en peut plus : Concepción est partie, il y a
deux jours. Elle a décidé de retourner dans sa famille au Portugal.
Elle va ouvrir un restaurant à Porto. Comme les affaires de Parrain
Courtois ne vont pas très bien, les Courtois ne vont pas la remplacer.
Une bonne à plein temps, ça coûte trop cher !
   Marraine Courtois est complètement perdue. Elle a même oublié,
hier soir, de donner son Ronron à Minouche qui a miaulé toute la
nuit. Pauvre Minouche, elle devait mourir de faim !

Le 15 juin 1990

Les Courtois n'ont plus de bonne mais ils ont réussi à trouver une
femme de ménage qui est extraordinaire, formidable, épatante,
parfaite, une perle paraît-il. Elle s'appelle Habiba. Elle
est tunisienne.

Le 23 juin 1990

Marraine Courtois a tellement dit de merveilles de sa nouvelle femme
de ménage que Maman lui a demandé si Habiba accepterait de
venir travailler chez nous. Elle a dit oui. Elle viendra quatre
heures par semaine.

Le 30 juin 1990

C'est vrai que cette Habiba est formidable ! Elle travaille vite et
bien et, en plus elle est très gentille et souriante.
   C'est une très belle femme d'une quarantaine d'années, je pense,

toujours bien habillée, jolis jeans impeccables, petits hauts élégants, et très beaux bijoux en argent qui viennent de Tunisie.

Elle est née à Thala, un village près de la frontière algérienne. Elle est allée à l'école à Thala: trois heures le matin en arabe et trois heures l'après-midi en français. Et puis, elle a passé trois ans au Lycée Normal de Sbeïtla. Elle est donc parfaitement bilingue.

Ses parents parlent et écrivent en français.

Elle est en France depuis 15 ans. Elle retourne souvent en Tunisie voir sa famille et ses amis. La prochaine fois, elle va me porter une djellaba.

Sa mère, cependant, habite en France: à Lille.

Habiba fait scrupuleusement Ramadan, comme tous les bons Musulmans, et elle dit qu'il lui arrive même de faire quelques semaines de jeûne de plus après la fin officielle du Ramadan. Habiba a deux enfants très brillants: son fils vient d'entrer à Henri IV pour faire hypokhâgne et sa fille veut devenir prof de maths.

bdgomme Dommage qu'Habiba soit partie en Tunisie voir sa famille, j'ai trop envie de manger un bon couscous. Y a rien de meilleur !

8-nov-2009

ON A VOLÉ LA JOCONDE !

Le 10 avril 2005

C'est toujours sur moi que tombent les corvées. Dès qu'il y a quelque chose d'embêtant à faire, c'est sur moi que ça tombe. Il se trouve que Papa a un collègue américain qui débarque avec sa femme. Pendant que le mari travaille avec Papa, il faut que quelqu'un s'occupe de Madame. Papa a demandé à Mireille mais, évidemment, comme toujours, elle est trop occupée. Ça ne m'étonne pas, c'est toujours comme ça avec ma sœur. Alors c'est sur moi que c'est retombé, comme d'habitude. La dame en question, qui est d'ailleurs très gentille, a voulu aller au Louvre pour voir la Joconde. Nous voilà donc parties pour le Louvre et parce que je connais le Louvre comme

ma poche, je l'amène tout droit à la salle Rosa et je lui dis, « Voilà la Joconde ! » Manque de pot, consternation, il n'y avait pas de Joconde… Ça y est, que je me suis dit, on l'a encore volée ! Je m'approche du garde, « Excusez-moi, Monsieur, qu'est-ce qui se passe ? Où est la Joconde ? C'est pas croyable, on l'a encore volée ? » « Mais non, ma petite dame ! On l'a volée, oui, mais en 1911. Ne vous en faites pas, on l'a retrouvée depuis. On l'a simplement déplacée. Elle est maintenant dans la salle des Etats. » J'avais bonne mine, moi. J'avais l'air fine, tiens, devant la dame américaine, de ne pas être fichue de trouver la Joconde au Louvre ! On m'y reprendra à vouloir rendre service à Papa ! C'est bien la dernière fois.

« De toutes façons, ne vous en faites pas, La Joconde, j'en avais fait une copie quand j'avais 6 ans. »

bdgomme J'ai fait un rêve où j'avais le visage de la Joconde et Marcel Duchamp était gardien de musée. Interprétation svp ??? #Sigmundàl'aide 8-oct-2009

rroselavy @bdgomme : Selon mon avis professionnel, il s'agit tout simplement d'une indigestion. Faut mâcher plus quand tu manges ! 8-oct-2009

bdgomme @rroselavy : Etre l'amie d'un charlatan, wouah, quel honneur ! :-) 8-oct-2009

DOCUMENTS

1

Traversée de Paris

Le Forum des Halles.

Le Louvre.

Montmartre.

L'Hôtel de Ville.

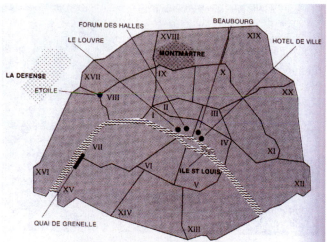

Beaubourg.

La Défense.

Le quai de Grenelle.

La place de l'Etoile.

La tour Totem.

L'île Saint-Louis.

2

Un jour, tu verras

Un jour, tu verras
On se rencontrera
Quelque part n'importe où
Guidés par le hasard
Nous nous regarderons
Et nous nous sourirons
Et la main dans la main
Par les rues nous irons.
—Mouloudji et G. Van Parys

Mouloudji (Marcel Mouloudji, 1922–1994), chanteur et acteur, est actif après la Seconde Guerre mondiale dans la vie artistique et littéraire de Saint-Germain-des-Prés. Il fait la connaissance de Boris Vian et Jacques Prévert, dont il chantera les chansons. Son premier succès, "Comme un p'tit coquelicot," obtient le Grand Prix du disque en 1953; "Un jour, tu verras" est un second succès en 1954. Acteur, il a fait une vingtaine de films entre 1936 et 1961.

3

Futurs

A. Monseigneur, dans vingt-quatre heures, vous serez mort ou guéri.
—Chicot, médecin, au cardinal de Richelieu mourant

Richelieu (1585–1642), cardinal et ministre de Louis XIII, fonde l'Académie française en 1635. Il est mort après une longue maladie.

B. Aide-toi, le Ciel t'aidera.
—La Fontaine, *Le Chartier embourbé*

C. Qui vivra verra.

Rira bien qui rira le dernier.
—Tante Georgette

D. Tel qui rit vendredi dimanche pleurera.
—Racine, *Les Plaideurs*

E.
Demain, j'irai demain voir ce pauvre chez lui,
Demain, je reprendrai le livre à peine ouvert,
Demain, je te dirai, mon âme, où je te mène,
Demain, je serai juste et fort . . . pas aujourd'hui.
—Sully Prudhomme, *Poésies*

Sully Prudhomme, de son vrai nom René François Armand Prudhomme, est né en 1839 et mort en 1907. Ses parents étaient des commerçants aisés. Il a d'abord été ingénieur, puis il a fait son droit et a fini par devenir poète. Un de ses poèmes, "Le Vase brisé," a été très célèbre. Il a été élu à l'Académie française en 1881 et a reçu le premier prix Nobel de littérature en 1901.

F. Moi, quand je serai grande, je serai paranoïaque!
—Marie-Laure

4

Inquiétudes

Le passé me tourmente et je crains l'avenir.
—Chimène, dans *Le Cid* de Corneille, acte II, scène 4

Hélas! Que dans l'esprit je sens d'inquiétude!
—L'Infante, dans *Le Cid*, acte V, scène 1

5

Vin et gastronomie

Pendant très longtemps, l'alcool a eu en France une image très positive. Il était l'un des attributs de la culture gastronomique et même de la culture au sens large. On appelait ceux qui buvaient bien des "bons vivants." Le vin constituait l'un des ingrédients des célébrations (fête, anniversaire). On donnait aux enfants la possibilité de goûter du vin comme un rite de passage vers l'âge adulte.

Bien que ces pratiques existent toujours (à onze ans, 59% des enfants ont eu l'occasion de goûter une boisson contenant de l'alcool), un Français sur deux pense maintenant que boire du vin peut être un risque pour la santé, contre 26% en 2006. Aujourd'hui les jeunes préfèrent d'autres boissons comme les sodas ou la bière.

—D'après *Francoscopie* 2010

6

L'Homme, avenir du cosmétique

Les hommes dépensent de plus en plus d'argent en produits cosmétiques. Ils achètent non seulement des crèmes de rasage et d'après-rasage, mais aussi des produits de soins du visage et des eaux de toilette. Très souvent, ils empruntent les produits de leur femme: shampooings, produits pour la douche, déodorants, crèmes pour les mains, produits solaires . . .

S'occuper de mode ou de beauté masculine a long-temps été considéré comme la propriété de la "culture gay." Mais l'homosexualité n'est plus un tabou, et les codes de virilité ont changé. Les hommes sont de plus en plus nombreux à se rendre dans des centres de soins corporels ou à passer par la chirurgie esthétique.

—D'après *Francoscopie* 2010

7

Publiphone

8

Le Pont Mirabeau

Sous le pont Mirabeau coule la Seine
     Et nos amours
    Faut-il qu'il m'en souvienne
La joie venait toujours après la peine

      Vienne la nuit sonne l'heure
      Les jours s'en vont je demeure

Les mains dans les mains restons face à face
     Tandis que sous
    Le pont de nos bras passe
Des éternels regards l'onde si lasse

      Vienne la nuit sonne l'heure
      Les jours s'en vont je demeure

L'amour s'en va comme cette eau courante
     L'amour s'en va
    Comme la vie est lente
Et comme l'Espérance est violente

      Vienne la nuit sonne l'heure
      Les jours s'en vont je demeure

Passent les jours et passent les semaines
     Ni temps passé
    Ni les amours reviennent
Sous le pont Mirabeau coule la Seine

      Vienne la nuit sonne l'heure
      Les jours s'en vont je demeure

—Guillaume Apollinaire, *Alcools*

9

Musées, conservatoires de la culture

Ce qui entend le plus de bêtises dans le monde est peut-être un tableau de musée.

—Edmond et Jules de Goncourt

10

L'erreur est humaine

A. L'avantage du célibataire sur l'homme marié, c'est qu'il peut toujours cesser de l'être s'il trouve qu'il s'est trompé.

—Alphonse Karr

Alphonse Karr (1808–1890) a écrit des romans, mais il est surtout connu comme journaliste et comme humoriste. Il est devenu directeur du journal *Le Figaro* en 1839. A la fin de sa vie, il s'est installé sur la Côte d'Azur et a créé le commerce des fleurs coupées sur la Riviéra française. Sa maxime "Plus ça change, plus c'est la même chose" est devenue un lieu commun.

B. Et ceux qui ne font rien ne se trompent jamais.
—Théodore de Banville, *Odes funambulesques*

Théodore de Banville (1823–1891), dramaturge, critique littéraire et poète entre le romantisme et la poésie moderne, est l'ami de Victor Hugo et de Baudelaire, et dirige une revue de poésie contemporaine. C'est lui qui découvre en 1870 le talent du poète Arthur Rimbaud, âgé alors de quinze ans.

C. Il ne suffit pas de dire: Je me suis trompé; il faut dire comment on s'est trompé.

—Claude Bernard

Claude Bernard est considéré comme le fondateur de la médecine expérimentale. Il est né en 1813 et fait des études de pharmacie, mais décide en 1834 de tenter une carrière de dramaturge. Le critique à qui il montre son drame en cinq actes lui dit de retourner plutôt à la médecine, et Bernard suit son avis. Il sera par la suite professeur à la Sorbonne et au Collège de France, et, en 1868, membre de l'Académie française. Ses découvertes sur les fonctions du foie, l'origine du diabète, et l'homéostasie, entre autres, font de lui un des plus grands scientifiques du XIXème siècle. Il est mort en 1878.

D. Pour grands que soient les rois, ils sont ce que nous sommes:
Ils peuvent se tromper comme les autres hommes.
—Le Comte, dans *Le Cid*, acte I, scène 3

11

La princesse Marthe Bibesco

Je l'ai bien connue quand nous habitions l'île Saint-Louis, moi dans une cellule de trois mètres sur deux, elle dans un admirable appartement à la proue de l'île dont les fenêtres ne voyaient que la Seine et Notre-Dame. Elle avait été belle, riche, célèbre, entourée. Devenue impotente, à demi aveugle, ruinée et délaissée, elle conservait une gaieté, une drôlerie même qui supposaient une force et un courage hors du commun.

. . .

Un après-midi, elle dit à la jeune femme qui lui tenait compagnie: "Aujourd'hui, je ne ferai pas la sieste, parce que j'attends une visite."

—Quelle visite, Madame? Je n'ai pris aucun rendez-vous, s'étonna son amie.

—Si, si, j'attends quelqu'un!

Elle prit un livre et s'absorba dans sa lecture. Au bout d'un moment, elle dit:

—On a sonné. Voulez-vous aller ouvrir?

—Je n'ai rien entendu. Vous êtes sûre qu'on a sonné?

—Absolument. C'est ma visite. Allez, je vous prie. La jeune femme obéit. Bien entendu, elle ne trouva personne sur le palier. Elle revint. Dans son grand fauteuil, son livre ouvert sur ses genoux, Marthe Bibesco était morte.

—Michel Tournier, *Petites Proses*

Michel Tournier est né en 1924 et a étudié la philosophie à Paris et en Allemagne. Il a travaillé à Radio France, au *Monde* et au *Figaro* comme journaliste. En 1967 il a publié son premier roman, une version modernisée de l'histoire de Robinson Crusoé, qui a obtenu le Grand Prix du roman de l'Académie française. *Vendredi ou la vie sauvage*, son adaptation du même livre pour les jeunes, est devenu un classique et a été traduit dans une quarantaine de langues. *Le Roi des aulnes*, son deuxième roman, a reçu le Prix Goncourt en 1970.

24 Nourritures terrestres I

TEXTE

1

Robert a été invité chez les Courtois; il est arrivé devant la porte de leur appartement. Mireille sera-t-elle là? Il sonne; c'est Mme Courtois qui ouvre. . . .

Mme Courtois: Ah, mon petit Robert! Vous voilà! Comme je suis contente de vous voir! Ah, comme vous ressemblez à votre maman! Vous permettez que je vous embrasse, mon petit! . . . Entrez, entrez. Mon mari n'est pas encore rentré.

Robert entre. . . . Non, Mireille n'est pas là.

2

Mireille avait téléphoné à Mme Courtois le jeudi matin. Ça faisait des semaines qu'elle n'avait pas vu sa marraine.

Mireille: Allô, Marraine?
Mme Courtois: Ah, ma petite Minouche! C'est toi? Mais ça fait une éternité qu'on ne t'a pas vue! Qu'est-ce que tu deviens? Ah, je suis bien contente que tu téléphones. Tu tombes bien! Ecoute,

viens donc demain. Justement, nous aurons un jeune Américain charmant.[1] Il est arrivé avant-hier. Il ne connaît personne. Il sera ravi de faire ta connaissance. Et nous vous retiendrons à dîner.
Mireille: Mais, Marraine, je ne sais pas si je pourrai. . . .
Mme Courtois: Mais si, mais si! Ecoute, hein . . . depuis le temps qu'on ne t'a pas vue. . . .
Mireille: Bon, écoute, j'essaierai . . . je vais voir . . . mais je ne te promets rien!

3

Mais Robert ne sait pas que Mireille a bien appelé Mme Courtois. Elle n'est pas là, et Robert se demande si elle viendra.

1. Note des auteurs: Mme Courtois ne sait absolument pas si Robert est charmant ou pas. Elle l'a trouvé charmant au téléphone, sans doute parce qu'il n'a presque rien dit.

Mme Courtois: Asseyez-vous, je vous en prie. Alors, comment allez-vous? Comment trouvez-vous Paris? Qu'est-ce que vous avez vu? Parlez-moi un peu de votre maman. Comment va-t-elle?
A ce moment, on sonne à la porte.
Mme Courtois: Ah, excusez-moi, ça doit être Mireille (c'est ma filleule).

C'est, en effet, Mireille. . . . Embrassades avec sa marraine; présentation de Robert.

Mme Courtois: Ma petite Minouche, comment vas-tu? Mais tu es fraîche comme une rose! . . . Je te présente Monsieur Taylor, qui nous arrive des Etats-Unis. . . . Robert . . . Mireille Belleau, ma filleule. . . . C'est presque notre fille.

Robert et Mireille font semblant de ne pas se connaître.

Robert: Enchanté, Mademoiselle.
. . .
Mireille: Bonsoir. . . .

Ça y est! Maintenant, les Courtois ne devront jamais découvrir la rencontre de mercredi. Robert et Mireille devront garder le secret. Que la vie est compliquée!

Mme Courtois: Mais asseyez-vous, mes enfants! Vous n'allez pas rester debout, asseyez-vous! Tiens, ma petite Minouche, viens t'asseoir à côté de moi. . . . Depuis le temps que je ne t'ai pas vue. . . . (*A la chatte, qui vient se frotter contre elle*) Oh, toi aussi, tu es notre fille! Oui, tu es jalouse! Oh, qu'elle est jalouse! . . . (*Elle se lève*) Excusez-moi, je vais voir ce qui se passe dans la cuisine.

2. *une éternité*

Une **éternité**: un an, un siècle, un millénaire . . . et beaucoup plus.
—Ça fait une **éternité** qu'on ne t'a pas vue: ça fait longtemps! (Peut-être quinze jours! Mme Courtois exagère un peu!)

2. *devenir*

Qu'est-ce que tu **deviens**? Qu'est-ce que tu fais? Comment vas-tu?

2. *bien/mal tomber*

Ça, c'est un monsieur qui **tombe mal.**

Ça, c'est un monsieur qui **tombe bien.**

—Tu **tombes bien**! Tu arrives au bon moment!
Ça **tombe bien**! C'est une heureuse coïncidence!

2. *retenir*

Mireille **retient** Robert.

Mme Courtois **retient** Robert à dîner.

—Non, ne partez pas! Restez! Je vous **retiens** à dîner. Vous allez dîner avec nous! Mais si, mais si!

2. *promettre*

Robert: Je t'écrirai toutes les semaines, je te **promets.**
Robert **a promis** à sa mère de lui écrire toutes les semaines. Il tient sa **promesse**: il lui a déjà écrit une carte.

3. *embrassade*

Embrassades: Mme Courtois **embrasse** Mireille; Mireille **embrasse** Mme Courtois.

3. *filleul*

Mme Courtois est la marraine de Mireille. Mireille est la **filleule** de Mme Courtois.

3. *ça y est*

—**Ça y est**! Voilà! C'est fait! C'est arrivé!

3. *frotter*

Avec M. Propre, plus besoin de **frotter**! (publicité)

Il **se frotte** les pieds avant d'entrer.

3. *jaloux*

Minouche est **jalouse** de Mireille. Elle est **jalouse** parce que Mme Courtois s'occupe trop de Mireille et pas assez d'elle.

4

Robert et Mireille restent seuls . . . mais M. Courtois arrive juste à ce moment-là.

M. Courtois: Ah, bonjour, bonjour! Excusez-moi, je suis un peu en retard . . . le travail, vous savez ce que c'est!

Mme Courtois revient de la cuisine.

M. Courtois: Ah, bonsoir, Bibiche. Comment ça va? . . . Bonsoir, ma petite Mireille. Je suis content de te voir. Ça fait longtemps qu'on ne t'avait pas vue! Qu'est-ce qui se passe? Ce sont tes études . . . ou un amoureux? . . . Et voilà notre jeune Américain! Justement, j'irai aux Etats-Unis en septembre. Il faudra me donner des tuyaux. . . . Mais en attendant, vous prendrez bien quelque chose. . . . Voyons, qu'est-ce que je peux vous offrir? Whisky, Campari, xérès, banyuls, pastis, porto?

Robert: Un doigt de porto, s'il vous plaît.

M. Courtois: Et toi, ma petite Mireille, qu'est-ce que tu prendras?

Mireille: Eh bien, un petit pastis bien tassé, comme d'habitude!

M. Courtois: Et toi, Bibiche, qu'est-ce que je te donne?

Mme Courtois: Oh, moi, je prendrai une larme de xérès.

M. Courtois se sert généreusement de scotch, avec un petit glaçon et très peu d'eau.

M. Courtois: A la vôtre!

5

La conversation s'engage. On parle d'abord du temps, puis de la circulation à Paris, de la situation internationale. M. Courtois reprend du scotch. Puis on revient à Paris, aux restaurants de Paris, aux libres-services, aux "fast-food" que M. Courtois déteste.

M. Courtois: C'est un scandale! Voir ça en France! Quelle honte!

Mireille: Oh, tu sais, ce n'est pas pire que les restau-U!

Mme Courtois: Les restaurants universitaires ne servent peut-être pas de la haute cuisine, mais, au moins, ce sont de vrais repas, équilibrés. . . .

---

4. *amoureux*

Deux **amoureux** sur un banc public (ils s'embrassent).

4. *tuyau*

Robert donne des **"tuyaux"** à M. Courtois (il lui donne des adresses, des conseils . . .).

Un **tuyau** d'arrosage.

Un **tuyau** de poêle.

Un **tuyau** de pipe.

4. *pastis, tassé*

Mireille veut un **pastis** (un apéritif à l'anis, un Pernod, un Ricard) bien **tassé**, très fort; beaucoup de **pastis** et très peu d'eau.

4. *larme*

Une **larme**.

La vie est une vallée de **larmes**. Tante Amélie est toujours triste: elle a toujours la **larme** à l'œil (elle a aussi un peu de conjonctivite). Mme Courtois prend un tout petit peu de xérès: juste une **larme**, une goutte.

Une goutte.

6

Enfin, on passe à table vers 20h 30. Heureusement, parce que Robert commençait à mourir de faim.

Mme Courtois: Bien! Je crois qu'on peut passer à table. Voyons . . . Robert ici, à ma droite . . . Mireille, tu te mets là. . . . (*A la bonne*) Concepción, quand vous voudrez.

La bonne apporte le potage.

M. Courtois: Ah! Du potage!

Mme Courtois: Oui . . . enfin, non . . . plus exactement, c'est du gazpacho; c'est une spécialité de Concepción. . . . Vous savez, ce sera très simple: truite, gigot, fromage, et dessert. C'est tout.

Mireille: Hmm . . . c'est délicieux!

Mme Courtois: Concepción, votre gazpacho est délicieux.

Puis la bonne apporte les truites, et M. Courtois sert le vin blanc.

M. Courtois: Bibiche, un peu de vin blanc? C'est le chablis que tu aimes, le Moutonne. (*Il attaque sa truite*) Ah, une bonne petite truite, je crois que c'est le poisson que je préfère. . . . Mais Monsieur Taylor, vous ne buvez pas! Regardez Mireille!

Mireille: Moi, j'ai un faible pour le chablis!

7

Concepción apporte le gigot, avec des haricots blancs, des haricots verts, et des pommes de terre sautées comme légumes.

M. Courtois: Je crois que je vais vous servir, ce sera plus simple. . . . Ah, Monsieur Taylor, bien cuit ou saignant?

Robert: Bien cuit, s'il vous plaît.

Mme Courtois: Tiens, Mireille, tu veux te servir de haricots? Robert, servez-vous de pommes de terre, si vous voulez.

Avec le rôti, M. Courtois sert un bordeaux rouge, un Léoville-Las Cases 1966, que tout le monde goûte dans un silence religieux.

Mireille: Hmmm . . . ce gigot est fameux!

Mme Courtois: J'ai un petit boucher qui me sert très bien. Il a toujours de la très bonne viande.

Après le plat de viande, la salade.

Mme Courtois: Robert, un peu de salade?

Après la salade, le fromage. Et avec le fromage, un bourgogne rouge, un Chambertin Clos de Bèze 1976. Repas simple, mais bien composé, qui se termine par une crème renversée.

M. Courtois: Concepción, attention de ne pas renverser la crème renversée!

Mme Courtois: C'est le dessert préféré de Mireille!

8

M. Courtois organise pour Robert un tour de France touristique et gastronomique.

M. Courtois: Il faut . . . il faut aller à Lyon. . . .

Mireille: . . . L'ancienne capitale des Gaules!

M. Courtois: Ancienne capitale des Gaules, ancienne capitale des Gaules . . . c'est surtout la capitale gastronomique de la France! Vous y mangerez magnifiquement!

Mme Courtois: Si on passait à côté pour prendre le café?

M. Courtois: Et puis, il faut aller en Bourgogne, à Dijon. . . . J'y ai mangé un jour des œufs brouillés aux truffes. . . . Oh! Une merveille! Et, en parlant de truffes, il faut absolument aller en Dordogne.

Mme Courtois: Oui, c'est très beau, la vallée de la Dordogne, le Périgord. . . .

Mireille: C'est plein de grottes préhistoriques: Lascaux, les Eyzies. . . .

M. Courtois: Oui, c'est intéressant, si tu veux, mais pour les truffes, les foies gras, les confits d'oie, les cèpes, vous ne trouverez pas mieux! . . . Tenez, Robert, goûtez cet armagnac; je crois qu'il vous plaira. Cinquante ans d'âge! Vous m'en direz des nouvelles!

9

Robert est légèrement agacé par l'obsession gastronomique de M. Courtois. Il cherche un moyen de s'échapper au plus tôt, aussi poliment que possible, et, si possible, avec Mireille.

Robert: J'espère que vous m'excuserez, mais avec le décalage horaire. . . .

Mme Courtois: Ça fait combien entre New York et ici? Cinq heures? Six heures?

Robert: Six heures. Je tombe de sommeil. . . .

Mireille: Oh, mais il est déjà minuit et demie, mon Dieu! Il faut que je rentre, moi aussi.

Robert (*à Mme Courtois*): Quel délicieux repas, et quelle charmante soirée! Je ne sais comment vous remercier. . . .

M. Courtois: Mais ne partez pas encore! Vous avez le temps! Tiens, vous prendrez bien encore un peu d'armagnac! N'est-ce pas qu'il est bon?

Robert: Il est extraordinaire, mais il faut absolument que je rentre.

M. Courtois: Vraiment? Alors, dans ce cas, je vais vous reconduire tous les deux.

Robert: Mais non, mais non, ce n'est pas la peine!

Mireille: Mais non, Parrain, ne te dérange pas! Tu dois être fatigué!

M. Courtois: Mais si, mais si! Ça ne me dérange pas du tout! De toute façon, je dois mettre la voiture au garage.

Robert: Merci encore. Tout était vraiment exquis. Bonsoir!

6, 7. fromage

Des **fromages**.

7. haricot

Des **haricots** blancs.

Des **haricots** verts.

7. pomme de terre

Des **pommes de terre**.

7. bien cuit, saignant

Viande **bien cuite**: couleur brune.
Viande **saignante**: couleur rouge.

7. goûter

Il **goûte** le vin.

7. renverser

Une crème **renversée**.

Une salière **renversée**.

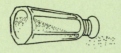

Un monsieur **renversé** par une voiture.

8. œuf

Des **œufs**.

8. truffe

La **truffe** est une sorte de champignon, plus ou moins sphérique, noir, qu'on trouve sous la terre, et qui a un goût très délicat. Les **truffes**, qui coûtent très cher, servent surtout à parfumer les plats. On met souvent des **truffes** dans le foie gras.

8. oie, confit

Une **oie**.

Confit de canard.

8. cèpe

Des **cèpes** (ce sont des champignons).

8. vous m'en direz des nouvelles

—**Vous m'en direz des nouvelles**! Je suis sûr que vous le trouverez remarquable, excellent, exceptionnel.

9. moyen

—Il n'y a pas **moyen** de faire ça! C'est impossible!
—C'est difficile, mais il y a sûrement un **moyen**!

9. s'échapper

Robert **s'échappe** avec Mireille.

9. tomber de sommeil

Il **tombe de sommeil**.

Il a **sommeil**, il a envie de dormir.

9. reconduire

M. Courtois veut **reconduire** Mireille et Robert chez eux; il veut les raccompagner en voiture.

9. parrain

En fait, M. Courtois n'est pas le **parrain** de Mireille. Elle l'appelle "**parrain**" parce que c'est le mari de sa **marraine**.

10

M. Courtois reconduit Mireille et Robert chacun chez eux. D'abord, il s'arrête devant le 18, rue de Vaugirard, où habite Mireille. Robert accompagne Mireille jusqu'à sa porte. Elle appuie sur un bouton. La porte s'ouvre. Robert a juste le temps de demander: "Quand est-ce que je pourrai vous revoir?"

Mireille: Je ne sais pas. . . .
    Donnez-moi un coup de fil lundi matin, vers neuf heures, au 43-26-88-10. Bonsoir, et bonne nuit!

Evidemment, Robert ne se rappelle déjà plus le numéro que Mireille vient de lui donner . . . mais c'est sûrement dans l'annuaire!

10. *appuyer, bouton*

Mireille **appuie** sur un **bouton**.

10. *annuaire*

Un **annuaire.** On peut trouver un numéro de téléphone dans l'annuaire (un livre) ou sur Internet (par l'intermédiaire d'un ordinateur).

10. *donner un coup de fil*

Il **donne un coup de fil.** (Il téléphone.)

MISE EN ŒUVRE

Ecoutez la mise en œuvre du texte et répondez aux questions suivantes.

1. Où Robert arrive-t-il?

2. Comment est Robert, physiquement? Est-il très différent de sa mère?

3. Quand Mireille avait-elle téléphoné à Mme Courtois?

4. Est-ce que Mireille avait vu sa marraine récemment?

5. Comment Mme Courtois appelle-t-elle Mireille?

6. Pourquoi Mme Courtois a-t-elle dit à Mireille qu'elle tombait bien?

7. Pourquoi Mme Courtois pense-t-elle que ce jeune Américain sera ravi de faire la connaissance de Mireille?

8. Est-ce que Mireille a tout de suite accepté l'invitation de Mme Courtois?

9. Que font Robert et Mireille, quand Mme Courtois les présente l'un à l'autre?

10. Qu'est-ce que les Courtois ne devront jamais découvrir?

11. Pourquoi Mme Courtois se lève-t-elle?

12. Quand M. Courtois doit-il aller aux Etats-Unis?

13. Qu'est-ce qu'il veut demander à Robert, avant de faire ce voyage?

14. Que sont le banyuls, le pastis, le porto?

15. Qu'est-ce que Robert prend comme apéritif?

16. Et Mireille, que prend-elle?

17. Et Mme Courtois?

18. Et M. Courtois?

19. De quoi parle-t-on?

20. Qu'est-ce qu'on fait vers 2oh 3o?

21. Qu'est-ce qu'on sert pour commencer?

22. Qu'est-ce qu'on sert après le potage?

23. Quel vin sert-on avec le poisson?

24. Mireille a fini son verre de chablis. Pourquoi?

25. Qu'est-ce qu'on sert après le poisson?

26. Quel vin M. Courtois sert-il avec le gigot?

27. Comment Mireille trouve-t-elle le gigot?

28. Qu'est-ce qu'on sert après la salade?

29. Pourquoi Mme Courtois sert-elle une crème renversée?

30. Pourquoi M. Courtois conseille-t-il à Robert d'aller à Lyon?

31. Est-ce qu'on prend le café à table?

32. Qu'est-ce que M. Courtois a mangé, une fois, à Dijon?

33. Où trouve-t-on des truffes?

34. Qu'est-ce qu'il y a d'autre en Dordogne?

35. Qu'est-ce qui agace Robert?

36. Pourquoi Robert ne peut-il pas s'échapper avec Mireille?

37. Pourquoi est-ce que ça ne dérange pas M. Courtois de raccompagner Mireille et Robert?

38. Que fait Robert quand M. Courtois s'arrête devant chez Mireille?

39. Qu'est-ce que Robert demande à Mireille?

MISE EN QUESTION

1. Pourquoi Mme Courtois appelle-t-elle Robert "mon petit Robert"? Est-ce que c'est parce que Robert n'est pas très grand ou est-ce parce que c'est un terme d'affection et que Mme Courtois est une femme cordiale, chaleureuse?

2. Quand Mireille a téléphoné à Mme Courtois, le jeudi, ça faisait combien de temps qu'elle n'avait pas vu sa marraine? Pourquoi Mme Courtois a-t-elle dit que ça faisait une "éternité"?

3. Pourquoi Mme Courtois appelle-t-elle Mireille "Minouche"?

4. Pourquoi Mireille tombe-t-elle si bien? Est-ce que c'est une pure coïncidence si elle téléphone, ce jour-là?

5. Comparez la réponse de Mireille à Mme Courtois, quand celle-ci l'invite à dîner, avec sa réponse à Robert (leçon précédente), quand Robert lui a suggéré de se faire inviter. Qu'en pensez-vous? En quoi ces deux réponses sont-elles semblables? Qu'est-ce que Mireille fait dans les deux cas? Pourquoi?

6. Mme Courtois insiste. Quel argument utilise-t-elle pour persuader Mireille de venir?

7. Qu'est-ce que la conversation entre Mme Courtois et Robert, avant le coup de sonnette de Mireille, a de particulier?

8. Supposez que vous êtes à la place de Mireille ou de Robert et que Mme Courtois vous présente. Qu'est-ce que vous allez faire?

9. A votre avis, est-ce que c'est bien pour Robert et Mireille d'avoir un secret? Est-ce que vous croyez que ça plaît à Robert?

10. Pourquoi la chatte saute-t-elle sur les genoux de Mme Courtois quand celle-ci fait asseoir Mireille près d'elle?

11. Pourquoi M. Courtois est-il un peu en retard? D'où vient-il?

12. A votre avis, pourquoi y avait-il si longtemps que Mireille n'avait pas vu les Courtois?

13. A votre avis, quel genre de tuyaux M. Courtois voudrait-il que Robert lui donne? Qu'est-ce qu'il voudrait savoir?

14. A votre avis, est-ce que Mireille a vraiment l'habitude de boire des pastis "bien tassés," ou est-ce qu'elle s'amuse à choquer Robert?

15. Quels sont les sujets de conversation, à l'apéritif? Et quand vous êtes invité(e) à dîner, vous, de quoi parlez-vous?

16. Comment Mireille critique-t-elle la cuisine des restaurants universitaires?

17. Comment Mme Courtois défend-elle les restaurants universitaires?

18. A quelle heure dîne-t-on chez les Courtois? Et chez vous?

19. Où place-t-on l'invité d'honneur, à côté de la maîtresse de maison ou du maître de maison? A droite ou à gauche?

20. Qu'est-ce que la maîtresse de maison annonce habilement au début du repas?

21. Pourquoi tout le monde goûte-t-il le Léoville-Las Cases dans un silence religieux?

22. En résumé, avec quoi sert-on du vin rouge et avec quoi sert-on du vin blanc, dans la tradition française?

23. Pourquoi Mireille pense-t-elle que Lyon est une ville intéressante? Et M. Courtois?

24. Pourquoi Mireille pense-t-elle que la vallée de la Dordogne est une région intéressante? Et M. Courtois?

25. D'après vous, qu'est-ce que l'armagnac—un alcool, comme le cognac, le kirsch, la mirabelle, ou une liqueur comme le Grand Marnier, le Cointreau, la Bénédictine?

26. Quelle excuse Robert utilise-t-il pour partir?

27. A votre avis, pourquoi Mireille dit-elle qu'elle va partir, elle aussi?

Journal de Marie-Laure

MINOUCHE A DISPARU

Le mardi 7 février 1989

On vient d'amener Marraine Courtois à l'hôpital (Marraine…
Ce n'est pas ma Marraine, bien sûr, mais tout le monde
l'appelle Marraine dans la famille parce que c'est la Marraine
de Mireille. Et du coup, le mari de Marraine, c'est Parrain.
Encore une preuve que dans la famille il n'y a que Mireille
qui compte…).

Marraine Courtois est à l'hôpital. C'est vrai: c'est Maman
qui me l'a dit. Il paraît qu'elle est devenue folle. Elle
poussait des cris horribles, elle se roulait par terre, elle
s'arrachait les cheveux. Parrain Courtois a appelé les pompiers
et ils l'ont emmenée aux urgences à l'hôpital. Je me
demande bien ce qu'elle peut avoir…

Le mercredi 8 février 1989

Ce qu'il y a, c'est que Minouche a disparu. Quand Marraine l'a
appelée pour lui donner son Ronron… Minouche n'a pas répondu!
Marraine l'a cherchée partout.

Dans la chambre… elle n'était pas sur le lit; elle n'était
pas sous le lit, non plus. Elle n'était pas dans l'armoire.

Elle l'a cherchée dans le salon, mais elle n'était pas sur le
canapé, elle n'était pas sous le canapé, elle n'était pas sous les
coussins; elle n'était pas sous le grand tapis persan qu'elle
aime tant.

Marraine est allée voir à la cuisine, mais non, elle n'était
pas dans la cuisine, non plus. Elle n'était pas dans le placard
à balais; elle n'était pas sous l'évier, elle n'était pas dans le
four non plus; elle n'était pas dans le frigo. Et elle n'était
pas dans la poubelle non plus!

Elle n'était pas dans la baignoire; elle n'était pas dans
les toilettes: elle n'était nulle part! Impossible de trouver
cette chère Minouche. Elle a téléphoné à la police et
chez le vétérinaire: pas de nouvelles de Minouche! Où
pouvait-elle bien être? Alors Marraine a commencé à

pousser des cris horribles et à s'arracher les cheveux et pourtant elle est allée chez le coiffeur le matin ! Tu parles d'un gâchis ! Elle a complètement perdu la tête !

Jeudi 9 février 1989

Il paraît que Marraine va un peu mieux. On lui donne des tranquilisants, mais on ne la laisse pas encore rentrer chez elle. Toujours pas de nouvelles de Minouche. Je me demande si quelqu'un ne l'a pas volée pour ensuite demander une rançon.

Vendredi 10 février 1989

Marraine est toujours à l'hôpital. On n'a toujours pas retrouvé Minouche. Maman m'a acheté des ballerines roses assorties à ma nouvelle robe. Et moi, je me suis acheté des boules de gomme.

Samedi 11 février 1989

Marraine est enfin sortie de l'hôpital. Elle est chez elle. Je suis allée la voir après mon cours d'anglais. Elle était couchée et elle ne se lève même pas pour manger ! Elle répétait sans arrêt : « Mais ce n'est pas possible... Où peut-elle bien être ?... » Elle n'a même pas remarqué que j'avais mis ma nouvelle robe rose. Au collège, tout le monde l'a remarquée, tout le monde, sauf Chantal, qui est une peste et fait toujours sa frimeuse... et pourtant qu'est-ce qu'elle est moche, Chantal ! Moche comme un pou !

DOCUMENTS

1

Dordogne-Périgord

La vallée de la Dordogne.

Une rue à Sarlat-la-Caneda.

Un village sur la Dordogne, La Roque-Gageac, et son château.

Le château de Puymartin, près de Sarlat.

Un village en Dordogne, Argentat.

Un village en Périgord, Monpazier.

Le site préhistorique des Eyzies avec une statue (moderne) représentant l'homme de Cro-Magnon.

Peintures préhistoriques de la grotte de Lascaux (15.000 ans avant l'ère chrétienne).

2

Jeu de mots (idiot)?

A. Comment vas-tu . . . yau de poêle?
—Marie-Laure

B. Le plus intéressant avec Lacan était qu'il pouvait se permettre à peu près n'importe quoi sans jamais susciter autre chose dans son auditoire qu'une foi redoublée en son génie. Proféré de son lieu et par ses soins, "comment vas-tu yau de poêle" faisait largement pièce à "je pense, donc je suis." Son astuce était de laisser entendre que son discours était celui-là même de l'inconscient . . . . Yau de poêle, tout le monde te dira au-delà de l'école primaire que ce n'est pas très fort, mais tout change si tu dis que c'est de l'inconscient, du processus primaire. . . .
—François Georges, *Professeur à T.*

3

Les Animaux familiers

La France est le pays d'Europe où les familles possèdent le plus d'animaux familiers. La moitié de la population possède au moins un animal familier (24% un chien, 27% un chat). A ces chiffres, il faut ajouter les poissons, les oiseaux, les hamsters, cochons d'Inde, et autres petits mammifères.

Le fait que les chats sont plus nombreux que les chiens s'explique par le plus grand nombre de personnes qui vivent dans les villes, où l'absence d'un jardin rend plus difficile la possession d'un chien. De plus, les citadins n'ont souvent pas le temps de promener leur chien.

Traditionnellement les chiens servaient à garder la maison et les chats à se débarrasser des rats. Mais maintenant, l'avantage d'un chat ou d'un chien est plutôt d'ordre affectif. La présence d'enfants dans une famille—ou la solitude pour certaines personnes âgées vivant seules—justifie la possession d'un animal.

Les animaux familiers sont aussi un prétexte à la rencontre, à la convivialité: dans la rue, les gens qui se promènent avec un chien se parlent plus facilement que s'ils sont seuls.

Les étrangers sont souvent surpris de la façon dont les Français s'occupent de leurs animaux, qui ont un statut proche de celui des humains. Les Français leur parlent de la même façon, pensent qu'ils peuvent avoir la migraine, les emmènent dans les boulangeries et les magasins en général. On peut même les voir dans certains restaurants au pied de leur maître, ou sur ses genoux.
—D'après *Francoscopie* 2010

4

Le Boire et le manger

A. L'appétit vient en mangeant.
—Tante Georgette

B. L'appétit vient en mangeant . . . , la soif s'en va en buvant.
—François Rabelais, *Gargantua*

C. Si vous n'êtes pas capable d'un peu de sorcellerie, ce n'est pas la peine de vous mêler de cuisine.
—Colette, *Prisons et paradis*

Colette (1873–1954), de son vrai nom Sidonie-Gabrielle Colette, est une romancière célèbre; *Chéri*, *Sido* et *Gigi* sont ses œuvres les plus connues. Elle se marie à vingt ans avec un homme qui reconnaît ses talents d'écrivain et lui fait écrire une série de romans qu'il signe de son propre nom. A vingt-trois ans elle divorce, commence une carrière au music-hall, et entame plusieurs liaisons féminines. Pendant ces années de scandale, elle continue à écrire, et publie une quarantaine d'ouvrages entre 1900 et 1949. En 1945 elle est élue à l'Académie Goncourt. Son refus de respecter les rôles imposés par la société a fait d'elle une héroïne du féminisme. A sa mort, elle a eu des funérailles nationales—la seule femme à recevoir cet honneur.

D. En Art, j'aime la simplicité; de même en cuisine.

—Erik Satie

Erik Satie (1866–1925), compositeur et pianiste, participe à l'avant-garde parisienne du début du XXème siècle. Il entre au conservatoire de musique, mais ses excentricités rebutent ses professeurs et il est renvoyé. Resté incompris et en dehors de "l'establishment" musical de son époque ("Je suis venu très jeune dans un monde très vieux," écrira-t-il), il fait néanmoins cause commune avec des contemporains comme Debussy, Jean Cocteau, Picasso et Braque. Son goût de l'ironie et du paradoxe (son autobiographie s'intitule *Mémoires d' un amnésique*) font de lui un des inspirateurs du théâtre de l'absurde et de la musique minimaliste.

E. Un homme qui ne boit que de l'eau a un secret à cacher à ses semblables.

—Baudelaire, *Les Paradis artificiels*

Charles Baudelaire, né en 1821, est l'un des poètes les plus célèbres du XIXème siècle et un pionnier de la modernité littéraire en Europe. Son ouvrage majeur, *Les Fleurs du mal* (1857), est un recueil poétique, mais Baudelaire a été aussi critique d'art et traducteur d'Edgar Allan Poe. Ses écrits expriment une nouvelle sensibilité qui explore les liens entre le mal et la beauté, la violence et la sensualité, le vice et le plaisir, la sexualité et la mort. Les poèmes des *Fleurs du mal* sont jugés scandaleux à l'époque et condamnés pour "outrage à la morale publique," et six poèmes sont censurés. (La censure de 1857 n'a été officiellement levée qu'en 1949.) Citadin, Baudelaire aimait flâner dans Paris et fréquenter les cafés, y compris la Closerie des Lilas ("il composait dans les cafés et dans la rue," témoigne un ami de jeunesse). Mais une vie de plus en plus dissolue mine sa santé, et il meurt de la syphilis en 1867.

5

Le Vin et le lait

Le vin est senti par la nation française comme un bien qui lui est propre, au même titre que ses trois cent soixante espèces de fromages et sa culture. C'est une boisson-totem, correspondant au lait de la vache hollandaise ou au thé absorbé cérémonieusement par la famille royale anglaise. Bachelard a déjà donné la psychanalyse substantielle de ce liquide, à la fin de son essai sur les rêveries de la volonté, montrant que le vin est suc de soleil et de terre, que son état de base est, non pas l'humide, mais le sec, et qu'à ce titre, la substance mythique qui lui est le plus contraire, c'est l'eau.

—Roland Barthes, *Mythologies*

Roland Barthes, né en 1915, écrivain et philosophe, est l'une des principales figures du structuralisme littéraire et de la sémiologie. Il s'intéresse surtout aux systèmes de signification; dans *Mythologies* (1957) il analyse des images symboliques de la vie moderne—le vin, le lait, le visage de Greta Garbo, le bifteck (voir la leçon 26)— pour en découvrir le sens caché. Nommé professeur au Collège de France en 1977, en 1980 il est renversé par une camionnette en traversant la rue pour gagner son bureau; il est mort le lendemain.

6

Recette de la crème renversée

1. Pour six personnes, prenez un demi-litre de lait et faites-le bouillir avec un bâton de vanille ou une demi-cuillerée à café d'extrait de vanille.

   Cassez trois œufs dans une terrine. Battez les œufs pendant deux ou trois minutes avec une fourchette ou, de préférence, un fouet ou un batteur électrique. Versez le lait bouillant et cinq cuillerées à soupe de sucre en poudre sur les œufs tout en continuant de les battre. Laissez reposer.

2. Versez cinq cuillerées à soupe (environ 75 grammes) de sucre en poudre au fond d'une casserole. Mettez sur le feu et faites fondre le sucre en le remuant jusqu'à ce qu'il soit caramélisé, c'est-à-dire jusqu'à ce qu'il prenne une belle couleur brune. Versez ce caramel dans votre moule. Penchez le moule dans tous les sens pour distribuer le caramel également dans le fond et sur les côtés du moule. (Tenez le moule avec un torchon pour ne pas vous brûler.)

3. Versez la crème dans le moule. Posez le moule dans une casserole d'eau chaude pour faire cuire au bain-marie. Faites cuire, au four, à feu doux pendant 25 à 30 minutes.

   Laissez refroidir puis démoulez en renversant le moule sur un plat.

7

Des Chutes

Quand on tombe, on ne tombe jamais bien.

—Alexandre Dumas fils

Alexandre Dumas père.   Alexandre Dumas fils.

Rappelons qu'**Alexandre Dumas fils** est le fils d'**Alexandre Dumas père** (voir leçon 15, document 2).

Alexandre Dumas père (1802–1870) n'a pas fait de très bonnes études classiques. Vers l'âge de vingt ans il décide de refaire son éducation lui-même, en autodidacte. A vingt-trois ans, il commence à faire jouer des comédies aux théâtres du Boulevard. Il rencontre le succès avec des drames historiques joués au Théâtre français et à l'Odéon, comme *La Tour de Nesles* (1832), puis avec des romans historiques qui restent encore très populaires: *Les Trois Mousquetaires* (1844), *Vingt ans après* (1845), et *Le Comte de Monte Cristo* (1845).

Le succès de ses romans et des adaptations de ses romans pour la scène a été énorme. Il estimait qu'il avait gagné dix-huit millions de francs-or; mais il avait aussi dépensé beaucoup d'argent et il est mort pauvre. Il a écrit plus de trois cents volumes. Il est encore, avec Balzac et Victor Hugo, l'un des écrivains les plus lus de l'époque romantique: "Un Prométhée, un Titan!" (Lamartine); "Vous êtes plus qu'un grand écrivain, vous êtes une des grandes forces de la nature" (Michelet); "Le merveilleux Dumas" (Apollinaire).

Alexandre Dumas fils est né en 1824. Son père ne s'est pas beaucoup occupé de lui dans sa jeunesse. En sortant de pension, où il avait passé huit ans, il a voulu profiter de la vie et s'amuser. Quelques années plus tard il avait 50.000 francs de dettes, ce qui, à l'époque, était énorme. Il ne savait rien faire, alors il a décidé de faire de la littérature. "Ne sachant rien faire, je fis de la littérature."

Trois ans plus tard, à vingt-quatre ans, il publie un roman, *La Dame aux camélias* (1845), qu'il adapte ensuite pour la scène. C'est un succès. Avec *La Dame aux camélias*, il est à l'origine de la pièce moderne et de ce qu'on a appelé la comédie de mœurs. Sa description de la société parisienne contemporaine a souvent fait scandale. Un critique, Jules Janin, l'appelait "un calomniateur du genre humain." Il est mort en 1895.

8

Sévère mais juste

Je suis sévère mais je suis juste!

Hier soir, je rentre chez moi . . . qu'est-ce que j'apprends? Que le chat avait mangé la pâtée du chien? Dehors le chat!

Là-dessus, qu'est-ce que j'apprends? Que le chien avait mangé la côtelette de ma femme? Dehors le chien!

Là-dessus, qu'est-ce que j'apprends? Que ma femme avait mangé mon bifteck? Dehors la femme!

Là-dessus, qu'est-ce que je découvre?

Que le lait que j'avais bu le matin était celui du chat! Alors, j'ai fait rentrer tout le monde et je suis sorti. . . .

Sévère mais juste!

—Raymond Devos

9

Habitation et circulation

Il y a dans les villes deux fonctions, l'une primaire d'habitation, l'autre secondaire de circulation, et on voit aujourd'hui partout l'habitation méprisée, sacrifiée à la circulation, de telle sorte que nos villes, privées d'arbres, de fontaines, de marchés, de berges, pour être de plus en plus "circulables," deviennent de moins en moins habitables.

—Michel Tournier, *Petites Proses*

10

Dernières recommandations.

—Extrait de Maja, *Bonheurs*

LEÇON

25 Nourritures terrestres II

TEXTE

1

Il est huit heures du matin. Robert se réveille.
C'est samedi, le 2 juin. Robert se lève. . . .
Il regarde par la fenêtre. Il s'étire. Il bâille.
Il prend une douche. Il se rase. Il se coupe. Il
se brosse les dents. Il se brosse les cheveux.
Il se coupe les ongles. Il commande son petit
déjeuner.

Robert: Allô, bonjour! Est-ce que je
   pourrais avoir un petit déjeuner,
   s'il vous plaît?
La reception: Oui, Monsieur. Thé,
   café, ou chocolat?
Robert: Thé . . . non, non, excusez-moi! Café, un café au lait, s'il
   vous plaît.
La reception: Bien, Monsieur.
   Alors, un café au lait complet,
   chambre 27. Tout de suite, Monsieur, on vous l'apporte.

Robert finit de s'habiller. On frappe.

Robert: Oui, tout de suite.
La femme de chambre: Bonjour,
   Monsieur. Voilà . . . bon appétit!

---

1. *se réveiller, bâiller, s'étirer*

Elle **bâille**.

Elle **se réveille**.

Elle **se réveille** et **s'étire**.

1. *prendre une douche*

Madame prend un bain, monsieur **prend une douche**.

1. *se brosser les dents*

Il **se brosse les dents**.

1. *ongle*

Un **ongle** (sale!).

1. *frapper*

On **frappe** (à la porte).

1, 2. *petit déjeuner*

Un **petit déjeuner** complet: chocolat chaud, beurre, confiture, croissant, petits pains et jus de fruits.

2

Robert prend son petit déjeuner sur le balcon.
Il se sert de café au lait, prend un morceau de
sucre, cherche la petite cuillère. Il mange son
croissant, puis le morceau de pain avec du
beurre et de la confiture. Il prend son temps.
Il n'est pas pressé: il n'a rien à faire. . . . Il
a des loisirs. . . . C'est agréable d'avoir des
loisirs!

Il va aller se promener dans Paris.

3

Dans la rue, il passe devant une boulangerie.
Ces croissants, ces brioches, ça a l'air bon!
Mais voyons, Robert, tu n'as pas faim! Tu
viens de déjeuner. . . .

Un marchand de fromages:
Monsieur, vous voulez un beau
camembert? Un bien fait? Tenez,
Monsieur. En voici un beau, à
point.

Oui, il a l'air bon. . . . Mais voyons, Robert,
tu n'as pas faim! Tu viens de déjeuner. . . .

4

Robert continue sa promenade: les arènes
de Lutèce, la mosquée, l'île Saint-Louis. Il
achète un croque-monsieur.

Robert: Un croque-monsieur, s'il
vous plaît.

Le marchand: Voilà. 9 francs.

Robert tend un billet de 500F.

Le marchand: Oh, là, là, 500F!
Vous n'avez pas de monnaie?
Robert: Non, je n'ai pas du tout de
monnaie.
Le marchand (*à un collègue*): Patrick,
tu as la monnaie de 500F?
Patrick: Ouais, je crois. . . .

5

Ensuite, Robert découvre la place des Vosges
et le Marais. Puis il s'installe dans un petit
restaurant.

Le maître d'hôtel: Bonjour, Monsieur. Vous prendrez un apéritif?
Robert: Euh . . . non, merci.

Robert consulte le menu, mais son attention
est attirée par une vieille demoiselle, assise à
une table voisine. Robert ne la reconnaît pas
parce qu'il ne la connaît pas, mais c'est Tante
Georgette, la tante de Mireille.

2. confiture

Un pot de
confiture.

3. brioche

Une **brioche.**

4. croque-monsieur

Robert a acheté un **croque-monsieur.** (C'est du pain, du jambon,
et du fromage grillés.)

4. rendre la monnaie

Le croque-monsieur coûte 9F.
Robert donne un billet de 500F.
Le marchand va lui **rendre la
monnaie** de 500F, c'est-à-dire
491F.

5. voisin

Au restaurant, une dame est
assise à une table **voisine,** une
table près de celle de Robert.

Tante Georgette: Garçon, garçon! Allez me chercher un autre verre, celui-ci est plein de rouge à lèvres! . . . Garçon, garçon! Apportez-moi une fourchette propre! Celle-ci est pleine de jaune d'œuf! . . . Et changez-moi cette assiette! Elle est sale! Mais enfin, qu'est-ce que c'est que ça? On ne fait plus la vaisselle, dans cette maison? Mais c'est incroyable! Et regardez-moi cette serviette! Elle est toute déchirée . . . et la nappe aussi, oh! . . . Vous m'apporterez une tête de veau.

Le garçon: Je suis désolé, Madame, il n'y en a plus.

Tante Georgette: Quoi? Il n'y a plus de tête de veau? Et ce monsieur, là, qu'est-ce qu'il mange? Ce n'est pas de la tête de veau?

Le garçon: C'était la dernière, Madame. Il n'y en a plus à la cuisine. Mais nous avons un très bon pied de porc. . . .

6

Tante Georgette: Je ne veux pas de pied de porc, je veux de la tête de veau!

Le garçon: Je regrette, Madame. . . . Le lapin à la moutarde est très bien. . . .

Tante Georgette: La moutarde, la moutarde, elle me monte au nez, hein! . . . Bon, bien . . . euh . . . vous m'apporterez une côtelette de mouton.

Le garçon: Bien, Madame; une côtelette d'agneau.

Tante Georgette: Une côtelette d'agneau, une côtelette de mouton, ça m'est égal! C'est pareil! . . . Et à point!

Le garçon: Bien, Madame.

Quelques minutes plus tard, le garçon apporte une côtelette, et s'en va. Tante Georgette le rappelle.

Tante Georgette: Garçon, garçon! Vous allez me rapporter cette côtelette à la cuisine! Elle n'est pas cuite! Je vous avais dit: "A point!" Regardez-moi ça! Elle est complètement crue à l'intérieur. C'est incroyable! Et puis, vous m'apporterez un autre couteau. Celui-ci ne coupe pas.

5. *rouge à lèvres*

Elle met du **rouge à lèvres**.

5. *fourchette, assiette, serviette, nappe*

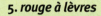

5. *faire la vaisselle*

Lavage de **la vaisselle** sale.

5. *pied de porc*

Des **pieds de porc** (pas cuits).

6. *lapin*

Un **lapin** (vivant).

6. *la moutarde me monte au nez*

Tante Georgette n'a plus de patience. **La moutarde lui monte au nez**.

6. *côtelette, cru*

Une **côtelette** (complètement **crue**).

7

Quelques minutes après. . . .

Le garçon: Voilà votre côtelette, Madame. J'espère que cette fois, elle sera assez cuite pour vous.

Tante Georgette: Assez cuite? Mais elle est carbonisée, votre côtelette! C'est du charbon! Et puis, remportez-moi ces petits pois. Ce ne sont pas des petits pois frais. C'est de la conserve, ça! Ça sort tout droit de la boîte!

8

Un peu plus tard. . . .

Tante Georgette: C'est tout ce que vous avez comme fromages? Votre brie est trop frais. Regardez-moi ça! On dirait de la craie! Votre brie est trop frais, et votre camembert trop fait! Il pue! C'est une infection! . . . Et puis, apportez-moi du pain frais! Celui-ci était frais il y a huit jours! Regardez: il est dur comme de la pierre! . . . Je ne suis pas rouspéteuse, mais il y a des limites!

---

7. *petits pois, conserve*

Des **petits pois** en **conserve.**

8. *frais, fait*

—Le brie est trop **frais,** il faut attendre quelques jours, il est trop jeune, il n'est pas bon à manger. Le camembert est trop **fait,** on a attendu trop longtemps, il est trop vieux.

8. *craie*

Mireille écrit au tableau noir avec de la **craie.** (La **craie,** c'est dur, ce n'est pas bon à manger.)

8. *pierre*

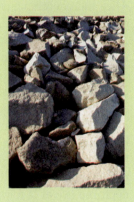

Des **pierres.**

8. *rouspéteur*

Tante Georgette n'est pas contente. Elle **rouspète.** Les Français aiment bien protester. Ils sont **rouspéteurs.**

◉ MISE EN ŒUVRE

Ecoutez la mise en œuvre du texte et répondez aux questions suivantes.

1. Que fait Robert, ce samedi-là, à huit heures du matin?

2. Est-ce qu'il s'habille tout de suite?

3. Qu'est-ce qu'on peut commander pour le petit déjeuner?

4. Qu'est-ce que Robert commande?

5. Où est-ce que Robert prend son petit déjeuner?

6. Qu'est-ce qu'il met dans son café au lait?

7. Qu'est-ce qu'il mange?

8. Pourquoi est-ce qu'il peut prendre son temps?

9. Qu'est-ce qu'il fait ensuite?

10. Robert voit des croissants et des brioches dans une boulangerie. Pourquoi est-ce qu'il n'achète rien?

11. Quand Robert achète un croque-monsieur, pourquoi doit-il donner un billet de 500F au marchand?

12. Où est-ce qu'il s'installe, place des Vosges?

13. Qui est-ce qu'il remarque, à une table voisine?

14. Qu'est-ce qu'elle demande au garçon?

15. Pourquoi veut-elle qu'on lui change son verre?

16. Pourquoi veut-elle qu'on lui change sa fourchette?

17. Est-ce que son assiette est propre?

18. Pourquoi le verre, la fourchette, l'assiette sont-ils sales, d'après Tante Georgette?

19. Comment sont la nappe et la serviette?

20. Pourquoi Tante Georgette ne peut-elle pas avoir de tête de veau?

21. Que suggère le garçon, à la place de la tête de veau?

22. Qu'est-ce que Tante Georgette commande, finalement?

23. Pourquoi Tante Georgette renvoie-t-elle sa côtelette à la cuisine?

24. Et son couteau, qu'est-ce qu'il a?

25. Est-ce que la côtelette est assez cuite quand le garçon la rapporte?

26. Pourquoi Tante Georgette renvoie-t-elle les petits pois?

27. Pourquoi est-ce que le brie ne lui plaît pas?

28. Pourquoi est-ce que le camembert ne lui plaît pas?

29. Et le pain, qu'est-ce qu'il a?

30. Est-ce que Tante Georgette est une cliente facile à satisfaire?

MISE EN QUESTION

1. Quand Robert commande son petit déjeuner, pourquoi demande-t-il d'abord du thé et ensuite du café? Est-ce qu'il n'a pas bien compris? Est-ce qu'il n'est pas bien réveillé? Est-ce qu'il a changé d'idée? Qu'est-ce que vous buvez, vous, au petit déjeuner?

2. Est-ce que Robert a demandé un petit déjeuner complet? Est-ce qu'on lui a demandé s'il voulait un petit déjeuner complet? Qu'est-ce qu'on lui apporte? Qu'est-ce qu'il y a dans un petit déjeuner complet?

3. Qu'est-ce qu'on vend au marché de la rue Mouffetard?

4. A votre avis, les arènes de Lutèce datent du XIXème, du XVIIème siècle, de la Renaissance, du Moyen Age, ou de l'époque gallo-romaine? C'était un monument religieux, un lieu de spectacle, un marché?

5. La mosquée appartient à la religion juive, chrétienne, musulmane, ou hindouiste?

6. Est-ce que vous pouvez expliquer ce que c'est qu'un croque-monsieur? Avec quoi est-ce que c'est fait? Du pain, du jambon, du fromage? Quelle différence y a-t-il avec un sandwich au jambon et au fromage? Est-ce qu'un sandwich est grillé? Est-ce que les croque-monsieur se mangent froids ou chauds?

7. Quels plats sert-on dans le restaurant où mange Tante Georgette? Est-ce que vous avez déjà mangé de la tête de veau, des pieds de porc, du lapin, du mouton, de l'agneau, du camembert, du brie?

8. Quelle différence y a-t-il entre un mouton et un agneau? Lequel est l'animal jeune et lequel l'animal adulte? Quelle différence y a-t-il entre un veau et un bœuf?

9. Quand on mange, est-ce qu'on pose l'assiette directement sur la table, en général? Qu'est-ce qu'on met sur la table?

10. Qu'est-ce qu'on pose sur ses genoux? Avec quoi est-ce qu'on s'essuie la bouche?

11. Avec quoi est-ce qu'on coupe la viande? Avec quoi est-ce qu'on mange la viande? Avec quoi est-ce qu'on mange la soupe?

12. Dans quoi est-ce qu'on boit? Dans quoi est-ce qu'on mange?

13. Vous pensez que la moutarde est un légume (comme les petits pois, les haricots ou les pommes de terre), une viande, un condiment (comme le poivre, l'ail, ou le persil), un vin, un fruit?

14. D'après vous, il vaut mieux manger des légumes frais, en conserve, ou surgelés? Qu'est-ce que vous mangez en général? Pourquoi?

15. Tante Georgette dit: "Vous allez me rapporter cette côtelette à la cuisine!" "Regardez-moi ça!" "Remportez-moi ces petits pois!" parce qu'elle n'est pas contente du tout et qu'elle est plutôt impérieuse. Comment est-ce qu'on dit normalement?

16. Tante Georgette dit qu'elle n'est pas rouspéteuse. A votre avis, est-ce qu'elle est rouspéteuse? Est-ce que vous croyez que les Français, en général, sont rouspéteurs? Est-ce que vous croyez que les Français pensent qu'ils sont rouspéteurs? Si vous demandez à un Français en particulier s'il est rouspéteur, qu'est-ce que vous croyez qu'il dira? Et si vous lui demandez si les Français en général sont rouspéteurs, qu'est-ce que vous croyez qu'il dira?

Journal de Marie-Laure

ON A RETROUVÉ MINOUCHE !

Dimanche 12 février 1989

C'est un employé de l'immeuble qui vérifiait une fuite sur le toit qui l'a trouvée là-haut, sur le toit à 98 mètres de hauteur !!! C'est pas croyable ! Mais, comment Minouche qui ne sort jamais de l'appartement a-t-elle fait pour arriver sur le toit ? Mystère et boules de gomme !!

Marraine Courtois va mieux mais elle n'est pas complètement redevenue elle-même. Elle tient toujours Minouche dans ses bras. Elle ne la lâche pas une minute, ni pour la faire manger, ni pour lui laisser faire ses besoins dans sa boîte à sable. Ça pose des problèmes. Parrain Courtois trouve qu'elle exagère un peu. C'est vrai qu'elle s'en fait toujours, qu'elle est tendue, inquiète. Elle est comme ça, on n'y peut rien.

Lundi 6 avril 1989

La nuit dernière, Minouche a eu cinq petits chats ; trois blanc et noir et deux de la même couleur qu'elle.

Tout le monde se demande comment elle a pu faire.

Marraine Courtois les trouve mignons comme tout, mais elle ne sait pas ce qu'elle va faire : six chats dans l'appartement cela fait beaucoup !

Tante Georgette ne veut pas en prendre un : à cause de Fido.

Tonton Guillaume ne veut pas en prendre un parce qu'il est trop occupé ; il ne pourrait pas s'en occuper. Évidemment depuis qu'il a rencontré cette héritière blonde sur la Côte d'Azur, il ne fait plus attention à personne, c'est y compris !

Cécile et Jean-Denis n'en veulent pas non plus. Ils disent qu'ils ont bien assez à faire avec le bébé : Audrey n'a que quelques mois, ça se comprend.

Moi, je voudrais bien en prendre un, ou même deux, mais Papa ne veut pas parce qu'il dit que les chats laissent des poils sur les fauteuils. Maman est tout à fait d'accord avec lui. C'est bien ma chance ! Et puis, mon poisson rouge n'aimerait pas beaucoup, peut être !

Marraine Courtois a mis une annonce à la pâtisserie : « 5 adorables chatons à adopter. Contacter Mme Courtois Tour Totem, 59 quai de Grenelle, Paris 15ème. »

LES ABATS, Y'A QUE ÇA !

Le 16 mai 1997

C'est fou ce qu'on change en vieillissant !

C'est vrai ! Quand j'étais petite, j'avais horreur de la tête de veau. Je ne comprenais pas Tante Georgette qui en raffolait. Je me disais qu'elle devait être un peu malade, dérangée, perverse pour aimer ça. Maintenant j'aime bien la tête de veau. Je trouve ça même très bon. Pareil pour le pied de porc. Avant, je trouvais ça dégoûtant. Eh bien, maintenant, j'ai un faible pour le pied de porc. J'adore ça. Allez comprendre !

L'autre soir, quand Tonton Guillaume m'a amenée au Pied de Cochon, j'ai pris un « pied de porc grillé, sauce béarnaise ». Ben, je dois dire que c'était absolument délicieux. Lui, il a pris des ravioles au foie gras. C'était nettement moins bon. En tout cas, Tonton Guillaume, il ferait mieux de commander des carottes râpées. Il a drôlement 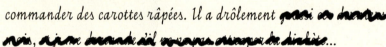...

En sortant du restaurant, mauvaise surprise, il avait oublié de mettre de l'argent dans le parcmètre et il a eu un PV. Heureusement, ça ne va pas le ruiner: ça va lui coûter 60F !

bdgomme Reçu un mail de J qui est au Québec. Il se bourre de poutine. Je devrais y aller pour surveiller sa ligne.
17-avril-2009

mirbelle @bdg : Qu'est-ce que t'as contre la poutine ? C'est que de la protéine ! Il va pas grossir avec ça, ton chum.
18-avril-2009

bdgomme Trop triste. C'est août et tous mes restos préférés sont fermés. #mourirdefaim
5-août-2011

DOCUMENTS

1

Le quartier du Marais

La place des Vosges.

Fontaine au milieu de la place des Vosges.

Maisons du XIVème siècle.

La mosquée et l'Institut Musulman.

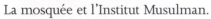

L'hôtel de Sens, XVème siècle.

Cour intérieure d'un vieil hôtel du Marais.

Une rue du quartier juif du Marais.

La rue des Rosiers.

2

Croyances

Pour la plupart des Français, la religion est un domaine secondaire de la vie. Seuls 15% la jugent "très importante" dans leur vie, loin derrière la famille (87%), le travail (67%), les amis (50%) et même les loisirs (33%). Une très grande majorité des Français sont favorables au maintien de la loi de 1905 sur la laïcité qui a instauré la séparation des églises et de l'état.

Deux Français sur trois se disent catholiques. Sur une population d'environ 65 millions, on compte environ 5 millions de musulmans, un million de protestants, et plus de 500.000 juifs. Les protestants sont 1,5% de la population française (contre 30% en Europe). Alors que la proportion de Français se déclarant catholiques est plutôt en baisse, celle des protestants reste stable. La France est le pays de l'Union européenne qui compte le plus de juifs, avant le Royaume-Uni (environ 370.000) et l'Allemagne (environ 200.000).

L'Islam est la deuxième religion de France, loin derrière le catholicisme mais largement devant les autres confessions. On estime que la moitié des musulmans présents en France n'ont pas la nationalité française. La plupart sont des immigrés non naturalisés qui viennent du Maghreb, de Turquie, d'Afrique noire et d'Asie. Les musulmans immigrés se plaignent d'être l'objet de discriminations; les non-musulmans leur reprochent de ne pas s'intégrer, de ne pas accepter la culture nationale et les règles de la République. Mais en dépit des apparences, les modes de vie se sont rapprochés au fil des générations.

—D'après *Francoscopie* 2010

3

Le Sucre et la petite cuillère

C'est une petite cuillère et un sucre qui sont tombés amoureux. Malheureusement c'est une histoire terrible, parce que l'un des deux est mort: ils s'étaient donné rendez-vous dans un café!

—Coluche

4

Déjeuner du matin

Il a mis le café
Dans la tasse
Il a mis le lait
Dans la tasse de café
Il a mis le sucre
Dans le café au lait
Avec la petite cuiller
Il a tourné
Il a bu le café au lait
Et il a reposé la tasse
Sans me parler

Il a allumé
Une cigarette
Il a fait des ronds
Avec la fumée
Il a mis les cendres
Dans le cendrier
Sans me parler
Sans me regarder

Il s'est levé
Il a mis
Son chapeau sur sa tête
Il a mis son manteau de pluie
Parce qu'il pleuvait
Et il est parti
Sous la pluie
Sans une parole
Sans me regarder

Et moi j'ai pris
Ma tête dans ma main
Et j'ai pleuré

—Jacques Prévert, *Paroles*

5

Le Petit Déjeuner d'Azouz

(*Azouz, un petit Algérien, se réveille et observe sa mère qui prépare le petit déjeuner.*)

Je regarde ma mère taper ses mains l'une contre l'autre pour faire circuler son sang et retourner d'un seul coup la galette. Gestes mécaniques. Elle ne m'a pas encore vu. Ça sent bon la semoule chaude, le café, la brise marine, un matin frais, le sel du large, l'herbe humectée de rosée.

Quelqu'un au loin brûle du bois.

Je frotte mes yeux pour les débarrasser de cette colle naturelle qui accroche la nuit, passe les doigts dans mes cheveux pour les ranger dans le même sens. Ma mère se retourne. Un large sourire brille sur son visage. Elle desserre le foulard qui cache ses cheveux.

—Déjà réveillé?

Réveillé de quoi? Je dis oui, quand même.

—Ça va?

—Oui.

—Mieux?

—Oui.

Ça va, c'est vrai. Les idées sont claires.

Elle soulève une serviette qu'elle a placée sur le côté et retire une demi-galette encore toute chaude. Elle me la tend:

—Attention, elle est brûlante.

Il y a longtemps qu'elle ne m'a pas vu manger correctement, elle fait remarquer.

—Il y a une éternité que tu as pas fait cuire de la cassara, je fais remarquer.

Elle admet:

—C'est vrai.

C'est tout.

Elle tape encore une fois sur ses deux mains et retourne la galette sur le feu.

—Azouz Begag, *L'Îlet-aux-Vents*

6

Recette du lapin à la moutarde

Préparation: 10 min. Cuisson: 20 min par 500 g.

   1 lapin
   50 g de moutarde
   sel
   poivre
   2 bardes de lard

Enduire le lapin de moutarde. Disposer sur un plat à four. Entourer le lapin couvert de moutarde avec les deux bardes de lard. Cuire à four chaud. Saler, poivrer.

7

8

Madeleine

Ce soir j'attends Madeleine
J'ai apporté du lilas
J'en apporte toutes les semaines
Madeleine elle aime bien ça
Ce soir j'attends Madeleine
On prendra le tram trente-trois
Pour manger des frites chez Eugène
Madeleine elle aime tant ça
Madeleine, c'est mon Noël
C'est mon Amérique à moi
Même qu'elle est trop bien pour moi
Comme dit son cousin Joël
Mais ce soir j'attends Madeleine
On ira au cinéma
Je lui dirai des "Je t'aime!"
Madeleine elle aime tant ça
Elle est tellement jolie
Elle est tellement tout ça
Elle est toute ma vie
Madeleine que j'attends là.

Ce soir j'attends Madeleine
Mais il pleut sur mes lilas
Il pleut comme toutes les semaines
Et Madeleine n'arrive pas
Ce soir j'attends Madeleine
C'est trop tard pour le tram trente-trois
Trop tard pour les frites d'Eugène
Madeleine n'arrive pas
Madeleine, c'est mon horizon
C'est mon Amérique à moi
Même qu'elle est trop bien pour moi
Comme dit son cousin Gaston

Mais ce soir j'attends Madeleine
Il me reste le cinéma
Je pourrai lui dire des "Je t'aime!"
Madeleine elle aime tant ça
Elle est tellement jolie
Elle est tellement tout ça
Elle est toute ma vie
Madeleine qui n'arrive pas.

Ce soir, j'attendais Madeleine
Mais j'ai jeté mes lilas
Je les ai jetés comme toutes les semaines
Madeleine ne viendra pas
Ce soir, j'attendais Madeleine
C'est fichu pour le cinéma
Je reste avec mes "Je t'aime!"
Madeleine ne viendra pas
Madeleine, c'est mon espoir
C'est mon Amérique à moi
Mais sûr qu'elle est trop bien pour moi
Comme dit son cousin Gaspard
Ce soir, j'attendais Madeleine
Tiens!, le dernier tram s'en va
On doit fermer chez Eugène

Madeleine ne viendra pas
Elle est . . . elle est pourtant tellement jolie
Elle est pourtant tellement tout ça
Elle est pourtant toute ma vie
Madeleine qui ne viendra pas.

Mais demain, j'attendrai Madeleine
Je rapporterai du lilas
J'en apporterai toute la semaine
Madeleine, elle aimera ça
Demain, j'attendrai Madeleine
On prendra le tram trente-trois
Pour manger des frites chez Eugène
Madeleine, elle aimera ça
Madeleine, c'est mon espoir
C'est mon Amérique à moi
Tant pis si elle est trop bien pour moi
Comme dit son cousin Gaspard
Demain, j'attendrai Madeleine
On ira au cinéma
Je lui dirai des "Je t'aime!"
Et Madeleine, elle aimera ça!

—Jacques Brel

LEÇON

26 Nourritures terrestres III

TEXTE

1

C'est dimanche. Robert n'a rien à faire. Il se promène. Il y a des gens qui vont à l'église . . . ou au temple; d'autres achètent des gâteaux dans les pâtisseries. Robert s'arrête devant une pâtisserie, admire la vitrine, et se décide à entrer.

Robert: Bonjour, Madame.
La vendeuse: Monsieur? Vous désirez?
Robert: C'est quoi, ça?

La vendeuse: Des choux à la crème.
Robert: Et ça?
La vendeuse: Des éclairs, au café ou au chocolat.
Robert: Et ça?
La vendeuse: Des tartes au citron,

Monsieur . . . des religieuses, également au café ou au chocolat.
Robert: Je vais prendre une religieuse.
La vendeuse: Oui. Au café? Au chocolat?
Robert: Café.
La vendeuse: C'est pour emporter?
Robert: Non, c'est pour manger tout de suite.
La vendeuse: Voilà, Monsieur; ça fera 10 francs. . . . Merci! Au revoir, Monsieur.

2

Robert se demande où il va aller déjeuner. Il achète un guide des restaurants, en choisit un, et entre.

Le maître d'hôtel: Bonjour, Monsieur. Un couvert?
Robert: S'il vous plaît.

1. gâteau, pâtisserie, tarte

Des **gâteaux** dans une **pâtisserie** (un baba au rhum, un chou à la crème, une religieuse).

Des **tartes** (aux pommes, au citron, aux fraises, aux abricots).

2. couvert

Un **couvert**.

Le maître d'hôtel: Par ici, s'il vous plaît. . . . Voilà.

Robert: Merci, Monsieur.

Le maître d'hôtel: Je vous en prie, Monsieur.

Robert consulte le menu. A la table voisine, le garçon sert des apéritifs.

3

Le garçon: Le Martini, c'est pour Madame, et le Pernod, c'est pour Monsieur. . . .

Robert lève les yeux, et voit une jeune femme blonde, qui déjeune avec un jeune homme. Il se demande si ce n'est pas Mireille.[1]

Le jeune homme: Vous nous apporterez la carte des vins, s'il vous plaît.

Le garçon: Oui, Monsieur, tout de suite.

Le jeune homme: Alors, chérie, qu'est-ce qui te tente?

La jeune femme: Boh . . . je ne sais pas. Quelque chose de léger. Je n'ai pas très faim. Qu'est-ce qu'ils ont comme plat du jour?

1. Mais non, voyons, Robert! Ce n'est pas Mireille! D'ailleurs, elle parle du nez, comme si elle avait un rhume! Mireille ne parle pas comme ça!

Le jeune homme: Le cassoulet toulousain. . . . Ça doit être bon!

La jeune femme: Oh, là, là! Non, alors! C'est trop lourd! Qu'est-ce que tu vas prendre, toi?

Le jeune homme: La choucroute garnie me tente . . . mais je ne la digère pas très bien.

La jeune femme: Ah, oui? Papa dit que c'est très facile à digérer, la choucroute.

Le jeune homme: La choucroute, peut-être, mais la graisse d'oie, le lard fumé, les saucisses, et le jambon, c'est une autre histoire!

4

La jeune femme: Non, mais dis donc, regarde ce qu'ils ont comme canards! Canard aux olives, canard à l'orange, aiguillettes de canard aux cerises, magret de canard . . . sans compter le foie gras de canard dans les hors-d'œuvre!

Le jeune homme: Bon, il faudrait quand même se décider. . . . Alors, qu'est-ce que tu prends?

La jeune femme: Boh, je ne sais pas. Je crois que je vais juste prendre une petite omelette aux fines herbes.

Le jeune homme: Ah, je te connais! Tu vas manger une omelette, et dans deux heures, tu mourras de faim! C'était comme ça, l'année dernière, quand tu suivais ton régime!

La jeune femme: Ah, dis, tu as vu? Des œufs à la Mireille!

Le jeune homme: Où ça?

La jeune femme: Là, dans les hors-d'œuvre.

Le garçon: Vous avez choisi?

La jeune femme: Qu'est-ce que c'est, les œufs à la Mireille?

Le garçon: Ce sont des œufs durs farcis. Les jaunes sont mélangés avec une purée de thon aux tomates, avec un filet d'anchois, une olive noire, et des câpres sur le dessus.

3. *Martini*

Du **Martini**, un apéritif. C'est du vermouth rouge ou blanc.

3. *tenter*

Eve: Alors, chéri, qu'est-ce qui te **tente**?
Scène de **tentation**: Eve **tente** Adam (avec une pomme). La pomme **tente** Adam.

3. léger, lourd

Un ballon, c'est **léger**.

C'EST LOURD!

Une caisse, c'est **lourd**.

C'est **léger**, facile à digérer. C'est **lourd**; ce n'est pas facile à digérer.

3. cassoulet

Un **cassoulet**: un plat de haricots blancs avec de la saucisse, du confit d'oie.

3. choucroute

Un cassoulet toulousain et une choucroute garnie, spécialité alsacienne.

3. lard

Du **lard**.

4. canard

Un **canard**.

Un canard cuisiné.

4. cerise

Des **cerises**.

4. fines herbes

Des **fines herbes**, des herbes qui donnent du goût, comme le persil, l'estragon, la ciboulette. . . .

4. suivre un régime

Elle **suit un régime**: elle essaie de manger peu.

4. œuf dur, farci

Les œufs Mireille sont des **œufs durs farcis**.

4. thon, anchois

THON

Du **thon**. (C'est un gros poisson de mer.)

ANCHOIS

Des **anchois**. (Ce sont des petits poissons de mer.)

5

La jeune femme: Ouh, les anchois, c'est trop salé. . . . Oh, il y a aussi un poulet sauté Mireille! Et des abricots Mireille dans les desserts!

Le jeune homme: Pourquoi avez-vous tous ces plats qui s'appellent Mireille?

Le garçon: Ah, ça, Monsieur, c'est toute une histoire! Une histoire bien triste. . . . Notre chef avait, dans sa jeunesse, une petite amie qui s'appelait Mireille, et qui est morte d'une indigestion de crevettes roses. Il est inconsolable, et il dédie à sa mémoire toutes ses plus brillantes créations culinaires.

Le jeune homme: C'est très touchant. . . . Et c'est comment, ce poulet Mireille?

Le garçon: Sauté avec des aubergines et des tomates. On fait sauter les morceaux de poulet dans l'huile très chaude, puis on garnit de tranches d'aubergines frites et de tomates sautées.

6

La jeune femme: Je crois que je vais prendre une petite grillade . . . une entrecôte.

Le jeune homme: Et pour moi, ce sera . . . un steak au poivre.

Le garçon: Et comme cuisson, pour la grillade?

La jeune femme: A point, s'il vous plaît.

Le jeune homme: Et pour moi, bleu.

Le garçon: Et pour commencer?

La jeune femme: Pour moi, une assiette de saumon cru.

Le jeune homme: Vous n'avez pas d'escargots?

Le garçon: Ah, non, Monsieur, je regrette. . . .

Le jeune homme: Dommage . . . eh bien, je vais prendre une douzaine d'huîtres. Et vous nous porterez une bouteille de muscadet, et une demie de moulin-à-vent. . . . Et une demie-bouteille d'eau minérale, de la Badoit.

Le garçon apporte les hors-d'œuvre: "Le saumon, c'est pour Madame, et les huîtres, c'est pour Monsieur."

7

Plus tard. . . .

Le jeune homme: Ça va, ton entre-côte? Elle est à point?

La jeune femme: Oui, très bien. Et toi? Il est bleu, ton steak?

Le jeune homme: Ah, oui, pour une fois, il est vraiment bleu.

Puis le garçon présente le plateau de fromages.

Le garçon: Vous prendrez du fromage?

La jeune femme: Qu'est-ce que vous avez?

Le garçon: Camembert, roquefort, pont-l'évêque, cantal, saint-andré, brie, chavignol . . . ça aussi, c'est un chèvre.

La jeune femme: Je prendrai un peu de brie.

Le garçon: Et pour Monsieur?

Le jeune homme: Et pour moi, un peu de chèvre, s'il vous plaît. De celui-là, oui.

8

Un peu plus tard . . .

Le garçon: Vous désirez un dessert?

La jeune femme: Oh, non, pas de dessert pour moi, je n'ai plus faim.

Le jeune homme: Voyons ce que vous avez.

Le garçon: Bavarois, tarte aux framboises, œufs à la neige, charlotte aux poires, mousse au chocolat, et les sorbets, et la coupe Privas.

La jeune femme: Qu'est-ce que c'est, votre coupe Privas?

Le garçon: Ce sont des marrons glacés avec du cognac, de la glace à la vanille, et de la crème fraîche par-dessus.

La jeune femme: Hmmm. . . . Bon, je prendrai ça!

Le jeune homme: Et en avant les calories! Heureusement que tu n'avais pas faim! . . . Pour moi, ce sera un sorbet.

Le garçon: Poire, framboise, fruit de la passion?

Le jeune homme: Framboise. Et vous nous porterez deux express, et l'addition.

Au moment de partir, la jeune femme se retourne vers Robert. Ce n'est pas Mireille.[2]

---

2. Non, ce n'est pas Mireille, c'est sa sœur, Cécile. Le jeune homme, c'est son mari, Jean-Denis Labrousse.

5. *poulet, aubergine*

Un **poulet** (vivant).

Aubergines grillées avec des brochettes de **poulet**.

5. *faire sauter, huile*

On **fait sauter** le poulet dans l'**huile** très chaude (de l'**huile** d'olive ou d'arachide, de maïs, de soja . . .).

5. *tranche*

Des **tranches** d'aubergine.

6. *grillade, à point, bleu*

Une **grillade**: de la viande grillée (sur le gril).
Degrés de cuisson pour les grillades:
bien cuit (couleur brune)
à point (couleur rose)
saignant (couleur rouge)
bleu (couleur rouge-violet)

6. *escargot*

Des **escargots**.

6. *huître*

Des **huîtres**.

8. *framboise*

Une tarte aux **framboises**.

8. *poire*

Des **poires**.

8. *addition*

> *La Cerisaie*
>
> | entrées | 22 | APÉRITIFS | |
> |---|---|---|---|
> | 2 MENU | | | |
> | SENTRÉES | 45 | VINS | 19 |
> | 3 PLATS | 60 | 1 Vin | 21 |
> | 3 PLATS | 45 | | |
> | 1 Foie | 18 | EAUX/BIÈRES | |
> | FROMAGE | | 2 CAFÉ/INFUSIONS | 5 |
> | 5 DESSERTS | 40 | DIGESTIFS | |
> | | 230 | | 45 |
>
> DONT T.V.A % : . . . . . . €
>
> MONTANT TOTAL À RÉGLER 275 . . . €

L'addition.

8. *se retourner*

Il **se retourne** (il a entendu du bruit).

MISE EN ŒUVRE

Ecoutez la mise en œuvre du texte et répondez aux questions suivantes.

1. Quel jour sommes-nous?
2. Que font les Français, le dimanche matin?
3. Qu'est-ce que c'est qu'un chou à la crème, un éclair, une tarte au citron?
4. Qu'est-ce que Robert achète?
5. Est-ce que c'est pour emporter?
6. Qui Robert remarque-t-il dans le restaurant?
7. Qu'est-ce que Robert se demande?
8. Si on veut commander un vin, dans un restaurant, qu'est-ce qu'il faut consulter?
9. Pourquoi la jeune femme veut-elle prendre quelque chose de léger?
10. Pourquoi ne veut-elle pas de cassoulet?
11. Qu'est-ce qui tente le jeune homme?
12. Pourquoi est-ce qu'il ne prend pas de choucroute?
13. Qu'est-ce qu'on prépare aux olives, à l'orange, aux cerises?
14. Qu'est-ce que la jeune femme va peut-être prendre?
15. Qu'est-ce qui va se passer, si elle prend une omelette?
16. Qu'est-ce qu'elle faisait l'année dernière?
17. Qu'est-ce que c'est, les œufs à la Mireille?
18. Comment la petite amie du chef est-elle morte?
19. Comment fait-on cuire les morceaux de poulet pour préparer le poulet Mireille?
20. Avec quoi est-ce qu'on le garnit?
21. Qu'est-ce que la jeune femme va prendre, finalement?
22. Et le jeune homme, qu'est-ce qu'il commande?
23. Si vous aimez la viande très peu cuite, comment faut-il la demander?
24. Et si vous l'aimez plus cuite?
25. Que prend la jeune femme pour commencer?
26. Et le jeune homme, qu'est-ce qu'il prend pour commencer?
27. Qu'est-ce qu'ils commandent à boire?
28. Qu'est-ce que c'est que le pont-l'évêque et le cantal?
29. Qu'est-ce que c'est que la coupe Privas?
30. Qu'est-ce que les jeunes gens prennent comme café?
31. Qu'est-ce qu'il faut demander quand on veut payer?

MISE EN QUESTION

1. Où les catholiques vont-ils pour entendre la messe? Où vont les protestants pour assister au culte? Où vont les musulmans pour prier? Où vont les juifs?

2. A votre avis, quand les gens achètent-ils le plus de gâteaux? En semaine? Le dimanche? Le matin, le soir? En allant à l'église ou au temple? Ou en sortant?

3. Qui sont Gault et Millau? (Observez la vidéo.) Que font-ils?

4. Pourquoi Robert s'intéresse-t-il tellement à la table voisine, au restaurant?

5. Qui y a-t-il à cette table? Comment est la jeune personne qu'il remarque? Pourquoi est-ce que Robert ne peut pas voir qui c'est? Est-ce qu'il la voit de face, de dos, ou de profil?

6. A votre avis, qu'est-ce qui est le plus lourd, dans le cassoulet: les haricots, la saucisse, le confit, ou la graisse d'oie?

7. Qu'est-ce que c'est que la choucroute? Du chou frais, ou du chou conservé dans de la saumure, c'est-à-dire de l'eau salée?

8. A votre avis, est-ce que M. Belleau aime la choucroute?

9. Pourquoi la jeune femme ne veut-elle prendre qu'une petite omelette?

10. Est-ce qu'elle suit un régime, maintenant? Quand suivait-elle un régime? Pourquoi croyez-vous qu'elle suivait un régime? Pour des raisons médicales ou esthétiques? Parce qu'elle était malade, parce qu'elle voulait maigrir, parce qu'elle avait peur de grossir?

11. Vous avez reconnu dans le jeune homme qui est à la table voisine Jean-Denis, le mari de Cécile. Qui est la jeune femme? Comment Jean-Denis l'appelle-t-il? Est-ce que c'est Cécile? Depuis combien de temps Cécile et Jean-Denis sont-ils mariés? Comment le savez-vous? (Reportez-vous à la leçon 10.)

12. A votre avis, qu'est-ce qui est particulier à ce restaurant, le fait qu'il y a beaucoup de plats à base de canard, ou le fait qu'il y a beaucoup de plats qui s'appellent Mireille?

13. Finalement, qu'est-ce que la jeune femme prend—une omelette? Pourquoi?

14. Qu'est-ce que le muscadet? Et le moulin-à-vent? Avec quoi vont-ils boire le muscadet? Et le moulin-à-vent?

15. Le roquefort est un fromage de brebis; le camembert, le brie, le pont-l'évêque, le cantal, le saint-andré sont des fromages de vache. Et le chavignol?

16. Pourquoi la jeune femme prend-elle un dessert? Parce qu'elle a faim, parce qu'elle est gourmande, parce qu'elle ne veut pas laisser son mari manger un dessert seul?

17. Pourquoi le jeune homme dit-il "En avant les calories!"? Où y a-t-il le plus de calories, dans un sorbet ou dans une coupe Privas? Pourquoi?

18. Pourquoi le jeune homme dit-il, gentiment mais ironiquement: "Heureusement que tu n'avais pas faim!"? Qu'est-ce que la jeune femme a mangé? Qu'est-ce qu'elle aurait mangé si elle avait eu faim? Imaginez!

19. Et vous, qu'est-ce que vous prendriez si vous étiez à la place de Jean-Denis ou de Cécile?

Journal de Marie-Laure

INTERDICTION DE FUMER!

Le 10 janvier 2008

Ce matin, Tonton Guillaume me téléphone avec son nouveau portable
et il me dit : « Marie-Laure, on n'a pas souvent l'occasion de se voir, je
t'invite à déjeuner ! » Il m'amène dans un super restau, très chic, où on
mange toujours très bien. A la fin du repas, comme il fait toujours,
il sort son briquet et il allume son cigare : il dit que ça l'aide pour la
digestion. Il n'a pas fait trois ronds de fumée que le serveur arrive,
suffoqué d'indignation « Mais... mais... Permettez-moi de vous dire
que c'est interdit, Monsieur ! On n'a plus le
droit de fumer dans les lieux publics depuis
le premier janvier 2008 ! C'est la loi Evin!
Tout le monde sait ça... » Ben non, Tonton
Guillaume a totalement oublié, évidemment.
Ça fait plus de trente ans qu'il fume ! Il
éteint son cigare, mais il n'est vraiment pas content. « Tu te rends
compte, Marie-Laure ? Un cigare de Saint Domingue ! On ne respecte
vraiment plus rien dans ce pays ! On n'a plus le droit de rien faire !
Liberté, égalité, fraternité ? Je commence à avoir des doutes ! Si on ne
peut plus fumer après un bon repas... où allons-nous ? Si ça continue,
je vais émigrer en Suisse ou au Canada ! » Moi, remarque, je n'aime
pas trop l'odeur du cigare mais de temps en temps ~~lorqu mhjqu,~~
~~fundum. dm qunnet mpow qui-uljudum ncun~~
~~ndm qih fm de mm, mnpqnju!~~

RESTAURANT JAPONAIS

Le 22 mars 2002

Cela faisait une éternité que nous n'avions pas passé une soirée entre filles, Mireille et moi. Elle m'a dit : « Ce soir, je t'invite dans un restau japonais ! » Moi, la nourriture étrangère, normalement ce n'est pas mon truc (sauf, à la rigueur, un bon couscous ou un bon tajine). Même quand c'est réussi, je pense toujours que ça ne vaut pas un bœuf bourguignon, une blanquette de veau ou un gratin dauphinois comme ceux de Maman. Mais bon, je ne voulais pas jouer les embêtantes, alors j'ai accepté et je l'ai suivie. Mireille était très enthousiaste : « C'est un tout nouveau restaurant dans le quatrième, maintenant le japonais c'est super à la mode ! » Nous sommes entrées dans une salle assez grande avec un tapis roulant qui passait devant les tables (un peu comme dans les aéroports quand on récupère ses bagages). Le chef était au milieu, on le voyait préparer des sushis, des makis, des sashimis et des brochettes qu'il déposait dans de petites assiettes. Il y avait aussi des bols de soupe, des bols de riz et des desserts. Une fois assises, il n'y a eu qu'à prendre ce qui nous faisait plaisir. Pour payer, ce n'était pas compliqué non plus : on a compté les assiettes qu'on avait devant nous et on a fait l'addition. On a en eu pour 34€ chacune. Moi, ça m'a beaucoup plu, ce système, ça m'a même enchantée ! On est restées longtemps à papoter. On a bu pas mal de saké et j'ai parlé à Mireille. C'était vraiment une excellente soirée. Mireille a eu une très bonne idée ! Elle n'est quand même pas si mal, ma sœur ! Enfin… quelquefois… Quand ça lui prend. Quand elle est bien lunée !

bdgomme Un beau jour d'été et moi malade au fond de mon lit ! Le sashimi d'hier ne devait pas être frais. #régimeforcé #ligneretrouvée   23-juil-2009

bdgomme Aïe, je vieillis. J'ai trop fait la fête. Mal à la tête, gueule de bois… Mme Aspirine, à l'aide !   1-janv-2012

DOCUMENTS

1

La Table

A. Il faut manger pour vivre, et non pas vivre pour manger.
—Tante Georgette (après Molière, Plutarque, et Socrate)

B. Quand il y a à manger pour huit, il y en a bien pour dix.
　—La grand-mère Belleau (et Harpagon dans *L'Avare* de Molière)

C. Dis-moi ce que tu manges; je te dirai ce que tu es.

La destinée des nations dépend de la manière dont elles se nourrissent.

La découverte d'un mets nouveau fait plus pour le genre humain que la découverte d'une étoile.
　　　—Brillat-Savarin, *La Physiologie du goût*

Jean Anthelme Brillat-Savarin (1755–1826) a mené une carrière de magistrat mais il est surtout connu pour son traité gastronomique *La Physiologie du goût*, un code de science culinaire sous forme de méditations sur les plaisirs de la table. Son style aphoristique, où on trouve tour à tour humour, impertinence et dérision, rappelle les écrivains du siècle des Lumières comme Voltaire et Diderot. Le livre, publié en 1825, deux mois avant la mort de son auteur, devient rapidement un classique. Dans les années 1930 . . . un fromage est nommé en son honneur: le Brillat-Savarin.

D. Un repas sans fromage est une belle qui n'a qu'un œil.
　　　　　　　　　—Tante Georgette

E. Un dessert sans fromage est une belle à qui il manque un œil.
　　　　　　　　　—Brillat-Savarin

2

Pour un art poétique

Prenez un mot prenez-en deux
Faites cuir, comme des œufs
Prenez un petit bout de sens
Puis un grand morceau d'innocence
Faites chauffer à petit feu
Au petit feu de la technique
Versez la sauce énigmatique
Saupoudrez de quelques étoiles
Poivrez puis mettez les voiles

Où voulez-vous donc en venir?
A écrire
　　Vraiment? A écrire?
　　　—Raymond Queneau, *Le Chien à la mandoline*

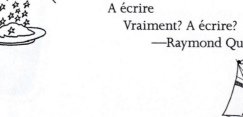

3

Régime-régime

C'est un mec qui entre dans un bistrot et il dit au garçon:
—Je voudrais un sandwich.
—Au pâté? Au jambon? Au fromage?
—Non: nature. Je suis au régime.

—Coluche

4

Pour faire le portrait d'un oiseau

A Elsa Henriques

Peindre d'abord une cage
avec une porte ouverte
peindre ensuite
quelque chose de joli
quelque chose de simple
quelque chose de beau
quelque chose d'utile
pour l'oiseau
placer ensuite la toile contre un arbre
dans un jardin
dans un bois
ou dans une forêt
se cacher derrière l'arbre
sans rien dire
sans bouger . . .
Parfois l'oiseau arrive vite
mais il peut aussi bien mettre de longues années
avant de se décider
Ne pas se décourager
attendre
attendre s'il le faut pendant des années
la vitesse ou la lenteur de l'arrivée de l'oiseau
n'ayant aucun rapport
avec la réussite du tableau
Quand l'oiseau arrive
s'il arrive
observer le plus profond silence
attendre que l'oiseau entre dans la cage
et quand il est entré
fermer doucement la porte avec le pinceau
puis
effacer un à un tous les barreaux
en ayant soin de ne toucher aucune des plumes de l'oiseau
Faire ensuite le portrait de l'arbre

en choisissant la plus belle de ses branches
pour l'oiseau
peindre aussi le vert feuillage et la fraîcheur du vent
la poussière du soleil
et le bruit des bêtes de l'herbe dans la chaleur de l'été
et puis attendre que l'oiseau se décide à chanter
Si l'oiseau ne chante pas
c'est mauvais signe
signe que le tableau est mauvais
mais s'il chante c'est bon signe
signe que vous pouvez signer
Alors vous arrachez tout doucement
une des plumes de l'oiseau
et vous écrivez votre nom dans un coin du tableau.

—Jacques Prévert, *Paroles*

5

La Guerre de la faim

Massouda a fait cuire une pauvre petite poule, pas plus large qu'une noix de coco, qui doit calmer la faim de tous les membres de la famille Bali, huit personnes à deux pattes plus une autre à quatre pattes, Morleu le chien. Lui seul a sa ration assurée et indiscutée, les pattes, avec poils et ongles sales qu'il s'envoie toujours sauvagement entre les gencives, comme un crève-la-faim. Le reste, mangeable par les humains, doit être réparti équitablement entre les estomacs grouillants, et ça, c'est jamais du gâteau, chez les Bali.

La guerre de la faim fait rage. Chacun veut les cuisses, mais il n'y en a que deux. Chacun veut les ailes, mais il n'y en a que deux. Pour cette poule maigrichonne, tout va par deux, et la famille Bali vit par huit . . . dont des petites jumelles, Lila et Lola, qui veulent toujours recevoir exactement la même chose.

—Azouz Begag, *L'Ilet-aux-Vents*

6

Sel et moustache

Un baiser sans moustache, disait-on alors, c'est comme un œuf sans sel.

—Jean-Paul Sartre, *Les Mots*

7

Le Bifteck-frites

Le sanguin est la raison d'être du bifteck: les degrés de sa cuisson sont exprimés, non pas en unités caloriques, mais en images de sang; le bifteck est saignant (rappelant alors le flot artériel de l'animal égorgé), ou bleu (et c'est le sang lourd, le sang pléthorique des veines qui est ici suggéré par le violine, état superlatif du rouge). La cuisson, même modérée, ne peut s'exprimer franchement; à cet état contre-nature, il faut un euphémisme: on dit que le bifteck est à point, ce qui est à vrai dire donné plus comme une limite que comme une perfection.

Manger le bifteck saignant représente donc à la fois une nature et une morale. Tous les tempéraments sont censés y trouver leur compte, les sanguins par identité, les nerveux et les lymphatiques par complément. . . .

Comme le vin, le bifteck est, en France, élément de base, nationalisé plus encore que socialisé; il figure dans tous les décors de la vie alimentaire: plat, bordé de jaune, semelloïde, dans les restaurants bon marché; épais, juteux, dans les bistrots spécialisés; cubique, le cœur tout humecté sous une légère croûte carbonisée, dans la haute cuisine. . . .

Associé communément aux frites, le bifteck leur transmet son lustre national: la frite est nostalgique et patriote comme le bifteck.

—Roland Barthes, *Mythologies*

8

Recette des filets de maquereaux Mireille

Temps de cuisson: 10 min

6 filets de maquereaux
1 verre d'huile d'olive
1 oignon
1 gousse d'ail
2 tomates
1 cuillerée à café de sel
125 g de champignons de Paris
2 échalotes
2 cuillerées à soupe de vinaigre
1 cuillerée à soupe de persil
2 cuillerées à soupe de farine
poivre à volonté

Saupoudrer les filets de maquereaux de farine. Les faire cuire dans la poêle à l'huile brûlante. Quand ils sont cuits, les disposer sur le plat. Changer l'huile de la poêle. Couper les champignons, l'oignon, l'échalote, et l'ail en petits morceaux. Les mettre dans l'huile quand elle est brûlante et les faire rissoler. Verser le tout sur les filets. Arroser de vinaigre brûlant. Disposer autour des filets des tranches de tomates sautées à l'huile. Ajouter un peu de persil sur le dessus.

Des têtes et une gousse d'ail.

Des maquereaux.

Des échalotes.

Du persil.

9

Je hais les dimanches

Tous les jours de la s'maine
Sont vides et sonnent le creux
Mais 'y a pire que la s'maine
'Y a l'dimanche prétentieux
Qui veut paraître rose
Et jouer les généreux
Le dimanche qui s'impose
Comme un jour bienheureux
Je hais les dimanches, je hais les dimanches.

Dans la rue 'y a la foule
Des milliers de passants
Cette foule qui coule
D'un air indifférent
Cette foule qui marche
Comme à un enterrement
L'enterrement d'un dimanche
Qui est mort depuis longtemps
Je hais les dimanches, je hais les dimanches.

Chéri si simplement tu étais près de moi
Je serais prête à aimer tout ce que je n'aime pas
Les dimanches de printemps
Tout flanqués de soleil
Qui effacent en brillant
Les soucis de la veille. . . .
—Charles Aznavour

Charles Aznavour, de son vrai nom Chahnourh Varinag Aznavourian, naît à Paris en 1924 dans une famille arménienne. Il débute comme chanteur à neuf ans. En 1946 il est remarqué par Edith Piaf, qu'il accompagne dans une tournée en France et aux Etats-Unis; dès 1956 il est devenu une vedette de la chanson. Ses sujets récurrents sont l'amour, le temps qui passe, les victimes de la vie (sa chanson "Comme ils disent" aborde un sujet tabou en 1972: l'homosexualité). Auteur de plus de mille chansons, après soixante-dix ans de carrière "le grand Charles" est aujourd'hui le chanteur français le plus connu à travers le monde.

10

Le Ciel est, par-dessus le toit

Le ciel est, par-dessus le toit,
   Si bleu, si calme!
Un arbre, par-dessus le toit,
   Berce sa palme.

La cloche, dans le ciel qu'on voit,
   Doucement tinte.
Un oiseau sur l'arbre qu'on voit
   Chante sa plainte.

Mon Dieu, mon Dieu, la vie est là,
   Simple et tranquille.
Cette paisible rumeur-là
   Vient de la ville.

—Qu'as-tu fait, ô toi que voilà
   Pleurant sans cesse,
Dis, qu'as-tu fait, toi que voilà,
   De ta jeunesse?

—Paul Verlaine, *Sagesse*

En 1873 **Verlaine** tire deux coups de revolver sur le poète Arthur Rimbaud, avec qui il a une liaison homosexuelle. Verlaine est condamné à deux ans de prison, et il apprend que sa jeune femme a obtenu une séparation. Ici, dans sa cellule, le poète décrit sa perception limitée du monde visible (le ciel, l'arbre) et audible (la "paisible rumeur"—le bruit ordinaire—de l'extérieur) pour la mettre en contraste avec sa conscience illimitée d'une innocence perdue à jamais.

11

La rumeur tourna au coin de la rue.

—Extrait de Maja, *Bonheurs*

Abréviations

a.	adjective
abbr.	abbreviation
adv.	adverb
adv. phr.	adverbial phrase
angl.	anglicism
aux.	auxiliary
coll.	colloquial
conj.	conjunction
def. art.	definite article
excl.	exclamative
f.	feminine
indef. art.	indefinite article
indef. pron.	indefinite pronoun
inf.	infinitive
int.	interjection
inv.	invariable
m.	masculine
n.	noun
p.	proper
p. part.	past participle
part. art.	partitive article
pl.	plural
prep.	preposition
prep. phr.	prepositional phrase
pron.	pronoun
sl.	slang
v.	verb

Lexique

USING THIS LEXIQUE

Each word or expression listed in the Lexique is followed by one or a series of number-letter references to its first several occurrences: e.g., 14A, 23ABD. The numbers refer to lesson numbers; the letters refer to specific sections of the lesson, as follows:

A	Texte	C	Mise en
B	Captions		œuvre
	and expla-	D	Documents
	nations	E	Mise en
	in the		question
	screened	M	Journal de
	illustration		Marie-Laure
	sections		

Each verb is listed in the infinitive form. Most are followed by a number in parentheses, which refers to the verb charts at the end of each of the *French in Action* workbooks. The conjugation of the verb listed in the Lexique follows the conjugation of the numbered model in the workbook verb charts. Verbs that follow none of these models are identified in the Lexique by an asterisk (*); specifics of their conjugation may be found listed alphabetically at the end of the verb charts.

A (section A; section Lettres) 19A letter that designates a liberal arts concentration in secondary school

à *prep.* in, to, at; **à moi, à toi** 9A it's my turn, it's your turn; **ils sont à moi autant qu'à toi** 18A they are mine as much as yours; **à onze heures** at eleven o'clock; **à Paris** in Paris; **aux Etats-Unis** in the United States

abandonner (4) *v.* 16D, 20D to abandon, to leave

abattoir *m.n.* 18AB slaughterhouse

abbé *m.n.* 8D abbot, curate; **l'Abbé X** Father X

abîmer (4) *v.* 18D to damage

abondant *a.* 12D abundant, plentiful

abonner (4) *v.* 20D to subscribe

abord (d') *adv. phr.* 5A, 8D, 9AC, 11D, 13A (at) first

abricot *m.n.* 26AB apricot

absence *f.n.* 19D, 21D, 24D absence, lack

absent *a.* 13D, 22A, 23A, 26D absent

absenter (s') (4) *v.* 20D to be absent, to play hooky

absolument *adv.* 10D, 16D, 21D, 24E absolutely, really

absorber (4) *v.* 23D, 24D to drink, to absorb

abstrait *a.* 19AB abstract

absurde *a.* 11D, 13D, 24D absurd, silly, nonsensical

abus *m.n.* 21D misuse, abuse

académie *f.n.* academy; **Académie française** 2D, 5D, 8D, 12D, 13D French learned society that studies and defends the French language; **Académie de Paris** 13D

educational district; **Académie Goncourt** 15D association of writers

Acadie *p.n.* 2D, 16D former French colony in eastern Canada

Acadien *a. & n.* 16D inhabitant of Acadia

accablé *a.* 23M overwhelmed

accéder (10) *v.* 22D to accede to, to gain access to

accent *m.n.* 14CD, 22A, 23ACE accent

acceptation *f.n.* 21D acceptance, admission

accepter (4) *v.* 13DM, 14D, 23M, 24C to accept, to agree

accès *m.n.* 4M, 12D, 22D admittance, access

accident *m.n.* 8D, 15D, 18B, 19B, 20M accident; **simple accident** 20E fortuitous event

accommodation *f.n.* 19D accommodation

accompagner (4) *v.* 14ABCM, 22A to accompany, to escort

accoucher (4) *v.* 8M to give birth

accrocher (4) *v.* 25D to run into, to hit, to scrape

accroître (*) *v.* 13D to increase; **s'accroître** 13D, 25D to grow

accueil *m.n.* 15D reception, welcome

achat *m.n.* 15D purchase

acheter (8) *v.* 2D, 5M, 12M, 18BD, 20D to buy, to purchase

acide *m.n.* 21A acid

acte *m.n.* 23D act (theater)

acteur, actrice *n.* 8D, 11D, 13D, 16A, 20E actor; 5D, 13B, 17ABE actress

actif *a.* 3D, 13D active; **les actifs** *m.pl.n.* 18D workforce

action f.n. 8D involvement, activism, action, act

activité f.n. 6D, 9DM, 15D E, 20D activity

actuel a. 16D, 21D current, present-day

adaptation f.n. 24D adaptation

adapter (4) v. 19D, 20ACD, 21D to suit, to adapt

addition f.n. 21A addition; 26AM restaurant check

admettre (24) v. 20C, 21E, 25D to confess, to admit, to allow

administratif a. 2D administrative

administration f.n. 13B administration

admirable a. 19AB, 23D wonderful, excellent

admirablement adv. 11D wonderfully

admirateur m.n. 15D admirer

admiration f.n. 13D, 19AB admiration, wonder; **transporté d'admiration** 19A carried away

admirer (4) v. 7D, 15D, 19D, 20E, 26A to admire

adolescent m.n. 13D adolescent

Adolphe m.p.n. 8A masculine first name

adopter (4) v. 3D, 21A, 24D, 25M to adopt, to take up

adoption f.n. 8M adoption

adorable a. 8M adorable, delightful

adorer (4) v. 4AC, 5A, 8A, 9A, 14M to adore, to dote on

adresse f.n. 14A, 15A, 22A address

adresser (4) v. 22D to address

adulte a. & n. 6D, 7D, 9D, 20D adult

aérien a. 12D aerial

aéroport m.n. 4ABCD, 9M, 14M, 20M, 22M airport

affaire f.n. 19M matter, business, concern; **pas une petite affaire!** 5M no small matter!; **occupe-toi de tes affaires!** 12A mind your own business!; **les affaires** 11M, 15D, 18ABC, 22A, 23AM business

affectif a. 24D emotional

affichage (tableau d') m.n. 12AB bulletin board

affiche f.n. 16BD poster

affirmation f.n. 21D statement, affirmation

affirmer (4) v. 13D to affirm, to state positively

affliction f.n. 10D pain, distress

affranchissement m.n. 15M postage

affreux a. 6M, 10D, 12AB, 20M dreadful, horrible, hideous

africain a. & n. 2D, 3D, 6D, 7D African

Afrique f.p.n. 2A, 3BD, 9M Africa

agaçant a. 6M, 8AB, 9A, 16A, 19B annoying, irritating

agacé a. 24A annoyed, irritated

agacer (4a) v. 8B, 11M, 18E, 23E, 24C to irritate, to get on someone's nerves

âge m.n. 6DE, 8A, 9E, 10D, 11DM age; **quel âge as-tu?** 5C how old are you?

âgé a. 7D, 13D, 20D, 24D old, aged, elderly

agent m.n. **agent d'assurances** 15D insurance agent

agir (5) v. to act; **s'agir de** to involve, to concern; **de quoi s'agit-il?** 14A what's going on?; **il s'agit d'un attentat** 20M it's an actual attack; **de quoi s'agit-il dans X?** 22E what is X about?

agitation f.n. 12M agitation

agneau m.n. 25E lamb; **côtelette d'agneau** 25A lamb chop

agréable a. 8B, 12AB pleasant

agrégé n. 2D, 13D person who has passed the highest qualifying exam for teachers

agressivement adv. 19D aggressively

agricole a. 17E agricultural

agriculteur m.n. 18ABD farmer

agriculture f.n. 18ABC agriculture

agronomique a. 15D agronomic

aider (4) v. 8D, 12ABC, 18AD, 22M, 23D to help

aigle m.n. 7D eagle

aiguillette (de canard) f.n. 26A duck fillet

ail m.n. 16D, 25E, 26D garlic

aile f.n. 23B, 26D wing

ailleurs adv. 12D, 14D, 20E elsewhere; **d'ailleurs** 8A besides, otherwise

aimable a. 12A likeable, pleasant, kind; **vous êtes bien aimable** 12A it's very kind of you

aimé n. **les aimés** n.pl. 6D loved ones

aimer (4) v. 4AC, 5B, 6D, 8ACE, 9AD to like, to be fond of, to love; **aimer bien** 5D, 7M, 10M, 12M, 13M to like

aîné a. 8D, 13D eldest, first-born

ainsi adv. **pour ainsi dire** 13D so to speak; **ainsi que** 13D as well as

air m.n. 16E air; **avoir l'air** 5M to appear, to look; **avoir l'air de** 11C to look as if, to look like

aisé a. 5ACE well-off, well-to-do

aisément adv. 21D easily, comfortably

Aix-en-Provence p.n. 5D, 12D town in the south of France

ajouter (4) v. 10M, 12D, 13D, 15DE, 21D to add

Alain m.p.n. 5D masculine first name

Alain (Emile-Auguste Chartier, 1868–1951) 15D French philosopher

album m.n. 7D, 8AE, 17D album

alcool m.n. 4B, 18B, 21B, 22ADE, 23D alcohol

alcoolisé a. 10D alcoholic, containing alcohol

Alexandre m.p.n. 5D masculine first name

Alexis p.n. 5D masculine or feminine first name

algèbre f.n. 19B, 21D algebra

Algérie f.p.n. 13D Algeria

algérien a. & n. 18D, 23M, 25D Algerian

aligoté m.n. 19B white wine produced in Burgundy

alimentaire a. 26D dietary

Allais, Alphonse (1835–1905) 13D French humorist

alléché a. 19D attracted by, enticed by

allée f.n. 14D avenue, path, passageway

alléger (10) v. 21D to lighten, to ease up

Allemagne f.p.n. 3D, 25M Germany

allemand a. & n. 3D, 4D, 19AD, 21ACD, 22D German

aller (3) v. 2D, 3D, 4DE, 5D, 8A to go, to be going (well or badly); **ça va bien/mal** 2D things are going well/badly; **ça va?** how are you?; **ça va aller mieux** 2A things are going to get better; **aller bien/mal** 2A to feel well/sick; **aller + inf.** (*aux. use*) 2D to be going to, to be about to; **aller à** 22A to fit, to suit someone; **s'en aller** 16C to leave, to go away; **allons, les enfants** 9A all right kids; **allons!, allons-y!** 4A, 9A let's go; **allez!** 5M, 9A all right, come on now

aller-retour m.n. 9M round-trip ticket

allô int. 4D, 12A, 13M, 16D, 20B hello (on the telephone)

allongé a. 6BD, 7D long, elongated

alloué a. 21D allotted

allumer (4) v. 20M, 25D, 26M to light, to switch on; **allumé** a. 10D lit, on

allumette f.n. 7M, 10D match

allusion f.n. 16A allusion, hint; **faire allusion à** 16A to allude to

alors adv. 2D, 3AD, 5AC, 7A then (at that time), then (in that case), therefore, so; **et nous alors?** 3A what about us?; **mais alors** 10D well then

Alpes f.pl.p.n. 6D, 10D, 12D, 13BE Alps (highest mountains in France)

alphabet m.n. 22D alphabet

Alpine f.p.n. 20B Renault sports car

alpinisme m.n. 6A mountain climbing

Al-Qaida p.n. 20M radical Islamist terrorist organization

Alsace f.p.n. 2A province in eastern France

alsacien a. & n. 19B Alsatian

alternant a. 12D alternating

alternative f.n. 8D alternative

amant m.n. 11D lover

amateur m.n. 9D fan, lover

ambassadeur m.n. 18A ambassador; **Ambassadeur** p.n. 19A brand of apéritif wine

ambition f.n. 16D, 21D ambition

âme f.n. 13D, 15D, 21D, 23D soul

Amélie f.p.n. 8AC, 10A, 24B feminine first name

amélioré a. 21D improved

amendement m.n. 12D improvement, amendment

amener (8) v. 10D, 14B, 22AD, 23BE, 24M to bring, to lead, to take someone somewhere

américain a. & n. 3A, 4ACD, 5AC, 6D, 7A American

Amérique du Nord f.p.n. 13D, 16D North America

Amérique du Sud f.p.n. 12D, 14AB, 16D South America

Amérique Latine f.p.n. 14AE Latin America

ami, amie n. 2A, 3B, 6D, 7M, 8A friend; **petit ami** 12A boyfriend; **petite amie** 26A girlfriend

Amiens p.n. 12D city north of Paris famous for its Gothic cathedral

amnésique a. 22M amnesiac

amour m.n. 4ABC, 6D, 13D, 14D, 15D love; **c'est un amour** 19A (s)he's an angel

amoureux a. 10D, 15D, 25D in love; m.n. 24A boyfriend; m.pl.n. 18D, 24B loving couple

amphithéâtre m.n. 13D lecture hall

ample a. 14D large, abundant

amusant a. 3ABD, 4D, 5A, 9BD, 10D amusing

amusement m.n. 12AB amusement

amuser (4) v. 7D to entertain, to divert; **s'amuser** 15D to have fun

an m.n. 6D, 7M, 9A, 11A, 13A year

anagramme f.n. 5D anagram

Anaïs f.p.n. 5D feminine first name

analyse f.n. 23M analysis

analyser (4) v. 13D, 21D to analyze

ananas m.n. 9M pineapple

Anatole m.p.n. 8AC masculine first name

ancêtre m. & f.n. 7D, 8E ancestor

anchois m.n. 26AB anchovy

ancien, ancienne a. 4D, 9M, 12D, 17E, 18M old, ancient, former; **Ancien Testament** 20E Old Testament

andalou a. 4D Andalusian

Andernos p.n. 12M coastal town near Bordeaux

Andromaque f.p.n. 15D tragedy by Racine

anecdote f.n. 15D anecdote

ange m.n. 14D angel

anglais a. & n. 3A, 4ABC, 5B, 12ABE, 15A English

Angleterre f.p.n. 12ACE, 16D, 19A England

anglophone m. & f.n. 2D English speaker

animal, animaux m.n. 3B, 18D, 24D, 25E, 26D, animal; **animal familier** 24D family pet

animer (4) v. 9D to lead, to run, to enliven; **animé** a. 16BD animated, lively

anis m.n. 24B anise

Annecy p.n. 10D city located in the Alps

année f.n. 2D, 3M, 4M, 7D, 9M year; **bonne année** 5M happy new year

Annick f.p.n. 13ACE feminine first name

anniv abbr. for **anniversaire**

anniversaire m.n. 14M, 15AB, 20B, 23D, 26M birthday; 20M anniversary

annonce f.n. 8A, 16D, 25M announcement

annoncer (4a) v. 8A, 11DM, 24BE to announce

annuaire m.n. 24AB telephone directory

annuel a. 20B yearly

anonymat m.n. 22D anonymity

antibiotique m.n. 5D antibiotic

anticipation f.n. 4AC anticipation; **roman d'anticipation** 4AC science-fiction novel

anticonformiste m.n. 5D, 13D nonconformist

antidépresseur m.n. 13D antidepressant, tranquilizer

antiraciste a. 8D antiracist

Antillais a. 3B West Indian

Antilles f.pl.n. 2A West Indies

anxieux a. 19E, 20E anxious, troubled

août m.n. 6D, 14M August

apercevoir (33) v. 22AC to catch sight of, to catch a glimpse of; **s'apercevoir** 19D to realize, to become aware of

apéritif m.n. 19A, 22D, 24BCE, 25A, 26B apéritif, before-dinner drink

aphoristique a. 26D aphoristic

Apollinaire, Guillaume (1880–1918) 10D, 23D, 24, 25D French poet

apologie f.n. 16D justification

apparaître (14) v. 7D, 13D, 19D, 23D to appear

appareil m.n. 22AB appliance, fixture

apparence f.n. 7D, 12D, 17D, 19D appearance, aspect

appartement m.n. 21B, 22E, 23CD, 24A, 25M apartment

appartenir (à) (37) v. 13D, 18A, 25E to belong (to)

appeler (9) v. 8DE, 12B, 13AM, 14A, 18A to call, to hail (a taxi), to send for; **s'appeler** 5D to be called, to be named; **comment vous appelez-vous?** 16A what is your name?

appétit m.n. 21D, 24D appetite; **bon appétit** 2A enjoy your meal

Apple p.n. 13B American consumer electronics manufacturer

apporter (4) v. 9A, 11D, 24A, 25ADE, 26A to bring

apprécier (4) v. 17E, 19ABC, 20M to appreciate, to like

apprendre (32) v. 2ACD, 3ADE, 4A, 5A, 8D to learn

approche f.n. 12D approach

approcher (4) v. 13D to come close to, to bring near; **s'approcher de** 11ABC to come up to

approfondi a. 21D detailed, full

approuver (4) v. 22E to agree, to approve

appuyer (11) v. 22M, 24AB to press; **appuyer sur le bouton** 24AB to press the button

aprèm abbr. for **après-midi**

après prep. 3D, 4CD, 5D, 6D, 9B after; **après avoir éclipsé** 15D after having surpassed; **d'après** 2D according to

après-demain m.n. 12D day after tomorrow

après-midi m.n. 9DM afternoon

aquitain a. 12D pertaining to Aquitaine

Aquitaine f.p.n. 12D region in southwestern France

arabe a. & n. 3D, 16M Arab; 23M Arabic language

arbitre m.n. 8D umpire

arbre m.n. 19D, 22AM, 24D, 26D tree; **arbre généalogique** 8A family tree

Arcachon (lac d') p.n. 12M inland sea in southwestern France

Arc de Triomphe de l'Etoile m.p.n. 7M, 15B triumphal arch on the place de l'Etoile

arcade f.n. 12AB, 15D arcade, archway

archéologie f.n. 11ABE, 19A archaeology

archéologue m. & f.n. 13M archaeologist

architecte m. & f.n. 18D architect

ardent a. 16D ardent

arène f.n. 15D, 25AE arena, amphitheater; **les Arènes de Lutèce** 15D Roman amphitheater ruins in Paris

argent m.n. 5AB, 13B, 14BD, 15AB-CEM, 23M silver, money; **avoir de l'argent** 8A to be rich, to have money; **argent de poche** 15D pocket money

argentin a. & n. 14AB Argentinian

Argentine f.p.n. 14A, 15AC, 22A Argentina

argot m.n. 22D slang

arguer (4) v. 12D to state as a reason, to assert

argument m.n. 21E, 24E argument

aristocratique a. 15D aristocratic

Aristote m.p.n. 15D Aristotle

arithmétique f.n. 19B, 21D arithmetic

Arles p.n. 5D city in southern France known for its Roman monuments

Arlette f.p.n. 8A feminine first name

armagnac m.n. 24AE armagnac brandy

Armand m.p.n. 8AC masculine first name

arme f.n. 23D weapon

armée f.n. 7D, 18ABC army; **l'Armée de l'Air** 12D air force

arménien a. 26D Armenian

armoire f.n. 24M wardrobe

Arp, Jean (1887–1966) 13D French sculptor

arracher (4) v. 24M, 26D to tear out, to pull out

arranger (4b) v. 16A, 21AB to arrange, to put in order, to straighten out, to repair; **tout s'arrangera** 23A things will turn out all right

arrêt m.n. 6M stop, stopping

arrêté a. 19D stopped, at a standstill

arrêter (4) v. 9D, 10BM, 11M, 12BE, 16B to stop; **s'arrêter** 12A to stop

arrière-grand-mère f.n. 8A, 16B great-grandmother

arrière-grand-père m.n. 8A great-grandfather; **arrière-arrière-grand-père** 8A great-great-grandfather

arrière-petite-fille f.n. 8A great-granddaughter

arrière-petit-fils m.n. 8A great-grandson

arrivée f.n. 19D, 24B, 26D arrival

arriver (4) v. 4ACE, 5M, 8ABE, 12AB, 13ACE to arrive, to come, to get to; **j'arrive** 4D I'll be right there; **arriver à** 9M, 20M, 23M to be able to; **arriver à quelqu'un** 17C to happen to someone

arrondissement m.n. 5D administrative division of Paris

arrosage m.n. 24B watering; **tuyau d'arrosage** 24B hose

arroser (4) v. 26D to water, to sprinkle

art m.n. 6D, 7D, 10D, 11ABDE, 13A art

artériel a. 26D arterial

article m.n. 2D, 20D, 21D

articuler (4) v. 21D to articulate

artificiel a. 21A, 24D artificial

artiste a. & n. 11D, 14D, 19AC artist

artistique a. 6D, 10D, 11D, 18E artistic

aseptique a. 14B aseptic

Asie f.p.n. 25D Asia

asile m.n. 22M asylum

aspirine f.n. 12AB, 26M aspirin

assassin m.n. 13D assassin, murderer

Assemblée nationale f.p.n. 2D, 14D the French National Assembly

assembler (s') (4) v. 12D assemble

asseoir (s') (*) v. 14A, 24AE to sit down

assez adv. 5A, 7AM, 10B, 14AD, 16A rather, enough; **en avoir assez** 17M to be fed up

assiette f.n. 24B, 25ABCE, 26AM plate, dish

assimiler (4) v. 7D to assimilate

assis a. 14A, 15AE, 16AM, 19ACM, 23A seated

assister à (4) v. 16D, 26E to be present at, to attend, to witness

association f.n. 9M association

assorti a. 24M matched

assurance f.n. 15D, 18ABC insurance; **assurances sur la vie** 18B life insurance

assurer (4) v. 13A, 26D to assure

Astérix m.p.n. 3A, 7B, 9E, 14D, 23A French cartoon character representing a shrewd Gaul

astrophysique f.n. 13A astrophysics

astuce f.n. 13B, 24D astuteness, cleverness

atelier m.n. 9M studio

athlète m. & f.n. 9A, 18A athlete

athlétisme m.n. 6ABD athletics

atmosphérique a. 16D atmospheric

attachement m.n. 13D, 14D attachment

attaque f.n. 7D, 21E attack

attaquer (4) v. 14B, 24A to attack

atteindre (20) v. 13D, 14M, 16D, 23D to attain, to reach

attendre (6) v. 5M, 8M, 10A, 13ABC, 15A to wait for; **en attendant** 14M in the meantime, meanwhile

attentat m.n. 20M attack

attention f.n. 9A, 12M, 13BD, 18E, 20AB attention, care; **faire attention à** 11D to take care to

attirer (4) v. 18D, 19D, 20E, 21M, 25A to attract, to appeal to

attitude f.n. 20DE, 21E attitude

attraction f.n. 7D attraction

attraper (4) v. 12ABCM, 16A, 17A, 19D to catch

attribut m.n. 23D attribute

au prep. contraction of **à** and **le**

aubergine f.n. 26AB eggplant

Aucassin et Nicolette p.n. 6D, 7D, 10D thirteenth-century love story

aucun a. 5D, 13ACDE, 16A, 19D, 20A any, no; pron. anyone, no one

audacieux a. 7D brave

au-delà adv. 24D beyond, past

au-dessus adv. 7E, 16D above, over

audible a. 26D audible

auditoire m.n. 24D audience

augmentation f.n. 21D increase

augmenter (4) v. 8D, 14D, 16D to increase, to raise

aujourd'hui adv. 3D, 5ACM, 6ABC, 7DM, 8D today

auprès adv. 13D, 21D close to, close by

Aurélie f.p.n. 5D feminine first name

aussi adv. 2D, 3D, 4ABCD, 5AD, 6ADM as, so, also, too; conj. after all, therefore

aussitôt adv. 13D immediately, at once

austérité f.n. 21D austerity

autant adv. 16A, 18A, 20D, 22D as much, so much, as many, as well

auteur m.n. 2D, 4B, 5D, 7D, 11E author

auto (abbr. for **automobile**) f.n. 5B, 17B, 18ABC car

autobiographie f.n. 11D, 13D, 21E autobiography

autobiographique a. 21D autobiographical

autobus m.n. 4D bus

autodidacte a. & n. 24B self-taught, self-educated

automne m.n. 10D, 11ABD fall, autumn

autonomie f.n. 14D, 18M autonomy

autorisation f.n. 17D permission

autorisé a. 3M authorized

autoriser (4) v. to authorize

autoritaire a. 20A authoritarian

autorité f.n. 13D, 21D, 22D authority

autour adv. 9M, 13B, 14D, 18D, 21E around, round, about

autre a. & pron. 3M, 4MD, 5A, 6A, 8D other, another; **autre chose** 20A something else

autrefois adv. 2D, 8D, 9D, 16AD, 17AE formerly, in the past, at one time

autrichien a. & n. 14D Austrian

Auvergne f.p.n. 15D region in central France

aux prep. contraction of **à** and **les**

avant prep. & adv. 5D, 8E, 9B, 14D, 15E before; **en avant!** 26E let's go!

avantage m.n. 3D, 22D, 23D, 24D advantage

avant-garde f.n. 19A, 24D avant-garde

avant-hier adv. 22A, 24A day before yesterday

avare a. 15D stingy; *L'Avare* 26D comedy by Molière

avec prep. 2D, 3A, 4ACD, 5D, 6A with

avenir m.n. 8M, 9B, 13M, 18D, 23D future

aventure f.n. 3A, 4ABC, 7D, 11D, 19D adventure

aventureux a. 16D adventurous

avenue f.n. 11D avenue; **Avenue Montaigne** 11M chic Parisian shopping district

averse f.n. 12D downpour, shower

Avétonou p.n. 9M small town and region in Togo

aveu m.n. 13D admission, confession

aveugle a. & n. 22D, 23D blind, blind person

Aveyron p.n. 14M *département* in southern France

aviateur, aviatrice n. 12D, 17A aviator

Avignon p.n. 5D city in southern France, former residence of the popes, known for its bridge on the Rhône

avion m.n. 9M, 12D, 20M airplane; **par avion** 15A by airmail

aviron m.n. oar; **l'aviron** 6D rowing, crew

avis m.n. 7E, 18M, 21ABD opinion, judgment; **à votre avis** 6E in your opinion

avocat, avocate n. 12B, 13B, 18ABCD lawyer

avoir (1) v. & aux. 3ACD, 4AC, 5AE, 6AE, 8D to have, to possess, to get; **avoir l'air** 14E to seem; **avoir . . . ans** 8A to be . . . years old; **avoir envie de** 18A to want to; **avoir faim/soif** 21A to be hungry/thirsty; **avoir l'habitude de** 14AB to be in the habit of; **avoir mal à** 17A to have a pain in; **avoir peur de** 26E to be afraid; **il y a** 9A there is, there are; **il y a longtemps que vous êtes en France?** 14A have you been in France long?; **il y a deux ans** 9A two years ago

avortement m.n. 13D, 17D abortion

avouer (s') (7) v. 19D to admit, to acknowledge

Aymé, Marcel (1902–1967) 15D French writer

Aznavour, Charles (1924–) 26D French singer and songwriter

azur m.n. 18D azure, blue; **Côte d'Azur** 23D the Riviera

Babar m.p.n. 3A main character and title of a children's storybook

bac m.n. (abbr. for **baccalauréat**) 13BDM, 19AD general certificate of high school education; **rater son bac** 19E to fail one's baccalauréat exam

Bachelard, Gaston (1884–1962) 24D French philosopher

Badoit f.p.n. 26A brand of mineral water

bagages m.pl.n. 4B, 9M baggage, luggage

bague f.n. 18M ring

baguette f.n. 5M loaf of French bread

bah int. 22A bah!

baie f.n. 14M bay

baignoire f.n. 24M bathtub

bâiller (4) v. 25B to yawn

bain-marie m.n. 24D double-boiler

baïonnette f.n. 16D bayonet

baiser m.n. 26D kiss; **bons baisers** 14A love and kisses

baisser (4) v. 11B, 20D, 22D to drop, to lower

baladeur m.n. 19D personal portable audio player

balai m.n. 22D, 24M, broom

balcon m.n. 13M, 21ABC, 25A balcony

baleine f.n. 16D, 17D whale

ballade f.n. 17D ballad

balle f.n. 9D bullet

ballerine f.n. 14D ballerina; 24M ballet shoe

Balzac, Honoré de (1799–1850) 23D, 24D French novelist

banal a. 19D banal

banc m.n. 15AC, 16A, 17A, 18ACDE, 19E bench

bande f.n. 13D band; 22M bunch; **bande dessinée (BD)** 7D, 20D cartoon, comic strip

banlieue f.n. 8D, 15E, 20D suburb

banque f.n. 5M, 14ABCE, 15D, 18AD, 22M bank

banquier m.n. 15A banker

Banville, Théodore de (1823–1891) 23D French poet

banyuls m.n. 24AC apéritif wine from the south of France

bar m.n. 22D bar

barbe f.n. 7ABCDM, 10ACD, 14D beard

barbouiller (4) v. 19AB to smear

barde f.n. 25D piece of fat or bacon for larding meat

baron m.n. 15D baron

barre f.n. 9D bar, candy bar

barreau m.n. 26D bar (of cage)

Barthes, Roland (1915–1980) 24D, 26D French writer and essayist

bas m.n. 18D bottom; **en bas** 22A downstairs

base f.n. 24D, 26E basis, foundation, chief ingredient

basket (abbr. for **basketball**) m.n. 6D, 7DM basketball; 11M sneakers

basketteur m.n. 6D basketball player

Basque a. & n. 9AC, 16ABCD Basque; **le Pays Basque** 9B the Basque region of southwestern France; **poulet basquaise** 16D Basque-style chicken

bassin m.n. 14D, 16ACE, 17ABCDEM, 18A basin, pool

bataille f.n. 7D battle

bateau m.n. 14D, 15ABE, 16ABCE, 17AM, 18AB boat

bâtiment m.n. 9M building

bâtir (5) v. 16D to build

bâton m.n. 24D stick

batteur m.n. 24D beater

battre (se) (7) v. 19B, 24D to beat, to fight

Baudelaire, Charles (1821–1867) 24D French poet

bavard a. 11ABCE, 21D, 23AE talkative, chatty

bavardage m.n. 21D chattering

bavarois a. 26A Bavarian cream dessert

bavure f.n. 17D ink smudge, botched job

Bayonne p.n. 16ACD town in the Basque region

BD abbr. for **bande dessinée**

Béart, Emannuelle (1963–) 12D French actress

Béart, Guy (1930–) 12D French singer and songwriter

beau, bel, belle, beaux, belles a. 5D, 6M, 7DM, 9C, 10AD beautiful, handsome, lovely; **beau-frère** m.n. 18A brother-in-law; **beau-père** 15D father-in-law; **beaux-parents** 8D parents-in-law

Beaubourg p.n. 15AB, 23AD Georges Pompidou Cultural Center in Paris

Beaucaire p.n. 6D, 7D town in Provence

beaucoup adv. 2D, 3AD, 5ABDM, 6ABDE, 7AC much, a great deal, a lot

beaujolais m.n. 22AB, 26B wine from the Beaujolais region

beauté f.n. 24D beauty

Beauvoir, Simone de (1908–1986) 13D, 20B French writer

bébé m.n. 8M, 17ADE, 18D, 25M baby

bec m.n. 19D beak

bécasse f.n. woodcock; (sl.) 9A, 19D numbskull, idiot

bécoter (se) (7) v. (coll.) 18D to kiss, to smooch

Bedos, Guy (1934–) 13D French humorist and performer

Begag, Azouz (1957–) 18D, 22D, 26D Algerian writer

belge a. & n. 5D, 11D, 13M Belgian

Belgique f.p.n. 2ACD, 3D Belgium

Belle-Ile-en-Mer f.p.n. 9A, 16ADE small island off the coast of Brittany

belote f.n. 9ABE belote, pinochle

ben (sl. for **bien**) int. 9A, 10A, 12A, 13A, 15A well, why; **ben oui!** 2A why yes!

Bénédictine f.p.n. 24E liqueur named for the Benedictine monks who formulated it

bénévole a. 9M charitable

bercer (4a) v. 26D to rock

berge f.n. 24D bank, edge of river, canal

berger, bergère n. 16D, 17ABC shepherd, shepherdess

Bermudes (les) f.pl.n. 14AB, 20B
Bermuda

Bernard, Claude (1813–1878) 23D
French physiologist

besoin m.n. 14D, 18D, 20D, 21D
need, want

best-seller m.n. (angl.) 13D success-
ful book

bête a. 9A, 10B, 11AE, 12A, 15D stupid; **il est bête comme ses pieds!**
10A he's too stupid for words!

bêtise m.n. 19M, 21DM, 23D stupidity, nonsense; **dire des bêtises**
16M to talk nonsense

beuh int. 18A um . . . , er . . .

beur a. 16M, 18D French person
of North African origin (term
coined by reversing the syllables
of *arabe*)

beurre m.n. 14M, 25AB butter; **faire
son beurre** (coll.) 13AB to make a
fortune, to rake it in

Biarritz p.n. 16D fashionable seaside
resort in southwest France

Bibiche f.p.n. (coll.) 24A affectionate
name for a woman

bibli (abbr. for **bibliothèque**) f.n.
2AD, 13D, 15D, 20D library

bibliothécaire m.n. 13M librarian

bicyclette f.n. 7M, 17B bicycle

bien adv. 2AB, 4A, 5AD, 6AD, 7DE
well, right, really, quite; **bien
entendu** 23D of course, naturally; **bien français** 4D typically
French; **c'est bien notre chance**
10A that's just our luck; **bien sûr**
3A of course

bien-être m.n. 18D well-being

bien que conj. 13D, 20D although,
even though

bientôt adv. 15D, 21A soon;
à bientôt 12A see you soon!

bière f.n. 22D, 23D beer

bifteck (biftèque) m.n. 10D, 24D,
26D steak

bijou, -oux m.n. 8M, 11M, 18ABEM,
23M jewel

bijouterie f.n. 11M jewelry store

bijoutier m.n. 18ABE jeweler

bilingue a. 23M bilingual

billet m.n. 5M, 25AC banknote

biographie f.n. 13D, 21E biography

biologie f.n. 13A biology

biologiste m. & f.n. 13D biologist

bis adv. 15D repeat (musical refrain)

biscuit m.n. 9D, 16M, 26B cracker

bisou m.n. (coll.) 12AB kiss

bistre a. 22D dark brown color

bistro, bistrot m.n. (coll.) 19A, 22D,
26D café-restaurant

bizarre a. 15A, 22A, 23AE odd,
weird

Black-Blanc-Beur 7M nickname
for the multicultural 1998 French
World Cup soccer team, meaning
"black, white, Arab"

blague f.n. (coll.) 16A joke, hoax;
sans blague 13A no kidding!

blanc, blanche a. 7AC, 9D, 11M,
12A, 13A white

blasphématoire a. 21D blasphemous

blesser (4) v. 10D to injure, to
wound

bleu a. 2D, 6ACD, 7ACD, 9A, 11A
blue; **steak bleu** 26A blood-rare
steak

blond a. 6ABCDE, 7ACDM, 9A, 10D,
13A blond

bloquer (4) v. 16D to block

bobonne f.n. (coll.) 23A term of en-
dearment for one's wife

bocal m.n. 17M (fish)bowl

bœuf m.n. 17AB, 23E ox, steer, beef;
bœuf bourguignon 26M beef
stewed in red wine

bof int. (coll.) 11M, 13A, 18A bah

bohémien a. 11D bohemian

boire (12) v. 9D, 16B, 20A, 21A, 23D
to drink

bois m.n. 22D, 25D wood; 26D
woods, forest

boisson f.n. 19B, 23D, 24D beverage

boîte f.n. 13M, 15AE, 17D, 22D,
25AM box; 18M firm, company;
boîte aux lettres 15A mailbox;
boîte de nuit 12D, 16E nightclub

bol m.n. 26M bowl

boléro f.n. 16D bolero (dance)

bombe f.n. 4D bomb

bon, bonne a. 3AD, 4AB, 5A, 6A,
7A good, fine, kind, fit; **bon,
alors** 10A all right then; **bon
appétit** 2A enjoy your meal;
bon marché 14B inexpensive;
bon vivant 23M jovial, easy-
going person; **bon voyage** 22A

good-bye, have a good trip;
bonne nuit 24A good night; **il
fait bon** 11B it's nice out

bonbon m.n. 19D candy

bondir (5) v. 12M to leap, to jump

bonheur m.n. 15D, 18D happiness;
ça porte bonheur 21M it brings
good luck

bonhomme m.n. (coll.) 8D, 10A fellow, guy

bonjour m.n. 2A, 3A, 4D, 8A, 19D
good day, hello

bonne f.n. 9A, 17M, 22A, 23CM,
24A maid, servant

Bonne Espérance (Cap de) f.p.n. 3B
Cape of Good Hope

bonsoir m.n. 24A good evening,
good night

bord m.n. 16BC edge, border

Bordeaux p.n. 10AB, 15D, 21B major
seaport on the Atlantic Ocean in
southwestern France; **bordeaux**
m.n. 24A bordeaux wine

borne f.n. 22M terminal

botanique f.n. 19ACE botany

bouche f.n. 10ABD, 17D, 19D, 25E
mouth

bouché a. 13M clogged, stopped up

boucher m.n. 17AC, 24A butcher

Boucher, François (1703–1770) 17A
French painter

Boucher, Hélène (1908–1934) 17A
French aviator

boucherie f.n. 17A butcher shop

bouclé a. 7D curly

boucles d'oreille f.pl.n. 18M earrings

bouffer (4) v. (coll.) 23M to eat, to
wolf down

bouger (4b) v. 14BD, 26D to move,
to budge

bouillir (*) v. 24D to boil

bouillon m.n. 24B broth

boulanger, boulangère n. 17ABCE
baker

boulangerie f.n. 5M, 24D, 25AC
bakery

boule f.n. 6M ball; **boule de
gomme** 4M, 15B gumdrop; **mystère et boule de gomme** 8M, 15A
it's a secret, that's for me to know
and you to find out

boulevard m.n. 2A, 4D, 12A, 13D,
15D boulevard

Boulez, Pierre (1925–) 17E French composer and conductor

boulot m.n. (coll.) 17M, 18ABM work, job

bouquin m.n. (coll.) 18D, 20M book

bourgeois a. 13D, 19D bourgeois, middle-class; *Le Bourgeois Gentilhomme* 15D play by Molière

Bourgogne f.p.n. 24A Burgundy; **bourgogne** m.n. 19B burgundy wine

bourrer (4) v. **se bourrer** 25M to stuff oneself

bout m.n. 13D, 17D, 23D, 26D end, extremity

bouteille f.n. 9A, 19D, 26AB bottle

boutique f.n. 11M boutique, specialty shop

bouton m.n. 11AB, 24A button; 19D (flower) bud; **bouton de sonnette** 24B doorbell

bouvier m.n. 10D, 17ABC, 18D cowherd, cattle driver

boxe f.n. 8A, 19E boxing

boxeur m.n. 18A, 19B boxer

bracelet m.n. 7D, 18M bracelet

branche f.n. 26D branch, bough

branché a. 22D connected

Braque, Georges (1882–1963) 24D French painter

bras m.n. 7DM, 10D, 13ABD, 14E, 15B arm

Brassens, Georges (1921–1981) 18D French poet, singer, and songwriter

brave a. 7D worthy, brave

brebis f.n. 16D, 26E ewe

bref, brève a. 11D, brief, short

bref adv. 21D in short, in a word

Brel, Jacques (1929–1978) 19D, 25D Belgian poet, singer, and songwriter

Brésil m.p.n. 4B, 7M Brazil

brésilien a. & n. 4ABC Brazilian

Brest p.n. 10AB, 12D French seaport at the western tip of Brittany

Bretagne f.p.n. 9ABCD, 10ABC, 12ADM, 16ABCD Brittany

breton a. & n. 9ACD Breton

Breton, André (1896–1966) 13D French poet

bricole f.n. 17D odds and ends

bridge m.n. 3B, 9A, 21A bridge (card game)

brie m.n. 19A, 25ACE cheese from the Brie region east of Paris

Brighton p.n. 12AB seaside resort in southern England

Brigitte f.p.n. 5D feminine first name

brillant a. 13M, 23M, 26AD brilliant

Brillat-Savarin, Jean Anthelme (1755–1826) 26AD French writer on gastronomy

briller (4) v. 14D, 25D to shine

brioche f.n. 25ABC brioche, cake

briquet m.n. 13AB, 26M lighter

brisé a. 23D broken, crushed

britannique a. & n. 16D British

broche f.n. 18M brooch

brochette f.n. 26M kebab

broderie f.n. 22E embroidery

Brontë, Charlotte (1816–1855) 5B English writer

Brontë, Emily (1818–1848) 5B English writer

bronzant a. 12M tanning; **autobronzant** 12M self-tanning

bronze m.n. 21M bronze

bronzé a. 9AE tanned

bronzer (4) v. 12M to tan

brosser (4) v. 25AB to brush; **se brosser** 12M, 25AB to brush

brouillard m.n. 12AB fog

brouillé a. 24A scrambled

brousse f.n. 9M bush

bruine f.n. 12D fine rain, drizzle

bruit m.n. 10D, 11D, 12BD, 14D, 16E noise, sound

brûlant a. 11D, 25D, 26D burning hot

brûler (4) v. 17D, 25D to burn; **brûlé** a. 19D, 21D burned

brumeux a. 12D foggy, hazy

brun a. 6BCD, 7ADE, 10D, 13ACD, 16AC brown, dark

Bruni-Sarkozy, Carla (1967–) 2E Italian-born singer

brusquement adv. 20A suddenly, abruptly

brutal a. 3B brutal

budget m.n. 21D budget

budgétaire a. 21D budgetary

Bugul, Ken (Mariètou Mbaye Biléoma, 1947–) 2E Senegalese writer

bulle f.n. bubble; **bulle de savon** 19D soap bubble

buraliste m. & f.n. 15AB tobacconist

bureau m.n. 13ABE, 15A, 18AD, 21B office; **bureau de poste** 14A post office; **bureau de tabac** 14A tobacco shop

bus (abbr. for **autobus**) m.n. 4AED, 19M, 20B, 22E bus

but m.n. 7M goal (sports)

Butor, Michel (1926–) 12D French writer

Byrrh m.p.n. 19A brand of apéritif wine

ça pron. (coll. for **cela**) 2A, 3D, 8A, 11A it, that; **c'est ça** 15A that's it; **qu'est-ce que c'est que ça?** what's that?

cabaret m.n. 6D nightclub, cabaret

cabine téléphonique f.n. 13M, 22ACDEM phone booth

cabinet m.n. 14M cabinet; **chef de cabinet** 18M chief of staff

cacher (4) v. 23E, 24D, to hide; **se cacher** 26D to hide, to be hiding

cadeau m.n. 9A, 14DM, 15D gift

cadre m.n. 6D executive, middle manager

Caen p.n. 12D city in Normandy

café m.n. 4D, 6D, 12D, 14A, 15AE coffee, coffee shop; **café au lait** 25ACD coffee with milk; **café-restaurant** 22A café that also serves meals

cage f.n. 9M, 26D cage, coop, hutch

cahier m.n. 3M, 11A notebook

Caïn m.n. 5B Cain, brother of Abel in the Bible

Caire, Le p.n. 12D Cairo

caisse f.n. 14B, 22AB cash drawer, cashier's window; **les fusains en caisse** 22D potted shrubs

caissier, caissière n. 10M, 14AB, 22A cashier

calcul m.n. 14E, 15E, 16D, 22E calculation; **calcul différentiel/**

intégral 19B, 21A differential/integral calculus

calculatrice f.n. 21AC calculator

calculer (4) v. **machine à calculer** 16D adding machine

Californie f.p.n. 2D California

calme a. 7A, 23C quiet, composed; m.n. 16E, 18E calm, stillness

calmement adv. 12B calmly

calomniateur, calomniatrice n. 24D slanderer

calorie f.n. 26A calorie

calorique a. 26D caloric

calumet m.n. 13B peace pipe

calvaire m.n. 9D calvary, roadside cross

calvitie f.n. 7M, 10B baldness

cambodgien a. & n. 4AC Cambodian

cambriolé a. 11M burgled

camélia f.n. 15D, 24D camellia

camembert m.n. 25CE, 26A variety of cheese from Normandy

camerounais a. 17D Cameroonian

camion m.n. 18AE truck

camionnette f.n. 18A van

camoufler (4) v. 19D to camouflage

camp m.n. 6D, 12M camp

campagnard a. & n. 18D rustic, country person

Campari m.p.n. 24A brand of apéritif wine

canapé m.n. 24M sofa

canard m.n. 26AE duck

cancer m.n. 8AD cancer

candidat m.n. 8D, 12D, 13DM candidate

cane f.n. 20D female duck

canoë m.n. 6AD canoe, canoeing

canon m.n. 17B cannon

Cantal m.p.n. 26ACE region in central France known for its cheese

cantine f.n. 22D canteen, school lunchroom

Cap de Bonne Espérance m.p.n. 3B Cape of Good Hope

capable a. 8D, 21D able, capable

capacité f.n. 21D capacity

capitaine m.n. 23D captain

capital m.n. 8D riches; a. 21D essential, dominant

capitale f.n. 9M, 13D, 24A capital

câpre f.n. 26A caper

capté a. 16D captured

capturer (4) v. 20D to seize, to capture

car conj. 9D, 14D for, since, because

caractère m.n. 6A, 7D, 8AM, 15DE, 21D character, nature, disposition; **avoir bon/mauvais caractère** 9AC to be good-/bad-tempered

caractérisque f.n. 19C characteristic

caramel m.n. 24D caramel

caramélisé a. 24D caramelized

carbonisé a. 26D burned, charred

cardiaque a. cardiac; **crise cardiaque** 22E heart attack

Cardin, Pierre (1922–) 11AD French fashion designer

cardinal m.n. 23D cardinal

carotte f.n. 25M carrot

carré a. & m.n. 6C, 7ABM square

carrelage m.n. 22D tiling, tiled floor

carrière f.n. 11D, 23D, 26D career

carte f.n. 12AC, 14C, 22M card, map; **carte postale** 8E postcard; **carte des vins** 26A wine list; **jeu de cartes** 3B card game

Cartier p.n. 18BE luxury jewelry store

carton m.n. 19D cardboard

cas m.n. 15D, case; **en tout cas** 7D in any case, at any rate; **dans ce cas** 5D in this case

Casimir m.p.n. 8A masculine first name

casse-pieds m.pl.n. 15M pain in the neck

casserole f.n. 24D saucepan

Castor m.p.n. 3B character in Greek and Roman legends, twin brother of Pollux

catastrophe f.n. 20DM catastrophe

catégorie f.n. 21D category

cathédrale f.n. 4D, 16ACD cathedral

catholique a. 16D, 19B, 21B, 25D Roman Catholic

cauchemar m.n. 9M nightmare

cause f.n. 8D, 16D cause; **à cause de** 14D, 19AE, 22D because of, on account of, owing to

causer (4) v. 13D to talk, to converse

caustique a. 8D caustic

cave f.n. 19D cellar

caverne f.n. 8E cavern, cave

ce pron. 2D, 4A, 6D, 8A, 9C it, that; **ce, cet, cette, ces** a. this, that, these, those; **ce qui, ce que** pron. what, which; **ce que . . . !** how . . . !; **ce que tu peux être bête!** how dumb can you get!; **ce dont** 20D the thing that

ceci pron. 3M, 15D this

Cécile f.p.n. 5A, 8AC, 9AE, 10AB feminine first name

cédérom m.n. 15D CD-ROM

cela pron. 5D, 7D, 9D, 10D, 12D that

célébration f.n. 23D celebration

célèbre a. 6D, 7D, 9D, 12D, 13D famous

célébrité f.n. 15D, 16D, 17E, 20D celebrity

céleri m.n. 23B celery

célibataire a. & n. 8AD, 23D unmarried, single

Céline f.p.n. 5D feminine first name; 11DM fashion design house

celle, celui, celles, ceux pron. 12D, 13A, 15AD, 20D the one, those (things); he, she, those (people)

cellule f.n. 23D, 26D cell

cendre f.n. 25D ash

cendrier m.n. 25D ashtray

censé a. 26D supposed, presumed

censure f.n. 24D censorship

censurer (4) v. 4M to censor

cent a. & n. 8AE, 15D, 24D one hundred

centaine f.n. 15AB approximately a hundred

centaure m.n. 5B, 21AB centaur

centime m.n. 5M, 22ABD centime

central a. 12D central; **Central (Ecole centrale des arts et manufactures)** p.n. 13M prestigious engineering school near Paris

centre m.n. 4D, 6D, 15BD, 21B center

cependant adv. 13D meanwhile; conj. 14D however, nevertheless

céréale f.n. 9D cereal

cérémonie f.n. 8D, 16D ceremony

cérémonieusement adv. 24D ceremoniously

cérémonieux *a.* 14AB formal, ceremonious

cerise *f.n.* 16D, 26ABC cherry

cerner (4) *v.* 17D to figure out, to get one's mind around

certain *a.* 3D, 4M, 6D some, selected; 7E certain, sure; *pl.n.* 13D some people

certificat *m.n.* **certificats médicaux** 21M health certificates

certitude *f.n.* 21D certainty

cerveau *m.n.* 13AB, 19D, 21D brain; **c'est un cerveau** (s)he's a real brain

ces. *See* ce

cesser (4) *v.* 23D to cease, to stop

cet. *See* ce

cette. *See* ce

chablis *m.n.* 24BC white wine from the region near the town of Chablis in Burgundy

chacun *pron.* 13D, 24A, 26DM each (one), everyone, everybody

chahuter (4) *v.* 13D to be rowdy

chaîne *f.n.* 5B, 7M radio or television station

chaise *f.n.* 11A chair

chaleur *f.n.* 26D heat, warmth

chaleureux *a.* 18A, 24E warm, hearty, cordial

Chambertin Clos de Bèze *m.n.* 24A famous red burgundy wine

chambre *f.n.* 9M, 13ABD, 16D, 17M, 18D room, bedroom; **Chambre des Députés** 14D the French Chamber of Deputies

Chamfort (Sébastien Roch Nicolas, 1741–1794) 15D French moralist and satirist

champignon *m.n.* 24BD, 26D mushroom

champion, championne *n.* 17AE, 19ABDE, 24D champion

Champs-Elysées 14D famous avenue in Paris

chance *f.n.* 21M luck; **elle a de la chance** 14M, she's lucky; 18M, 22D chance, opportunity; **c'est bien ma/notre chance!** 9A, 10A, 25M that's just my/our luck!; **c'est pas de chance!** 15M tough luck!; **vous avez de grandes chances** 21D chances are good

Chanel *p.n.* 11DM fashion design house

changement *m.n.* 14M transfer, change; **changement climatique** 3D climate change

changer (4b) *v.* 3D, 5M, 7M, 8D, 13D to change; **se changer** 18A to change clothes

chanoine *m.n.* 19B canon (of church)

chanson *f.n.* 5D, 11D, 12D, 14D song

chansonnier *m.n.* 8D singer-songwriter

chant *m.n.* 10D, 19D singing, song

chantage *m.n.* 12D blackmail, threat

Chantal *f.p.n.* 5D feminine first name

chanter (4) *v.* 12M, 14D, 18D, 22A, 26D to sing

chanteur *m.n.* 6D, 12D, 14D, 16D singer, vocalist

chanteuse *f.n.* 5D singer, vocalist

chantier *m.n.* 9M volunteer work camp

chaos *m.n.* 17M chaos

chapeau *m.n.* 9D, 13AB, 25D hat

chapelle *f.n.* 13D, 15D, 19B, 22ABE chapel

chaperon *m.n.* hood; **Le Petit Chaperon rouge** 3A Little Red Riding Hood

chaque *a.* 2D, 7D, 13D, 17D, 20D each, every

charbon *m.n.* 10D, 17AB, 25A coal

charbonnier *m.n.* 17B coal merchant, coalman

charcuterie *f.n.* 25AB pork butcher's shop; 16D pork cold cuts; **assiette de charcuterie** assorted cold cuts

chargé *a.* 13D loaded, laden

charité *f.n.* 3B charity

charlotte *f.n.* 26A variety of cake

charmant *a.* 24A charming

charme *n.* 6D, 22D charm

charpente *f.n.* 17A framework

charpentier *m.n.* 17A carpenter, builder

Charpentier, Gustave (1860–1956) 17A French composer

Chartres *p.n.* 13D, 16E city southwest of Paris, in the Beauce

region, renowned for its Gothic cathedral

chasser (4) *v.* 11D to drive away

chat *m.n.* 15D, 22D, 23E, 24DM cat

châtain *adj.* 6A, 7C chestnut brown, brown-haired

château, -eaux *m.n.* 15D castle

Chateaubriand, François René (1768–1848) 13D French writer

chaton *m.n.* 25M kitten

chaud *a.* 11ABC, 17D, 18B, 25D hot, warm

chauffage *m.n.* 17B heating system

chauffer (4) *v.* 26D to heat (up)

chauffeur *m.n.* 9M chauffeur, driver

chaussure *f.n.* 17D shoe

chauve *a.* 7M, 10B bald

chavignol *m.n.* 26AE variety of goat cheese

chef *m.n.* 26ACM chef; **chef de service** 5A, 15A head of department; **chef de cabinet** 18M chief of staff

chef d'œuvre *m.n.* 14M masterpiece

chemin *m.n.* 13B, 16D, 18A way, path, road; **chemin de fer** 16D railroad

chemise *f.n.* 13B, 21D shirt

chemisier *m.n.* 13AB blouse

cher, chère *a.* 13A, 22A dear; 11M, 14ABCM, 15E, 23M expensive

chercher (4) *v.* 6D, 9A, 11M, 13M, 14D to look for, to fetch; **va chercher mon album** 8A go get my album

cheval, -aux *m.n.* 5B, 9D, 13A horse; 6ABD horseback riding

chevelure *f.n.* 14D hair

cheveux *m.pl.n.* 6ABCDM, 7AEM, 9AD, 10A, 13D hair

cheville *f.n.* 7D, 10AB ankle

chèvre *f.n.* 17AB, 26AB goat; *m.n.* 26A goat cheese

chevrier *m.n.* 17ABC goatherd

chez *prep.* 5AB, 9B, 11ABCE, 12AD, 13M at the place of business/home of; **il travaille chez Renault** 11B he works for Renault; **ça vient de chez Dior** 11A it's a Dior; **chez soi** 18A at home; **chez les jeunes** 9D among young people; **chez Racine tout est sentiment** 15D with Racine everything is feeling chic *a.* 11D, 16D, 17D, 19A smart, stylish; **elle a le chic pour** 11M she has a way of

chien *m.n.* 2A, 4D, 5B, 8DM, 11D dog

chiffre *m.n.* 22E figure

chimie *f.n.* 15D, 19AB, 21ABCE chemistry

chimiste *m.n.* 21D chemist

Chine *f.p.n.* 3D China

chinois *a.* 14M Chinese

chirurgie *f.n.* **chirurgie aesthétique** 23D cosmetic surgery

chirurgien *m.n.* 15ACD surgeon

chocolat *m.n.* 3B, 8A, 9D, 10M, 16M chocolate; 25A hot chocolate

chœur *m.n.* 14D choir

choisir (5) *v.* 3AB, 4EM, 5E, 6E, 8D to choose

choix *m.n.* 19A choice

chômage *m.n.* 5D, 13D unemployment

chômeur *m.n.* 5D unemployed person

choquer (4) *v.* 24E to shock

chose *f.n.* 9D, 12E, 15AE, 16B thing; **la même chose** 12E the same thing

chou *m.n.* 26E cabbage; **chou à la crème** 26A cream puff

chouchou *m.n.* 6M darling, pet

choucroute *f.n.* 26ABCE sauerkraut

chouette *int.* (*coll.*) 8M, 12M, 19D great!, terrific!

chrétien *a.* 3B, 7D, 16D, 25E Christian

chum *m.n.* (*angl.*) 25M chum, friend

chute *f.n.* 12D, 21AB fall, waterfall

ciboulette *f.n.* 26B chives

ciel, cieux *m.n.* 11AC, 12ABCD, 14AC, 26D sky; **le Ciel** 23D heaven, Providence

cigare *m.n.* 4D, 26M cigar

cigarette *f.n.* 4BD, 13D, 18D, 25D, 26M cigarette

cinéaste *m. & f.n.* 13M, 18AB, 19D, 20E filmmaker

cinéma *m.n.* 2D, 4A, 5D, 6D, 10A cinema, movies

ciné-club *m.n.* 10AC film club

cinq *inv. a. & n.* 8AB, 9A, 16A, 17D, 20B five

cinquantaine *f.n.* 7D about fifty

cinquante *inv. a. & n.* 24A fifty

circonstance *f.n.* 18D circumstance

circulable *a.* 24D easy to get around in

circulaire *a.* 9M circular

circulation *f.n.* 16D, 24ABD traffic

circuler (4) *v.* 3D, 25D to circulate

ciré *m.n.* 10A slicker, oilskin

cirrus *m.n.* 11A cirrus cloud

citadin *m.n.* 24D city dweller

cité *f.n.* 4ABCD, 9D, 14A, 17D city; **Cité-U, Cité Universitaire** 4AD students' residence hall(s)

citer (4) *v.* 4M, 21E to quote

citron *m.n.* 26AC lemon

civilisation *f.n.* 2D, 26D civilization

civilisé *a.* 26D civilized

ci-dessus *adv.* 12D, 13E above

clair *a.* 8M, 12D, 25D clear

clairement *adv.* 12D clearly

clarinette *f.n.* 22D clarinet

classe *f.n.* 5D, 6E, 9D, 19ABC, 20D class, grade

classique *a.* 7D, 15D, 18D, 21A, 22D classical, classic; **c'est classique** 13AB it's the same old story

clavier *m.n.* 18E keyboard

cliché *m.n.* 23D snapshot

client *m.n.* 18A, 22D, 25C customer, client

clientèle *f.n.* 22D clientele

climat *m.n.* 12E climate

cloche *f.n.* 26D bell

cloître *m.n.* 16D cloister

clope *m.n.* (*coll.*) 10M cigarette

Closerie des Lilas *f.p.n.* 18ABE, 19ACE, 20ABCD, 21E, 22A restaurant and bar in Paris

club *m.n.* 9A, 12D club

coca *m.n.* (*coll.*) 16B a Coke

cochon *m.n.* 4D pig; **cochon d'Inde** 24D guinea pig

coco *m.n.* **noix de coco** *f.n.* 26D coconut

cocorico *m.n.* 7M cock-a-doodle-doo! (expression poking fun at French chauvinism)

Cocteau, Jean (1889–1963) 24D French artist, poet, novelist, dramatist, and filmmaker

cœur *m.n.* 10D, 12D, 15D, 17D, 18AB heart; **avoir le cœur sur la main** 23AB to have one's heart on one's sleeve

cognac *m.n.* 21B, 24E Cognac brandy

coiffé *a.* capped, covered; **coiffé d'un feutre noir** 13D wearing a black hat

coiffe *f.n.* 9D headdress

coiffeur *m.n.* 7D, 13M, 24M hairdresser

coiffure *f.n.* 7D, 14D, 20E hairstyle

coin *m.n.* 20M, 26D corner, place

coïncidence *f.n.* 4D, 15A, 22AE, 24BE coincidence

Cointreau *p.n.* 24E orange liqueur

colère *f.n.* 17D anger

Colette (Sidonie-Gabrielle Colette, 1873–1954) 24D celebrated French novelist

collaboration *f.n.* 4A collaboration

collant *a.* 12AB close-fitting

colle *f.n.* 25D glue

collectif *a.* 4A, 22D collective; **sport collectif** 6D team sport

collège *m.n.* 19D secondary school; **Collège de France** 13D institute for research and teaching founded in 1530 by François Ier

collègue *m. & f.n.* 23M, 25A colleague

coller (4) *v.* 7M to glue, to stick; **collé** *a.* 15M, 20M failed, flunked

collier *m.n.* 14D necklace, collar

colon *m.n.* 16D colonist

colonial *a.* 2D colonial

colonie *f.n.* 16D colony

colonisé *a.* 2D colonized

colorer (4) *v.* to color; **se colorer** 7D to color (one's hair)

Coluche (Michel Colucci, 1944–1986) 8D, 11D, 15D, 17D, 25D French actor and entertainer

combat *m.n.* 7D combat

combattre (6) *v.* 3D to combat

combien *adv.* 5C, 7CE, 8CDE, 12E, 13E how much; **ça fait combien?** 14E how much is it?

combiner (4) *v.* 7D to combine

comédie *f.n.* 2D, 4AC, 5B, 15D, 24D comedy; **comédie musicale** 4A musical comedy

comédien *m.n.* 15D actor

comique *a.* 5D, 7D, 21D comic

commande *f.n.* 18M order

commander (4) *v.* 22C, 25ACE to order

comme *adv.* 2D, 3A, 5DEM, 6D, 7AC as, like; **comme ça** 2A like that; **ça suffit comme ça!** 10M that's quite enough!; **qu'est-ce que je vais faire comme métier?** 10M what sort of job am I going to have?; **comme le temps passe!** 13M how time flies!; **comme c'est bizarre!** *excl.* 22A how strange!; **comme d'habitude** 24A as usual

commencement *m.n.* 3D, 13D beginning

commencer (4a) *v.* 9A, 10M, 11M, 14AE, 15D to begin

comment *adv.* 2AC, 3CD, 4D, 8AE, 9AC how, what; **comment ça va?** 13A how are you? **comment est-elle?** 6C what sort of person is she?

commentaire *m.n.* 7D commentary

commentateur *m.n.* 20M commentator

commerçant *m.n.* 16A, 18ABD, 23D shopkeeper, dealer, tradesman

commerce *m.n.* 18ABCD, 21D, 23D trade, business

commercial *a.* 13BM, 22D commercial, trading

commission *f.n.* 13D, 21D commission

commode *a.* 18E, 20AB practical, convenient

commun *a.* 3D, 19A, 23D common; **en commun** 9A in common; **hors du commun** 23D out of the ordinary

communauté *f.n.* 2D, 3D community

communément *adv.* 26D commonly

communication *f.n.* 5D, 12D, 18D communication

communisme *m.n.* 19D communism

communiste *a.* 13D communist

compagnie *f.n.* 8D, 18AB, 23DE company; **compagnie d'assurances** 18A insurance company

comparaison *f.n.* 20E comparison

comparer (4) *v.* 7E, 18E, 24E to compare

compétition *f.n.* 9D competition

complément *m.n.* 26D complement

complet *a.* 25ABE complete, full

complètement *adv.* 7M, 9D, 12D, 23M, 25AB completely

complexe *m.n.* 5ADCE hang-up, complex; *a.* 15D complex, complicated

complication *f.n.* 8M complication

compliqué *a.* 3D, 5M, 9A, 15M, 16M complicated

composé *a.* 8D, 12D composed; **bien composé** 24A balanced

composer (4) *v.* 5D, 16D to compose

compositeur *m.n.* 16D, 17AB composer

comprendre (32) *v.* 3AD, 7D, 9E, 10M, 11D to understand; 8D, 25E to include; **ça se comprend** 25M that's understandable; **allez comprendre!** 25M go figure!

compris *a.* 22A included

compte *m.n.* 4M, 17M, 18D, 26D account; **en fin de compte, tout compte fait** 18A, 14M all told; **se rendre compte** 8D to realize

compter (4) *v.* 8D, 12D, 13D, 19A, 21AC to count; **sans compter** 19A not to mention

comptoir *m.n.* 22D bar, counter

comte *m.n.* 6D, 7D, 8A, 24D count

Comte, Auguste (1798–1857) 15D French philosopher

comtesse *f.n.* 9A countess

concentré *a.* 7M focused

Concepción *f.p.n.* 23AC, 24A feminine first name

conception *f.n.* 18D concept

concerner (4) *v.* 9D to concern, to apply to

concert *m.n.* 18AB concert

concertina *m.n.* 22D concertina

concevoir (33) *v.* 20D, 21D to conceive

Conciergerie (la) *f.p.n.* 14D, 23A fourteenth-century tower and dungeon on the île de la Cité in Paris

concilier (4) *v.* 14D, 21D to reconcile

concis *a.* 15D concise

conclu *a.* 18D concluded

conclusion *f.n.* 18C, 21E conclusion

Concorde (place de la) *f.p.n.* 12M one of the largest public plazas in Paris, between the Tuileries Gardens and the Champs-Elysees

concours *m.n.* 13DM competition

concurrencé *a.* 22D in competition with

condamné *a.* 21D, 24D banned; 26D condemned

condiment *m.n.* 25E condiment

condition *f.n.* 13D, 20M condition; **sans condition** 12D unconditional

conducteur *m.n.* 17AB, 18E driver

conduire (13) *v.* 9M, 18A to drive

conduite *f.n.* 13D conduct

confession *f.n.* 25D faith

confirmer (4) *v.* 13D to confirm

confit *m.n.* 24AB, 26BE preserves of goose or duck in fat

confiture *f.n.* 16D, 17D, 25AB, 26B jam

conflit *m.n.* 21D conflict

conforme *a.* 10B conforming

confortable *a.* 14B, 21B comfortable

confronter (4) *v.* 13D, 18D to confront

congé *m.n.* 20B leave; **se mettre en congé** 20A to take a leave or vacation

conjoint *m.n.* 8D spouse

conjonctivite *f.n.* 24B conjunctivitis

conjugaison *f.n.* 21A conjugation

conjugal *a.* 14D conjugal

connaissance *f.n.* 20D, 21D knowledge; 9M, 22A, 24AC acquaintance; **je suis ravi de faire votre connaissance** 24B I am delighted to meet you

connaître (14) *v.* 9M, 10A, 12B, 13ABD, 15A to know, to be acquainted with, to be familiar with; *Andromaque* **connaît un grand succès** 15D *Andromaque* is a great success

connerie *f.n.* (*coll.*) 19M stupid thing

connexion *f.n.* 5D connection

connu *a.* 6M, 8D, 11D known

conquérant *m.n.* 13D conqueror

conquête *f.n.* 7D conquest

consacré *a.* 16D, 22D devoted

consacrer (4) *v.* 13D, 17D, 21D to devote

conscience f.n. 21D, 26D conscience

consciencieusement *adv.* 7M conscientiously

consciencieux *a.* 18E conscientious

conscrit m.n. 7D draftee

conseil m.n. 24B counsel, advice; **Conseil d'Etat** 18A Council of State

conseiller m.n. 15D councilor

conseiller (4) *v.* 24C to advise

consentir (28) *v.* 21D to consent

conséquence f.n. 8D consequence

conséquent *a.* consequent; **par conséquent** 7D consequently

conservateur m.n. 23D curator

conservatoire m.n. 5D, 24D conservatory

conserve f.n. 16M, 25ABE, 26E canned goods

conserver (4) *v.* 16D to keep, to preserve

considérable *a.* 8D, 15D considerable, enormous

considérer (10) *v.* 7D, 14D, 16E, 19E, 20D to consider

consoler (4) *v.* 21D to console

consommateur m.n. 13D, 20D consumer

consommation f.n. 22D consumption

consommé m.n. 24B consommé

constamment *adv.* 7M constantly

consternation f.n. 23M consternation

constituer (4) *v.* 20D to constitute

constitution f.n. 15D constitution

construction f.n. 14M building, construction

construire (13) *v.* 16D, 21B to build

consultation f.n. 13D consultation

consulter (4) *v.* 13E, 25A, 26AC to consult

contact m.n. 12D contact

conte m.n. 5D, 15D story, tale

contemplation f.n. 11A contemplation

contempler (4) *v.* 19D to gaze at, to contemplate

contemporain *a.* & *n.* 6D, 7D, 8D, 19ABD, 24D contemporary

contemporanéiste *a.* 12D advocate of the contemporary as opposed to the traditional

content *a.* 6E, 8M, 11M, 15E, 16B happy, content

contenter (se) (7) *v.* 13D to content oneself

contenu m.n. 19D content

continu *a.* 12D continuous

continuer (4) *v.* 10AB, 12AM, 13AE, 19AC, 21E to go on, to continue

contraception f.n. 17D contraception

contradiction f.n. 15D, 18B contradiction

contrainte f.n. 8D, 14D constraint

contraire *a.* & m.n. 18D, 24D opposite; **c'est le contraire** 23A it's the other way around; **au contraire** 13D on the contrary

contraste m.n. 26D contrast

contrat m.n. 8D, 18D contract

contre *prep.* 8D, 12D, 13D, 15A, 18B against; **être contre** 21A to be against, to be opposed

contre-attaque f.n. 21E, 26D counterattack

contrebandier m.n. 16D smuggler

contre-nature *a.* 26D unnatural

contribuer (4) *v.* 15D to contribute

contrôle m.n. **contrôle de maths** 6M math test

contrôler (4) *v.* 19A to control, to check

controverse f.n. 11D controversy

convalescence f.n. 15D convalescence

convenable *a.* 11M, 15A, 19M suitable

convenir (39) *v.* 21D to be appropriate, to be acceptable

convention f.n. 10B convention

conventionnel *a.* 5D conventional

conversation f.n. 4D, 16DE, 21ADE, 24AE conversation; **engager la conversation** 11E to strike up a conversation

conversion f.n. 3D conversion

convertibilité f.n. 21D convertibility

convivialité f.n. 24D conviviality

coopération f.n. 3D cooperation

copain m.n. 13A, 19ABC friend, pal, buddy

copie f.n. 11M, 19D copy

copine f.n. 10M, 13A, 16M (girl) friend

coq m.n. 7D cock, rooster

corbeau m.n. 19D crow

corde f.n. 17D rope, cord; **corde à sauter** 17D jump rope

cordial *a.* 18B, 24E cordial

Corneille, Pierre (1606–1684) 15D, 23D French dramatist

corps m.n. 7D, 21AB body; **le corps humain** 7D the human body

correct *a.* correct; **un salaire correct** 18M a decent salary

correspondant m.n. 22D interlocutor, other person on the line

correspondre (6) *v.* 14D to correspond

corvée f.n. 23M forced labor

cosmétique *a.* & m.n. 23D cosmetic

cosmonaute m.n. 13M cosmonaut

costaud *a.* 6ABD, 7AM, 9M sturdy, tough

costume m.n. 17B, 20M suit, costume, dress

côte f.n. 16D, 24D coast, hill, slope

côté m.n. 9M, 25D side; **à côté (de)** 8A next to, near; **du côté de** 8A toward, in the direction of; **de l'autre côté (de)** 14A on the other side (of); **d'un côté . . . d'un autre côté** 21D on the one hand . . . on the other hand; **de quel côté?** 12A which way?

Côte d'Azur f.p.n. 23D the French Riviera

Côte d'Ivoire f.p.n. 2A, 3D, 7D Ivory Coast

côtelette f.n. 24D, 25ABC chop, cutlet

coterie f.n. 9D coterie, clique

côtoyer (11) *v.* 18D to mix with, to rub shoulders with

cou m.n. 6ABCM, 7M, 13BD, 14D, 17D neck

coucher (4) *v.* 9M, 24M to put to bed; **se coucher** 14AB to go to bed

coucou! *int.* 13M yoo-hoo!, hey there!

coude m.n. 7D elbow

coudre (*) v. to sew; elle cousant, lui fumant 18D she's sewing, he's smoking

couler (4) v. 23D, 26D to run, to flow

couleur f.n. 14D, 19A, 22D, 24D, 26B color

couloir m.n. 12A, 15A corridor, hall

coup m.n. blow; coup de fil 24A phone call; coup d'œil 10M glance; coup de soleil 12BM sunburn; sur le coup 20M on the spot; coup de sonnette 24E ring; coup de revolver 26D shot; tout d'un coup 19M, tout à coup 22D suddenly; du coup 24M as a result; d'un seul coup 25D at one go

coupe f.n. 20D cup, dish, bowl; Coupe du monde 6D, 7M World Cup; coupe de cheveux 7D haircut

couper (4) v. 25AE, 26D to cut; se couper 23AD, 25A to cut oneself; ça m'a coupé le souffle 14M it took my breath away

couple m.n. 8D, 12D couple

cour f.n. 9M, 12ABE, 13AE, 14ACDE courtyard; 15D (royal) court; 18B court (of law)

courage m.n. 21D, 23D courage

courageux a. 7D, 16D courageous

couramment adv. 21D fluently

courant a. 21D current; eau courante 23D running water

Courchevel p.n. 13ABE ski resort in the Alps

courir (15) v. 15D to run

Courrèges, André (1923–) 11AD French fashion designer

courriel m.n. 10M, 19D, 22D e-mail

courrier m.n. 12AD mail

cours m.n. 2AD, 3A, 4A, 5A, 6A class, course; 14D avenue, walk; cours de danse 14A dance class; au cours de 20D in the course of

course f.n. 6B, 9A, 19E race, running, errand

court a. 6AC, 9A, 12A, 14D short

couscous m.n. 16M, 23M couscous

cousin, cousine n. 8ADE, 9AC, 10A, 25D cousin

coussin m.n. 24M cushion

coût m.n. 22D cost

couteau m.n. 13B, 25ACD knife

coûter (4) v. 4E, 14BD, 15E, 19D, 22CE to cost

coutumes f.pl.n. 16D customs

couturier m.n. 11DE, 17A, 18BD dressmaker; grand couturier 11DM fashion designer

couvert a. 12ABD, 17D, 25D covered; ciel couvert 12B overcast sky

couvert m.n. 26B place setting, cutlery; un couvert 26A table for one

couverture f.n. 18D cover, blanket

couvrir (27) v. 19AB to cover

crabe m.n. 16A crab

cracher (4) v. 17AB, 18D to spit

craie f.n. 25AB chalk

craindre (20) v. 21D, 23D to fear

crainte f.n. 23D fear

crâne m.n. 7D, 23D skull

créateur m.n. 18E creator

création f.n. 18M, 26A creation

créer (4) v. 3D, 11B, 16D, 19D, 21D to create

crème f.n. 12M, 24D cream; m.n. 14M coffee with steamed milk; crème solaire 12M sunscreen; crème de cassis 19B black currant liqueur; chou à la crème 26A cream puff; crème fraîche 26B thick cream; crème renversée 24A caramel custard

creux a. 26D hollow

crevé a. (coll.) 12M, 17M, 23M exhausted, beat

crève-la-faim m.n. 26D starving person

crever (8) v. to burst, to wear out

crevette f.n. 16AB, 26AB shrimp

cri m.n. 12M, 24M yell; cri de guerre 21D war-cry, slogan

crier (4) v. 7M, 12B, 14A, 17D, 18A to scream, to shout

crime m.n. 4AC, 13BD, 21D crime, murder

crise f.n. 21D, 22E crisis

critère m.n. 12D criterion

critique m.n. 15D, 21D, 24D critic; f.n. 11D, 20D, 21E criticism

critiquer (4) v. 20E, 24E to criticize

crochu a. 16M hooked

croire (16) v. 6M, 7A, 8AEM, 11M, 12D to believe

croisé a. 17D crossed; mots croisés 21AB crossword puzzle

croissance f.n. 18D growth

croissant m.n. 14M, 25ABC croissant

croix f.n. 16D, 17D cross

croque-monsieur m.n. 25ABCE grilled ham and cheese sandwich

croquis m.n. 18D sketch

croustillant a. 14M crusty

croûte f.n. 26D crust

croyance n.f. 25D belief

cru a. 25AB, 26A raw

cruel a. 13D cruel

Crusoë, Robinson m.p.n. 9B Robinson Crusoe, hero of Daniel Defoe's novel

Cuba p.n. 4B, 13D Cuba

cubain a. & n. 4ACD Cuban

cubique a. 26D cubic

cubisme m.n. 10D cubism

cuicui m.n. 19D chirping

cuiller, cuillère f.n. 25AD spoon

cuillerée f.n. 24D, 26D spoonful

cuire (13) v. 24D to cook

cuisine f.n. 9M, 19M, 24M, kitchen; 16D, 17M, 21A, 22D cuisine, cooking

cuisinier, -ière n. 22D, 23A cook

cuisse f.n. 7D, 26D thigh

cuisson f.n. 25D, 26ABD cooking, cooking time, degree of doneness

cuit a. 9M, 24B, 25ABC, 26CD cooked; bien cuit 24AB, 26B well done

culinaire a. 26AD culinary

culte f.n. 21B, 26E Protestant religious service

cultivé a. 6D, 21E cultivated, educated, well-read

culture f.n. 6D, 7D, 12D, 13D culture, education; 24D cultivation

culturel a. 2D, 12D, 15B cultural

cumulus m.n. 11A cumulus cloud

curé m.n. 21A priest

Curie, Pierre (1859–1906) et Marie (1867–1934) 15D French scientists, discoverers of radioactivity

cycle m.n. 18D cycle, bicycle

cycliste a. **course cycliste** 21D bicycle race

d'accord adv. phr. 3AD, 14A agreed, OK, all right; **être d'accord** 3AB, 6AE, 9M, 12M, 25M to agree

dactylo f.n. 18AB typist

dadaïsme m.n. 11D Dadaism

dame f.n. 3A, 6AB, 9B, 21B, 23A woman, lady; **Notre Dame de Paris** 15D Cathedral of our Lady in Paris; **jeu de dames** 9AB checkers

danger m.n. 17E, 18E danger

dangereux a. 13A, 16D, 17E, 18B dangerous

danois a. & n. 4AC, 13D Danish, Dane

dans prep. 2D, 3B, 4ACD, 5BDM, 6AD in, within, into, during, within; **dans deux heures** 14D two hours from now; **dans le vent** 16B up to date

danse f.n. 6D, 7D, 14B, 15A, 16D dance

danseur, -euse n. 11D dancer

date f.n. 11C, 16D date

dater (4) v. 14D, 25E to date (from)

davantage adv. 21D more

débarasser (4) v. 15D to relieve of; 25D to rid; **se débarasser** 24D to get rid of

debout adv. 18A, 19D, 24A upright, standing up

débrayage m.n. 12D strike, stoppage

débrouiller (se) (7) v. 13M to manage, to do fine; **débrouille-toi** 16A figure it out on your own

Debussy, Claude (1862–1918) 24D French composer

début m.n. 11D, 12D, 13D beginning

débuter (4) v. 10D to begin; 12D, 13D to make a debut

deçà adv. **deçà, delà** 11D this way and that

décalage m.n. interval; **décalage horaire** 22A, 24A time lag

décembre m.n. 11B December

décès m.n. 13D death

déchargé a. 22D uncharged

décibel m.n. 17B decibel

décider (4) v. 6AE, 7E, 12B, 20A, 24D to decide, to settle; **se**

décider 26AD to make up one's mind; **c'est décidé** 5A it's settled

décision f.n. 21D decision

déclaration f.n. 19D declaration

déclarer (4) v. 4A, 12M to declare; **se déclarer** 25D to declare oneself

déclinaison f.n. 21A declension

décollé a. 10AB sticking out

décontenancé a. 13D disconcerted

décor m.n. 26D setting, set

décoration f.n. 18D (interior) decoration

décorer (4) v. 26D to decorate

décourager (4b) v. 7D, 26D to discourage

découverte f.n. 23D, 26D discovery

découvrir (27) v. 11D, 12A, 16D, 20A, 21BE to discover, to find

décrire (19) v. 9AB, 13D, 15D, 18D to describe

dedans adv. 20D inside, within; **boire dedans** 20D to drink from (a glass)

dédier (4) v. 26A to dedicate

défaut m.n. 7D defect

défavorisé m.n. 12D, 19D underprivileged

défendre (6) v. 13A, 18A, 21D to defend; **se défendre** 13D to defend oneself

Défense (la) f.p.n. 23ABD massive urban renewal project on the outskirts of Paris

défenseur m.n. 16D defender

défi m.n. 19D challenge

défilé m.n. 16D parade

défiler (4) v. 12D to parade

définir (5) v. to define

définition f.n. 13D, 21CE definition

définitivement adv. 16D finally, completely

degré m.n. 12D, 19D, 26BD degree

déguisé a. 11M disguised

déguster (4) v. to taste

dehors adv. 24D outside; **dehors le chat!** 24D outside with the cat!; **en dehors de ça** 15E aside from that

déjà adv. 2A, 4D, 14A, 16D, 18D already; 17A, 25E ever

déjeuner m.n. 22C lunch; **petit déjeuner** 25ABCE breakfast

déjeuner (4) v. 21C, 22ADE, 26AM to have lunch or breakfast

délaissé a. 23D deserted, abandoned

délicat a. 15E delicate, refined; 20B tricky; 24B tactful

délice m.n. 14D, 19A delight

délicieux a. 14M, 24A delightful, delicious

Delon, Alain (1935–) 5D French movie actor

deltaplane m.n. 6A hang glider

demain adv. & n. 4D, 6B, 11B, 12D, 15A tomorrow

demander (4) v. 6D, 9C, 13ACDE, 14CDE, 16CE to ask (for); **se demander** 4D to wonder

demeurer (4) v. 17D, 21D, 23D to reside, to stay, to remain

demi a. 17D, 22A, 23D half; **demi-bouteille** 26AB half bottle; **demi-heure** 13A half hour

démissionner (4) v. 17M to resign

demoiselle f.n. 25A young woman

démouler (4) v. 24D to unmold

Deneuve, Catherine (1943–) French movie actress

dénigrer (4) v. 20E to denigrate

Denis, Claire (1948–) 13M French filmmaker

dénoncer (4a) v. 12D to denounce

dent f.n. 6D, 9AD, 10D, 12M, 22D tooth

dentelle f.n. 17D, 22ABE lace

déodorant m.n. 23D deodorant

dépanner (4) v. to repair, to fix; **se dépanner** 22D, 31AB to use in a pinch, to fall back on

départ m.n. 19B departure

département m.n. 12D department, one of the 96 administrative districts of France

dépassé a. 21D outmoded

dépasser (4) v. 13D to go beyond, to extend beyond; 14M to pass (a car)

dépêcher (se) (7) v. 22AB to hurry

dépeindre (20) v. 13D to depict

dépendre (6) v., 23E, 26D to depend; **ça dépend** 4A that depends; **ça ne dépend pas de moi** 23A it's not up to me

dépens m.pl.n. costs; **aux dépens de** 19D at the expense of

dépense f.n. 15D, 20D expense, expenditure

dépenser (4) v. 15AB, 17M, 24D to spend (money)

dépit m.n. spite; **en dépit de** 25D in spite of

dépité a. 15E greatly vexed

déplacement m.n. 18D displacement, movement

déplacer (4a) v. 23M to move; **se déplacer** 13D to move about

déplaire (29) v. to displease

déportation f.n. 16D deportation

déposé a. 26M deposited, left

dépôt-vente m.n. 11M consignment shop

depuis prep. 5M, 11A, 12DM, 13AD, 14ABDE since, for; **depuis un an** 11A for a year; **depuis quand** 11C since when

député m.n. 2D, 14D representative to the Assemblée nationale

dérangé a. 25M disturbed

dérangement m.n.; **Grand dérangement** 16D deportation of Acadiens from Canada by the English in the eighteenth century

déranger (4b) v. 18AB, 20B, 24C to disturb; **se déranger** 20A to put oneself out

dérision f.n. 26D derision, mockery

dernier a. & n. 9M, 10D, 11D, 12M, 13AB last

derrière prep. 14A, 22AD, 26D behind

désastre m.n. 20M disaster

Descartes, René (1596–1650) 16D French philosopher and mathematician

descendant m.n. 14D descendant

descendre (6) v. 7M, 14D, 15D, 22ABC to go down, to come down; **descendre à l'hôtel** 15A to stay in a hotel

description f.n. 9B, 24D description

déséquilibré a. 24B unbalanced

désespéré a. 23M desperate

désir m.n. 21D desire, wish

désirable a. 21D desirable

désirer (4) v. 6D, 13D, 26A to desire

désireux a. 20E desirous

Desnos, Robert (1900–1945) 20D French poet

désolé a. 23A, 25A sorry

Desplechin, Arnaud (1960–) 13M French filmmaker

dessein m.n. 13D intention

desserrer (4) v. 25D loosen

dessert m.n. 17D, 24A, 26ABDEM dessert

dessin m.n. 7D, 19AB drawing, sketch

dessiné a. 19D illustrated; **bande dessinée** 7D cartoon strip

dessiner (4) v. 8A, 18A, 19B to draw; 18M to design

dessous m.n. **en-dessous** 12M below

dessus m.n. 26AD top

destination f.n. 15D destination

destinée f.n. 26D destiny

destiner (4) v. 12D to aim, to intend

désuni a. 11D disunited, separated

détail m.n. 18B detail

détective m.n. 16D detective

détendu a. 23BC relaxed

déterminer (4) v. 20B to determine

détester (4) v. 4AC, 8A, 13A, 21AB to detest, to hate

détourner (4) v. 16E to deflect, to divert

détraqué a. 22D unhinged, cracked

dette f.n. 21D, 24D debt

DEUG (Diplôme d'études universitaires générales) p.n. 12D university diploma in general studies

deux inv. a. & n. 2AC, 3ABC, 4ABC, 5AD, 6ABD two

deuxième inv. a. & n. 4A, 6D, 9A, 10A, 13ABCD second

devant prep. 7M, 8E, 10D, 13DM, 18E in front of; adv. 22D in front

devanture f.n. 11M store window

développement m.n. 9M, 18D, 22D development

développer (4) v. 7M, 12D, 21D to develop

devenir (39) v. 7D, 9M, 15D, 16D, 17A to become

déverser (4) v. 22D to pour out, to unload

deviner (4) v. 9B, 15C, 17A to guess

devinette f.n. 13D, 14D riddle

devoir m.n. 13M, 17M, 18ABCD, 19A, 20D exercise, homework

devoir (17) v. 5M, 14A, 15AB, 18A, 21AD should, ought, must, to have to

Desplechin, Arnaud (1960–) 13M French filmmaker

Devos, Raymond (1922–) 22D, 24D French entertainer

diabète m.n. 23D diabetes

diable m.n. 21A devil; **au diable** 22D far away

dialecte m.n. 12D dialect

dieu m.n. 5D, 6D, 10M, 13D, 14D god

différence f.n. 3D, 12E, 16D, 17E, 19C difference

différent a. 7DM, 16D, 22E, 24C different

difficile a. 3D, 9A, 10A, 13M, 14E difficult

difficulté f.n. 3D, 13D, 16D, 20C difficulty

difforme a. 12D deformed, twisted

diffusion f.n. 18D spread, distribution

digérer (10) v. 26AB to digest

digestion f.n. 26M digestion

dignité f.n. 16D dignity

Dijon p.n. 19B, 24AC city in Burgundy

dilution f.n. 12D dilution

dimanche m.n. 15D, 16M, 17M, 19D, 22D Sunday

diminuer (4) v. 17D to decrease, to diminish

Dinan p.n. 9D walled town in Brittany, northwestern France

dîner m.n. 22A, 23AC dinner

dîner (4) v. 22C, 23C, 24ABE to dine, to have dinner

dingue a. (coll.) 11M crazy, nuts

Dion, Céline (1968–) 2D Canadian singer from Quebec

Dior, Christian (1905–1957) 11ABCDM French fashion designer

diplomate m.n. 10D, 21D diplomat

diplôme m.n. 12D, 19D diploma, degree

diplômé a. 18M received a degree or diploma

dire (18) v. 2E, 3D, 4D, 5DM, 7M to say, to tell; **ça ne se dit plus** 17A people don't say that anymore; **c'est-à-dire** 15E that is to say; **dis donc!** 26A say, look here; **dis bonjour** 8A say hello; **dis, Papa** 22A tell me, Dad; **on dirait que** 13A it looks as if; **pour ainsi dire**

21D so to speak; **vouloir dire** 7A to mean

direct *a.* 13D direct

directement *adv.* 22D, 25E directly

directeur *m.n.* 15D director

direction *f.n.* 10A, 12D direction

dirigeant *m.n.* 9D manager

diriger (4b) *v.* **se diriger** 13AE, 14A to head for, to make one's way toward

dirigiste *a.* 20A interventionist, controlling

discipline *f.n.* 21A discipline

discothèque *f.n.* 14D, 16E discotheque

discours *m.n.* 16D, 19D, 24D speech; *Discours de la méthode* 16D *Discourse on Method* by René Descartes

discrétion *f.n.* 4M discretion

discrimination *m.f.* 25D discrimination

discussion *f.n.* 3B, 5A, 21D discussion

discuter (4) *v.* 3ABC, 6A, 10M, 12B, 17A to discuss

disparaître (14) *v.* 11M, 12D, 24M to disappear

dispensaire *m.n.* 13D dispensary

disponible *a.* 17D, 20D available

disposer (4) *v.* 25D, 26D to arrange; **dispose!** 22D get going!, scram!

disputer (se) (7) *v.* 9D to quarrel, to fight

dissection *f.n.* 13B, 15B dissection

dissimuler (4) *v.* 10B to conceal, to hide

dissiper (4) *v.* **dissipé** *a.* 23D wasted, squandered

dissolu *a.* 24D dissolute

distance *f.n.* 5D distance

distillateur *m.n.* 21AB distiller

distiller (4) *v.* 21B to distill

distinction *f.n.* 13D distinction

distingué *a.* 7AB, 9A, 10A distinguished, refined

distinguer (4) *v.* 8D, 14D to distinguish, to perceive

distribuer (4) *v.* 24D to distribute

dit *a.* 8D known as, called

divan *m.n.* 13D sofa, couch

divers *a.* 15D, 21DE various

diversifié *a.* 18D diversified

divin *a.* *La Divine Comédie* 2D the Divine Comedy of Dante

division *f.n.* 21A division

divorce *m.n.* 8D, 14D divorce

divorcé *a.* 5A, 6D, 8D, 10D, 14ED divorced

divorcer (4a) *v.* 8D, 24D to divorce

dix *inv. a. & n.* 5AD, 8DE, 11A, 14D, 17AD ten

dix-huit *inv. a. & n.* 8D, 16D, 20D, 24D eighteen

dix-neuf *inv. a. & n.* 14M, 20D nineteen

dix-sept *inv. a. & n.* 8A, 21B seventeen

dizaine *f.n.* 13AB ten or so

djellaba *m.n.* 23M long North African robe

docteur *m.n.* 5D, 17D, 18D, 22A, 23E doctor

doctorat *m.n.* 13BM doctorate

document *m.n.* 2D, 3DM, 4D, 5D, 6D document

documentation *f.n.* 6D documentation

dodo *m.n.* (*coll.*) 12M sleep

doigt *m.n.* 6ABC, 7D, 19AB, 25D finger; **un doigt de porto** 24A a drop of port

dollar *m.n.* 5M, 15ABC dollar

domaine *m.n.* 17D estate, property; 14D domain

domicile *m.n.* **à domicile** 13D, 22D at home

dominer (4) *v.* 11DE, 23D to control, to dominate

dommage *m.n.* damage; **dommage!, quel dommage!, c'est dommage!** 6A, 7A, 14M, 26A that's too bad!, what a pity!, what a shame!

don *m.n.* 22M gift

donation *f.n.* 5B donation, gift

donc *conj.* 5D, 8D, 12D, 13A, 14E therefore, then, hence, so; **dis donc!** 26A, **dites donc!** 13A hey!, say!, look here!

donner (4) *v.* 4M, 5DM, 10A, 12M, 15ABCDE to give

dont *pron. rel.* 7D, 10D, 12D, 13D, 15D of which, with which, of whom, whose; **ce dont** 20D the thing that

Dordogne *p.n.* 24ACDE river and region in southwestern France

dormir (28) *v.* 23AC, 24B to sleep

dos *m.n.* 18A, 26E back

dossier *m.n.* 18E back (of a bench)

douane *f.n.* 4ABD customs

douanier *m.n.* 4AB, 16D customs officer

Douarnenez *p.n.* 9D region and port in Brittany, northwestern France

doucement *adv.* 11D, 12B, 18D, 26D gently, softly, carefully

douche *f.n.* 23M, 25A shower

doué *a.* 20A gifted

douleur *f.n.* 13D pain

doute *m.n.* 10A, 14E, 16D, 19ADE, 23D doubt; **sans doute** 10A no doubt

douter (4) *v.* **se douter** 17D to suspect, to have an idea

doux, -ce *a.* 6D, 9C, 10D, 14A, 24D sweet, mild; **températures douces** 12D mild temperatures

douzaine *f.n.* 26A dozen

douze *inv. a. & n.* 8A, 17AC, 21D twelve

draguer (4) *v.* 13ABC to try and pick up

dragueur *m.n.* 13A pick-up artist

dramatique *a.* 11D, 15D dramatic

dramaturge *m. & f.n.* 23D playwright

drame *m.n.* 4A, 5B, 11D, 24D drama

drapeau *m.n.* 2D, 3D, 13D flag

Dreux *p.n.* 17M town south of Paris, near Orléans

DRH (*abbr. for* **Directeur/Directrice des ressources humaines**) 13M director of human resources

Drogba, Didier (1978–) 2D Ivorian soccer player

drogue *f.n.* 4BD, 10M, 21B narcotic, drug(s)

droit *a. & adv.* 7D, 10AB right-hand; 10AB straight; **ça sort tout droit de la boîte** 25A it comes straight out of a can

droit *m.n.* 12D, 13ABCM law; **faire du droit** 13A to study law; **être en droit** 14D to have a right

droite *f.n.* 7M, 16D, 24E right-hand side; 12M the (political) right; **à droite** 13A to the right

drôle *a.* 10A, 17A funny, amusing, odd, strange; **un drôle de type** 13AB a strange-looking guy

drôlement *adv.* 24M awfully, an awful lot

drôlerie *f.n.* 23D funny thing

Dubonnet *p.n.* 19A brand of apéritif wine

Dumas, Alexandre, fils (1824–1895) 15D, 24D French writer

Dumas, Alexandre, père (1802–1870) 9D, 15D, 24D French writer

dur *a.* 20B, 22A, 26A hard; **dur comme de la pierre** 25A hard as a rock

durable *a.* 6D, 18E durable

durée *f.n.* 18D duration

durer (4) *v.* 8M, 11D, 20D, 22D to last

dynamique *a.* 6D dynamic

eau, eaux *f.n.* 17E, 18AD, 19D, 20A, 24A water; **eau de vie** 21B brandy; **eau courante** 23D running water

écarté *a.* 9A écarté (card game)

échalote *f.n.* 26D shallot

échange *m.n.* 10M exchange

échapper (4) *v.* 22M to escape; **s'échapper** 24ABC to escape, to get away

échecs *m.pl.n.* 3B, 9AB chess

échelle *f.n.* 17AB, 18D ladder

échographie *f.n.* 8M ultrasound

échouer (4) *v.* 19D to fail

éclair *m.n.* 26BC éclair (dessert); *m.n.* 12D flash

éclaircie *f.n.* 12D bright interval (of weather)

éclipser (4) *v.* 15D to eclipse

école *f.n.* 5D, 8D, 12ACD, 15ACD, 16A school; **école maternelle** 19A nursery school; **école primaire** 19A primary school, grade school; **école secondaire** 19A secondary school, high school

Ecole nationale d'administration (ENA) *p.n.* 19D prestigious graduate school that prepares candidates for civil service

Ecole normale supérieure *p.n.* 19D elite school of graduate studies that prepares for service in the government and academia

Ecole supérieure de physique et chimie industrielles *p.n.* 18M school of graduate studies in chemistry, physics, and engineering

écolier *m.n.* 13D schoolchild

économie *f.n.* 18D economics

économique *a.* 3D, 5B, 12D, 14D economic, economical; *f.n.* 15D economics

économiquement *adv.* 12M economically

économiser (4) *v.* 15B to save, to economize

écossais *a. & n.* Scottish; **les Ecossais** 13B the Scots

écouter (4) *v.* 10A, 11D, 19D, 22A to listen (to); **écoutez bien** 3A listen carefully

écran *m.n.* 22DM screen

écraser (4) *v.* to crush, to flatten; **pour les faire s'écraser** 20M to smash them

écrire (19) *v.* 4B, 5D, 6D, 10D, 11D to write; **s'écrire** 17A to be written

écriture *f.n.* 17D handwriting

écrivain *m.n.* 2D, 6D, 9D, 11D, 12D writer

éditorial *m.n* 20M editorial

Edouard *m.p.n.* 8C masculine first name

éducatif *a.* 18D, 19D educational

éducation *f.n.* 5D, 12D, 15D, 18D, 19D education

effacer (4a) *v.* 11D, 26D to erase

effet *m.n.* 23D effect; **en effet** 15D in fact, indeed

effroyable *a.* 20M horrible

égal *a.* 16D equal; **ça m'est égal** 11M, 25A it's all the same to me, I don't care

également *adv.* 24D, 26A equally

égalité *f.n.* 14D, 18D equality

église *f.n.* 9D, 22E, 25M, 26ABE church

égorgé *a.* 26D slaughtered

Egypte *f.p.n.* 12D, 19B Egypt

eh *int.* 9A, 12A, 13A, 14D, 16D hey; **eh bien** 2A well

Eiffel (la tour) *f.p.n.* 15A, 21ABC the Eiffel Tower

élection *f.n.* 12M election

électricité *f.n.* 17M electricity

électrique *a.* 24D electric

électronique *a.* 12D, 21A, 26M electronic

élégant *a.* 6D, 7D, 12A, 18D, 23M elegant, smart

élément *m.n.* 26D element

élémentaire *a.* 5A, 7D, elementary; 13A rudimentary

éléphant *m.n.* 3ABD, 19D elephant

élève *m. & f.n.* 9DM, 15D, 16M, 20ABCD, 22D pupil

élevé *a.* 14M, 15D raised; 22D high, increased

éliminer (4) *v.* 12D to eliminate

elle, elles *f.pron.* she, it, they; her, them

elle-même *f.pron.* 19D, 22D herself, itself

élu *a.* 2D, 12M, 13D, 21D, 23D elected

Eluard, Paul (Eugène Grindel, 1895–1952) 13D French poet

embarquement *m.n.* 14M embarkation

embaucher (4) *v.* to hire; **se faire embaucher** 18M to get hired

embêtant *a.* 6M, 9AE, 18A, 26M annoying

embêter (4) *v.* 8AE, 10A, 16A to bother, to get on one's nerves

emblème *m.n.* 7D emblem

embrassade *f.n.* 24AB embrace, hug

embrasser (4) *v.* 12AB, 15A, 21M, 24AB to kiss, to embrace

émigré *m.n.* 16D emigrant

émigrer (4) *v.* 26M to emigrate

émission *f.n.* 5D, 9D radio or television program; **émissions polluantes** 3D polluting emissions

emmêlé *a.* 16AB tangled up

emmener (8) *v.* 24M to take, to take away, to take with

emmerdant *a.* (coll.) damned annoying; **vraiment emmerdant** 19M a real pain in the ass

empêcher (4) *v.* 14D, 18E to prevent; **ça ne m'empêche pas de** 18A that doesn't prevent me from

empereur *m.n.* 15D emperor

empire *m.n.* 21B empire

emploi *m.n.* 18D employment

employé, employée *n.* 15D, 25M employee

emporter (4) *v.* 11D, 26AC to carry away, to take away; **c'est pour emporter?** 26A is that to go?

en *prep.* 2ABCDE, 3E, 4C, 5D, 6A in, to, into, while, on; *pron.* 9AC, 13D, 14A, 15DE, 16A some, any, from there, of, from; **en attendant** 24A meanwhile; **marronniers en fleurs** 11A chestnut trees in bloom

enceinte *a.* 8M pregnant

enchanté *a.* 24AB delighted

encore *adv.* 2AD, 6D, 7M, 8AD, 9D still, more, again, yet; **pas encore** 13A, 15AB not yet; **c'est encore toi** 18A are you back again?; **quoi encore?** 19A what else?; **encore une fois** 25CD one more time

encourager (4b) *v.* 2D to encourage

encyclopédie *f.n.* 18D encyclopedia

encyclopédique *a.* 18D encyclopedic

endormi *a.* 17AE asleep

endormir (28) *v.* **s'endormir** 20BM to fall asleep

endroit *m.n.* 16E place, spot

enduire (13) *v.* 25D to coat; **enduit** *a.* 22D coated

endurant *a.* 7D hardy, tough

énergique *a.* 9M energetic

énerver (4) *v.* 6M to irritate, to get on one's nerves; **s'énerver** 17D to become irritable, to get all worked up, to get excited

enfance *f.n.* 12D, 15ABC, 16D childhood

enfant *m.n.* 5D, 7D, 8AB, 9M, 14AC child

enfantin *a.* childlike, infantile; **chanson enfantine** 22A children's song

enfer *m.n.* 2D hell

enfermer (4) *v.* 18D to shut up, to lock up

enfin *adv.* 4M, 7A, 8A, 11AD, 13A well, finally, at last; **oui . . . enfin** 4A yes . . . well; **mais enfin** *int.* 21A but, still

engagement *m.n.* 13D engagement

engager (4b) *v.* to engage; **engager la conversation** 11E, 13AC, 14C, 24A to strike up a conversation; **poète engagé** 13D politically active poet; **s'engager** 2D to get involved

Engels, Friedrich (1820–1895) 13D German socialist theorist and writer, collaborator of Marx

engendré *a.* 13D caused

énigmatique *a.* 26D enigmatic

enigme *f.n.* 9B riddle

enlaidir (s') (5) *v.* 22D to grow ugly

enlever (8) *v.* 11M, 18D to take off, to take away, to gouge out

ennemi *m.n.* 13D enemy

ennui *m.n.* 15D boredom; **l'ennui, c'est que . . .** 18AC the trouble is . . .

ennuyer (11) *v.* 5D, 11A, 14AC, 21E to annoy, to bore; **ça ne vous ennuie pas?** 8A you don't mind?; **s'ennuyer** 10D, 11B to be bored, to get bored

ennuyeux *a.* 21B annoying, boring

énorme *a.* 4D, 10AB, 18A, 19AD, 21D enormous

énormément *adv.* 7D, 19D enormously

enquête *f.n.* 20D, 21D survey

enquiquineur *m.n.* 15M nuisance, pest

enregistreur *m.n.* 19D recorder

enseignant *m.n.* 18ABE, 19D teacher

enseignement *m.n.* 18BCD, 19D, 20ACE, 21D teaching

enseigner (4) *v.* 2D, 5D, 13D, 19A, 20ACD to teach

ensemble *adv.* 3ABC, 6A, 10D, 11D, 12D together

ensemble *m.n.* 6D, 12D, 13D, 22D whole; **l'ensemble de la population** 3D the population as a whole

ensuite *adv.* 12C, 15C, 17D, 18D, 24D then, next, afterward, later

entamer (4) *v.* 13M, 24D to start

entendre (6) *v.* 7M, 12M, 17D, 23D, 24B to hear; **j'entends dire que** 10M I hear that; **c'est entendu** 5A agreed

enterrement *m.n.* 26B burial

enthousiasme *m.n.* 13D enthusiasm

enthousiasmé *a.* 19B enthused

enthousiaste *a.* 6D, 26M enthusiastic

entier *a.* 10D whole, entire

entièrement *adv.* 15E, 23A entirely, totally

entourer (4) *v.* 6D, 25D to encircle, to surround; **entouré** *a.* 23D popular, admired

entre *prep.* 8D, 10D, 12D, 13D, 15D between

entrecôte *f.n.* 26A sirloin

entrée *f.n.* 13D, 14A, 21ABCE entryway, entry hall

entreprendre (32) *v.* 19AB to undertake

entreprise *f.n.* 18D, 22D business, firm

entrer (4) *v.* 10A, 12ABD, 14AD, 15A, 22A to enter, to come in, to go in

énumérer (10) *v.* 11E, 18D to enumerate

env. *abbr.* for **environ**

envers *m.n.* wrong side; **à l'envers** 16M backward

envie *f.n.* 7M desire; **avoir envie de** 13A, 16ABC, 18AE, 20B, 21E to want to

environ *adv.* 5D, 9M, 12D, 13D, 22D about

environnement *m.n.* 14D environment (surroundings); 18M environment (ecosystem)

environnemental *a.* 3D environmental

envoyer (*) *v.* 10M, 16D, 19D, 21D to send; **s'envoyer entre les gencives** 26D to gobble down

épais *a.* 6ABC, 7ABE, 9B, 26D thick, dense

épatant *a.* 23M great, wonderful

épaule *f.n.* 7AD, 18D shoulder

épicerie *f.n.* 16M grocery

épicier *m.n.* 19D grocer

épique *a.* 5D, 12M epic

époque f.n. 2D, 5D, 6D, 7D, 8D era, age, time

épouse f.n. 16D spouse, wife

épouser (4) v. 8AB, 15D, 16D to marry

époux m.n spouse, husband; **les époux** 14D both spouses

équilibré a. 24A balanced

équipe f.n. 6D, 7M, 17AD team

équipé a. 19D, 22D equipped, furnished

équitablement adv. 26B equitably

équivoque f.n. ambiguity; **sans équivoque** 13D unequivocal

ère f.n. 7D era

ermite m.n. 9B hermit

Ernst, Max (1891–1976) 13D German-born artist, a founder of Dada and surrealism

érotique a. 7D erotic

erreur f.n. 12D, 21B mistake, error

escalade f.n. 14M climbing

escalier m.n. 13AB, 21ABCD staircase

escargot m.n. 26AB snail

Escholier (l') 13A café in the Latin Quarter

escrime f.n. 6AB fencing

escudo m.n. 5M former Portuguese currency

Espagne f.p.n. 16D Spain

espagnol a. & n. 2AD, 4D, 16D, 24B Spanish; 3A, 15A Spaniard

espèce f.n. 22M, 24D kind, sort

Espelette p.n. town in the Basque country of southwestern France famous for its chili peppers

espérance f.n. 3B, 23D hope, expectation; **espérance de vie** 13D life expectancy

espérer (10) v. 3AB, 7M, 8M, 24A, 25A to hope

espoir m.n. 11M, 25D hope

esprit m.n. 6A, 7AD, 9D, 15D, 21D spirit, mind, wit

essai m.n. 13D, 20D, 21D, 24D essay

essayer (11) v. 5A, 6M, 10M, 13BC, 17E to try, to attempt, to try on

essayiste m.n. 21D essayist

essentiel a. & m.n. 5D, 11D, 12D, 14D essential, necessary

essentiellement adv. 15D essentially

essouffler (s') (7) v. 15D to get winded

essuyer (s') (11) v. 25E to wipe

esthéticien m.n. 13M beautician

esthétique a. 14M, 26E aesthetic

estimation f.n. 5D, 14E estimate

estimer (4) v. 21D, 24D to estimate

estomac m.n. 26D stomach

estragon m.n. 26B tarragon

et conj. and

établir (5) v. 13E to establish

établissement m.n. 16D, 19D, 24D establishment

étage m.n. 13ABCE story, floor (of building); 19D tier, level

étain m.n. 22D pewter

étaler (4) v. 15D to display, to spread (out)

état m.n. 3D, 18AB, 22D, 24D, 25D state

Etats-Unis m.pl.p.n. 3D, 5D, 8D, 9D, 13D United States

été m.n. 6D, 9AB, 11BD, 12M, 13ABE summer

été p. part. of **être** 5D, 8D, 12D, 13D, 14D

éternel a. & m.n. 14D eternal

éternellement adv. 14D eternally

éternité f.n. 16D, 24ABE, 25D, 26M eternity

ethnique a. 12D, 16D ethnic

étinceler (9) v. 13D to sparkle

étiquette f.n. 14D etiquette; 19D label

étirer (s') (7) v. 25A to stretch

étoile f.n. 26D star; **Etoile (place de l')** p.n. 23D site of the Arc de Triomphe in Paris

étonnamment adv. astonishingly

étonnant a. 17M, 21D astonishing, amazing

étonné a. 13ABC, 14D, 15M astonished, surprised

étonner (4) v. **ça ne m'étonne pas** 13A that doesn't surprise me

étrange a. 22AE strange

étranger a. & n. 4D, 13D, 15M, 17E, 19A foreign; 5D, 14E, 21D, 24D foreigner; **l'étranger** 15MD abroad

être (2) v. & aux. 2AC, 3AB, 4ACEM, 5D, 6ACDEM to be; **n'est-ce pas?** 12A right?, isn't that so?; **ça y est!**

5M, 13A there you go!, there you have it!

étroit a. 8D narrow

étude f.n. 13BCM, 19D, 20A, 21DE study; **faire des études** 11A to study, to be a student

étudiant m.n. 2ACDE, 4C, 6AE, 11B, 13E student

étudier (4) v. 3D, 8A, 11AC, 12D, 13ABCM to study

eu p. part. of **avoir** 5D, 8D, 13A, 15D, 16D

euh int. 5A, 9A, 11A, 16D, 17A um, er . . .

euphémisme m.n. 26D euphemism

euro m.n. 3D, 5M, 11M, 19D, 21D euro

européen a. & n. 19AC European

eux pron. 4A, 7M, 9CD, 14AD, 16D they, them

événement m.n. 9AB, 21AB event

évidemment adv. 4D, 5A, 6A, 7D, 9A obviously

évident a. 14D, 21D obvious, clear

évier m.n. 24M sink

évoluer (4) v. 22M to evolve

évolution f.n. 7D, 14D evolution

exact a. 11M, 21D exact

exactement adv. 7A, 8A, 10A, 19D, 24A exactly

exagération f.n. 14D exaggeration

exagérer (10) v. 6M, 14M, 21AE, 24B, 25M to exaggerate

exaltant a. 12M thrilling, inspiring

examen m.n. 15M, 17M, 19C, 20AC, 21M exam

examiner (4) v. 8A, 13A to examine, to study

excellent a. 4D, 6A, 21B, 23A excellent

excentricité f.n. 24D eccentricity

exception f.n. 17D, 21E exception; **à l'exception de** 7D except for

excitation f.n. 22D excitement

excité a. 22D excited

exclamer (s') (7) v. 20E to exclaim

exclusion f.n. 4M exclusion

excursion f.n. 10D excursion

excuse f.n. 15E, 17M, 20E, 24E excuse

excuser (4) v. 2A, 14AD, 24A to excuse

exécutif a. 15D executive

exemplaire m.n. 12D, 13D, 20DM copy

exemple m.n. 9A, 18D, 21E example; **par exemple** 2A for example

exercer (4a) v. 3D, 17CE to exercise, to practice; **exercé** 14D exercised; **s'exercer** 14D to practice

exercice m.n. 18E, 21ABC exercise

exigence f.n. 21D requirement

exiger (4b) v. 12D, 16D to require, to demand

exiler (4) v. 6D to exile

existence f.n. 11D existence

existentialiste a. 6D existentialist

existentiel a. 13D existential

exister (4) v. 9AC, 14D, 19DM, 21AB to exist, to be

exotique a. 13D exotic

expérience f.n. 12D, 20E experience

expérimental a. 21D, 23D experimental

expert m.n. 18D specialist, authority

expliquer (4) v. 13M, 20DE, 23E to explain; **s'expliquer** 24D to be explainable

exploit m.n. 7D exploit

exploration f.n. 12A, 17ADE exploration

explorer (4) v. 10D, 11AE, 12A, 18D to explore

explosif a. 21ABD explosive

explosion f.n. 17B, 18D, 20M explosion

expo (abbr. for **exposition**) f.n. 16A exhibition

exposer (s') (7) v. 16E to be exposed

exprès adv. 20M on purpose; **faire exprès** 20E to do deliberately

express m.n. 14AM, 26A espresso coffee

expression f.n. 2D, 15DE, 16D, 23E expression

exprimer (4) v. 21E, 24D to express, to convey; **s'exprimer** 21D to express oneself

expulsé a. 16D evicted

exquis a. 24A exquisite, delicious

exténué a. 23M overextended

extérieur a. & m.n. 22D, 26D exterior, outside; **à l'extérieur** 22D outside

extra a. 9B extra, super

extrait m.n. 4D excerpt (of a work); **extrait de vanille** 24D vanilla extract

extraordinaire a. 8AE, 10D, 23M, 24A extraordinary

extraordinairement adv. 7D extraordinarily

extrême a. 12M extreme

extrêmement adv. 7D, 10D extremely

Extrême-Orient m.p.n. 20D Far East

Eyzies pl.p.n. 8A, 24AD site of famous prehistoric caves in the Dordogne region

fable f.n. 19D fable

fabriquer (4) v. 18ABC to make, to manufacture

fac (abbr. for **faculté**) f.n. 2ACD, 3D, 12AD, 13BM, 14E university

façade f.n. 16D front, façade

face f.n. **face à** prep. phr. 21D face to face with; **en face de** 13M, 14A, 16A, 19D in front of, facing, across the street from; **de face** 26E full face

facile a. 3D, 5AB, 8A, 10A, 21D easy

facilement adv. 7D, 12D, 19D, 22E, 24D easily

façon f.n. 9D, 20E, 21B, 24D way, fashion, manner; **de toute façon** 11M, 18A anyhow, in any case

façonner (4) v. 20D to shape

facturation f.n. 22D billing

facture f.n. 17M bill, invoice

facultatif a. 21D optional

faculté f.n. 12D, 19D university

faible a. 16D, 22D weak; m.n. weakness; **avoir un faible pour** 24AB to be partial to, to have a weakness for

faillir (*) v. 19AB to fall short; **j'ai failli rater mon examen** 19A I almost failed my exam

faim f.n. 24AB, 26AD hunger; **avoir faim** 16B to be hungry

faire (21) v. 2CD, 5BDM, 8BDM, 9A, 15CE to make, to do; **il fait beau** 9C the weather is beautiful; **il fait chaud/froid/frais/ bon** 11B it's hot/cold/cool/nice; **il fait doux** 14A it's nice out; **il fait trop XVIème arrondissement**

5D it sounds too pretentious; **elle fait 1 mètre 63** 7A she is 5 feet 4; **ça fait 75 centimes d'euro** 5M that comes to 75 euro cents; **ça fait trois jours** 9A it's been three days; **ça fait longtemps** 9C it's been a long time; **ça fait une éternité qu'on ne t'a pas vu** 16D we haven't seen you for ages; **ça ne fait rien** 11B it doesn't matter; **ça ne fera pas un pli** 23A it's no problem; **faire attention** 11D, 13A to pay attention, 22A to watch out; **faire son beurre** 13B to make lots of money, to rake it in; **faire du cinéma** 18A to work in movies; **faire du français/ de l'histoire** 9M, 19B to study French/history; **faire du karaté** 6A to practice karate; **faire la sieste** 10A take a nap; **faire un bisou** 12B give a kiss; **je fis** (passé simple) **quelques pas** 13D I took a few steps; **faire un tour** 15B to take a stroll; **faire la queue** 13B to stand in line; **se faire voler** 5M to get ripped off; **faire rire** 21B to make someone laugh; **faire semblant** 11ABC to pretend; **faire l'étonnée** 15M to act astonished; **faire votre connaissance** 22A to make your acquaintance; **ça se fait beaucoup** 16C that's often done; **s'en faire** 23A to worry; **ne t'en fais pas!** 17M don't worry!

faire-part m.n. 8A announcement

fait m.n. 6M, 21D, 26E fact

falloir (22) v. 5ABCDM, 7AE, 21D to be necessary, to be required, to have to; **il faut donner un prénom aux jeunes gens** 5A the young people have to have first names; **il faut aller travailler** 18A you have to go to work; **il faut que je rentre à la maison** 24A I've got to go home; **c'est tout ce qu'il faut** 21A it's all you need

fameux a. 8D famous; 24A delicious

familial a. 8D, 13D familial

familier adj. 13B, 18B informal; **animal familier** 24D family pet

famille f.n. 5ABCDE, 6D, 8ACD, 9A, 10AD family; **en famille** 6D with the family; **nom de famille** 17A last name

fandango m.n. 16D fandango (dance)

fantastique a. 4A fantastic; **roman fantastique** 4A science-fiction novel

farci a. 26A stuffed

farcir (5) v. 17M to stuff

farine f.n. 26D flour

farouchement adv. 12M fiercely, doggedly

fascinant a. 11AE, 16D, 21E fascinating

fasciné a. 9M, 10D, 21D fascinated

fast-food m.n. (angl.) 20D, 22D, 24A fast food

Fath, Jacques (1912–1954) 11A French fashion designer

fatigant a. 8B, 18A, 22A tiring; 8A tiresome, tedious, annoying

fatigue f.n. 18BE fatigue

fatigué a. 2ABCD, 7DE, 8B, 17M, 20D tired

fatiguer (4) v. **se fatiguer** 22A to get tired

Faulkner, William (1897–1962) 4B American novelist, Nobel Prize winner, 1949

faute f.n. **ce n'est pas de ma faute** 9A it's not my fault

fauteuil m.n. 17M, 23D, 25M armchair

faveur f.n. 15D favor

favoriser (4) v. 14D, 18D to help along

fayot m.n. 6M brownnoser, suck-up

fédération f.n. 3D federation

Fellini, Federico (1920–1993) 18A Italian filmmaker

féminin a. 5D, 13D, 20D, 24D feminine

féminisme m.n. 24M feminisme

féministe a. & n. 13D feminist

Fémis f.n. (abbr. for **Fondation européenne pour les métiers de l'image et du son**) 13M renowned graduate academy of film studies

femme f.n. 3A, 5BD, 6ABD, 9D, 11M woman; 8AD wife; **femme d'affaires** 18A businesswoman; **femme de ménage** 23M housekeeper; **femme de chambre** 25A chambermaid, hotel maid

Fénelon, François (1651–1715) 19D French prelate and author

fenêtre f.n. 13A, 17AB, 23AE, 25A window

fente f.n. 22ABM slit, slot

férié a. **jour férié** 22D holiday

fermé a. 14A, 16M closed

fermentation f.n. 10D fermentation

fermer (4) v. 14M, 19M, 24B, 25D to close, to shut

fessée f.n. 17D spanking

festival m.n. 7D festival

fête f.n. 23D party, celebration, feast day

feu m.n. 13ABC light; 12M, 13B fire; **est-ce que vous avez du feu?** 13A have you got a light?; **à feu doux** 24D over a gentle fire (for cooking); **au feu!** 17D Help, fire!

feuillage m.n. 26D foliage

feuille f.n. 11ABCD leaf

feutre m.n. 13D felt hat

février m.n. 10M, 22M, 24M, 25M February

ficher (4) v. (coll.) **fichez-moi la paix!** 17M leave me alone!; **je m'en fiche** 11M I don't give a damn, I couldn't care less

fichu a. 23M capable; **c'est fichu pour le cinéma** 25D it's too late now for the movie

fiction f.n. 21A fiction

fidèle a. 16D, 21D faithful

fidelité f.n. 16D fidelity

fier a. 7M, 8M, 9A, 15M, 16D proud

Figaro (le) 2D, 8A daily newspaper

figure f.n. 2D figure

figurer (4) v. 26D to appear; **figure-toi** 16D just imagine

fil m.n. thread; **coup de fil** 24A telephone call; **au fil des générations** 25D down through the generations

file f.n. 13ACE line

filer (4) v. 18AB to run off; **je file** 21A I have to run

filet m.n. 26AD fillet

fille f.n. 3ABC, 4D, 5ACDE, 6ABE, 7ABE girl; 8AC daughter

filleule f.n. 24AB goddaughter

film m.n. 6D, 8D, 10ACD, 11D, 13B film, movie

fils m.n. 6D, 8AB, 15D, 18A, 24D son; **fils unique** 5A only child; **fils à papa** 13AB daddy's boy; **Alexandre Dumas fils** 15D Alexandre Dumas the younger

fin a. 6ABD, 9A, 10A fine, delicate, slender, subtle; **fines herbes** 26D herbs for seasoning

fin f.n. 6D, 8D, 20D end; **à la fin** 9A in the end, at long last; **en fin de compte** 18A in the last analysis

finale f.n. 7M final

finalement adv. 7M, 9M, 11E, 12D, 18C finally, in the end

financement m.n. 21D financing

financer (4a) v. 19A, 20D to finance

financier a. 3D, 14E financial

finir (5) v. 15D, 18AC, 19A, 20D, 22B to finish, to end; **ça finira mal** 22AB it's going to come to a bad end; **en finir avec** 19AE to be done with; **fini** a. 5M finished

finnois a. & n. 16D Finnish, Finn

Fitzgerald, F. Scott (1896–1940) 19A American novelist

fixé a. **tu n'as pas l'air très fixé** 13A you don't seem to have much of a plan

flamme f.n. 17ABE, 20M flame

flâner (4) v. 24D to stroll

flanqué a. 26D flanked

flatter (4) v. 19D flatter

flatterie f.n. 11M, 19D flattery

flatteur m.n. 19D flatterer

flèche f.n. 12B arrow

fleur f.n. 11D, 16A, 17AD, 19D, 23A flower

flexibilité f.n. 18D flexibility

flot m.n. 26D flood, stream; **les flots** m.pl.n. 15D waves

foi f.n. 3B, 17D, 24D faith

foie m.n. 23D liver; **foie gras** 24BDM foie gras, goose liver; **foie gras de canard** 26A duck liver

fois f.n. 7DM, 8D, 9AD, 13D, 14AM time, occasion; **à la fois** 5A both, at one and the same time; **une autre fois** 5A another time

folklore m.n. (angl.) 21D folklore

folkloriste m & f.n. 9D folklorist

fonction f.n. 12D, 20D, 23D, 24D function

fond m.n. 5M, 12M, 17M, 24D bottom, back; **à fond** 19A thoroughly; **au fond** 8A basically

fondateur, -trice n. 2D, 5D, 13D, 19D, 23D founder

fondation f.n. 4D, 13D foundation

fonder (4) v. 3D, 6D, 15D, 20D to found

fondre (6) v. 24D to melt; **fondre en larmes** 15M to break down in tears

fontaine f.n. 24D fountain; **Fontaine Médicis** f.p.n. 11AB fountain in the Luxembourg Gardens

foot abbr. for **football**

football m.n. 6D, 9D, 17D, 18A, 21D soccer; **football américain** 7A football

footballeur m.n. 2D, 17D soccer player

force f.n. 18E, 23D, 24D force

forcé a. 16E, 20AC, 23E forced; **travaux forcés** 20A hard labor

forcément adv. 18A, 22D inevitably, of course

forestier m.n. 17A forester

forêt f.n. 6M, 10D, 19D, 26D forest

forme f.n. 7D, 11M, form; **en forme** 6D in shape, in condition

formel a. 11D formal

formidable a. 4D, 7M, 10D, 12M, 13AD great, wonderful, tremendous

formule f.n. 21A formula

fort a. 8D, 11E, 19A strong; 6ABC stout; adv. 12B strongly; **ça ne va pas fort** 2A I'm not feeling too well

fortement adv. 13D strongly

fortuit a. 12D fortuitous, accidental

fortune f.n. 8A fortune, money

Forum des Halles m.p.n. 15B, 23AD modern mall built on the site of the former Halles (central market) in Paris

Fos (-sur-mer) p.n. 21B port city on the Mediterranean

fou, folle a. 15M crazy, mad, incredible; n. 22M lunatic

fouet m.n. 24D whip

foulard m.n. 13AB, 25D scarf

foule f.n. 12M, 13D, 21M, 26D crowd

four m.n. 24DM, 25D oven

fourchette f.n. 24D, 25ABC fork

fourmi m.n. 4D ant

foutre (*) v. (sl.) 8D, 18D to do; **se foutre** 18D to not give a damn

foutu a. (sl.) 8D able; 12M wasted

fox-trot m.n. (angl.) 16B foxtrot

foyer m.n. 20D household

fragile a. 6ABC, 7C fragile, delicate, frail

fragmenté a. 3D fragmented

fraîcheur f.n. 26D coolness

frais, fraîche a. 25ADE, 26AB fresh; 11AB cool; **votre brie est trop frais** 25A your brie is too young

frais m.pl.n. 21D costs

framboise f.n. 26AB raspberry

franc m.n. 3D, 5M, 14A, 15AD, 18D former French currency

franc, franche a. 13AB frank

français a. 2D, 3A, 4AD, 5ABCE, 6D French; n. 2ADE French (language); **Français, Française** 7D French person

France f.p.n. 2ACD, 3B, 4ADE, 5D, 7D France

franchement a. 6M, 11M, 26D frankly

franchise f.n. 14B frankness

Franck, César (1822–1890) 17E French composer

François m.p.n. 5D, 8A, 9D, 11D, 13D masculine first name

Françoise f.p.n. 5D, 13D feminine first name

francophone a. & n. 2D, 16D French-speaking, French speaker

Francophonie f.n. 2D countries where French is a native, official, or administrative language

frapper (4) v. 25A to strike, to hit, to knock; **ce qui me frappe** 14M what strikes me

Frédéric m.p.n. 5D masculine first name

fréquence f.n. 14D frequence

fréquent a. 8D frequent

fréquenter (4) v. 6D, 12D, 15D, 24D to frequent

frère m.n. 2D, 5ABC, 8ADE, 13A brother

fresque f.n. 19ABC fresco

fric m.n. (coll.) 11M money

frigo (abbr. for **réfrigérateur**) m.n. 24M refrigerator

frimeuse f.n. 16M show-off

fringues f.pl.n. (coll.) 11M clothes

frisé a. 6D curly

frit a. 26A fried

frite f.n. 26D french fry; **les frites** 25D french fries; **frites de banane** 9M banana fritters

froid a. & m.n. 11A, 12AC, 14C, 17D, 18ABCE cold; **il fait froid** 11B it's cold; **un froid de loup** 11B bitter cold

fromage m.n. 11M, 14M, 16D, 19D, 24A cheese

front m.n. 23D forehead

Front National p.n. 12D right-wing nationalist party

frontière f.n. 23M border

fronton m.n. 16D fronton

frotter (4) v. 24A, 25D to rub

fruit m.n. 4B, 9D, 16M, 25E fruit; **fruit de la passion** 26A passion fruit

frustré a. frustrated, dissatisfied; **les frustrés** m.n. 20D the thwarted, the disappointed

fuite f.n. 25M flight

fumé a. 26D smoked

fumée f.n. 17AB, 20M, 25D, 26M smoke

fumer (4) v. 13ABE, 18BD, 21A, 26M to smoke

fumeur m.n. 10M smoker

funérailles f.pl.n. **funérailles nationales** 24D state funeral

fureur f.n. 16E fury, rage

furibond a. 22M furious

furieux a. 18B furious

fusain m.n. 22D shrub, spindle-tree

fut passé simple of **être** 13D, 23D was

futurisme m.n. 10D futurism

Gabin, Jean (1904–1976) 5D, 6D French actor

gâchis m.n. 24M waste, mess

gagner (4) v. 7M, 9B, 15D, 17D, 18D to win, to earn

gai a. 15E cheerful, happy; 6D gay

gaieté f.n. 23D cheerfulness

gain m.n. 13D increase

galant a. 9AB gallant, courteous

galerie f.n. 13D, 16D, 23E gallery, long room

galette f.n. 9A cookie; 25D tortilla

gallo-romain a. 25E Gallo-Roman

gamin, gamine n. 9A, 11M, 16AB, 17A kid

gammée a. **croix gammée** 16D swastika

gangster m.n. (angl.) 13B, 14B gangster

garage m.n. 22D, 24A garage

garagiste m. & f.n. 18D mechanic

garanti a. 18D guaranteed

garantir (5) v. 2D to guarantee

Garbo, Greta (1905–1993) 13ACE, 16B Swedish film star

garçon m.n. 3B, 5D, 6DM, 7ABCD, 9M boy, guy, fellow; 14A, 19A, 20ABCDE, 22AE waiter; **garçon bouvier** 18D cowherd's helper; **garçon coiffeur** 18D hairdresser's assistant

garde f.n. 23M guard

garder (4) v. 15D, 19AE to keep; 8D, 24D to watch; **garder un secret** 24A to keep a secret

gardien m.n. 14ABE, 23M keeper, caretaker, janitor; **gardien de nuit** 14A night watchman

Gargantua m.p.n. 24D gigantic folk hero of books by Rabelais

gargouille f.n. 15B gargoyle

garni a. 26A garnished; **choucroute garnie** 26B sauerkraut with sausages

garnir (5) v. 26AC to garnish

Garou (Pierre Garand, 1972–) 17D Canadian singer-songwriter

gasoil m.n. 18ABD diesel fuel

gastronomie f.n. 23D gastronomy

gastronomique a. 23D, 24A gastronomical

gâteau m.n. 17D, 22E, 26ADE cake, pastry

gauche a. 7M, 10AB, 15D left-hand, left; f.n. 16D left side; **à gauche** 12M on the left; **de gauche** 12M leftist

Gaule f.p.n. 7D, 24A Gaul

Gaulle, Charles de (1890–1975) 4BDE French general and statesman

Gaulois a. 4D, 14D Gallic; **le coq gaulois** 7D national emblem of France; n. 7D, 14D Gaul

Gault et Millau m.p.n. 26E restaurant guide

gaz m.n. 17M gas

gazon m.n. 12ABC grass, lawn

gazouillis m.n. 19D chirping, warbling

gazpacho m.n. 24AB gazpacho soup

géant a. 7M gigantic; m.n. 21D giant

gencive f.n. 26D gum

gendre m.n. 15D son-in-law

général a. 18D, 19D, 20D, 21D general; **en général** 4C in general

généralement adv. 9D generally

généralisation f.n. **la généralisation des connexions internet** 18D the spread of Internet connections

généraliser (4) v. 17D to generalize

génération f.n. 22D generation

généreusement adv. 24A generously

généreux a. 7D, 9ABE, 10C, 23BE, 26D generous

Gènese f.p.n. 2A, 3A, 4A Genesis

génial a. 12M, 13M great, fantastic

génie m.n. 10A, 15D, 18E, 20A, 24D genius

genou m.n. 7D, 10ABD, 23D, 24DE knee

genre m.n. 4E, 13D, 14A, 18D, 19E kind, sort; **ce n'est pas mon genre** 13B it's not my style; **genre humain** 24D human race

gens m.n. 2D, 7M, 9ADM, 12M, 13M people; **jeunes gens** 3A young people; **ces gens-là** 8D these people

gentil, -ille a. 2AD, 8AE, 9M, 10C, 13B nice, kind, good

gentilhomme m.n. 15D nobleman

gentiment adv. 17A, 21E, 26E nicely, pleasantly, quietly

géographie f.n. 19A, 21D geography

géographique a. 12D geographic

géolocalisation f.n. 22D geolocation, GPS

géologie f.n. 19A geology

géométrie f.n. 16D, 21AD geometry

gérant m.n. 18D manager

Gérard m.p.n. 5D masculine first name

germanique a. 14D Germanic

geste m.n. 18A, 25D gesture, movement

gesticuler (4) v. 22M to gesticulate

Ghislaine f.p.n. 12ABCE feminine first name

Gide, André (1869–1951) 8D French novelist, winner of Nobel Prize in Literature, 1947

gigantesque a. 10D, 20M gigantic

gigot m.n. 24ABC leg of lamb

Gildas m.p.n. 8A masculine first name

Gilles m.p.n. 21D masculine first name

girafe m.n. 6M giraffe

Givenchy, Hubert de (1927–) 11AD French fashion designer

glace f.n. 6AB, 7A ice

glacé a. 26AB glazed, candied

glaçon m.n. 24A ice cube

gladiateur m.n. 7M gladiator

glisser (4) v. 6D, 17AD to slide, to slip

global a. 22D global

globalement adv. 18D overall

gloire f.n. 4M, 14D glory

glorifier (4) v. 13D to glorify

glou-glou int. **faire glou-glou** 17D go glug-glug

gna, gna, gna int. 16A whine, whine, whine!

Godard, Jean-Luc (1930–) 13M French filmmaker

golf m.n. 6D golf

Golfe du Mexique p.n. 11B Gulf of Mexico

gomme f.n. gum; **boule de gomme** 15A gumdrop; **mystère et boule de gomme** 8M, 16A that's for me to know and you to find out

Goncourt, Edmond de (1822–1896) 19D, 23D French writer who collaborated with his brother, **Jules de Goncourt** (1830–1870), on novels and numerous other works; **Académie Goncourt** 15D literary society; **Prix Goncourt** 13D annual literary prize awarded by the Académie Goncourt

gorge f.n. throat; **avoir mal à la gorge** 12A to have a sore throat; 14M gorge, canyon

Goscinny, René (1928–1978) 7D French comic writer, author with Albert Uderzo of the *Astérix* series

gosse m.n. (coll.) 8D, 16AB kid

gothique a. 6D, 16D gothic

Gounod, Charles (1818–1893) 5D French composer

gourmand a. 26D gourmand

gourmet m.n. 23A gourmet

gousse f.n. pod; **gousse d'ail** 26D clove of garlic

goût m.n. 13D, 19D, 24B, 26BD taste

goûter (4) v. 23D, 24ABD to taste, to try, to sample; m.n. 9ABCD afternoon snack

goutte f.n. 18D, 24B drop

gouvernement m.n. 13D government

gouvernemental a. 16D governmental

gouverneur m.n. 14M, 16D governor

Gouvu, Sidney (1979–) 2D French soccer player of Beninese descent

grâce f.n. **grâce à** 15D thanks to; **de bonne grâce** 16E willingly

gracieux a. 11D graceful

gradé a. 18D promotion-track employee

graffiti m.n. 21M graffiti

graisse f.n. 24B fat, lard; **graisse d'oie** 26AE goose fat

grammaire f.n. 21AD grammar

gramme m.n. 24D gram

grand a. 3D, 4B, 6ABCD, 7ACDM, 9A big, tall; 5D great; **faire de grands gestes** 18A to gesture extravagantly; **Grand Marnier** 24E brand of orange liqueur; **avoir une grande culture** 6D to be very cultivated; **Grande Bretagne** 16D Great Britain; **grandes écoles** 19D prestigious specialized institutes of higher education with competitive entrance exams

grand, grande n. 13D the great (one)

grand-chose indef. pron. **pas grand-chose** 19D, 21D not much

grandeur f.n. 15D greatness, grandeur, size

grandiose a. 21D grandiose

grandir (5) v. 7D to grow, to grow up

grand-mère f.n. 8A grandmother

grand-oncle m.n. 8A great-uncle

grand-père m.n. 8A, 15A, 16AC grandfather

grands-parents m.pl.n. 8AD, 15ABCD, 16AC grandparents

grand-tante f.n. 8AC great-aunt

Grand-Tout m.n. 21D the Almighty

gras, grasse a. 24ABD, 26A fat, rich

gratin m.n. **gratin dauphinois** 26M scalloped potatoes with cheese

gratuit a. 6D, 8D, 19D, 21D free

gratuitement adv. 22D for free

grave a. 9A, 13D, 16D, 19B serious; **ce n'est pas grave** 5D it's not serious

gravure f.n. 20D print, engraving

grec, grecque a. & n. 10B, 15DM, 17M, 19ACE, 20AE Greek

Grèce f.p.n. 19B Greece

grève f.n. 11AB, 13A, 17M strike

grignotage m.n. 22D nibbling, snacking

grillade f.n. 26AB grilled meat

grimace f.n. 13D, 17M, 22D grimace

gris a. 6A, 7AC, 9A, 12A, 13A gray

gros, grosse a. 6M, 7ABC, 14D, 18D, 19D big, fat, large

groseille f.n. 26B red currant

grossir (5) v. 25M, 26E to gain weight

grosso modo adv. (Latin) 18D pretty much, more or less

grotte f.n. 14M, 24A cave, grotto

grouillant a. crawling; **estomac grouillant** 26D rumbling stomach

groupe m.n. 9M, 12AB, 13D, 18D group

GSM (abbr. for **Groupe spécial mobile**, now Global System for Mobile Communications) 13M cell phone

guère adv. 22D **ne . . . guère** scarcely, hardly

guerre f.n. 8AB, 13D, 21D, 22D, 26D war; **Seconde Guerre mondiale** 12D, 19B World War II; **elle me fait la guerre** 17M she's on the warpath

gueule f.n. (coll.) 18D face, mug

gui m.n. 20D mistletoe

guichet m.n. 14M, 15M, 22D ticket window

guide m.n. 15D, 26A guide, guidebook

guitare f.n. 22D guitar

Guitry, Lucien (1860–1925) 15D French actor

Guitry, Sacha (1885–1957) 15D French film and stage actor, son of Lucien Guitry

gym f.n. 7M, 10M phys ed, gymnastics; m.n. 7M gym

gymnase m.n. 14D gym

gymnastique f.n. 6D gymnastics

Habiba f.p.n. 23M feminine first name

habilement adv. 24B skillfully, cleverly

habileté f.n. 18E skill

habillé a. 11M, 19D, 23M dressed, dressed up

habiller (4) v. to dress; **s'habiller** 11ADM, 25AC to get dressed, to dress up

habitable a. 24D habitable

habitant m.n. 3D, 13D, 16D, 22D inhabitant

habitation f.n. 24D living space, dwelling

habiter (4) v. 8D, 14ACM, 15B, 16D, 18A to live in, to inhabit, to live, to reside

habitude f.n. 14ABD, 22E, 24BE habit; **avoir l'habitude** 14A to be used to; **d'habitude** 14D, 23M, 24A usually, ordinarily

habitué m.n. 14B, 15D, 22D habitué, regular guest, regular customer

habituer (s') (7) v. 5M to get used to

haineux a. 13D full of hatred

haïr (*) v. 8D, 26D to hate

Halles (les) f.pl.p.n. 15AB, 23AD shopping district in Paris which used to be the central market

haltère m. n. 7M weight, barbell

hamburger m.n. 4D, 16B, 20D, 22D hamburger

hamster m.n. 24D hamster

hand (abbr. for **handball**) m.n. 7A handball

handicapé a. 18D, 19D handicapped

haricot m.n. 24AB, 25E, 26BE bean; **haricot vert** 24A green bean

harpe f.n. 22D harp

hasard m.n. 3B, 7AB, 23D chance, luck; **par hasard** 16A, 19D by any chance, by accident

hâte m.n. haste; **j'ai hâte de voir** 8M I can't wait to see

hausse f.n. 21D rise

haut a. 6D, 7D, 12M, 14MD, 19D high, tall; **haute cuisine** 24A, 26D gourmet cooking; m.n. top; **en haut** 16D upstairs; **en haut de** 17AB to the top of; **de haut en bas** 18D from top to bottom

Haute-Bretagne p.n. 9B eastern section of the Brittany region in northwestern France

hauteur f.n. height; **saut en hauteur** 9AB high jump

Hauts-de-Seine p.n. 20D administrative department near Paris

hé int. 22D hey!

hebdomadaire a. 20D weekly

HEC (école des Hautes études commerciales) f.p.n. 13ABM, 19D French school of business and management

hein int. 2D, 5A, 9A, 13A, 16A huh?, right?, what do you say?, OK?

hélas int. 23D alas, unfortunately

Hélène f.p.n. 5D, 17ADE, 20D feminine first name

Hélias, Pierre-Jakez (1914–1995) 9D Breton writer and folklorist

Hemingway, Ernest (1898–1961) 19A, 20ABCE, 22B American novelist

herbe f.n. 11D, 25D; **fines herbes** 26A herbs

Hérédia, José Maria de (1842–1905) 15D Cuban-born French poet

hermaphrodite n. 5B hermaphrodite

héroïne f.n. 5D, 12D, 13D, 21B, 24D heroine; 21AB heroin

héroïque a. 15D heroic

héros m.n. 7D, 13D, 14D, 21B hero

hésiter (4) v. 8M, 15D, 22A to hesitate

hétérosexuel a. & n. 8M heterosexual

heure f.n. 7EM, 9AC, 10AM, 11C, 17D, 18D hour; **une heure et demie** 5M an hour and a half; **tout à l'heure** 10A, 16AC, 22A a moment ago; **elle va rentrer tout à l'heure** 22A she'll be back in a little while

heureusement adv. 8A, 10A, 15D, 17A, 21A fortunately, luckily

heureux a. 8A, 11D, 22A, 24B happy

hier adv. 5M, 6B, 11ABC, 12M, 14A yesterday

hiérarchie f.n. 18D hierarchy

hindouiste a. & n. 25E Hindu

hispanophone n. 2D Spanish speaker

histoire f.n. 3ABCE, 4A, 5AM, 6D, 7D story, history; **histoire de l'art** 11AB art history; **histoire de crime** 4A detective story; **c'est une autre histoire** 26A that's another story; **c'est toute une histoire** 26A it's a long story

historien m.n. 13D, 19D historian

historique a. 5D, 7D, 11D, 24D historic, historical

hiver m.n. 11ABDE, 13BE, 16D winter

hockey m.n. 3B, 7A hockey

hold-up m.n. (angl.) 14B holdup

hollandais a. & n. 24D Dutch, Dutch person

Home Latin m.p.n. 14A, 21AB small hotel in the Latin Quarter

homéostasie f.n. 23D homeostasis

hommage m.n. 21D homage, tribute

homme m.n. 3ABC, 4AC, 5BD, 6D, 7DM man; **homme de lettres** 13D man of letters; **homme d'affaires** 18B businessman

homosexuel a. & n. 8D, 26D homosexual

homosexualité f.n. 23D homosexuality

Hongrie f.p.n. 22D Hungary

hongrois a. &. n. 16D Hungarian

honnête a. 10B, 14E, 18D honest, decent

honneur m.n. 15D, 19B, 24DE honor

honorable a. 9D, 14E honorable

honorer (4) v. 9D, 12D to honor

honte f.n. 24AB disgrace, shame; **avoir honte** 20D to be ashamed

honteux a. 24B shameful, disgraceful

hop int. 12M bam!

hôpital m.n. 8M, 14B, 21A, 24M hospital

horaire a. & m.n. 18D timetable; **décalage horaire** 22A time lag

horizon m.n. 25D horizon

horloge f.n. 19ABE, 21AC clock

horreur f.n. **avoir horreur** 13AM to hate, to loathe

horrible a. 6M, 10D, 13A, 20M, 21BM horrible, dreadful

hors adv. 15M, 22D outside; **hors du commun** 23D uncommon

hors d'œuvre m.n. 26A hors d'oeuvre, appetizer

hostile a. 15D hostile

hôte m.n. 19D inhabitant, occupant

hôtel m.n. 4D, 9M, 11A, 14AC, 15ABCE hotel

Hôtel de Ville m.p.n. 23ABD city hall and square in Paris

hou! int. 16A whoa!

Hugo, Victor (1802–1885) 4B, 18D, 20B French poet, novelist, and playwright

huile f.n. 9M, 18D, 19D, 26ABD oil; **huile d'olive** 26B olive oil; **huile solaire** 12AB suntan lotion

huit inv. a. & n. 8D, 13D, 17AC, 21B, 24D eight

huître f.n. 26AB oyster

humain a. & m.n. 2D, 7D, 8M, 11D, 15D human; 26D human being

humanité f.n. 17E humanity

humecté a. 25D, 26D moistened

humeur f.n. 9C, 20E mood, spirits, temper; **de bonne/mauvaise humeur** 9ABCM in a good/bad mood; **mouvement d'humeur** 20E fit of temper

humide a. 22D, 24D moist

humoriste m.n. 13D, 23D humorist

humoristique a. funny; **sketch humoristique** 8D cartoon

humour m.n. 13D, 21D, 26D humor

hure f.n. 10D snout

hurler (4) v. 7M, 18D to yell, bellow

Hutin (le) m.p.n. 8D nickname given to Louis X

hydraulique a. 16D hydraulic

hydrogène m.n. 4D hydrogen; **bombe à hydrogène** 4D hydrogen bomb

hygiénique a. 14B, 21M hygienic

hymne m.n. 14D anthem, hymn; f.n. 14D church hymn

hypokhâgne m.n. 23M course that prepares students for entrance exams of the **Ecoles normales supérieures**

ici adv. 11A, 12A, 14AD, 15AE, 18AD here; **ici Robert Taylor** 22A Robert Taylor speaking

idéal a. 8M ideal

idée f.n. 2D, 7D, 9ADM, 12E, 18E idea; **changer d'idée** 25E to change one's mind

identifié a. 16D, 22D identified

identifier (s') (4) 16D to identify oneself

identité f.n. 3D, 26D identity

idéologique a. 19D ideological

IDHEC abbr. for **Institut des hautes études cinématographiques** p.n. 13M Institute for Advanced Cinematographic Studies, reorganized as **La Fémis** in 1988

idiot a. 10A stupid, idiotic; n. 6M, 10ABD, 13A, 14B, 22M fool, idiot

igname f.n. 9M yam

ignorance f.n. 14D ignorance, unawareness

ignorer (4) v. 6D, 11E, 21D not to know, to be unaware of; **ignoré** a. 20D ignored

il pron. he, it; **ils** they

île f.n. 2D, 9B, 20D, 23D island; **île de la Cité** 4D, **île Saint-Louis** 15B islands on the Seine river in Paris

illégal a. 13B, 21B illegal

illimité a. 26D unlimited

illusion f.n. 6B, 9D, 18A illusion; **se faire des illusions** 18A to kid oneself

illustration f.n. 18D illustration

illustre a. 14D, 15D famous, renowned

illustrer (s') (7) v. 19B to make oneself famous

image f.n. 13D image

imaginaire a. 15D imaginary

imagination f.n. 9D imagination

imaginer (4) v. 16D, 21D, 26E to imagine; **s'imaginer** 13AB to imagine, to suppose

imbattable a. 19AB unbeatable, invincible

imbécile a. 13A silly, idiotic; n. 18B fool, idiot

incompris a. 19B misunderstood, unappreciated

inhibition f.n. 21D inhibition

imiter (4) v. 11M, 16D to imitate

immaculé a. 14B immaculate

immédiatement adv. 22D immediately

immense a. 10AD, 11D, 19D, 20M immense, huge

immeuble m.n. 13M, 20AD, 25M building

immigration f.n. 2D immigration

immigré m.n. 5D, 12M, 25D immigrant

immobile a. 14B immobile

immobilier a. real estate; **agent immobilier** 18D real estate agent

impatient a. 22A impatient, eager

impeccable a. 23M impeccable, flawless

impensable a. 20M unthinkable

imper (abbr. for **imperméable**) m.n. 13AB raincoat

impérialisme m.n. 19D imperialism

impérieux a. 25E imperious

impertinance f.n. 26D impertinence

impoli a. 19D impolite

importance f.n. 18D, 20E importance; **ça n'a pas d'importance** 18B it doesn't matter

important a. 2D, 6D, 13D, 14E, 16E important; 20B sizable, extensive; n. 15D the important thing

importer (4) v. to matter; **n'importe qui** 9A anybody; **n'importe quoi** 6M, 13A, 16D, 18D just anything, anything at all, whatever; **n'importe où** 23D no matter where

imposer (4) v. 24D to impose; **s'imposer** 26D to compel recognition

impossible a. 13AD, 16AD, 24BM impossible

impotent a. 23D disabled, infirm

impression f.n. 6B, 12M, 13DM, 19A, 22D impression

impressionné a. 14M impressed

impressionner (4) v. 18D, 21E to make an impression, to impress

imprévu a. 15D unforeseen, unexpected

inacceptable a. 19D unacceptable

inattendu a. 16AB unexpected

incapable a. 8D, 21D, 22D incapable

incendie m.n. 18B fire

incompréhensible a. 12AB, 14D, 16D incomprehensible

incompris a. 19AB misunderstood, unappreciated

inconnu, inconnue n. 12D, 13B stranger; a. 15D unknown

inconscient m.n. 24D unconscious

inconsolable a. 26A inconsolable, disconsolate

inconvénient m.n. 14D disadvantage, drawback

incorrect a. 13D improper, impolite

incroyable a. 12M, 15M, 20M, 25A unbelievable, incredible

Inde f.p.n., **Indes** f.pl.p.n. 3D India

indéfectible a. 13D unfailing

indépendance f.n. 2D, 16D, 22E independence

indépendant a. 3D, 13D, 15AB, 18D, 21D independent

indépendantiste m.n. 16D freedom fighter

indéterminé a. 18D undetermined

indice m.n. 12M index

indien, -ienne a. & n. 3D, 5B, 16D Indian

indifférence f.n. 13D indifference

indifférent a. 6D unimportant; 26D indifferent

indigestion f.n. 23M indigestion; **une indigestion de crevettes roses** 26A a bad reaction to shrimp

indignation f.n. 26M indignation

indiquer (4) v. 16C to indicate, to show

indiscipliné a. 7D undisciplined

indiscrétion f.n. 15D indiscretion

indiscuté a. 26D undisputed

individu m.n. 14D individual

individuel a. 14D, 19D, 21D personal

indulgence f.n. 14D indulgence

indulgent a. 6C, 7AD indulgent, tolerant

industrie f.n. 5B, 18ABC industry

industriel m.n. 18AB industrialist

inévitablement adv. 20D inevitably

infante f.n. 23D infanta (younger daughter of a king); **l'Infante (d'Espagne)** 16D Marie-Thérèse (1638–1683), daughter of Philip IV of Spain

infarctus m.n. 22ABE heart attack; **faire un infarctus** 22A to have a heart attack

infection f.n. 25A stench, stink; **c'est une infection!** 25A it's disgusting!

inférieur (à) a. 20D, 22D lower than

infiniment adv. infinitely; **infiniment d'esprit** 21D infinite wit

infirmier, infirmière n. 17ABE, 18D nurse

influence f.n. 3D, 8D, 13D, 15D influence

influencer (4a) v. 21AD to influence

influent a. 13D influential

informaticien m.n. 17AE, 18M computer scientist, data-processing expert

information f.n. 15D, 18D, 22D information

informatique f.n. 13AC, 16D, 18DM computer science

informer (4) v. 14M to inform

ingénieur m.n. 5A, 12D, 13M, 15D, 17D engineer

ingrédient m.n. 23D ingredient

initiative f.n. 3D initiative

injustice f.n. 21D injustice

innocence f.n. 26D innocence

innovant a. 22D innovative

innovation f.n. 18D innovation

inoffensif a. 13A innocuous, harmless

inoubliable a. 12M unforgettable

inouï a. 13D unheard of

inquiet a. 19E, 23ABC, 25M worried, anxious

inquiéter (s') (10) v. 12M, 17M, 23AB to worry; **ne vous inquiétez pas** 23A don't worry

inquiétude f.n. 23D anxiety

inscription f.n. 13D inscription

inscrire (s') (19) v. 10M, 12D, 13AD, 20D to sign up, to join

inscrit a. 19D registered; **être inscrit** 20D to be a member

insecte m.n. 14B insect

insensé m.n. 21D madman

insignifiant a. 13D trivial, superficial

insinuation f.n. 20E insinuation

insinuer (4) v. 14E to insinuate

insister (4) v. 16D, 23E, 24E to insist

inspecter (4) v. 4B to inspect

inspecteur, inspectrice n. 22D inspector

inspirateur m.n. 22D, 24D inspiration

inspiration f.n. 10D, 11D inspiration

inspiré a. 7D, 14D, 16D inspired

inspirer (s') (7) v. 22D to be inspired by

instable a. 5D, 7D, 18M unstable

installer (4) v. 18B, 22M to install; **s'installer** v. 23D to take up residence; 25AC to settle in, to sit down

instant m.n. 18D instant, moment; **pour l'instant** 13A for the time being

instinct m.n. 8M instinct

institut m.n. 11ABE, 15D, 19AE institute

Institut du monde arabe p.n. 15B Paris museum and center for studies of the Arabic world

instituteur, institutrice n. 18D, 19ACE primary school teacher

institution f.n. 16D institution

instruction f.n. 12M instruction

insuffisant a. 15M insufficient, inadequate

insupportable a. 17A, 19M, 22M unbearable, intolerable

intégral a. **calcul intégral** 19B, 21A integral calculus

intégration f.n. 8D, 19D integration

intégré a. 19D integrated

intégrer (s') (10) v. 25D to become integrated, to fit in

intellectuel a. 2D, 6D, 10D, 18D, 21AD intellectual

intelligence f.n. 14E intelligence, understanding

intelligent a. 6M, 7AD, 9D, 10C, 13D intelligent

intensité f.n. 13D intensity

intentionnel a. 20E intentional

interactif a. 22D interactive

interdiction f.n. 26M ban

interdit a. 3M, 22M, 26M forbidden, banned

intéressant a. 11C, 13B, 14E, 15E, 16D interesting

intéresser (4) v. 6M, 13E, 16E, 18D to interest, to be of interest; **ça ne m'intéresse pas** 18A I'm not interested; **s'intéresser** 6D, 9D to be interested in

intérêt m.n. 10D, 14ABCE, 18A interest

intérieur m.n. 19C, 25A inside; a. 22D inside, interior, inner, internal

intérim m.n. 18D temporary work

intermédiaire a. 24B intermediary

intermittent a. 12D intermittent

international a. 4D, 18A, 24A international

Internet m.n. (angl.) 5D, 13D, 18D, 22DM Internet

interprétation f.n. 19D, 20E interpretation

interro abbr. for **interrogation écrite**

interrogation f.n. interrogation; **interrogation écrite** 13M, 19A quiz, test

interroger (4b) v. 22D to question; **s'interroger** 13M to wonder about intime *a.* 21D intimate; **journal intime** 2A diary, journal

intimider (4) *v.* 11M intimidate

intitulé *a.* 13D, 21D titled

introduction *f.n.* 3D introduction

intuition *f.n.* 9B intuition

inutile *a.* 10M, 20A, 21ABD useless, pointless, unnecessary; **inutilité** *f.n.* 21E pointlessness

Invalides (les) *m.pl.p.n.* 15AB monument in Paris built by Louis XIV to provide a home for disabled soldiers

inventer (4) *v.* 3AC, 9A, 16D, 18DE to invent, to make up

inventif *a.* 18E inventive

invention *f.n.* 3B, 5A, 13M invention, fabrication

investir (5) *v.* 21D to invest

invisible *a.* 11D, 12D invisible

invitation *f.n.* 21C, 24C invitation

invité *m.n.* 13D guest

inviter (4) *v.* 9D, 10D, 19AE, 23AC, 24AE to invite

involontaire *a.* 20E involuntary, unwitting

invoquer (4) *v.* 21E to invoke

Irak *p.n.* 12D Iraq

Irlande *f.p.n.* 21D, 22D Ireland

ironie *f.n.* 24D irony

ironiquement *adv.* 26E ironically

Irouléguy *p.n.* 16D town in the Basque country known for its wine

irrégulier *a.* 18M uneven, erratic

irrévérencieux *a.* 6D, 8D irreverent

Islam *m.p.n.* 25M Islam

Israël *p.n.* 22D Israel

Italie *f.p.n.* 3D Italy

italien *n. & a.* 2AD, 3AE, 4AD, 5B, 15A Italian

IVG (interruption volontaire de grossesse) *f.n.* 17D abortion

Ivoire (Côte d') *f.p.n.* 2A, 3D Ivory Coast

Jacques *m.p.n.* 5D, 14M, 15AM, 20D masculine first name

jaloux, -ouse *a.* 6M, 15E, 23E, 24AB jealous

jamais *adv.* 5D, 9ADM, 11A, 13AC, 14D never; 11M, 21A ever; **jamais de la vie** 20A out of the question, not on your life; **on ne sait jamais** 17A you never know

jambe *f.n.* 6ABC, 7DM, 10B, 13D leg

jambon *m.n.* 16D, 22D, 25E, 26AD ham; **jambon de pays** 22A country cured ham

janvier *m.n.* 5M, 8A January

japonais *a. & n.* 2A, 3A, 4A, 5B, 22A Japanese

jardin *m.n.* 11ABE, 14D, 16D, 17A, 22C garden, yard; **jardin public** 18A park

jaune *a.* 10D, 26D yellow; **jaune d'œuf** *m.n.* 25A, 26A egg yolk

jazz *m.n.* 6D, 17D jazz

je, j' *pron.* 2AD, 3AD, 4ADM, 5ABM, 6ADM I

jean *m.n.* 11M, 13A, 23M jeans

Jean *m.p.n.* 5D masculine first name

Jeanne *f.p.n.* 5D feminine first name

Jeanne d'Arc (1412–1431) 5D French heroine and martyr, burned at the stake in Rouen

Jeannine *f.p.n.* 5D feminine first name

Jean-Denis *m.p.n.* 3M, 7M, 8A, 10AE, 16B masculine first name

Jean-Luc *m.p.n.* 10D, 13ABCEM masculine first name

Jean-Pierre *m.p.n.* 11AB, 12E, 13ABCE, 17D masculine first name

Jersey *p.n.* 2D largest of the English Channel Islands off the northwest coast of France

Jésus-Christ *p.n.* 7D, 8E, 17D Jesus Christ

jeter (9a) *v.* 13M, 15D, 22M, 25D to throw, to throw away; **jeter un coup d'œil** 10M to glance at

jeton *m.n.* 22BCM token

jeu *m.n.* 3ABC, 9D, 15D, 20D, 21E game; **jeu de mots** 22D play on words; **ce n'est pas du jeu** 10A that's not fair

jeudi *m.n.* 8M, 15D, 23A, 24AE Thursday

jeune *a. & n.* 3ABCE, 4ACD, 5M, 6D, 7DM young

jeûne *m.n.* 23M fast

jeunesse *f.n.* 18A, 20DE, 24D, 26AD youth

joailler *m.n.* 8M jeweler

job *m.n.* (*angl.*) 5B job

Joconde (la) *f.p.n.* 23ABM *Mona Lisa*, painting by Leonardo da Vinci in the Louvre

jogging *m.n.* 6D jogging

joie *f.n.* 8A, 19D, 23D joy, delight

joli *a.* 5ABE, 6D, 8M, 10AC, 11AB pretty, good-looking

Jolie, Angelina 5B American actress and director

jongleur *m.n.* 22D juggler

Joséphine *f.p.n.* 5B feminine first name

joue *f.n.* 10D, 22M cheek

jouer (4) *v.* 3B, 5D, 6D, 8D, 9ABC to play

jouet *m.n.* 14D, 18AB toy

joueur *m.n.* 16D, 18A player

jouir (de) (5) *v.* 18D to enjoy

jour *m.n.* 5D, 7D, 8AM, 10D, 11ACD day; **tous les jours** 18AC every day; **ces jours-ci** 20A these days; **de jour en jour** 17D from day to day; **jour de l'an** 22D New Year's Day; **jour ferié** 22D holiday; **500€ par jour** 14B 500 euros a day; **plat du jour** 26A daily special

journal *m.n.* 6D, 10AB, 13D, 17M, 20M newspaper; **journal intime** 2D diary, journal

journaliste *m.n.* 9D, 13M, 15D, 18D, 21D journalist

journée *f.n.* 9D, 12M, 14D, 16A, 20D day

joyeux *a.* 6D, 17D merry, joyous

judiciare *a.* 15D judicial

judo *m.n.* 13D judo

juge *m.n.* 13B, 16A judge

jugement *m.n.* 21D judgment

juger (4b) *v.* 13D, 19D, 25D to judge

juif *a. & n.* 25DEM Jewish, Jew

juillet *m.n.* 6D, 7D, 8M, 9B, 13D July

juin *m.n.* 8AM, 9M, 11B, 23A, 25A June

Jules *m.p.n.* 5D, 13D, 15D masculine first name; **Jules César** 7D Julius Caesar

Julien *m.p.n.* 5D masculine first name

Juliette f.p.n. 8A, 12D feminine first name

jumeau, -elle n. 26D twin

jupe f.n. 11ABCEM, 13B, 20ACE skirt

Jura m.p.n. 12D, 15D Jura mountains

jurer (4) v. 16D, 18D, 19D to swear; **je vous jure** 20AB I swear

juridique a. 13B legal

jurisprudence f.n. 13B jurisprudence

juriste m.n. 13B jurist

juron m.n. 19M swear word

jusque prep. 12M, 16D, 18DM, 19BD, 21ABD as far as, up to, until; **jusqu'à dix** 8D up to 10; **jusqu'à la fin** 19A until the end; **jusqu'à ce que** 24D until

Jussieu, Antoine Laurent (1748–1836) 15D French botanist

juste a. 16A, 20B, 23AD, 24ABD, 26A just, fair, right, exact, accurate; adv. 16A just exactly, right; **au juste** 13A exactly; **juste en face** 14A right across the street

justement adv. 18D, 22ADE just, precisely; 15A, 20AB, 24A as it happens, as a matter of fact

justice f.n. 4D justice

justifier (4) v. 13E, 22D, 24D to justify; **justifié** a. 21E justified

juteux a. 26D juicy

Kant, Immanuel (1704–1824) 15D German philosopher

karaté m.n. 6A, 15CE karate

Karr, Alphonse (1808–1890) 23D French author

Katmandou p.n. 2D Katmandu, capital of Nepal

kayak m.n. 6D, 14M kayak

kg, kilo (abbr. for **kilogramme**) 7ADE, 8M kilogram

kilomètre m.n. 3D, 8D, 9M kilometer

kinésithérapeute m.n. 18D physiotherapist

kiosque m.n. 2D, 20M kiosk

kir m.n. 19ABE, 20AE, 21A, 22AE apéritif made with white wine and black currant liqueur

kirsch m.n. 24E kirsch

Kpalimé p.n. 9M Palimé, city in Togo near the Ghanaian border

Kurosawa, Akira (1910–1998) 18A Japanese filmmaker

la, l' def. art. the; pron. she, her, it

là adv. 18A, 20AE, 22AD there, here; **là-bas** 8A, 13A, 14AM, 15M, 22A over there, down there; **là-dessus** 24D whereupon; **ah, là, là!**, oh, **là, là** 2AD, 9A, 10A, 13A, 14A oh my goodness!, good grief!

laborieusement adv. 21D laboriously

La Bruyère, Jean de (1645–1696) 15D French writer known for his portraits and maxims

labyrinthe m.n. 11B labyrinth

Lacan, Jacques (1901–1981) 24D French psychiatrist and author

lâcher (4) v. 25M to leave, to let go; **lâchez-moi les baskets!** (coll.) 17M leave me alone!

La Fontaine, Jean de (1621–1695) 19D French author of fables

laïc, laïque a. 8D, 19D, 20D secular, state-run

laïcité f.n. 25D secularity

laid a. 10D ugly

laisser (4) v. 15A, 17M, 20A to leave, to let, to allow; **laisser tomber** 9A to drop; **laisse ce banc tranquille** 18A leave that bench alone; **laisser entendre** 24D to let it be understood

lait m.n. 24D, 25BCD milk

Lamartine, Alphonse (1790–1869) 14D, 24D French Romantic poet

lancer (4a) v. 8D to launch, to issue

langage m.n. 11D, 19D, 21D language

langue f.n. 2D, 9D, 12D, 13D, 16D language, tongue

Langues-O. (abbr. for **L'Institut national des langues et civilisations orientales [INALCO]**) 13AB institute for the study of African, Asian, East European, and Oceanian languages and cultures

langueur f.n. 10D languor

Lanvin, Jeanne (1867–1946) 11A French fashion designer

lapin m.n. 25ABDE rabbit

lard m.n. 25D, 26AB lard, fat

large m.n. 25D open sea

large a. 7A, 10D, 19D, 21B wide, broad; **famille large** 8D extended family

largeur f.n. 10D width

larme f.n. 24AB tear; **une larme de xérès** 24A a drop of sherry

Lascaux p.n. 24AD famous prehistoric cave in the Dordogne region

latin a. & n. 7D, 14D, 18D, 19AC, 21ABC Latin; **Amérique Latine** 14AE Latin America; **Quartier latin** 4A Latin Quarter; **Home Latin** 14A small hotel on the Left Bank

latitude f.n. 20B latitude

Laurel et Hardy 3B American slapstick comedy team

Laurence f.p.n. 5D feminine first name

Laurent m.p.n. 5D masculine first name

Lautréamont (1846–1870) 21D French author

laver (4) v. to wash; **se laver** 22AB to wash oneself

Lavoisier, Antoine Laurent de (1743–1794) 11B French scientist, founder of modern chemistry

le, l' def. art. the; pron. he, him, it

Lê, Linda (1963–) 2D Vietnamese novelist

leçon f.n. 2A, 13M, 18A, 20D, 24E lesson

lecteur m.n. 7D, 19D, 20D reader

lecture f.n. 13ADE, 20D, 23D reading

légal a. 13B, 17D legal

légalement adv. 8D, 20D legally

légende f.n. 13D legend

léger a. 14DM, 26ABC light, slight

légèrement adv. 21E, 23E, 24A slightly

législatif a. 14, 15D legislative

législation f.n. 13B legislation

légume m.n. 16M, 24AB, 25E vegetable

lendemain m.n. 11B, 15D, 16CE, 18D, 23A next day

lent a. 17D, 23D slow

lentement adv. 17D slowly

lenteur f.n. 26D torpor, lethargy

Léoville-Las-Cases m.p.n. 24AE distinguished bordeaux wine

Le Pen, Jean-Marie (1928–) 12DM French politician, founder of **Front National**

lequel, laquelle, lesquels, lesquelles *pron.* 11M, 13A, 14D, 15D, 18E who, whom, which

les *def. art.* the; *pron.* they, them

lettre f.n. 14C, 15AE, 22AD letter

lettres f.pl.n 11D, 12D, 13D letters, humanities; **section lettres** 19A liberal arts concentration; **boîte aux lettres** 15A mailbox

leur, leurs *a.* 3BD, 5D, 7AD, 8AD, 9A their, theirs

lever (8) *v.* 6M, 26A to raise, to lift; **elle lève les yeux** 11AB she looks up; **se lever** 11A to rise, to get up; **ça se lève** 10A the weather is clearing; **Papa ne lève jamais le petit doigt** 17M Dad doesn't lift a finger

Lévi-Strauss, Claude (1908–2009) 8M French social anthropologist and writer

lèvre f.n. 6D, 9B, 10D, 20D lip; **rouge à lèvres** 25A lipstick

liaison f.n. 24D affair

libéral *a.* 20C liberal

Libération p.n. 2D French newspaper

liberté f.n. 13D, 14D, 18D, 21D freedom, liberty

libre *a.* 3D, 15D, 16D, 19AB, 20A free, vacant, available; **libre-service** 24A self-service

licencié n. 13D holder of the equivalent of a bachelor of arts degree

lié *a.* 13D linked

lieu m.n. 12D, 18D, 19D, 22D, 24D place; **au lieu de** 13E instead of

ligne f.n. 14D line; 25M figure; **en ligne** 10M online

lilas m.n. 18ABE, 19ACE, 20ACD, 21A, 24D lilac; **du lilas** 25D a bunch of lilacs

Lille p.n. 23M city in the north of France

limitant *a.* 8D limiting

limitation f.n. 14D limitation

limite f.n. 25A, 26D limitation

limité *a.* 21D, 26D limited

limiter (4) *v.* 14M to limit

limitrophe *a.* 22D adjoining

limonade f.n. 9AB carbonated lemon-flavored drink

linéaire *a.* 21D linear

linguistique *a.* 16D linguistic

liqueur f.n. 24E liqueur

liquide m.n. 24D liquid

lire (23) *v.* 4BM, 7D, 10A, 20ABDE, 22D to read

lire f.n. 5M lira, former Italian currency

liste f.n. 17D, 21A list

lit m.n. 12M, 24M bed

littéraire *a.* 2D, 7D, 11D, 13D, 19D literary

littérature f.n. 2D, 8D, 17D, 20D, 21ABC literature

livre m.n. 7D, 9D, 12D, 13D, 14E book; f.n. 5M British pound

local *a.* 9M local

locomotion f.n. 6D locomotion

logement m.n. 4D, 8D, 21D lodging, housing

loger (4b) *v.* 9M to live, to put up

logique f.n. 21D, 22D logic

logo m.n. 8D, 12D logo

loi f.n. 13BD, 15D, 16D, 19D, 25D law

loin *adv.* 13M, 14ABC, 15D, 16AD, 17D far

loisir m.n. 8AB, 15D, 18D, 20D, 25A leisure, spare time

long, longue *a.* 6ABCD, 7DM, 10CD, 15D, 20CDE long

long m.n. 22A length

longévité f.n. 13D longevity

longitude f.n. 20B longitude

longtemps *adv.* 5D, 10C, 13D, 20D, 23D (for) a long time; **ça fait longtemps?** 10C has it been long?

longueur f.n. **une petite longueur d'avance** 18D a bit of an advantage

lors *adv.* 13D then

lorsque *conj.* 13D, 14D, 21D, 22D when

Lot p.n. 6D department in southwestern France

Loto m.p.n. 6M lottery game

loucher (4) *v.* 10ABC, 16M to be cross-eyed

louer (4) *v.* 9B to rent, to hire, to let

Louis XIV (1638–1715) 15D king of France, 1643–1715

Louisiane p.n. 16D Louisiana

Louis Vuitton p.n. 11M luxury brand of handbags

loup m.n. 3AE wolf; **Pierre et le Loup** 3A Peter and the Wolf; **Le Renard et le Loup** 3A The Fox and the Wolf; **un froid de loup** 11A bitter cold

louper (4) *v.* 15M to flunk

lourd *a.* 21D, 23B, 26ABDE heavy; **poids-lourd** m.n. 18D tractor trailer

Louvre m.p.n. 12M, 14ABD, 15A, 23ADEM national museum of art in Paris

lu *p. part.* of **lire** 20ACDE

Lucas m.p.n. 5D masculine first name

lucide *a.* 11D clear

lui, leur *pron.* 2A, 4D, 10D, 12AB, 13A he, it, they, him, it, them; **lui-même** 15D himself

luisant *a.* 22D shiny

lumière f.n. **écrivains du siècle des Lumières** 26D writers of the Enlightenment

lumineux *a.* 6D, 7D, 21D luminous, radiant

lundi m.n. 15D, 22D, 24A Monday

lune f.n. 6D moon

luné *a.* **être bien luné** 26M to be in a good mood

lunettes f.pl.n. 10AB, 22D eyeglasses

lustre m.n. 26D luster

Lutèce p.n. ancient Roman name of Paris; **les Arènes de Lutèce** 25AE ruins of an ancient arena

lutte f.n. 12D struggle

luxe m.n. 11M luxury

Luxembourg, Luco m.p.n. 11ABCE, 14AD, 15ACDE, 16AC, 17AE palace and gardens on the Left Bank in Paris

Luxembourg p.n. 2D the country of Luxembourg

luxueux *a.* 14ABC, 18D luxurious, sumptuous

lycée m.n. 2D, 12D, 19ACDE, 20ACD, 21D high school

lycéen m.n. 12D, 19D, 20D, 21D high school student

lymphatique *a.* 26D lymphatic

Lyon *p.n.* 4D, 18D, 20D, 24AE third-largest city in France, considered a gastronomical capital

ma. *See* **mon**

machine *f.n.* 7M, 18B, 21D machine; **machine à calculer** 16D adding machine

mâchouiller (4) *v.* 23M to chew

madame, mesdames *f.n.* 2AD, 3M, 8A Mrs., madam; **madame votre mère** 15A your esteemed mother

mademoiselle, mesdemoiselles *f.n.* 3M, 12AB Miss

magasin *m.n.* 14D, 16ACD, 18D, 22M, 24D store, shop; **grand magasin** 20D department store

magazine *m.n.* (*angl.*) 20D magazine

Maghreb *p.n.* 2D, 25D the Maghreb, former French colonies of North Africa (Morocco, Algeria, Tunisia)

magique *a.* 13M magical

magistrat *m.n.* 13BM, 18AB, 21D, 26D judge

magistrature *f.n.* 13B, 18ABC magistrature, public office

magnétique *a.* 22ACD magnetic

magnifique *a.* 12ABC, 14BDM, 23A magnificent, splendid, superb

magret *m.n.* **magret de canard** 26A fillet of duck

Magritte, René (1898–1967) 13D Belgian painter

mai *m.n.* 2D, 4D, 11B, 13M May

maigrichon *a.* 26D scrawny

maigrir (5) *v.* 26E to lose weight

main *f.n.* 6DM, 7D, 9A, 13M, 18ABCE hand; **avoir le cœur sur la main** 23A to be generous; **prendre les choses en main** 18D to take control, to take matters into one's own hands

maintien *m.n.* 25D maintenance

maire *m.n.* 21D mayor

mairie *f.n.* 8D town hall

mais *conj.* 2AD, 3A, 4ADE, 5AD, 6ABM but, well, oh; **mais oui** 3A sure, of course, you bet; **mais non** 2D oh no, of course not, no way; **mais si** 9A well of course, why sure, on the contrary; **mais**

enfin 21A but come on, for goodness' sake

maison *f.n.* 4A, 8D, 9ABCD, 11M, 13M house; **maison de vacances** 10D vacation house; **maison de jouets** 18A toy company

maître *m.n.* 13D, 15D, 18D, 19D, 24E master; 22D schoolmaster; **maître d'hôtel** 25A headwaiter, maître d'; **maître de maison** 24DE host

maîtresse *f.n.* **maîtresse de maison** 24E hostess

maîtrise *f.n.* 13AB French equivalent of M.A. degree

majesté *f.n.* 14D majesty

majeur *a.* 2D major

majorité *f.n.* 6D, 7D, 16D, 19D majority

maki *m.n.* 26M type of sushi generally wrapped in seaweed

mal *m.n.* 2AD, 8A, 10D, 15D, 16D harm, hurt; **avoir mal à la gorge** 12A to have a sore throat; **mal au ventre** 17D stomachache; **avoir du mal à** 22D to have a hard time doing something; **il n'y a pas de mal** 23A no harm done; *adv.* bad, badly; **ça finira mal** 22AB, 23A it's going to end terribly; **elle n'est pas mal** 6M she's not bad-looking

malade *a.* 2ABD, 3D, 5D, 6AC, 15D sick, ill

maladie *f.n.* 13D, 15D, 20B, 23D illness

maladif *a.* 11D unhealthy

maladresse *f.n.* 20E awkwardness, clumsiness

maladroit *a.* 20E clumsy, awkward

mal-être *m.n.* 13D ill-being, malaise, angst

malgré *prep.* 13D, 16E in spite of, despite

malheureusement *adv.* 14A, 19A, 20M, 21ABD, 22A unfortunately, unhappily

malin *a.* 13A, 19D clever, sharp; **c'est malin!** 19AC, 17A that was smart!; *n.* 22D clever person

Mallarmé, Stéphane (1842–1898) 11D, 15D French symbolist poet

Malraux, André (1901–1976) 8D French novelist and politician, minister of culture in the de Gaulle government

maman *f.n.* 5D, 8A, 10A, 13B, 14A mom, mommy

mammifère *m.n.* 24D mammal

Manche *f.p.n.* 12D, English Channel

mangeable *a.* 26D edible

manger (4b) *v.* 3D, 7D, 9D, 19D, 20B to eat

manière *f.n.* 16D, 19D, 21D, 26D manner, way

manif *abbr.* for **manifestation**

manifestant *m.n.* 12ABCEM, 14C demonstrator

manifestation *f.n.* 11E, 12ADM demonstration

manifester (4) *v.* 8D, 12B, 14AC, 19A to protest, to demonstrate, to express

manipulé *a.* 21B manipulated

Mann, Thomas (1875–1955) 4B, 20B German writer

manque *m.n.* 22E lack; **manque de pot** 23M unluckily

manquer (4) *v.* 9AB, 13B, 23E, 26D to miss, to be missing; **ce ne sont pas les trucs qui manquent** 13A there are plenty of tricks; **ce n'est pas le travail qui manque** 13M there's lots of work

manteau *m.n.* 25D coat

manuel *a. & m.n.* 7D, 18E manual

maquereau *m.n.* 26D mackerel

Marais (le) *m.p.n.* 25AD old district in the center of Paris

marathon *m.n.* 6D, 9B marathon

marbre *m.n.* 21M, 22D marble

marchand, marchande *n.* 25ABC merchant, seller

marchandise *f.n.* 16D, 17A merchandise, goods

marche *f.n.* 13D march; **fermer la marche** 18D bring up the rear

marché *m.n.* 3D, 9D, 18D, 23A, 25E market; **bon marché** *inv. a.* 14B cheap

marcher (4) *v.* 13ABCD, 16B, 19D, 22ABD to work, to function; 12M, 22A, 23A, 26D to walk; **ça**

marche à tous les coups 13A it works every time, you can't miss

mardi m.n. 15D Tuesday

mari m.n. 3M, 8ACD, 10AB, 17M, 18A husband

mariage m.n. 8D, 14D, 16D marriage, wedding

marié a. 5ABCD, 8CD, 10D, 16D, 23D married; m.n. 14D married person

Marie-Antoinette (1755–1793) 14D wife of Louis XVI, executed under the Revolution

Marienbad p.n. 13AB spa in Germany; *L'Année dernière à Marienbad* 13A title of French movie directed by Alain Resnais

marier (se) (7) v. 10D, 16D to get married

marin m.n. 17A sailor

maritime a. 16D maritime

marocain a. & n. 15D, 16D Moroccan

marqué a. 7M marked, labeled

marquis m.n. 17D marquis

marraine f.n. 15ABC, 16AD, 20B, 23AM, 24AM godmother

marre adv. (coll.) **en avoir marre** 17M, 18M to be fed up

marron inv. a. 6A, 7A chestnut, brown; m.n. horse chestnut; **marrons glacés** 26AB glazed chestnuts

marronnier m.n. 11ABC horse chestnut tree

mars m.n. 5M, 7M, 11B, 13M, 17M, 26M March

Marseillaise (la) f.n. 12M French national anthem

Marseille p.n. 4D, 5D, Marseilles, seaport on the Mediterranean and second largest city in France

Martini m.p.n. 19AE, 26A brand of apéritif wine

marxiste a. & n. 19A marxist

masculin a. 5D, 7D, 8D, 11D masculine

masque m.n. 10B mask

masqué a. 14D masked

massacrer (4) v. 18D to massacre

masse f.n. 21D mass

masser (4) v. 18AB to massage

masseur m.n. 18ABC masseur

Massif Central m.p.n. 12D mountains of volcanic origin in central France

match m.n. 7M, 9BD, 16D game

matelot m.n. 15D, 17D sailor

maternel a. 8AM maternal; **école maternelle** 19AD nursery school; **langue maternelle** 2D native language

maternité f.n. 8M motherhood

mathématicien m.n. 16D mathematician

mathématiques f.pl.n. 6M, 10AB, 13D, 19D, 20B mathematics

matheux, matheuse n. 13AM person studying mathematics

Mathieu, Mireille (1946–) 5D French singer

maths abbr. for **mathématiques**

matière f.n. 14AB, 15A, 16A, 19AD, 21E subject matter

matin m.n. 5M, 6M, 7M, 9M, 11A morning

matinée f.n. 13A, 14A morning

Matisse, Henri (1869–1954) 19ABE French painter

Mauresmo, Amélie (1979–) 6D French tennis player

mauvais a. 6CM, 8M, 9CM, 11D, 15D bad, poor; **il fait mauvais** 11AB, 12A the weather's bad

maximal a. 22D maximum; **température maximale** 12D high (temperature)

maxime f.n. 14D, 21D maxim, saying

maximum m.n. 22D maximum; **au maximum** 8M at the most, to the maximum

MC Solaar (Claude M'Barali, 1969–) 2D rapper of Senegalese origin

me, m' pron. 4D, 5D, 6D, 9A, 10D me

mec m.n. (coll.) 13A, 19M, 26D guy

mécanique a. 25D mechanical

méchanceté f.n. 21D wickedness, malice

méchant a. 6ABC, 8E, 9A, 10AB mean, malicious, bad-natured

médaille f.n. 22M medal

médecin m.n. 15ABD, 18D, 21D doctor, physician

médecine f.n. 13BD, 15AB, 23D medicine; **faire médecine** 13AM to study medicine

médical a. 22D, 26E medical

médicament m.n. 13D medication, medicine

Médicis p.n. **Fontaine Médicis** 11B fountain in Luxembourg gardens; **Marie de Médicis (1573–1642)** 14D queen of France, wife of Henry IV

méditation f.n. 14D, 16D, 26D meditation

Méditerranée (mer) f.p.n. 12D, 15D, 21B Mediterranean (Sea)

méditerranéen a. 12D Mediterranean

méfier (se) (7) v. 19D, 21D to be wary or suspicious, to distrust

mégot m.n. 18D cigarette butt

meilleur a. 13D better; 6M, 15AD, 20D best; **il est d'autant meilleur qu'il est plus loin** 22D the further away it is, the better it is

mélancolique a. 6D, 11D melancholy

mélange m.n. 7D, 18B mixture

mélangé a. 26A mixed

mêler (4) v. 24D to fool around with; **mêlez-vous de ce qui vous regarde** 22M mind your own business

mélodieux a. 9C melodious

membre m.n. 3D, 8D, 13D, 17D, 20M member

même a. 7DE, 8AD, 10A, 12AD, 13AD same; **le même jour** 8A the same day; **la même chose** 12E the same thing; **vous êtes tous les mêmes** 13A you're all the same; adv. 6AM, 7A, 9D even, actually; **ils sont même assez riches** 5A they are actually quite rich; **de même** 9D in the same way; **quand même** 11A just the same; **il n'est même pas beau** 13A he's not even cute; **le soir même** 19A that very evening

mémé f.n. (coll.) 17M grandma

mémoire m.n. 5D, 13D memoir; f.n. 26A memory

menacer (4a) *v.* 18D to threaten

ménage *m.n.* 17M household, family

mener (8) *v.* 13AB, 18A, 23D to lead, to take; **ça mène à tout** 13A it opens all doors

mensonge *m.n.* 21A lie

mensuel *a.* 20D monthly

mental *a.* 13D, 21ABC mental

mention *f.n.* 13M mention

mentir (28) *v.* 18D to lie; **sans mentir** 19D truly, honestly

menton *m.n.* 7AB, 10AB chin

menu *a.* 6D fine, small

menu *m.n.* 20D, 25A, 26A menu

mépris *m.n.* 13D contempt

méprisé *a.* 24D scorned

mer *f.n.* 9ACE, 11D, 15D, 16D sea; **poisson de mer** 26B saltwater fish

merci *adv.* 2A, 12A, 13A, 15A, 16D thank you

mercredi *m.n.* 15AD, 24D Wednesday

Mercure *m.p.n.* 17B Mercury, the messenger of the Roman gods

merde *int.* (*sl.*) 18M, 19M shit!

mère *f.n.* 4D, 5ACD, 6A, 8AD, 14A mother

Mérimée, Prosper (1803–1870) 19D French writer

mérite *m.n.* 14ACDE, 21E credit, merit, advantage

mériter (4) *v.* 12M, 13D to deserve, to merit

merveille *f.n.* 20D, 23M, 24A wonder, marvel

merveilleuse *a.* 14A marvelous

merveilleusement *adv.* 18AB marvelously

merveilleux *a.* 14A marvelous

mes. *See* **mon**

mesdames. *See* **madame**

mesdemoiselles. *See* **mademoiselle**

message *m.n.* 17AB, 21D message

messager *m.n.* 17BC messenger

Messager, André (1853–1929) 17AE French composer

messagerie *f.n.* message service

messe *f.n.* 21AB, 26E mass

messieurs. *See* **monsieur**

mesure *f.n.* measurement; **dans une moindre mesure** 20D to a lesser extent

mesurer (4) *v.* to measure; **il mesure un mètre 70** 7ACE he's 5 feet 7; **le bruit se mesure en décibels** 17B noise is measured in decibels

métaphysique *a.* 16D metaphysical

météo *abbr. for* **météorologie** *f.n.* 12D, 22D weather report

méthode *f.n.* 21D method

métier *m.n.* 13M, 14ABCE, 16CD, 17BD, 18D profession, occupation; **pharmacien de son métier** 17A pharmacist by trade

mètre *m.n.* 7A, 12M, 14M, 23D meter

métro *m.n.* 15D, 16M, 18AB, 21D, 22M, 23ACE subway

mets *m.n.* 26D dish

mettre (24) *v.* 11D, 13M, 17B, 21M, 22ACD, 24ABD to place, to put, 11M, 20ABE to put on, to wear; **mettre de côté** 20D to put aside; **mettre de longues années** 26D to take years and years; **se mettre en colère** 17D to get angry; **se mettre en congé** 20AB to take a leave of absence; **se mettre (à table)** 20ABE, 22E, 24A to sit (down); **se mettre à, s'y mettre** 7M, 17D, 21AB to begin, to get going, to get started

meubles *m.pl.n.* 9M furnishings, furniture

meuh! *int.* 21D moo!; **meuh croisés** 21D *see* **mots croisés**

mexicain *a. & n.* 4D Mexican

Mexique *m.p.n.* 2D Mexico; **le Golfe du Mexique** 11B Gulf of Mexico

miam, miam! *int.* 9M yum, yum!

miauler (4) *v.* 23M to meow

Michel-Ange (1474–1564) 19B, 20AE Italian sculptor, painter, architect, and poet

Michelet, Jules (1798–1874) 24D French historian

micro-ordinateur *m.n.* 20D microcomputer

midi *m.n.* 20B, 21AB, 22ACE noon; **le Midi (de la France)** 5D, 18D the south of France; **Midi-Pyrénées** 14M one of the 22 administrative regions of metropolitan France

mieux *adv.* 2AD, 7M, 13AD, 15D, 17E better; **ça/il vaut mieux** 10A, 17E, 20E it's better, it would be better

mignon *a.* 11M, 25M darling, cute

migraine *f.n.* 5M, 23AB, 24D migraine, headache

mil *a.* 8A thousand

milieu *m.n.* 6D, 20D middle; **au milieu** 9M in the middle; 13D milieu, social class, environment

militaire *a.* 7D, 11D, 12D, 16D military; *n.* 18ABD soldier

militant *a.* 13D militant

militariste *m.n.* 19D militarist

militer (4) *v.* 13D to campaign

Millau *p.n.* 14M town and arrondissement in southwestern France known for an impressive modern viaduct

mille *inv. a. & n.* 8E, 15D thousand

millénaire *m.n.* 24B millennium

Miller, Claude (1942–2012) 13M French filmmaker

milliard *m.n.* 20D, 22D billion

millier *m.n.* 12D, 14D, 20M, 26D about a thousand

million *m.n.* 5D, 7D, 12D, 13D, 17D million

millionnaire *m.n.* 5B millionaire

mime *m.n.* 22D mime

min *abbr. for* **minute**

minable *a.* 15AB shabby, seedy

mince *a.* 6ABCE, 7AM, 9AB, 10D, 14D thin, slim

mine *f.n.* appearance; **avoir bonne mine** 23M to look great

minéralogie *f.n.* 13D mineralogy

Mines *f.pl.p.n.* (*abbr. for* **Ecole nationale supérieure des mines de Paris**) 13M French school of engineering

mineur *m.n.* 17AB miner; 17D minor

minimal *a.* 12D, 22D minimum; **température minimale** 12D low (temperature)

minimaliste *a.* 24D minimalist

minimiser (4) *v.* 20E to minimize

ministère *m.n.* 5A, 6AE, 13D, 15A ministry

ministre *m.n.* 13D, 14M, 17D minister

minuit *m.n.* 26A midnight

minute *f.n.* 14D, 22D, 23E, 24D minute; **on n'a pas une minute à soi** 20A there's no time for oneself

minutieux *a.* 15D meticulous

mirabelle *f.n.* 24E fruit brandy made from yellow plums

mirent *passé simple of* **mettre** 13D

Miró, Joan (1893–1983) 13D Spanish painter

miroir *m.n.* 11M mirror

mis *a.* placed, put; **mis en place** 13D set up, provided

mis *p. part. of* **mettre**

Misanthrope (Le) 15D *The Misanthrope*, play by Molière

mise *f.n.* 2CE, 3CE, 4CE, 5CE, 6CE placing, putting

mission *f.n.* 12D, 13D, 17D mission, assignment

Mistral, Frédéric (1830–1914) 5D Provençal poet, winner of Nobel Prize in literature, 1904

Mitterrand, François (1916–1996) 13D former president of France

MLF. *See* **Mouvement de Libération de la Femme**

Mlle *abbr. for* **mademoiselle**

Mme *abbr. for* **madame**

M° *abbr. for* **métro**

mobile *a.* 13M mobile; *m.n.* 19M cell phone

mobiliser (se) (4) *v.* 12D, 13D to mobilize

mobylette *f.n.* 18D moped

moche *a.* **moche comme un pou** 6M, 24M ugly as sin

mode *f.n.* 13ACE, 16B, 18D fashion; **à la mode** 5D fashionable; *m.n.* 6D mode, way

modèle *m.n.* 16D, 18M, 22DE model

modéré *a.* 26D moderate

moderne *a.* 10D, 16B, 20A, 21ACE, 24D modern

modernisé *a.* 7D, 23D modernized

moderniser (4) *v.* 21D, 22D to modernize

modernisme *m.n.* 10D, 18D modernism

moderniste *m.n.* 8D, 20D modernist

modernité *f.n.* 11D modernity

modeste *a.* 14E, 20BD modest, unpretentious

modestie *f.n.* 4M, 20AB modesty

mœurs *f.pl.n.* manners, customs

moi *pron.* 2A, 15B, 17D, 18A, 22D I, me; **moi aussi** 4A me too; **moi non plus** 4A me neither; **c'est moi** 4D it is I; **c'est à moi** 9A it's mine, it's my turn; **chez moi** 14AM at my house

moindre *a.* 18D lesser; 22D least

moine *m.n.* 21D monk

moins *adv.* 7ADM, 9A, 11A, 13D, 14D less; **au moins** 5M at least; **du moins** 18A at least; **midi moins cinq** 21A five minutes before noon; **de moins en moins** 24D less and less

mois *m.n.* 6D, 7D, 8AM, 13DM, 14M month; **quelques francs par mois** 18D a few francs a month

Moïse *m.p.n.* 20E Moses; **le Moïse de Michel-Ange** 20AB celebrated statue of Moses by Michelangelo

moitié *f.n.* 13D, 15D, 20D, 22D, 24D half

Molière (1622–1673) 9D, 15D, 26D French dramatist

moment *m.n.* 2D, 9C, 10D, 12M, 23D moment, time, point (in time); **en ce moment** 10D at the moment, just now; **au même moment** 12AC at the same moment; **au moment où** 14E just when; **à ce moment-là** 16A at that moment; **au bon moment** 24B at the right time

mon, ma, mes *a.* my 2AD, 4D, 8A; **mon vieux** 10A old boy; **mon petit (Robert)** 24A my dear (Robert); **mon cher** 13A my dear (fellow)

monarchique *a.* 13D monarchistic

monde *m.n.* 2D, 3D, 6D, 9M, 10D world, people; **tout le monde** 3A, 5AM, 13AE, 17AD, 18AD everyone, everybody

Monde (Le) *p.n.* 2D, daily newspaper

mondial *a.* 3DM, 6D, 13D worldwide; **Seconde Guerre mondiale** 3M, 6D, 19B World War II

mondialement *adv.* 11D all over the world

mondialisation *f.n.* 8D globalization

moniteur, -trice *n.* 18D instructor

monnaie *f.n.* 3D, 22ADM, 25A money, change

monoï *m.n.* 12M skin-softening protective oil originally made in Tahiti from scented coconut oil

mononucléose *f.n.* 8B mononucleosis

monoparental *a.* 8D single-parent

Monop *abbr. for* **Monoprix**

Monopoly *p.n.* 3B popular board game

Monoprix *p.n.* 10M, 11D discount department store

monotone *a.* 14D monotonous

monseigneur *m.n.* 23D Your Grace

monsieur *m.n.* 2AB, 3AM, 12E, 18E, 22A mister; 17A, 18BD, 21BM, 22D man, gentleman

monstrueusement *adv.* 10D monstrously

mont *m.n.* 15D mount, mountain

montagne *f.n.* 9E, 10D, 16D mountain

Montaigne, Michel de (1533–1592) 13D, 21DM French essayist and philosopher

Montand, Yves (1921–1992) 11D French singer and actor

monté *a.* 19D, 22A perched

Monte-Carlo *p.n.* 15D capital of the principality of Monaco

monter (4) *v.* 17AD, 22D to go up, to climb, to rise

Montesquieu (Charles-Louis de Secondat, 1689–1755) 15D French political philosopher and writer

Montmartre *p.n.* 15AB, 23ACD hill and district of Paris known for its associations with artists

Montparnasse *p.n.* 22A district on the Left Bank in Paris

montre *f.n.* 13A, 15E, 19AE, 20E, 22A watch

montrer (4) *v.* 6M, 11E, 13AM, 14A, 18DM to show

Mont Saint-Michel *m.p.n.* 9D medieval abbey on an island off the coast of Normandy

monument *m.n.* 25E monument

monumental *adv.* 10A monumental

moquer (se) (7) *v.* 11E to joke; **se moquer de** 6B, 16A, 17E, 20ACE to make fun of

moquerie *f.n.* 21E mockery

moqueur *a.* 6ABC, 7AD, 20E, 21E mocking, ironic

moral, -aux *a.* 6A, 10D moral

moral *m.n.* **au moral** 6AC in terms of character; *f.n.* 26D morality

morale *f.n.* 19D moral (of a fable); 24D morals

morbleu! *int.* 20D zounds!

morceau *m.n.* 24B, 25A, 26AD piece

Morgan, Michèle (1920–) 6D French actress

mort *a.* 10B, 11D, 13D, 14BC, 23MD dead; **morte de fatigue** 17M dead tired

mort *f.n.* 14D, 21BD; 24D death; *n.* 14D dead person

mortel *a.* (*coll.*) 9ABC boring, deadly dull

morue *f.n.* 9M cod

mosquée *f.n.* 15D, 25ADE mosque

mot *m.n.* word; 8D, 15D, 17AC, 18D, 23A; **mots croisés** 21A crossword puzzle

moto *abbr. for* **motocyclette** *f.n.* 2D, 8D, 18D motorcycle, motorbike

Mouffetard (rue) *p.n.* 25E quaint street in Paris, known for its market

Moulin à Vent *p.n.* 26AB superior beaujolais wine

Mouloudji (Marcel Mouloudji, 1922–1994) 23D French singer and actor

mourir (25) *v.* 5D, 6D, 8ABCD, 9D, 10D to die; **mourir de faim** 24A to die of hunger

mousse *f.n.* **mousse au chocolat** 26AB chocolate mousse

moustache *f.n.* 7ABCD, 10A, 14D, 26D mustache

moutarde *f.n.* 25ADE mustard; **la moutarde me monte au nez** 25A I'm going to lose my temper

mouton *m.n.* 16D, 17A, 20M, 25AE sheep, mutton; **côtelette de mouton** 25A lamb chop

Moutonne *p.n.* 24A prestigious white wine from Chablis

mouvement *m.n.* 2D, 11D, 20DE movement; **Mouvement de Libération de la Femme** 13ABD French women's rights movement

moyen *a.* 7D, 20D average, middle; *m.n.* 12D, 20D, 24A means, way; **moyens** *m.pl.n.* 11M means, resources

Moyen-Age *m.n.* 19AB Middle Ages

moyenne *f.n.* **en moyenne** 5D on average

mule *f.n.* 3B mule

multimédia *a.* 19D multimedia

multiple *a.* 17D multiple

multiplication *f.n.* 21A multiplication

multiplier (se) (7) *v.* 14D to proliferate

multitude *f.n.* 22D multitude, crowd

mur *m.n.* 18D, 19AB, 22D wall

mural *a.* **peinture murale** 19A mural, wall painting

muscadet *m.n.* 26AE dry white wine from the Atlantic region

musclé *a.* 7M muscular

musculation *f.n.* 7M bodybuilding

musée *m.n.* 14B, 15B, 16A, 23AD museum

musical *a.* 4A, 6D musical

music-hall *m.n.* 11D, 13D, 24D music hall

musicien *m.n.* 3B, 5D, 6D, 11D musician

musique *f.n.* 6D, 17D, 19D, 20D music

Musset, Alfred de (1810–1857) 20D French writer of the Romantic period

musulman *a. & n.* 23M, 25EM, 26E Muslim; **Institut Musulman** 15D Muslim Institute of Paris

mutation *f.n.* 18D change, alteration

mystère *m.n.* **mystère et boule de gomme** 8M it's a secret, it's for me to know and you to find out

mystérieux *a.* 11D, 22A mysterious

mythique *a.* 24D mythical

mythologie *f.n.* 21A mythology

na! *int.* (*coll.*) 9A, 17M, 18A so there!

nager (4b) *v.* 17AE to swim

naissance *f.n.* 5D, 8AD, 15BD, 21B birth

naître (26) *v.* 6D, 9A, 15B, 16ADE to be born

nana *f.n.* (*coll.*) 13AB chick, gal

Napoléon Bonaparte (1769–1821) 5B emperor of France (1804–15)

nappe *f.n.* 25ABC tablecloth

narine *f.n.* 10D nostril

narration *f.n.* 22E story, narration

natation *f.n.* 6ABD, 17AE swimming

nation *f.n.* 2D, 3D, 21AD, 24D, 26D nation

national *a.* 6D, 7D, 18D, 19A, 26D national

nationalement *adv.* 12M nationally

nationalisé *a.* 26D nationalized

nationalité *f.n.* 6D, 13D, 14D, 15C, 18D nationality

naturalisé *a.* 25D naturalized

nature *f.n.* 20D, 24D, 26D nature; **nature humaine** 21D human nature; **sandwich nature** 26D plain sandwich

naturel *a.* 15D, 19A, 25D natural

naturellement *adv.* 19A, 20E naturally, of course

naufragé *a.* 22D shipwrecked

nautique *a.* **ski nautique** 7A, 14D water skiing

naviguer (4) *v.* 15D to sail; 22D to navigate

navire *m.n.* 15D boat

nazi *a. & n.* 12D, 16D Nazi

ne, n' *adv.* 2ABCDE not; **ne . . . aucun** 5D, 14CE, 16A, 19D, 20D no, none; **ne . . . jamais** 5D, 9A, 15AD, 16D, 17AD never; **ne . . . pas** 2ABDE not; **ne . . . personne** 8D, 9A, 13D, 15AB, 16A nobody; **ne . . . plus** 5M, 9A, 10AB, 11D, 13A no longer, no more; **ne . . . que** 4M, 12D, 22D, 26D only; **ne . . . rien** 8D nothing; **ne . . . guère** 22D hardly, barely; **ne . . . ni** 19D nor

né *p. part of* **naître** *a.* 8AD, 13D born; **est né(e)** 5D, 8E, 12D, 15B, 16A was born

néanmoins *adv.* 24D nevertheless, however

nécessaire *a.* 15D, 17E necessary

nécessiter (4) *v.* 20D to necessitate, to require

nef f.n. 16D nave

négligent a. 22D casual, offhanded

Négritude f.p.n. 2D black identity

négro-africain a. 2D black African

neige f.n. 11ACD, 12D, 13D snow; **œufs à la neige** 26A floating island (dessert made from egg whites, sugar, and custard)

neiger (4b) v. 11BD to snow

nerveux a. 23AB nervous, anxious, high-strung

net a. 18D net, clear

nettement adv. 18D, 25M clearly

nettoyage m.n. 16D, 17M cleaning

nettoyer (11) v. 17M to clean

neuf inv. a. & n. 8A, 16A, 18AD, 23A, 24A nine

neuf, neuve a. 14B, 20D new; **ce n'est pas bien neuf** 13AB that's not very original

neveu, -eux m.n. 8ADM nephew

Newton, Isaac (1642–1727) 9B, 21B English mathematician and physicist

nez m.n. 6D, 7D, 9BC, 10ABD, 16M nose

ni . . . ni conj. 14D, 16D neither . . . nor

Niagara m.p.n. **les chutes du Niagara** 21B Niagara Falls

Nicolette f.p.n. 6D, 7D, 10D heroine of *Aucassin et Nicolette,* a medieval romance

nièce f.n. 8ADM, 15M niece

Nikko m.p.n. 22AE modern hotel on the Seine river in Paris

nimbus m.n. 11A nimbus cloud

n'importe où pron. 23D anywhere

n'importe qui pron. 9A, 16D anyone, anybody

n'importe quoi pron. 6M, 13A, 18D, 24D anything

Nina Ricci p.n. 11M fashion design house

no. abbr. for **numéro**

Noah, Yannick (1960–) 17D French tennis player and singer

Nobel p.n. **prix Nobel** 8D, 23D Nobel Prize

Noël m.p.n. 15AB Christmas

noir a. 2D, 5D, 6ABM, 7M, 9C black; **tableau noir** 25B blackboard

noix (de coco) m.n. 26D coconut

nom m.n. 5D, 6D, 8M, 11D, 12A name; **nom de plume** 11D pen name; **nom de jeune fille** 17A maiden name; **nom de famille** 17A surname; **nom propre** 17A proper name

nomadisme m.n. 22D eating on the run

nombre m.n. 7E, 8D, 9D, 13D, 14D number

nombreux a. 2D, 6D, 20D numerous

nomenclature f.n. 18D nomenclature

nommé a. 2D, 20D named

nommer (se) (7) v. 18D to be named

non adv. no; **non plus** 5AB, 6AM, 13M, 24M (n)either; **moi non plus** 4A me neither

nord m.n. & inv. a. 5D, 11D north; **Amérique du Nord** 16D North America; **Afrique du Nord** 2D North Africa

nord-est m.n. & inv. a. 12D northeast

nord-ouest m.n. & inv. a. 12D northwest

Norge (Georges Mogin, 1898–1990) 18D, 19D French writer

normal, -aux a. 11E, 22E normal; 6M what do you expect?

normalement adv. 15C, 23E, 25E normally, ordinarily

norvégien a. & n. 3A Norwegian

nos. See **notre**

nostalgique a. 11M, 26D nostalgic

notable m.n. 18D notable

notamment adv. 18D notably, particularly

note f.n. 6D, 10D, 16D, 20D note; 6M, 15M, 20ABD, 21A grade

noter (4) v. 20B to grade

notoriété f.n. 8D notoriety

notre, nos a. 7D, 9A, 10A, 13B, 21B our; **Notre Dame** 15D Gothic cathedral in Paris

nourrir (se) (5) v. 26D to eat

nourriture f.n. 8D, 24A, 25A, 26AMD food, nourishment

nous pron. we, us; **à nous!** 9M here we come!

nouveau, -el, -elle, -eaux, -elles a. 6D, 7D, 10AM, 12D, 13D new

Nouveau Brunswick p.n. 16D New Brunswick

nouveauté f.n. 20D new title

nouvelle f.n. 15D short story; 11M, 15M news; **vous m'en direz des nouvelles** 24A I'm sure you'll like it

Nouvelle Angleterre p.n. 16D New England

Nouvelle-Ecosse p.n. 16D Nova Scotia

Nouvelle France p.n. 16D New France

Nouvelle-Orléans f.p.n. 21AB New Orleans

novembre m.n. 13D November

noyau m.n. 18D knot, core

noyé a. 17D drowned

nuage m.n. 11AB, 12A, 16A, 18AB, 20M cloud

nuageux a. 12D cloudy

nucléaire a. 13D nuclear

nuit f.n. 6D, 9M, 10D, 11D, 15D night; **gardien de nuit** 14A night watchman; **boîte de nuit** 16E nightclub

nul, nulle a. 8D nil, hopeless; **nulle part** 16D nowhere; **nul en maths** 19ABC hopeless at math

numéro m.n. 24A number

numismatique f.n. 13B coin collecting

obéi a. 13D obeyed

obéir (5) v. 23D to obey

Obélix m.p.n. 7AB cartoon character in the Astérix series

objectif a. 3D, 12D, 13D, 21B objective

objection f.n. 15D, 19D objection

objet m.n. 13D, 20M, 25D object

obligatoire a. 4D, 19AD compulsory

obligé a. 11M, 17M, 18C, 19AC obliged, compelled

oblique a. 18D sidelong

oblitéré a. 12D obliterated

obscurité f.n. 10D darkness

observateur m.n. 15D observer

observatoire m.n. 19ABE, 21AC observatory

observer (4) *v.* 23E, 25D, 26D to observe

obsession *f.n.* 19A, 24A obsession

obstination *f.n.* 13D obstinacy

obtenir (37) *v.* 23D to get

occasion *f.n.* 17D, 26M opportunity, chance

occidental *a.* 21D Western

occupation *f.n.* 11D, 13D occupation, work

occupé *a.* 8A, 17D, 24D, 25M busy

occuper (4) *v.* 7D, 18D to occupy; **s'occuper de** *v.* 5D, 6E, 15D, 17ABM, 24BD to take care of; **occupe-toi de tes affaires** 12A mind your own business

océan *m.n.* 2D, 18D ocean

octobre *m.n.* 9B, 11M October

ode *f.n.* 15D, 23D ode

Odéon (l') *m.p.n.* 24D theater and square in the Latin Quarter

odeur *f.n.* 15D, 19D, 26M smell, odor, scent

Œdipe *m.p.n.* 5D, 9B Oedipus

œil, yeux *m.n.* 2D, 6BM, 9A, 10AB, 12D eye; **avoir la larme à l'œil** 24B to be emotional, to be teary-eyed; **faire de l'œil** (coll.) 16M to make eyes

œuf *m.n.* 20D, 24D, 25A, 26D egg; **œufs brouillés** 24A scrambled eggs; **œufs durs farcis** 26A deviled eggs

œuvre *f.n.* 5D, 6D, 11D, 12D, 13D work; **hors-d'œuvre** 26A appetizer

officiel *a.* 2D, 8DM, 13D, 16D, 22D official

offrir (27) *v.* 3D, 8D, 9D, 12D, 15D to offer

oh, eh! *int.* 13A hey you!

oh, là, là *int.* 2AD, 9A, 10A, 14A oh my gosh, oh my goodness

ohé *int.* 15D song refrain

oie *f.n.* 24AB, 26AE goose; **confit d'oie** 24A preserved goose

oignon *m.n.* 16D, 17M, 26D onion

oiseau *m.n.* 16A, 18D, 19D, 24D, 26D bird

oisif, -ve *a.* 17M lazy

olive *f.n.* 26ABC olive; **huile d'olive** 26BD olive oil

ombre *f.n.* 11ABC shadow, shade

omelette *f.n.* 20D, 26ACE omelet

on *pron.* 2A, 5B, 6D, 8ABD, 9ABC one, we, you, people, they

oncle *m.n.* 8ADE, 10ABC, 15D uncle

ongle *m.n.* 22D, 25A, 26D nail, claw

onze *inv. a. & n.* 19A eleven

opéra *f.n.* 5D, 15AB opera house, opera; **l'Opéra de la Bastille** 15D modern opera house on the place de la Bastille

opération *f.n.* 3D, 16D, 21C operation

opinion *f.n.* 3D, 14B, 18E, 21BDE opinion

opinionâtre *a.* 21D stubborn, obstinate

opposant *m.n.* 21D opponent

opposé *a.* 8D, 21D opposite, contrary, opposed

opposer (4) *v.* 15D to oppose

optimal *a.* 22D optimal

optimiste *a.* 23A optimistic

option *f.n.* 20D, 21D option

optique *f.n.* 16D optics

orage *m.n.* 12D storm

orange *f.n.* 11M, 13D, 26AC orange; **Orange** 22D a company that provides Internet service

Orangina *m.p.n.* 9A, 22A brand of soft drink

orchestre *m.n.* 3B orchestra

ordinaire *a.* 22D, 26D ordinary

ordinateur *m.n.* 3D, 15D, 16D, 18EM, 21ABC computer

ordre *m.n.* 11D, 18D, 24D order, sequence

oreille *f.n.* 7D ear

organique *a.* 2D organic

organisation *f.n.* 8D, 9M organization

organiser (4) *v.* 8D, 24A to organize

orgue *m.n.* 23ABC organ

orgueil *m.n.* 9D pride

originaire *a.* 2D, 17D native

original, -aux *a.* 13C original

origine *f.n.* 11D, 14D, 16D origin

Orly *p.n.* 4B Paris airport

ornement *m.n.* 7D, 21D ornament

orphelin *m.n.* 15D orphan

Orsay (musée d') *f.p.n.* 15AB museum of nineteenth-century art in Paris

orteil *m.n.* 10AB toe

orthographe *f.n.* 17AC spelling

oser (4) *v.* 11M to dare

ostentation *f.n.* 15D ostentation

ou *conj.* 2ACD, 3ADE, 6ACD, 7A, 8D or; **ou bien** 4D or else, or maybe; **ou alors** 13A or else

où *prep.* 2ACDE, 4AC, 5D, 11CD, 12A where; **où encore?** 2A where else?; **d'où elle vient** 11A where it comes from

ouah, ouah *int.* 3D bow-wow

ouais *int.* (coll.) 6M, 8A, 17A, 18A yeah!, yup!; **ah ouais?** 13A oh yeah?

oubli *m.n.* 11D oblivion

oublié *a.* 16A, 21A forgotten

oublier (4) *v.* 5M, 11D, 14A, 16A, 20M to forget

ouest *m.n.* 22E west

ouf *int.* 13M, 23A whew!, what a relief!

oui *adv.* yes

ours *m.n.* 3B bear

outil *m.n.* 21D tool

outre *prep.* 20D aside from

ouvert *a.* 5D, 14D, 16M, 17AB, 19D open

ouvrage *m.n.* 2D, 15D, 19D, 20D, 24D work

ouvrir (27) *v.* 3M, 19D, 21D, 23AE, 24A to open; **s'ouvrir** 24A to open (up)

ovale *a.* 6AB oval

oxydé *a.* 22M oxidized, tarnished

pacha *m.n.* 17M pasha, oriental potentate

Pacifique (le) *m.p.n.* 2D the Pacific Ocean

pacifiste *a.* 13D pacifist

PACS (pacte civile de solidarité) *m.n.* 8D civil union

pacser (se) (7) *v.* 8D to enter a civil union

page *f.n.* 2D, 22D page

pain *m.n.* 17A, 25ABCE, 26B bread; **petit pain** 9A roll

paire *f.n.* 18A, 20B pair

paix *f.n.* peace; **fichez-moi la paix** 17M leave me alone!

palais *m.n.* 4D, 14BD palace

palier *m.n.* 23D landing

palmarès m.n. 5D Most Popular list, hit parade

palme f.n. 9M, 26D palm, palm branch

pancarte f.n. 12M sign

panne f.n. 16BC breakdown; **en panne** 16A becalmed, in irons (boat)

pantalon m.n. 13AB trousers, pants

Panthéon (le) m.p.n. 12AB, 15BD monument in Paris containing the tombs of famous French citizens

papa m.n. 8A, 9A, 17D, 18A, 22A daddy; **fils à papa** 13A daddy's boy

pape m.n. 18B pope

papier m.n. 12M, 13AB, 18D, 20M paper; **papier collant** 12B adhesive tape

par prep. 4A, 5D, 9CD, 10D, 13D by; **par avion** 15AE via airmail; **par exemple** 2A for example; **par cœur** 19D by heart; **par-dessus** 22D, 26AD over, on top; **par hasard** 16A by chance; **par jour** 20D per day; **par ici** 15A this way, over here; **par là** 12A over there; **par la fenêtre** 25A out the window; **par où?** 12C which way?

paradis m.n. 14D, 24D paradise, heaven; 5D last balcony

paradoxe m.n. 22D, 24D paradox

paraître (14) v. 13D, 22E to seem, to appear; **il paraît que, paraît-il** 13M, 14M, 18M, 20ABM apparently

parallèle a. 19D parallel

paranoïaque a. 23D paranoid

parapente m.n. 6A hang gliding

parc m.n. 14D park; **parc à thème** 7D theme park

Parc EuroDisney p.n. 14M Disneyland Paris theme park

parce que conj. 3AD, 5AD, 6A, 7A, 8A because

parcmètre m.n. 25M parking meter

parcours m.n. 18D course, trajectory

pardon m.n. pardon; **pardon!** (int.) 13AB, 23A excuse me, pardon, sorry

pardonner (4) v. 20E to pardon

pareil a. 11DM, 14M, 15D, 19AB same, similar, such, like; **c'est pareil** 25A it's the same thing; **une chose pareille** 17D such a thing

parent m.n. **parents** m.pl.n. 5AC, 8AD, 9CEM, 14AE, 15A parents

parental a. 17D parental

parfait a. 9A, 15D, 23M perfect

parfois adv. 20D, 22D, 26D sometimes, every so often

parfumer (4) v. 24B to perfume

Paris p.n. 2A, 4ABDE, 8AD, 10ACD, 15D capital of France

parisien a. & n. 12D, 14M, 22D, 24D Parisian

parlement m.n. 3D, 15D parliament

parler (4) v. 2ACDE, 4D, 5M, 6M, 7D to speak; **parlez-moi de** 24A tell me about

parmi prep. 8D, 13D, 14D, 20D, 22D among

parnassien a. 15D Parnassian (school of poetry)

parole f.n. 10D, 25D word

parrain m.n. 23M, 24AM godfather

part f.n. 13D, 18D share, side; **faire-part** 8A announcement; **à part ça** 12A, 21A aside from that; **à part vous** 22D except for you; **quelque part** 23D somewhere

partager (4b) v. 17M to share

partenaire m.n. 12D partner

parti m.n. 13D (political) party

participer (4) v. 2D, 9M, 10D, 12DM, 13D to participate

particulier a. 10C, 16E, 24E, 26E particular, specific, special, individual; **en particulier** 11E particularly

particulièrement adv. 3D, 9D, 14E, 19A particularly, specifically

partie f.n. 4D, 20E, part; **faire partie de** 13D to be part of; **en partie** 16D partly, in part

partiel a. **à temps partiel** 5D part-time

partir (28) v. 9M, 15DE, 20B, 23A to leave, to go away; **c'est parti** 20A you're off! **à partir de** 5M from

partout adv. 12M, 19D, 24M everywhere

pas adv. 5A, 11E no, not; **pas du tout** 7A, 14A not at all; **pas encore** 13A not yet; **pas possible!** 10A no kidding!

Pascal m.p.n. 5D masculine first name

Pascal, Blaise (1613–1662) 16D French scientist, philosopher, and writer

passage m.n. 4M, passage

passager a. 19D, passing, fleeting; m.n. 20M passenger

passant, passante n. 12A, 22A, 23AE passerby

passé a. 9A past; **c'est passé de mode** 16B it's passé, it's outdated

passé m.n. 14AD, 19D, 23D the past; **passé simple** 19D literary past tense

passeport m.n. 4ABD passport

passer (4) v. 4ACD, 9M, 10B, 12AD, 24AD to pass, to go (through), to spend; **passer les vacances** 14A to spend one's vacation; **passer un appel** 19D to make a telephone call; **je vous la passe** 22A she's right here, I'm handing her the phone; **se passer** 10D, 11C, 12A, 14AD, 17C to take place, to happen; **en passant** 17M in passing

passion f.n. 13D, 23A passion; **fruit de la passion** 26A passion fruit

passionné a. & n. 6D, 8D, 21D fanatic

passionnel a. **crime passionnel** 21D crime of passion

pastis m.n. 24ABCE anise-flavored apéritif popular in the south of France

Patagonie f.p.n. 13AE Patagonia

pâté m.n. 26D paté

pâtée f.n. 24D dog food

pathétique a. 18D pathetic, touching

patient, patiente n. 13D patient

patin m.n. skate; **faire du patin** 7E to skate; **faire du patin à glace** 6AB, 7A to ice-skate; **faire du patin à roulettes** 7ABE to roller-skate

pâtisserie f.n. 25M, 26AB cake shop, pastry

patrie f.n. 12M, 19D country, fatherland

patriote *a.* 26D patriotic

patron, patronne *n.* 18D, 22D owner, boss

patte *f.n.* 26D paw, foot

Paul et Virginie (1787) *p.n.* 3A novel by Bernardin de Saint-Pierre

pause-café *f.n.* 9D coffee break

pauvre *a.* 5ABC, 6M, 7M, 8AD, 10AB poor; *m. & f.n.* 5B poor person

pauvreté *f.n.* 18D poverty

payé *a.* 20B paid

payer (11) *v.* 5M, 9M, 13M, 26M to pay

pays *m.n.* 2D, 3D, 9M, 13D, 15M region, country

paysage *m.n.* 14M scenery, landscape

paysan, paysanne *n.* 5D peasant

Pays-Bas *m.p.n.* 3D The Netherlands

Pays Basque (le) *m.p.n.* 9B, 15B, 16ABCDE the Basque region

péage *m.n.* 14M toll

pêche *f.n.* 26B peach

péché *m.n.* 11M sin

pêcher (4) *v.* 16ABD to go fishing

pêcheur *m.n.* 16D fisherman

pédagogue *m. & f.n.* 21D pedagogue

pédaler (4) 7M to pedal

pédant *n.* 16A pedant

pédestre *a.* 6D pedestrian

Péguy, Charles (1873–1914) 20D French poet

peindre (20) *v.* 26D to paint

peine *f.n.* 3M, 10A, 12B, 21A, 23D sorrow, sadness, pains, trouble; **ce n'est pas la peine** 10A it's not necessary, you needn't bother; **à peine** 8D, 23D barely

peintre *m.n.* 10D, 17A, 19AE, 20DE, 23A painter

peinture *f.n.* 19ABD painting

pêle-mêle *adv.* 22D pell-mell, helter-skelter

pélican *m.n.* 20D pelican

pelle *f.n.* 11AB shovel; **ramasser à la pelle** 11D to shovel up

pelote (basque) *f.n.* 9ABC, 16D pelota

pencher (4) *v.* 22M, 24D to lean, to tilt; **se pencher** 17AB to lean out, to lean over

pendant *prep.* 8D, 9D, 12D, 13D, 14M during; **pendant ce temps-là** 12A meanwhile; *conj.* **pendant que** 12A while

pénétrer (10) *v.* 10D to penetrate

pénible *a.* 14D painful; **c'est pénible, à la fin!** 17M it's a royal pain!

pensée *f.n.* 15D, 16D, 21D thought

penser (4) *v.* 8M, 10D, 12M, 16D, 20A to think; **pensez-vous!** 19A what an idea! of course not!

pension *f.n.* 15D pension; 24D boarding school

perception *f.n.* 26D perception

perche *f.n.* **saut à la perche** 9A pole vault

perché *a.* 14M, 15D, 19D perched

percher (se) (7) *v.* 19D to perch

percuter (4) *v.* 20M to crash into

perdre (6) *v.* 10M, 18D, 22B to lose; **se perdre** 11AB to become lost, to get lost; **je perds la tête** 17M I'm losing my mind

perdu *a.* 10M, 20AB, 23AM, 24M, 26D lost

père *m.n.* 5ACD, 8AB, 11B, 14ABCE, 15ABD, father

Pérez, Vincent (1964–) 2D Swiss actor

perfection *f.n.* 11D, 26D perfection

perfectionner (4) *v.* 4D, 20D to improve

performance *f.n.* 9A performance

Périgord *m.p.n.* 24AD province in the Dordogne region of southwest France

Périgueux *p.n.* 24D principal city of the Périgord region

périodiquement *adv.* 21D periodically

périssable *a.* 19D perishable

perle *f.n.* **c'est une perle!** 23AM (s)he's a gem! a treasure!

permanent *a.* 21D permanent

permettre (24) *v.* 7D, 12D, 14D, 22D, 23D to allow, to permit; **permettez-moi** 19M permit me

Pernod *m.p.n.* 19AC, 24B, 26A brand of pastis

perpétuel *a.* 21D perpetual

persan *a. & n.* 15D, 24M Persian

persécuté *a.* 13D persecuted

persévérance *f.n.* 7D perseverance

persil *m.n.* 25E, 26BD parsley

personnage *m.n.* 7D, 11ABCD, 13E, 15D, 19D character

personnalité *f.n.* 2D, 17D personality

personne *f.n.* 3M, 4M, 5D, 8D, 9ABM person; **ne . . . personne** 9A nobody, no one

personnel *a.* 2D, 14D, 19D, 20E, 21E personal; *m.n.* 18D personnel

persuader (4) *v.* 6M, 12D, 24E to persuade

perturbé *a.* 19E disturbed, perturbed

pervers *a.* 25M perverse, twisted

peser (8) *v.* 7ACE, 8M, 14M to weigh

peso *m.n.* 5M Mexican currency

pessimisme *m.n.* 2D pessimism

peste *f.n.* 24M pest

péter (10) *v.* 18D to backfire

petit *a.* 3BD, 4DM, 5DM, 15D, 19A, 22D small, little; **Petit Chaperon rouge (le)** *m.n.* 3AE Little Red Riding Hood; **petit ami** 12A boyfriend; **petit déjeuner** 25B breakfast; **petit vin** 16D country or local wine; **petit pain** 9A roll

petit *n.* **mon petit, ma petite** 2A, 22A my dear; **pauvre petit** 20A poor baby!

petite-fille *f.n.* 8AM, 13A granddaughter

petit-enfant *m.n.* 8D grandchild

petit-fils *m.n.* 8ACM grandson

pétrole *m.n.* 21B petroleum

peu *adv.* 5D, 19D, 26B little, not very; **à peu près** 12M, 19AD more or less, pretty much; **peu après** 22A shortly after; *m.n.* **un peu** 6ABCM, 18D, 19ABD a little, somewhat; **un peu de** 4M, 19B a bit of; **un petit peu** 3A a little bit

peur *f.n.* 15D fear; **avoir peur de** 3D to be afraid of

peut-être *adv.* 5A, 6AM, 7AB, 10D, 13A perhaps, maybe

pharmacie *f.n.* 17A, 23D pharmacy, drugstore

pharmacien *m.n.* 15D, 17AE, 21A pharmacist, druggist

phénix m.n. 19D phoenix

phénoménalement adv. 14D phenomenally

phénomène m.n. 7D, 18D phenomenon

philo. abbr. for **philosophie**

philosophe m. & f.n. 13D, 16D, 20D, 21D philosopher

philosophie f.n. 13D, 15D, 19A, 23D philosophy

philosophique a. 16D, 21D philosophical

photo f.n. 8AE, 10M, 12D photo

photographe de mode m. & f.n. 13M fashion photographer

photographie f.n. 19D photography

phrase f.n. 9AB, 12ABED, 21D sentence, phrase

physicien m.n. 16D physicist

physiologie f.n. 19A, 26D physiology

physique a. 6AD, 7AD, 13D, 15D 18E physical; f.n. 21A physics; m.n. 7A physique; **au physique** 7D physically

physiquement adv. 24C physically

Piaf, Edith (1915–1963) 11D, 26D French singer and cultural icon

pianiste n. 18AC pianist

piano m.n. 22D piano

Picasso, Pablo (1881–1973) 10D, 24D Spanish painter who lived in France

pictural a. 10D pictorial

pièce f.n. 5M, 22ABCDM coin; 11D, 15D, 24D play; **faire pièce à** 24D to be on equal footing with

pied m.n. 6D, 7D, 10AB, 21M foot; **à pied** 13M on foot, walking; **au pied de** 24D at the foot of; **être bête commes ses pieds** 10A to be too stupid for words

pierre f.n. 16D, 25AB stone, rock

Pierre m.p.n. 18D Peter

Pierre et le Loup p.n. 3AE Peter and the Wolf

pigeon m.n. 25D pigeon

pilier m.n. 14M pillar, column

pilote m.n. 12D, 20M pilot

piloter (4) v. 20M to fly an airplane

piment m.n. 16D pepper; **piment d'Espelette** 6D variety of chili pepper cultivated in the Basque town of Espelette

pince f.n. 15D (coll.) hand, mitt

pinceau m.n. 26D brush

pineau des Charentes m.n. 19A type of apéritif wine

pionnier m.n. 2D, 24D pioneer

pipe f.n. 24B pipe

pipérade f.n. 16D Basque omelet with tomatoes and peppers

piquant a. 26D piquant

piquet m.n. 19D piquet (card game)

pire a. 6M, 19B, 24A, 26D worse; **le/la pire** n. 19AB the worst

pis adv. worse; **tant pis** 6A too bad

pittoresque a. 16D picturesque

placard m.n. 11M, 17M, 18D, 22D, 24M closet, cupboard

place f.n. 15AB, 18AB, 19D, 21D, 25ACD plaza, square, place; **on n'a pas la place, on n'a pas de place** 9A there's no room; **à la place de Mireille** 24E in Mireille's shoes; **sur place** 18D on the spot; **céder la place** 9D, 19D, 22D yield; **à la place** 21M, 25C in its place

placer (4a) v. 18D, 24E to place; **se placer** 13AB to take one's place; **je n'ai pas pu placer un mot** 23A I couldn't get a word in edgewise

Place Vendôme f.p.n. 15B elegant square in Paris created to celebrate the victories of the armies of Louis XIV

plafond m.n. 19AB, 22D ceiling

plage f.n. 9D, 12M, 14D, 16D, 22M beach

plaindre (se) (20) v. 11M, 17D, 25D to complain

plaine f.n. 16D plain

plaire (29) v. 5D, 13M, 14M, 18M, 19AB to please; **s'il vous plaît** 4D, 13A, 22A, 24A, 25A please

plaisant a. 23D singular

plaisanter (4) v. 15E to joke, to kid

plaisanterie f.n. 7D, 17E joke, jest

plaisir m.n. 6D, 12A pleasure; **faire plaisir** 22A to please, to give pleasure

plan m.n. 3D, 15E level, plane; 23A map

planche f.n. board; **planche à voile** 6AD windsurfing

planète f.n. 18D planet

planté a. 7D set

plat a. 7M, 10D flat; **être à plat** 23M to be flat, to be dead

plat m.n. 7M, 16M, 24ABD, 25DE, 26ABD dish, course

platane m.n. 18D plane tree

plateau m.n. 26A tray

Platon p.n. 15D Plato, Greek philosopher

plébéien a. 18D plebeian

plein a. 6DM, 9M, 15D, 21D, 24A full; adv. **il y a plein de trucs** 13A there are plenty of tricks; **en plein milieu** 20D right in the middle; m.n. **elle en a plein le dos** 17M she's had all she can take

plénitude f.n. 14D fullness, completeness

pléthorique a. 26D overabundant, overflowing

pleurer (4) v. 8M, 9AB, 10D, 15M, 17D to cry

pleuvoir (30) v. 9ABC, 12ABM, 16A, 25D to rain

pli m.n. 23B fold, crease; **ça ne fera pas un pli** 23A everything will go smoothly

plier (4) v. to fold, fold up; **plier ses affaires** 17D to put one's things away

plombier m.n. 13M, 18ABCDE, 19M plumber

plonger (4b) v. 17ABE, 19AB to dive, to plunge, to thrust

plu p. part. of **plaire** and **pleuvoir**

pluie f.n. 5D, 10D rain; **manteau de pluie** 25D raincoat

plumage m.n. 19D plumage

plume f.n. 17D, 19D, 20D, 26D feather

plupart f.n. 16D most, the largest part

plus adv. 2AD, 4D, 5ABD, 6D, 7A more; **non plus** 4A, 8A either, neither; **en plus** 8D in addition, besides; **ne . . . plus** 10B no longer, no more; **plus tard, plus tôt** 15D later, earlier; **de plus en plus** 20D more and more; m.n. **le plus** 18D the most

plusieurs a. & pron. 8D, 11D, 14D, 16A, 18D several

Plutarque (ca. 46–120) 26D Plutarch, ancient Greek biographer and moralist

plutôt *adv.* 6ABD, 7M, 8D, 16ABD, 21D, 23ACE rather, instead

pneu, pneumatique *m.n.* 18BD tire

poche *f.n.* 5M, 11AB, 13M pocket; **connaître comme ma poche** 23M to know like the back of my hand

Poe, Edgar Allan (1809–1849) 11D, 24D American writer and poet

poêle *f.n.* 24BD stove; 26D pan

poème *m.n.* 5D, 11D, 13D, 15D, 23D poem

poésie *f.n.* 6D, 10D, 20D poetry

poète *m.n.* 6D, 8D, 9D, 10D, 11D poet

poétique *a.* 11M, 26D poetic

poids *m.n.* 7DE weight; **poids lourd** 18D tractor trailer

poignant *a.* 6D poignant

poignet *m.n.* 7D wrist, cuff

poil *m.n.* 7M, 18D, 19D, 25M, 26D hair, fur

point *m.n.* 15D, 16D, 19D, 22E point, extent; **à point** 25A just right, medium; **faire le point** 20AB to take stock; **point!** *adv.* 19D not at all!

pointe *f.n.* 3B tip, leading edge

pointu *a.* 9AB pointed

poire *f.n.* 26AB pear

pois *m.n.* pea; **petits pois** 25ABCE garden peas

poisson *m.n.* 24ABD, 26B fish; **poisson rouge** 17M, 25M goldfish

poitrine *f.n.* 7D chest, bust

poivre *m.n.* 25DE, 26AD pepper

poivrer (4) *v.* 25D, 26D to season with pepper

poivron *m.n.* 16D pepper

poker *m.n.* 3B, 9AB poker

police *f.n.* 4ABCD, 10B, 17B, 24M police

policier *m.n.* 4AB, 18D, 20M police officer; *a.* 5B police; **roman policier** 5B detective novel

poliment *adv.* 24A politely

politesse *f.n.* 20E politeness, good manners

politique *f.n.* 2D, 3D, 18AM politics; *a.* 16D, 20E, 21D political

politisé *a.* 12E politicized

polo *m.n.* 7A, 14D polo

Polytechnique (Ecole) *f.p.n.* 13BD prestigious polytechnic school in Paris

pomme *f.n.* 16D, 26B apple; **pomme de terre** 9D potato

Pompidou, Georges (1911–1974) former president of France; **Centre Culturel Georges Pompidou** 15B museum and cultural center in Paris

pompier *m.n.* 17ABCDE, 18E, 20M firefighter

pondre (6) *v.* 20A to lay

pont *m.n.* 14ABM, 15DM bridge

Pont-l'Evêque 26AE *p.n.* town in Normandy famous for its cheese, also called pont-l'évêque

populaire *a.* 5D, 7D, 12D, 24D popular

popularisation *f.n.* 6D popularization

population *f.n.* 3D, 5D, 16D, 18D population

porc *m.n.* 25ABE pig, pigskin

port *m.n.* 16B harbor

portable *a.* 13D, 22D portable; *m.n.* 19M, 22M cell phone

portail *m.n.* 22D portal

portative *a.* 13M portable

porte *f.n.* 15A, 23AC, 24AB, 26D door

porté *a.* 5D worn; 20D inclined

porter (4) *v.* 9D, 11AM, 12A, 13AB, 24AD to wear; 12A to carry, to bring

porto *m.n.* 24AC port (wine); **Porto** 23M city in Portugal

portrait *m.n.* 6ABD, 7M, 9ACD, 12D, 26D portrait

Port-Royal *p.n.* 15D Jesuit abbey and school

portugais *a. & n.* 22AE, 23AE Portuguese

Portugal *m.p.n.* 22D, 23M Portugal

poser (4) *v.* 24D, 25E to set down; 18D to pose; **ça me pose** 18D it makes people think I'm somebody; **poser une question** 6M, 17D to ask a question

position *f.n.* 13D, 17D, 18D position

posséder (10) *v.* 20D, 24D to own

possession *f.n.* 24D possession

possibilité *f.n.* 10D, 12M, 18D, 23D possibility

possible *a.* 3D, 5A, 7A, 10M, 24A possible

postal *a.* 12D postal; **carte postale** 12A, 14ABC, 15AE postcard

poste *f.n.* 14M, 15M post office; **bureau de poste** 14ABC post office

poste *m.n.* 16A position, job, appointment, mail

pot *m.n.* 19A pot; **pot de peinture** 19B jar of paint

potage *m.n.* 24ABC soup

pote *m.n.* buddy, chum; **touche pas à mon pote** 15D hands off my buddy

potentiel *a.* 12D potential

poterie *f.n.* 9M pottery

pou *m.n.* louse; **moche comme un pou** 6M, 24M ugly as sin

poubelle *f.n.* 24M trash bin, garbage can

pouce *m.n.* thumb; **sur le pouce** on the go, on the run

poutine *f.n.* 25M fast-food dish from Quebec made of french fries, cheese curds, and gravy

poudre *f.n.* 24D powder; **poudrerie** 16D drifting snow

pouh *int.* 9A, 18A ugh!; 21A no way!

poule *f.n.* 9M, 26BD hen; **ma poule** (coll.) my pet

poulet *m.n.* 9M, 15D, 16M, 18D, 26ABC chicken; (sl.) 18D cop

poupée *f.n.* 14D doll

pour *prep.* 3ABCDE, 7ADEM, 4ADE, 5ABDEM, 6AD for, to, in order to; **pour l'instant** 13A for the time being

pourcentage *m.n.* 12M percentage

pourquoi *conj.* 2AE, 3D, 4AD, 5ACE, 6E why

poursuite *f.n.* 3M chase, pursuit

pourtant *adv.* 17D, 19D, 22D nevertheless, however, still, (and) yet

pourtour *m.n.* periphery; **le pourtour méditerranéen** 12D the Mediterranean coast

pousser (4) *v.* 17D, 21D, 24M to push

poussière *f.n.* 13D, 20M, 26D dust; **un an et des poussières** 18D just over a year

pouvoir m.n. 3D, 13D, 15D power

pouvoir (31) v. 4AE, 6E, 8AD, 9ABCE, 10AB to be able to; **elle n'en peut plus** (coll.) 17M she's pooped, she's dead tired

Prada 11M fashion design house

pratique a. 18A, 20D, 21D practical; f.n. 19D practice

pratiquer (4) v. 6D, 16D, 21DE to practice, to engage in

préalablement adv. 22D beforehand

précaire a. 18M precarious

précaution f.n. 11M, 26D precaution

précédent a. 24E preceding; n. 8D aforementioned (person)

précéder (10) v. 20D to precede

précepteur m.n. 5D tutor

précipitamment adv. 23E hurriedly, hastily

précipitation f.n. 12D haste, precipitation

précipiter (se) (7) v. 20A to dash, to rush, to lunge

précis a. 15DE precise

précisément adv. 20E precisely

préciser (4) v. 15E, 20D to specify, to say specifically

préconçu a. 21B preconceived

précurseur m.n. 16D precursor

préface f.n. 15D preface

préfecture f.n. **préfecture de police** 4D police headquarters

préféré a. & n. 6M favorite

préférence f.n. 24D preference

préférer (10) v. 4ACE, 5A, 6A, 7AM, 8AD to prefer

préhistorique a. 8E, 14M, 24AD prehistoric

préjugé m.n. 21AB bias, preconceived notion

prélude f.n. 19D prelude

premier a. 2D, 3D, 7M, 12M first; **en première** 19A in the junior year of high school

prendre (32) v. 5D, 9M, 10AM, 13D, 19A to take, to take on; **pour qui se prend-il?** 13A who does he think he is?

prénom m.n. 5ABCDE, 18D, 22D first name

préoccupation f.n. 15D preoccupation, concern

préparation f.n. 13D, 25D, 26B preparation

préparé a. 16M prepared

préparer (4) v. 11D, 12D, 13M, 19AC, 25D to prepare

près adv. 8D, 9M, 11A, 14A, 15D near; **près des deux tiers** 20D nearly two thirds; **à peu près** 15E more or less, about; **de près** 10A close, closely; **tout près** 12A right next to, very near

préselectionner (4) v. 12D to preselect

présent a. 11B present; **à présent** 17D now, at present; m.n. 14D the present

présentable a. 19D presentable

présentateur m.n. 5D announcer

présentation f.n. 24A introduction

présenté a. 13E, 21B presented

présenter (4) v. 5D to present; 24ACE to introduce; **se présenter** 11AE to introduce oneself

présidence f.n. 8D presidency

président n. 12M, 14E, 17D president

présidentiel a. 12M presidential

presque adv. 3D, 7D, 8A, 10A, 13D almost, nearly; **presque pas** 10A almost not at all; **presque rien** 24A hardly anything

presse f.n. 16D press

pressé a. 2A, 15A, 17D, 22B, 25A in a hurry

pressentir (28) v. 18D to sense, to have a premonition

pression f.n. 16D pressure

prestidigitateur m.n. 22D magician

prestigieux a. 14E, 17E prestigious

prêt a. 7M, 26D ready

prétendre (6) v. 23E to assert, to maintain

prétentieux a. 26D pretentious

prétention f.n. 16D claim

prêter (4) v. 21D to lend

prétexte m.n. 24D pretext

prêtre m.n. 18ABC priest

preuve f.n. 24M proof

prévenir (39) v. 8A to alert, to warn

Prévert, Jacques (1900–1977) 5D, 8D, 10D, 11D, 25D French poet

prévu a. 9M foreseen

prier (4) v. 26E to pray; **je vous en prie** 12A you're welcome, think nothing of it

primaire a. 19ABCD, 20B, 22A, 24D primary

primitif m.n. 22D primitive

prince m.n. 15D prince

princesse f.n. 23D princess

principal a. 7D, 8D, 11ABC, 15D, 19D main, principal

principalement adv. 6D mainly, principally

principe m.n. 16D principle; **en principe** 17M in principle, as a rule

printemps m.n. 7D, 11ABCDE, 12A, 14AD, 16AC spring

pris p. part. of **prendre**; a. 22D taken

prison f.n. 6D, 13B, 26D prison

Prisunic p.n. 11ADM, 13A discount department store

prit passé simple of **prendre**

Privas (coupe) f.n. 26ABCE dessert

privatisation f.n. 21D privatization

privé a. 5D, 13M, 16D, 19A, 21D private; **être privé de** 17D to go without

privilégié a. 8D, 18D privileged, favored

privilégier (10) v. 18D to favor

prix m.n. 11M, 13D, 14M, 15D, 22D price; 8D, 13D, 20AB prize

probabilité f.n. 16D probability

probablement adv. 10D, 14E, 15B probably

problème m.n. 4B, 8M, 11M, 13D, 18A problem

procédé m.n. 7D procedure

procédure f.n. 8M procedure

procession f.n. 14D procession

processus m.n. **processus primaire** 24D primary process reasoning

proche a. 2D, 17D, 24D near; m.n. 13D, 23M close friend, kin

procuration f.n. **par procuration** 9D by proxy

prodigieux a. 13D prodigious

prodigue m.n. 15D spendthrift

production f.n. 18D, 20D production

produire (13) v. 15D, 21B to produce

produit m.n. 3D, 13D, 18D product

proférer v. 24D to utter

prof (*abbr. for* **professeur**) m.n. 2A, 6DM, 10A, 15M, 19A teacher, professor

profession f.n. 12D, 13B, 17AE, 18DE, 20D profession

professionnel a. 13D, 14D, 15D, 18A, 23M professional

profil m.n. profile; **de profil** 26E from the side

profit m.n. 26E profit, benefit

profiter (de) (4) v. 5M, 16AB, 19D, 23A to profit from, to take advantage of

profond a. 26D deep

profondément adv. 13D, 16D profoundly, deeply

programme m.n. 3D, 19A, 21D program, curriculum, syllabus

programmer (4) v. 21A to program

progrès m.n. 22M progress

progresser (4) v. 20D to progress

progression f.n. 13M progression

progressivement adv. 3D, 21D progressively

prohibitif a. 22D prohibitive

proie f.n. 19D prey

projet m.n. 3D, 15D, 21D project, plan; **projet de loi** 13D bill

projeter (9a) v. 7M to project

prolifération f.n. 13D proliferation

promenade f.n. 22A walk, promenade

promener (8) v. 22A, 24D to take for a walk; **se promener** 11A to go for a walk, to stroll

Prométhée 24D Prometheus

promettre (24) v. 24A to promise

promis a. 18D promised

prompt a. 18D prompt, quick

prononcer (4a) v. 5AB, 7D to pronounce

prononciation f.n. 5A pronunciation

propager (se) (4b) v. 18D to extend, to spread

prophète m.n. 20E prophet

proportion f.n. 6D, 20D proportion

proportionné a. 7EM proportioned

proportionnellement adv. 20D proportionately

propos m.n. 15D remark, commentary; **à propos** 10M, 13D speaking of, with regard to, by the way

proposer (4) v. 3A, 6A, 8D, 15E to propose, to offer

propre a. 9M, 14AB, 25AC clean; 24D proper, own; **nom propre** 17A last name

propreté f.n. 21D, 22D cleanliness

propriété f.n. 23D property, estate

prose f.n. 21D, 23D, 24D prose

protection f.n. 12M protection

protéger (10) v. 12M to protect

protéine f.n. 25M protein

protestant m.n. 16D, 21B, 25D, 26B Protestant

protestantisme m.n. 8D Protestantism

protestation f.n. 12M protest

protester (4) v. 11B, 12D, 13AE to protest

proue f.n. prow; 23D tip

Proust, Marcel (1871–1922) 20B French novelist

prouver (4) v. 6M, 13D, 20CE, 22D to prove

provençal, -aux a. & n. 5D Provençal

Provence f.p.n. 5D, 6D, region in southern France

provenir (39) v. 22D to come from, to derive from

proverbe m.n. 8D proverb

providence f.n. 18AB providence

province f.n. 8D, 12D, 16D province

proximité f.n. 12D proximity

prudent a. 4D, 9E wise, prudent

Prudhomme, Sully (1839–1907) 23D French poet and writer

psalmodie f.n. 16D psalmody, psalm singing

pseudonyme m.n. 5D, 21D pseudonym

psychanalyse f.n. 13AE, 24D psychoanalysis

psy (*abbr. for* **psychanalyste**) m. & f.n. 13ABD, 14B psychoanalyst

psycho (*abbr. for* **psychologie**) f.n. 10D, 13AD psychology

psychotrope a. 13D psychotropic

pu p. part. of **pouvoir**

puant a. stinking; (coll.) 13A, 20E conceited, insufferable

public, publique a. 12D, 18AD, 19ABD, 21D, 22D public; **public** m.n. 22D audience, public

publication f.n. 15D publication

publicité f.n. 11D, 24B advertising, advertisement

publié a. 7D, 12D, 13D, 15D, 20D published

publier (4) v. 13D, 15D, 24D to publish

publiphone m.n. 22D public telephone

puer (4) v. 25AB to stink

puis prep. 2D, 11D, 12D, 13D, 14A then, next; **et puis** 2A, 5D, 9A also, in addition, then, what's more

puisque conj. 4A, 9A, 14DM, 15A, 18A since, seeing (that)

puissance f.n. 3D power

puits m.n. 9M well

pull m.n. 11M, 12AB, 13A, 14AE sweater

pupitre m.n. 13D desk

purée f.n. 26A puree

PV (*abbr. for* **procès verbal**) 25M traffic ticket

pyramide f.n. 19D pyramid

pyrénéen a. & n. 16D Pyrenean

quai m.n. 5D, 15A, 23A quay, bank, track, street along the Seine in Paris

qualité f.n. 7D, 22D quality

quand conj. 2D, 4E, 6D, 7M, 8AE when; **quand même** 11ABM, 17D, 18AB, 20AM, 26M all the same, still, anyway, after all; **il faudrait quand même se décider** 26A we really should make up our minds

quant adv. **quant à** 9M, 20D as for

quarantaine f.n. 23D, 24D about forty

quarante inv. a. & n. 15D, 22D forty

quart m.n. 19A, 18D, 22D quarter, fourth

quartier m.n. 14M, 15D, 19AB, 25D neighborhood; **Quartier latin** 4A, 14A, 15D, 19AC Latin Quarter

quatorze inv. a. & n. 20D fourteen

quatre inv. a. & n. 8D, 9A, 11B, 15D, 20D four

quatrième m.n. 26M fourth arrondissement of Paris

que, qu' *pron.* 4A, 6D, 11CD, 12CE, 13C that, what, whom, which; *conj.* 3A, 4A, 5D, 6BDE that, than; **que je suis stupide** 2D how stupid of me!; **qu'est-ce que, qu'est-ce qu'** 2A what; **qu'est-ce qui** 10D what; **qu'est-ce que c'est que ça?** 10A, 25A what are you talking about?, what is this?, what's that?

Québec *m.p.n.* 2AD, 3D, 16D French-speaking province in eastern Canada

quel, quelle, quels, quelles *a. & pron.* 4DE, 5C, 7C, 11C, 13A what, which

quelque *a.* 4M, 5D, 18D, 22D some, a few, any

quelque chose *pron.* 9D, 11M, 14B, 15AE, 16BD something, anything

quelquefois *adv.* 6M, 7D, 15A, 16D, 18D sometimes

quelque part *adv.* 23D somewhere

quelqu'un *pron.* 9AB, 10A, 11DE, 13BCD, 15AB somebody, someone, anyone, anybody

Queneau, Raymond (1903–1976) 6D, 21D, 26D French humorist and writer

question *f.n.* 2C, 13E, 14D, 18A, 20B question

queue *f.n.* tail; 5M line; **à la queue** 13A to the end of the line; **faire la queue** 13B to wait in line

qui *pron.* 2E, 3A, 4D, 5D, 6A who, which, that; **qui est-ce?** 8A who is it?; **de qui** 8A whom

quinze *inv. a. & n.* 8D, 22A, 24B fifteen

quitter (4) *v.* 8DM, 14M, 20B to leave

quoi *pron.* 3D, 5A, 8D, 9AC, 10M what; **quoi que ce soit** 8D anything at all; **quoi encore?** 19A what else?

quotidien *a.* 13D, 20D, 22D daily

Rabelais, François (1494–1553) 21D French humanist and comic writer

raccompagner (4) *v.* 24C to accompany, to see home

racheter (8) *v.* 11M to buy back

racial *a.* 12D racial

Racine, Jean (1639–1699) 15D, 23D French dramatist

racisme *m.n.* 8D, 18D racism

raciste *a.* 12M racist

raconter (4) *v.* 5B, 6DM, 16D, 17D, 19M to tell

radieux *a.* 8M radiant

radio *f.n.* 5D, 9D, 21B radio

radiographie *f.n.* 3B radiography

radium *m.n.* 15D radium

raffiner (4) *v.* 21AB to refine

raffinerie *f.n.* 21B refinery

raffoler (4) *v.* 25M to be wild about

rage *f.n.* rage; **faire rage** *v.* 26D to rage

raisin *m.n.* grape; **petit pain aux raisins** 9A raisin bun

raison *f.n.* 7D, 13D, 14D, 18E, 21AE, reason; **avoir raison** 13AB, 14A, 16D, 18D, 19D to be right

raisonnable *a.* 6A, 21D reasonable

Ramadan *p.n.* 23M Muslim month-long observance of fasting and prayer

ramage *m.n.* 19D warbling

ramasser (4) *v.* 11A, 13B to gather, to collect, to pick up

ramener (8) *v.* 11D, 19D to bring back

ramer (4) *v.* 7M to row

rançon *f.n.* 24M ransom

randonnée *f.n.* 6D, 14M hike

rangé *a.* **rangée** 13D in her place

ranger (4b) *v.* 25D to arrange, to put, to put away

râpé *a.* 25M grated

rapide *a.* 6A, 14D, 22D fast, quick, rapid

rapidement *adv.* 7D, 11D, 12D, 22D rapidly

rappeler (9) *v.* 10D, 14D, 22ABC, 25A to call back, to remind; **se rappeler** 24A to recall, to remember

rapport *m.n.* 5D, 8D, 15D relationship; **rapport sexuel** 19D sexual relations; **aucun rapport avec l'acteur** 16A no relation to the actor

rapportage *m.n.* 17D tattling

rapporter (4) *v.* 9M, 25ACD to bring back; **se rapporter** 19D to resemble, to bear a relation

rapporteur *m.n.* 13D spokesperson

rapprocher (se) (7) *v.* 25D to approach

Raquil, Marc (1977–) 6D French track runner

ras le bol *int.* (*coll.*) **j'en ai ras le bol** 17M, 18M I've had it up to here!, enough is enough!

rasage *m.n.* 23D shaving; **après-rasage** *a.* 23D aftershave

rasé *a.* 7D, 10A shaven; **rasé de près** 10A close-shaven

raser (se) (7) *v.* 14D, 23A, 25A to shave

rassembler (4) *v.* 2D, 18D to include, to gather together

rassurer (4) *v.* 9M, 13D to reassure

rat *m.n.* 24D rat

raté *a.* 19B missed

rater (4) *v.* 15M, 19AE, 20AC to fail an exam

ration *f.n.* 26D ration

rationaliste *m. & f.n.* 15D rationalist

Ravel, Maurice (1875–1937) 16D French composer

ravi *a.* 18D happy, delighted; **ravi de faire votre connaissance** 22A, 24AC delighted to meet you

ravioles *m.pl.n.* 25M ravioli

ravissant *a.* 11AB ravishing

Ray, Man (1890–1976) 13D American painter and photographer who lived and worked in France

rayon *m.n.* 11M, 18D counter, department; 12M ray; **rayon d'habillement** 11M clothes department

réaction *f.n.* 19E reaction

réagir (5) *v.* 8D, 20E to react

réalisé *a.* 20D, 21D produced, carried out

réaliser (4) *v.* **se réaliser** 14D to be fulfilled

réaliste *m.n.* 8D realist

réalité *f.n.* 11B, 20M, 21D, 23D reality; **en réalité** 5D actually, as a matter of fact

rebuter (4) *v.* 24D to repulse

récapituler (4) *v.* 15D to sum up, to recapitulate

récemment *adv.* 24C recently

récent *a.* 10C, 20D recent

recette *f.n.* 11D, 24D, 25D, 26D recipe

recevoir (33) *v.* 13DM, 15D, 21D, 26D to receive, to get, to take in

recherche *f.n.* **à la recherche** 22A in search

rechercher (4) *v.* 10M, 18D, 22D to seek, to search for

récidiver (4) *v.* to relapse; **je récidivai** 13D I did the same thing again

récitation *f.n.* 16D recitation

réclamer (4) *v.* 13D, 17D to call for

recommander (4) *v.* 4M, 13M, 15D to recommend

recommencer (4a) *v.* 17D to begin again

reconduire (13) *v.* to take back; **je vais vous reconduire** 24A I'll take you home

reconnaissable *a.* 22D recognizable

reconnaître (14) *v.* 8D, 12A, 13AD, 24D, 25A to recognize

reconnu *a.* 4M recognized, acknowledged

record *a. & m.n.* 13D record

recours *m.n.* **avoir recours à** 13D to resort to

recouvrir (27) *v.* 18D to cover

récré (*abbr.* for **recréation**) *f.n.* 6M recess

reçu *a.* 13DM, 19E received, admitted; **reçu avec mention** 15M received (a degree) with honors

recueil *m.n.* 10D, 13D, 24D collection

récupérer (10) *v.* 26M to recover

récurrent *a.* 21D recurrent

redescendre (6) *v.* 22A to go down again

redoublé *a.* 24D redoubled

redresser (4) *v.* 18D to straighten

réduction *f.n.* 3D reduction

réduire (13) *v.* 12D, 20D, 21D to reduce

réel *a.* 21A real; *m.n.* 12D reality

réellement *adv.* 8E really

réf. *abbr.* for **référence**

refaire (21) *v.* 24D to start again, to do over

réfléchir (5) *v.* 20AB to think over, to reflect

refléter (10) *v.* 22E to reflect

réflexe *m.n.* 18E reflex

réflexion *f.n.* 15D, 20B thought, reflection

réforme *f.n.* 12D, 21D reform

réformer (4) *v.* 21D to reform

refrain *m.n.* 15D, 18D refrain

refroidir (5) *v.* 24D to chill

refus *m.n.* 24D refusal

refuser (4) *v.* 10C, 13D, 16D to refuse

régal *m.n.* 19AE treat, delight

regard *m.n.* 2M, 11A, 13D look, glance

regarder (4) *v.* 2A, 6M, 7M, 10AM, 12D to look at; **regardez-moi ça!** 25A take a look at that!; **qui ne regarde que moi** 4M that concerns only me

régime *m.n.* 10M, 26ABE diet, regime; **suivre un régime, être au régime** 26AD to be on a diet

région *f.n.* 5D, 8D, 24E region, area

règle *f.n.* 21A, 25D rule

règne *m.n.* 7D reign

régner (10) *v.* 14D to reign

régression *f.n.* 9D decline

regret *m.n.* 11D regret

regrettable *a.* 22E regrettable

regretter (4) *v.* 13D, 21E, 25A to regret

régulier *a.* 6D, 18M regular

régulièrement *adv.* 20D regularly

réincarnation *f.n.* 24M reincarnation

reine *f.n.* 5D, 14D, 23D queen

rejet *m.n.* 14D rejection

rejoindre (20) *v.* 3D to join, to rejoin

relation *f.n.* 15E, 16E relationship; 11D connection; *f.pl.n.* 8ACDE, 11M acquaintances

relativement *adv.* 3D relatively

relaxe *a.* (*coll.*) 20AB relaxed, cool

relief *m.n.* **en relief** 16D in relief

religieuse *f.n.* nun; 26AB cream-filled pastry

religieux *a.* 8D, 12D, 21B, 24A religious

religion *f.n.* 16D, 25DE religion

relire (23) *v.* 14E, 15A to reread

remariage *m.n.* 14D remarriage

remarié *a.* 5A, 14AB remarried

remarquable *a.* 7D, 8D remarkable

remarquablement *adv.* 23A remarkably

remarque *f.n.* 17M remark, comment

remarquer (4) *v.* 11A, 12A, 13D, 18D to notice

rembourser (4) *v.* 17D to reimburse

remercier (4) *v.* 13A, 24A to thank

remonter (4) *v.* 22AB to go up, to come back upstairs

remous *m.n.* 18D stirring

remplacer (4a) *v.* 17C, 23M to replace

remporter (4) *v.* 25AE to take back

remuer (4) *v.* 24D to stir

renaissance *f.n.* 5D, 11D, 21D, 25E Renaissance

renard *m.n.* 15D, 19D fox

Renard, Jules (1864–1910) 13D, 15D, 20D, 21D French writer

Renard et le Loup (Le) *p.n.* 3A medieval tale

rencontre *f.n.* 11AE, 12AD, 15A, 24AD meeting, encounter

rencontrer (4) *v.* 2A, 4D, 10M, 12D, 13C to encounter, to meet

rendez-vous *m.n.* 13A, 15E, 22E rendezvous, appointment

rendre (6) *v.* 12A, 15D, 20D, 26D to return, to give back, to make; **ça me rend malade** 18B that makes me sick; **se rendre** 13D to go to; **se rendre compte de** 8D to realize

renforcer (4a) *v.* 14D to reinforce, to strengthen

renommée *f.n.* 21D renown

renoncer (4a) *v.* 10M to give up

renouveau *m.n.* 21D renewal

rentré *a.* **être rentré** 22A, 24A to be home, to be back

rentrer (4) *v.* 11M, 12A, 17AD, 19M to go/come home; to go/come back, to return; 18D to pull down; **rentrer dans, rentrer dedans** 20M to crash into

renversé *a.* 24ABCD knocked down, knocked over, overturned

renverser (4) *v.* 20E, 24A to knock over, to overturn

renvoyer (*) *v.* 25C to send back

réorganisé *a.* 21B reorganized

réparateur, -trice *n.* 18D repair person

réparer (4) *v.* 18B to repair, to fix

réparti *a.* 26D shared

repartir (28) *v.* 14M to leave again

repas *m.n.* 8D, 22D, 24ABE, 26DM meal

repeindre (20) *v.* 22D to repaint

répertoire *m.n.* 8D repertory

répéter (10) *v.* 15E, 22A, 23AC, 24M to repeat

répondre (5) *v.* 2C, 11E, 13ACM, 16D to answer

réponse *f.n.* 8M, 21DE, 24E answer, response

reporter (se) (7) *v.* 26E to refer back to

reposer (4) *v.* 24D to rest, to be restful; 25D to put down again; **se reposer** 11ABC to rest, to take a rest

reprendre (32) *v.* 23AD, 24A to take again

représentant *m.n.* 18AD salesperson; 15D representative

représenté *a.* 7D represented, portrayed

représenter (4) *v.* 3D, 8E, 26D to represent

reproche *n.* 17DM reproach

reprocher (4) *v.* 21D to blame, to reproach

reproduction *f.n.* 19AE reproduction

reproduire (13) *v.* 4M to reproduce

républicain *a.* 21D republican

république *f.n.* 13D, 15D, 17D, 20D republic

République tchèque *f.p.n.* 22D Czech Republic

réseau *m.n.* network; **réseaux sociaux** 12D social networks

réservé *a.* 14D, 16M reserved

réserver (se) (4) *v.* **je me réserve le droit** 4M I reserve the right to

résistance *f.n.* 12D, 17E resistance; **Résistance française** 19B French opposition to the German occupation during World War II

résister (4) *v.* 24B to resist

Resnais, Alain (1922–) 13BM French film director

résolu *a.* 21D resolved

respectable *a.* 4E, 14B respectable

respecter (4) *v.* 2D, 24D to abide by

respectif *a.* 18E respective

responsabilité *f.n.* 17M responsibility

responsable *a.* 9B, 19B responsible

resquille *f.n.* (*coll.*) sneaking, cheating; **eh là! pas de resquille** 13A hey! no cutting in line

resquiller (4) *v.* 13E to cut in

resquilleur *m.n.* 13AB cheater, person who cuts in line

ressembler (4) *v.* 6M, 8AEM, 12D, 13A, 16D to look like

ressource *f.n.* 8D, 12D resource

restaurant *m.n.* 15D, 17M, 18D, 22CD, 24D restaurant

restaurateur *m.n.* 18D restaurant owner

restauration *f.n.* 22D restaurant business; **restauration rapide** 22D fast-food business

restau-U (*abbr. for* **restaurant universitaire**) *m.n.* 2A, 24AE university dining service

reste *m.n.* 18D, 19A, 21D, 26D rest, remainder

rester (4) *v.* 8D, 14AB, 15D, 16AM, 25D to remain, to be left, to stay; **il en reste** 9A there is/are some left

resto (*abbr. for* **restaurant**) *m.n.* **restos du cœur** 8D restaurants that feed the needy

restreint *a.* 8D limited, narrow

résultat *m.n.* 18D, 19D, 20E result

résumé *m.n.* 24E summary

retard *m.n.* delay; **en retard** 2ABD, 20D, 22AE late

retéléphoner (4) *v.* 23A to call again

retenir (37) *v.* 24AB to keep, to hold back

réticence *f.n.* 15E reticence

retiré *a.* 22D secluded

retirer (4) *v.* 25D to pull out; **se retirer** 21D to withdraw

rétorquer (4) *v.* 18D to retort

retourner (4) *v.* 15M, 22CD to return; 25D to turn over, to flip; turn(5)

se retourner 22D, 25D to turn around

retraité *n.* 20D retired person

retrouver (4) *v.* 12D, 17M to find (again); **se retrouver** 10B, 12D to meet (again)

réunir (5) *v.* **se réunir** 14AB to meet, to gather

réussir (5) *v.* 13D, 18AB, 19D, 20C, 21M to succeed

réussite *f.n.* 14DM, 19D, 20D, 26D success

revalorisé *a.* 18D revalued

revanche *f.n.* 18E revenge; **en revanche** 18D, 22D on the other hand

rêve *m.n.* 9D dream

réveillé *a.* 25DE awake

réveiller (4) *v.* **se réveiller** 12M, 25ABD to wake up

révélation *f.n.* 11M revelation

revendeur *m.n.* 22D retailer

revenir (39) *v.* 7A, 15ADM, 16ABC, 22A, 24A to come back, to go back; **je n'en revenais pas!** 14M I couldn't get over it

rêver (4) *v.* 2D, 9M, 15D, 18A to dream

réverbère *m.n.* 13D streetlamp

rêverie *f.n.* 24D reverie, musing

revêtir (*) *v.* 18D to cover

revint *passé simple of* **revenir**

réviser (4) *v.* 17M to revise

révision *f.n.* 22D inspection

revoir (41) *v.* 23E, 26D to see again; **au revoir** 2AD goodbye

révolution *f.n.* 19B, 20D revolution

révolutionnaire *a.* 12M revolutionary

revolver *m.n.* 4D, 26D revolver

revue *f.n.* 2D, 15D, 20D review

rhume *m.n.* 12AB, 20D, 26A cold

Ricard *m.p.n.* 19A, 24B brand of pastis, an anise-flavored apéritif drink

riche *a.* 5ABCM, 15ABDE, 23D wealthy, rich

Richelieu (cardinal de, 1585–1642) 23D French prelate and statesman, minister to Louis XIII, founder of the Académie française

ridicule *a.* 6B, 21A ridiculous

rien *pron.* 4ABD, 5D, 8DM, 10D, 11BD nothing, anything; **ça ne fait rien** 11B it doesn't matter, it makes no difference; **ce n'est rien** 12A it's nothing; **rien que** 13D, 20AB, 21A just, nothing but; **rien qu'en histoire** 19A in history alone

rieur *a.* 7D laughing, merry

rigide *a.* 8D rigid

rigolo *a.* (*coll.*) 7M, 9M funny; *m.n.* 21M joker

rigoureusement *adv.* 10D absolutely

rigueur *f.n.* 26M **à la rigueur** possibly, if I had to

Rimbaud, Arthur (1854–1891) 23D French poet

rimer (4) *v.* 19D, 22E to rhyme

Rio de Janeiro *p.n.* 4B major city in Brazil

rire (35) *v.* 7D, 13D, 22AM, 23D to laugh; **faire rire** 10M to make someone laugh

risque *m.n.* 12D, 22D, 23D risk, hazard

risquer (4) *v.* 16D, 21D, 22D to risk

rissoler (4) *v.* 26D to brown

rite *m.n.* **rite de passage** 23M rite of passage

Ritz (le) *m.p.n.* 18B luxury hotel

rival *m.n.* 15D rival

rivalité *f.n.* 16D rivalry

rive *f.n.* bank; **rive gauche** 6D left bank of the Seine in Paris

Riviéra (la) *f.p.n.* 23D the Mediterranean coast of France

riz *m.n.* 26M rice

roaming *n.* (*angl.*) 22D roaming charge

Robbe-Grillet, Alain (1922–2008) 12D French writer

robe *f.n.* 11M, 13AM, 14D dress

robinet *m.n.* 18AB faucet

robuste *a.* 6BC, 7AM, 18D robust, strong

Rochelle (La) *f.p.n.* 16AB seaport on the Atlantic

rocher *m.n.* 16D rock

Rohmer, Eric (1920–2010) 10A French filmmaker

roi *m.n.* 8D, 14D, 15D, 17D, 19AD king

rôle *m.n.* 6D, 15DM, 17E part, role

roller *m.n.* 6D, 13M rollerblading

romain *n. & a.* 4D, 5D, 7D, 19D, 21B Roman

roman *m.n.* 4ABC, 5BD, 6D, 10D, 11D novel

romancier, -ière *n.* 5D, 6D, 10D, 11D, 12D novelist

romantique *a.* 16D romantic; 11D, 14D, 24D Romantic (artistic movement)

romantisme *m.n.* 13D Romanticism

rompu *a.* 13D, 22D broken

rond *a.* 6ABM, 9CD round; *m.n.* **faire des ronds** 25D to blow smoke rings

Ron-Ron *p.n.* 23M, 24M brand of cat food

Ronsard, Pierre (1524–1585) 11D French poet

roquefort *m.n.* 14M, 26ABE famous blue cheese made from sheep's milk

Roquefort-sur-Soulzon *p.n.* 14M town in southwestern France, center of roquefort cheese production

Roque-Gageac (la) *f.p.n.* 24D picturesque town on the Dordogne river

rose *a.* 26ABD pink, rose-colored; *f.n.* 6D, 24A rose

roseau *m.n.* 16D reed

rosée *f.n.* 25D dew

Rostand, Jean (1894–1977) 13D French biologist and writer

rôti *m.n.* 16M, 24A roast

Roudy, Yvette (1929–) 13D former French Minister for the Rights of Women

roue *f.n.* 17B wheel

Rouen *p.n.* 2A large town in Normandy

rouge *a.* 11AM, 13A, 14ACE red; **poisson rouge** 17M goldfish; *m.n.* **rouge à lèvres** 21M, 25AB lipstick

rouillé *a.* 14D rusty

rouler (4) *v.* 17AB to roll, to drive, to move, to go; **se rouler par terre** 24M to roll around on the ground

roulette *f.n.* 3B roulette; **patin à roulettes** 7ABE roller-skating

rouspéter (10) *v.* 25B to complain, to grumble

rouspéteur, -euse *a.* 25ABE dissatisfied, complaining; *n.* complainer, tough customer

rousse. *See* **roux**

Rousseau, Jean-Jacques (1712–1778) 15D French philosopher and writer

route *f.n.* 4D, 11D, 16D, 17D, 18D road, route, way

routier *a.* pertaining to the road; **pont routier** 14M highway bridge; *m.n.* 17B trucker

roux *a.* 7ACD, 13D red-haired

royal *a.* 24D royal

royaume *m.n.* **Royaume Uni** 8D, 25D United Kingdom

rubrique *f.n.* 18D article

rue *f.n.* 2A, 7M, 9D, 12ABM, 13M street

rugby *m.n.* (*angl.*) 6D, 9D rugby

ruine *f.n.* 3D, 14D, 21D ruin

ruiné *a.* 23D ruined

ruiner (se) (7) *v.* 12ABM to go bankrupt; **se ruiner en huile solaire** 12A to spend a fortune on suntan lotion

rumeur *f.n.* 26D murmur

rupture *f.n.* 19D breakup

rural *a.* 6D, 20D, 22D rural

russe *a. & n.* 4B, 13D Russian

Russie *f.p.n.* 12D Russia

rythme *m.n.* 11M rhythm

sa. *See* **son**

sable *m.n.* 11D, 13D, 25M sand

sac *m.n.* 12AM bag; **sac à main** 17D handbag

sacré *a.* 16D sacred

sacrifié *a.* 24D sacrificed

sacrifier (4) *v.* 21D to sacrifice

sage *a.* 5D good, well-behaved

saignant *a.* 26ABD rare

saint *a.* 17D, 21D holy, saintly, saint; *n.* 5D, 21D saint

saint-andré *inv. m.n.* 26AE variety of cheese

Sainte-Chapelle (la) *f.p.n.* 4D flamboyant Gothic chapel in Paris, famous for its stained-glass windows

Sainte Vierge *f.p.n.* 17D Virgin Mary

Saint-Exupéry, Antoine de (1900–1944) 12D French aviator and writer

Saint-Germain-des-Prés p.n. 6D, 17D district on the Left Bank in Paris

Saint-Jean-de-Luz p.n. 16ABDE seaside resort in the Basque region

Saint-Laurent, Yves (1936–2008) 11ADM French fashion designer

Saint-Louis (l'île) f.p.n. 15AB, 23D island in the middle of the Seine in Paris

Saint-Michel p.n. 2A, 12A, 13D, 14A, 15D fountain and square in the Latin Quarter

Saint-Raphaël m.p.n. 19A brand of apéritif

Saint-Tropez p.n. 13AB, 14B fashionable resort on the Riviera

saisir (5) v. **se saisir** 19D to grab, to pounce on

saison f.n. 11BCDE, 16D, 19D, 22D season

saké m.n. 26M Japanese wine

salade f.n. 24AC salad

salaire m.n. 21D salary

salarié, salariée n. 5D employee

sale a. 14B, 16AB, 18D, 25BC dirty, nasty, horrible; **sale caractère** (coll.) 8A nasty temper; **sale type** 13B unsavory character

salé a. 26AE salted

saler (4) v. 25D to salt

salissant a. 15D easily soiled

salle f.n. 7M, 13BD, 22AB room, theater, hall; **salle de bains** 17D bathroom; **salle de cours** 2A classroom; **salle de dissection** 13M dissecting room

salon m.n. 24M drawing room; **salon de coiffure** 7D hairdressing salon

saloperie f.n. (sl.) filth; **saloperie de sac** 12A damn bag!

salut int. 2A, 10A, 22A hi!, bye!

samedi m.n. 7M, 9D, 15ADE, 17M, 20D Saturday

Samothrace (Victoire de) p.n. 23ABE well-known ancient Greek sculpture in the Louvre

Sand, George (1804–1876) 11D literary name of Aurore Dupin, French writer

sandwich m.n. 22D, 25E, 26D sandwich

sang m.n. 15D, 25D, 26D blood

sanglot m.n. 10D sob

sanguin m.n. 26D sanguinity; **les sanguins** 26D sanguine people

sans prep. 5A, 7A, 9D, 11D without, but for; **sans blague** 13A no kidding!; **sans doute** 10A no doubt; **sans compter** 19A not to mention; **sans cesse** 26D without stopping

sans-papiers pl.n. 12M undocumented immigrants

santé f.n. 2A, 5A, 6AC, 13D, 15D health; **la santé, ça va** 2A he's feeling fine!

sapoudré a. 22D sprinkled

sapoudrer (4) v. 26D to sprinkle

sardine f.n. 16D sardine; **être serrés comme des sardines** 9M to be packed like sardines

Sarkozy, Nicolas (1955–) 18M former president of France

Sarraute, Nathalie (1900–1999) 12D French novelist

Sartre, Jean-Paul (1905–1980) 13D, 21D, 26D French philosopher, novelist, and playwright

sashimi m.n. 26M marinated raw fish

Satie, Erik (1866–1925) 24D French composer

satire f.n. 21D satire

satirique a. 13D satiric

satisfaction f.n. 20D satisfaction

satisfaire (21) v. 18D, 25C to satisfy

satisfait a. 15E satisfied

sauce f.n. 26D sauce

saucisse f.n. 18AB, 26ABE fresh sausage

saucisson m.n. 22D dry sausage

sauf prep. 13BD, 16D, 17M except

saumon m.n. 26A salmon

saumure f.n. 26E pickling brine

saut m.n. jump; **saut à la perche** 9A pole vault; **saut en hauteur** 9A high jump

sauté a. 24A, 26AD sautéed

sauter (4) v. 18D, 24E to jump, to jump out, to pop, to blow up; **corde à sauter** 17D jump rope; **faire sauter la tour Eiffel** 21B to blow up the Eiffel Tower; **faire**

sauter le poulet 26AB to sauté the chicken

sauvagement adv. 26D savagely

sauver (4) v. 17AE to save; **je me sauve** 13A, 14A I'm out of here!

savant, savante n. 18D scholar

Savoie f.p.n. 10D province in the Alps

savoir (34) v. 3A, 5M, 8M, 10M, 11DE to know; **savoir compter** 8D to know how to count; **que je sache** 23A as far as I know

savon m.n. 19D soap

savourer (4) v. 14D to enjoy, to relish

scandale m.n. 6M, 24ABD scandal

scandaleux a. 24D scandalous

scandaliser (4) v. 12M to scandalize

scénario m.n. 5D, 6D screenplay

scène f.n. 3D, 11E, 22D, 24D, 26B scene, stage

Schéhérazade p.n. 5B heroine of *A Thousand and One Nights*

schéma m.n. 18D pattern

science f.n. 13D, 15D, 20D, 21D science; **science-fiction** 6D science fiction; **sciences nat (naturelles)** 19A natural sciences

scientifique a. 19D, 23D scientific

sciure f.n. 22D sawdust

scolaire a. 19D, 20D scholastic

scolarité f.n. 21D schooling

scotch m.n. 24A scotch whiskey

scotché a. 20M glued

scrupuleusement adv. 23M scrupulously

sculpté a. 16D sculptured, carved

sculpture f.n. 20D sculpture

se pron. 5M, 6BM, 7ACEM, 9D, 11ABCE himself, herself, oneself, themselves

séance f.n. 13D show

sec m.n. **le sec** 24D dryness

session f.n. 16D secession

séché a. 9M dried

secondaire a. 11B, 13B, 19BD, 20BE secondary, second

seconde f.n. 10D, 20D second, second class; **classe de seconde, en seconde** 20D sophomore year of high school

secouriste m. & f.n. 20M first-aid worker

secret a. & m.n. 2D, 7D, 24ADE secret

secrétaire m. & f.n. 18D secretary

secrétariat m.n. 13D department office

secteur m.n. 13B, 21D sector

section f.n. 7E, 14D, 19AC section

sécurité f.n. 11D security; **Sécurité sociale** 17D French government system of economic assistance and social protection

sédatif m.n. 13D sedative

séduisant a. 13D attractive, devastating, seductive

seigneur m.n. 7D, 17D noble

Seine f.p.n. 4D, 23AD one of the four main rivers of France

seize inv. a. & n. 20D sixteen

seizième inv. a. & n. 21D sixteenth

séjour m.n. 6D, 15D stay

sel m.n. 16D, 25D, 26D salt

selon prep. 13D, 21C, 23D according to

semaine f.n. 9M, 13D, 17M, 20B, 23D week; **en semaine** 26E during the week

semblable a. 24E similar; m. & f.n. 24D fellow human

semblant m.n. semblance, pretense; **faire semblant** 11ABC, 13AE, 17DE, 22D to pretend

sembler (4) v. 13D, 15AD, 23A to seem

semelloïde a. 26D leathery

semoule f.n. 25D semolina

Sénat m.p.n. 14ABCD, 15A, 17AC Senate

sénateur m.n. 13M, 14ABD, 18E senator

Sénégal m.p.n. 2A, 3D, 12D Senegal

Senghor, Léopold Sédar (1906–2001) 2D Senegalese poet, essayist, statesman

senior m.n. (angl.) 5D senior citizen

sens m.n. 6D, 11D, 18E sense, meaning, direction, way; **le bon sens** 12D common sense; 16D, 24D, 25D direction

Sens (Hôtel de) m.p.n. 25D late medieval residence in Paris

sensation f.n. 14D sensation

sensationnel a. 11M sensational

sensibilité f.n. 24D sensitivity

sensible a. 6D, 20D sensitive

sentencieux a. 21A sententious

senti a. 24D felt

sentiment m.n. 13D, 14D, 15D sentiment, impression, feeling

sentir (28) v. 15D, 19D, 21A to smell, to smell of; **ça sent mauvais/bon** 25BD it smells bad/good; **se sentir** 5M, 19ABD to feel

séparation f.n. 15D, 25D, 26D separation

séparé a. 8D, 16D separated

séparément adv. 3D separately

séparer (4) v. 11D to separate

sept inv. a. & n. 16A, 17AD, 18D, 20D, 21D seven

septembre m.n. 4M, 11B, 16M, 18M, 24A September

serein a. 6D, 11D serene

sérieusement adv. 8D, 15E, 17E, 20E, 21E seriously

sérieux a. 2D, 5M, 7A, 11E, 13M serious

serré a. **serrés comme des sardines** 9M packed like sardines

serrer (4) v. 10D, 15D, 17D to squeeze, to hold

servante f.n. 22D domestic servant

serveur, serveuse n. 18D, 22A waitperson

service m.n. 3D, 5A, 7D, 12M, 17E service, duty; **le service est compris** 22A the tip is included

serviette f.n. 25ABCD napkin

servir (28) v. 14AB, 19A, 21D, 24D to be useful, to serve; **à quoi ça sert?** 21AB what good is it?; **ça ne sert à rien** 12M it's useless; **se servir** 25A to use, to help oneself; **servez-vous de pommes de terre** 24A help yourself to potatoes

serviteur m.n. 15D servant

ses. See **son**

seul a. 9ABE, 10D, 13M, 15D, 20BD alone; 3M, 20D only; 7D, 8D, 25D single

seulement adv. 9D, 14AM, 16D, 18AD, 22D only

sévère a. 24D stern

sexe m.n. 8D, 13D sex

sexiste a. 13A sexist, male chauvinist

sexualité f.n. 24D sexuality

sexuel a. 19D sexual

shampooing m.n. 23D shampoo

shopping m.n. (angl.) **faire du shopping** 14D go shopping

si, s' adv. 6D, 7A, 11A, 14A, 20A so, so much; 9A, 13A, 14A yes (on the contrary); **mais si!** 9A yes there are!

si, s' conj. 3AD, 4DE, 9B, 13B, 15AD if, whether, what if; **si on veut** 17E if you like; **s'il vous plaît** 4D please

siècle m.n. 2D, 6D, 7D, 8D, 11D century

siège m.n. 14D seat

sieste f.n. nap, siesta; **faire la sieste** 7AB, 10A, 23D to take a nap

signaler (4) v. 21D to point out, to draw attention to

signe m.n. 26D sign

signer (4) v. 8D, 24D, 26D to sign

signification f.n. 26D meaning

silence m.n. 13D, 24AE, 26D silence

silencieux a. 14AB silent

silhouette f.n. 12A figure

Simon, Claude (1913–2005) 12D French writer, 1985 Nobel Prize winner

simple a. 5BM, 6M, 14E, 20E, 24A simple; **passé simple** 19D literary past tense

simplement adv. 20A, 21E, 22A simply

simplicité f.n. 21E, 24D simplicity

simulation f.n. 11B simulation

sincère a. 11M, 14B sincere

sincérité f.n. 21E sincerity

singerie f.n. 22D clowning, antics

sinistre a. 9B sinister

sinon conj. 9A, 11D otherwise, if not, or else

sirène f.n. 17B horn; 21AB sea nymph

site m.n. 12D, 24D site, landscape

sitôt adv. 9D as soon as

situation f.n. 8CD, 11E situation

situer (se) (7) v. 18D to be situated

six inv. a. & n. 9A, 16A, 20D, 21AB six

sixième inv. a. & n. 21A sixth

Sixtine (la Chapelle) f.p.n. 19B Sistine chapel in the Vatican

skate m.n. 6D skateboard

sketch, sketches m.n. (angl.) 8D, 13D sketch

ski m.n. 6AD, 13B skiing, ski; **ski nautique** 7A water-skiing

slogan m.n. 8D, 12DM slogan

SMS m.n. (*angl.*) *abbr.* 19D short message system

SNCF (Société Nationale des Chemins de fer Français) f.n. 22D French national railway

sociable *a.* 6A, 7A sociable, outgoing

social *a.* 8D, 13D, 14D, 18D social

socialement *adv.* 12M socially

socialisé *a.* 26D socialized

société f.n. 3B, 12D, 14D, 15D, 18AM society, company

socioculturel *a.* 18D sociocultural

sociologie f.n. 12D, 13A sociology

Socrate 26D Socrates, Greek philosopher

soda m.n. 23D soda

sœur f.n. 4M, 5B, 8AD, 10D, 11M sister

Soha (1975–) 2E French singer of Algerian descent

soi *pron.* 13D, 18A, 20A oneself, himself, herself, itself; **chez soi** 22D at home

soif f.n. 24D thirst; **avoir soif** 16B to be thirsty

soigner (4) *v.* 13M to care for

soin m.n. 23D care; **avoir soin de** 26D to take care to; **par ses soins** 24D coming from him

soir m.n. 7M, 9D, 10A, 13D, 14A, 20A evening

soirée f.n. 10M, 12D, 14A, 24A evening

soit . . . soit *adv.* 19D be it . . . or

soixante *inv. a. & n.* 22A, 24D sixty

soixante-quatre *inv. a. & n.* 8A sixty-four

soixante-quinze *inv. a. & n.* 22A seventy-five

soja m.n. 26B soy

solaire *a.* 12M, 23D solar; **huile solaire** 12AB suntan lotion

soldat m.n. 21D soldier

solde f.n. sale, bargain; **en solde** 11M on sale

soleil m.n. 2D, 11BD, 12CM, 14AD, 16B sun; **coup de soleil** 12A sunburn; **faire soleil** 12A to be sunny

solennel *a.* 11D solemn

solidaire *a.* 8D, 20M cohesive, interdependent

solidarité f.n. 2D, 8D solidarity

solide *a.* 6D, 7AB strong, sturdy

solidifier *v.* 3D to solidify

solitaire *a.* 13D solitary

solitude f.n. 9B, 13D, 16E solitude

sollicité *a.* 13D appealed to

somme f.n. sum; **en somme** 7A, 19A on the whole, in short

sommeil m.n. sleep; **avoir sommeil** 24B to be sleepy; **tomber de sommeil** 24AB to be ready to drop

son, sa, ses *a.* 2A, 5ACD, 7AD his, hers, its

son m.n. 22D sound

sondage m.n. 17D, 18M survey, poll

sonner (4) *v.* 13M, 23ACD, 24AB to ring, to sound

sonnet m.n. 11D sonnet

sonnette f.n. 24B bell

sonore *a.* 6D resonant

sophistiqué *a.* 6D sophisticated

sorbet m.n. 26AE sherbet

Sorbonne (la) f.p.n. 2AD, 11ABC, 12ABDEM, 21B oldest part of the université de Paris, founded by Robert de Sorbon in the thirteenth century

sorcellerie f.n. 24D sorcery

sort m.n. 8D fate

sorte f.n. 6D, 7M, 8D, 16D, 24BD kind, sort

sortie f.n. 15D, exit

sortir (28) *v.* 11ABM, 15D, 22A to leave, to go out, to come out, to take out; **sortir victorieux** 11E to emerge victorious; **au sortir de la terminale** m.n. 21D as the last year of high school draws to a close

sot *a.* 14ABE, 17AB stupid, foolish; m.n. 14B foolish person

sou m.n. 5M, 18B penny

souci m.n. 11M, 17M, 22D, 26D care, worry

souhaiter (4) *v.* 20D, 22D to wish, to wish for

soûl *a.* 19M drunk

soulever (8) *v.* 25D to lift up, to raise

souligner (4) *v.* 15D to stress, to underline

soupe f.n. 24BD, 25E, 26DM soup

source f.n. 8D source

sourcil m.n. 7ABCE, 14D eyebrow

sourd *a.* 9A, 10A, 12A deaf

souriant *a.* 9M, 23M smiling

sourire (35) *v.* 12A, 13DE, 14CE to smile

sourire m.n. 12AB, 13AD, 14D, 25D smile

souris f.n. 3D, 22ABE mouse

sous *prep.* 3M, 11A, 12AD, 13D, 14DE under, underneath, beneath, below; **sous forme de** 26D in the form of

sous-marin *a.* 17ADE underwater

sous-métier m.n. 18D pseudo-occupation

soussigné *a.* 4M undersigned

sous-sol m.n. 22AB basement

sous-titre m.n. 13D subtitle

soustraction f.n. 21A subtraction

souvenir m.n. 9M, 11D, 13M memory, souvenir

souvenir (se) (39) *v.* 6D, 11D, 13A to remember

souvent *adv.* 5M, 6D, 7D, 8D, 9CD often, frequently

souveraineté f.n. 16D sovereignty

spécial *a.* 14D special

spécialisé *a.* 7D, 20D, 22D, 26D specialized

spécialiser (se) (7) *v.* 13AC to major in, to specialize in

spécialité f.n. 19B, 21D, 24D specialty

spectacle m.n. 5D, 18D, 25E show, spectacle, sight

spectateur, -trice n. 9AD audience member, spectator, onlooker

sphérique *a.* 24B spherical

Sphinx 9B Sphinx, monster in Greek mythology

spirituel *a.* 15D, 17E, 19A witty

splendide *a.* 14B splendid, magnificent

sport m.n. 6D, 7M, 16E, 18AD sport; **faire du sport** 6ABC to play sports; **sports d'hiver** 13B skiing

sportif, -ive *a.* 6AD, 7AM, 9BD, 14D athletic; n. 9A, 10A athlete

squelette m.n. 22D skeleton

stable *a.* 18M, 22D, 25D stable

stage *m.n.* 18D training course

star *n.* (angl.) 4M star

station *f.n.* station; **station de sports d'hiver** 13B ski resort

statistique *f.n.* 13D statistic

statue *f.n.* 8E, 13D, 19D, 21M statue

statut *m.n.* 10M, 16D, 24D status

steak *m.n.* 26A steak

Stein, Gertrude (1874–1946) 20B, 21D American writer who lived in Paris

stp *abbr.* for **s'il te plaît** 4M; *see* **plaire**

stratégie *f.n.* 11E strategy

stratus *m.n.* 11A stratus (cloud)

stressé *a.* (angl.) 5D, 13D stressed

strictement *adv.* 3M strictly

Stromae (Paul Van Haver, 1985–) 2E Belgian-Rwandan singer

studieux *a.* 11B studious

stupeur *f.n.* amazement, stupefaction

stupide *a.* 2D, 6M, 9D, 16A, 20M stupid

stupidité *f.n.* 19D stupidity

style *m.n.* 7D, 10B, 13B, 15D style

subsister (4) *v.* 16D to remain

substance *f.n.* 24D substance

substantiel *a.* 24D substantial

suc *m.n.* 24D juice, sap

succéder (10) *v.* 11D to succeed, to follow

succès *m.n.* 7D, 8D, 11E, 12D, 15D success

succomber (4) *v.* 22M to succumb, to yield to

sucre *m.n.* 24D, 25ABD sugar; **sucre en poudre** 24D superfine sugar

sucré *a.* 9D sugared, sweetened

sud *m.n. & inv. a.* 4D, 5D, 14M, 20D south

sud-est *m.n. & inv. a.* 12D southeast

sud-ouest *m.n. & inv. a.* 12M southwest

suédois *a.* 4A Swedish; *n.* 4C, 14D Swede

suffire (18) *v.* 21D, 23D to suffice, to be enough; **ça suffit comme ça** 10ABM that's enough, that'll do!

suffisant *a.* 15E sufficient

suffoqué *a.* 26M choking

suggérer (10) *v.* 17E, 20E, 23C to suggest

suggestif *a.* 21D evocative

suicide *m.n.* 8D suicide

Suisse *f.p.n.* 2AD, 9M, 22D Switzerland; *a. & n.* 4D Swiss

suite *f.n.* **avoir de la suite dans les idées** 18D to be single-minded; **par la suite** 13D, 23D subsequently; **tout de suite** 8AE, 12AM, 13A, 14DE, 15AM immediately, at once

suivant *a.* 2C, 10B next, following

suivi *a.* 22A followed

suivre (36) *v.* 12ABM, 13D, 20D, 22D to follow; **suivre un cours** 19A to take a course; **suivre un régime** 26A to be on a diet; **se suivre** 19D to follow in succession

sujet *m.n.* 15D, 21D, 22E, 23E, 26D subject; **au sujet de** 15E, 18E about, concerning

super *a.* (coll.) 6M, 7M, 12M, 14M very

superbe *a.* 13A, 14D superb, splendid

superficiellement *adv.* 19B superficially

supérieur *a.* 6DM, 16D, 18BM, 20D, 22D superior; **enseignement supérieur** 19BD higher education

supériorité *f.n.* 20E superiority

superlatif *a.* 26D superlative

supplément *m.n.* 20D supplement

supporter (4) *v.* 18AB to tolerate, to put up with, to stand; *m.n.* 6D fan

supposé *a.* 22D supposed

supposer (4) *v.* 15E, 23D, 24E to suppose, to assume

supposition *f.n.* 15E supposition

sur *prep.* 2A, 3D, 5D, 6DM, 7DM on, upon

sûr *a.* 4D, 6M, 7E, 9A, 12M sure, certain; **bien sûr!** 2A, 3A, 4A, 12A, 14D of course!

surdoué *a.* 20A exceptionally gifted

sûrement *adv.* 4D, 11E, 13M, 14A, 17A surely, certainly

surfer (4) *v.* 22DM to browse (the Internet)

surfing *m.n.* 7A surfing

surgelé *a.* 25E frozen

surlendemain *m.n.* 22E two days later

surmortalité *f.n.* 8D increased mortality

surpopulation *f.n.* 8M overpopulation

surpris *a.* 15E, 23AE surprised

surréalisme *m.n.* 11D Surrealism

surréaliste *a.* 14D, 20D, 21D Surrealist

surtout *adv.* 5D, 6D, 8AD, 10AD, 11D above all, especially

survet *abbr.* for **sur-vêtement** *m.n.* 11M tracksuit, sweatsuit

susciter (4) *v.* 24D to provoke, to arouse

sushi *m.n.* 26M sushi

suspendre (6) *v.* 14D to suspend, to stop

Suze *f.p.n.* 19A brand of apéritif

swahili *m.n.* 3B Swahili

swastika *f.n.* 16D swastika; **swastika basque** 16D Basque cross

symbole *m.n.* 16D symbol

symboliste *m. & f.n.* 14D symbolist

sympa *abbr.* for **sympathique**

sympathique *a.* (coll.) 8AC, 9M, 14A, 15M, 16AC nice, likeable

syndicat *m.n.* 12D trade union

synonyme *m.n.* 18M synonym

syphilis *f.n.* 24D syphillis

systématiser (4) *v.* 19D to systematize

système *m.n.* 8D, 13B, 19ACD, 26M system

ta. *See* **ton**

tabac *m.n.* 13D tobacco; **bureau de tabac** 14AB, 15A tobacconist's shop

table *f.n.* 13D, 16M, 20AB, 25ABC table; 24D food, fare; **passer à table** 22E to sit down to dinner; **se mettre à table** 24A to sit down

tableau *m.n.* 19A, 22D, 23ADE, 26D picture, painting; **tableau d'affichage** 12AB bulletin board; **tableau noir** 25D blackboard

tablette *f.n.* **chocolat en tablettes** 9D chocolate bar

tabou *a. & m.n.* 8D, 26D taboo

tactile *a.* écran tactile 22M touch screen

tactique *a. & f.n.* 7D, 16D tactic

Tahiti *p.n.* 2AD French overseas territory in the Pacific Ocean

taille *f.n.* 6ABC waist; 7E height, stature; 7D size

tailleur *m.n.* 17ABC tailor

taire (se) (29) *v.* tais-toi 9A be quiet!

tajine *m.n.* 26M Moroccan slow-cooked stew

talent *m.n.* 4M, 15D, 18A, 20A, 24D talent, aptitude

talisman *m.n.* 22M good-luck charm

tambour *m.n.* 17D drum

tampon *m.n.* 15M (rubber) stamp mark

tandis que *conj.* 15D, 18A, 23D whereas, while

tant *adv.* 6D, 11D, 13D so much; tant pis 6A too bad!, tough!; tant qu'il y en a 16A as long as it lasts

tante *f.n.* 2AC, 8ADEM, 9AC, 15ABD, 18ABDE aunt

taper (4) *v.* 18E, 25D to hit, to slap, to knock; taper à la machine 18A to typewrite; se taper *(sl.)* 17M to be faced with, to get stuck with

tapis *m.n.* 24M rug, carpet; tapis roulant 26M conveyor belt

tard *adv.* 8D, 10M, 14D, 16M, 19AD late

Tardieu, Jean (1903–1995) 11D, 13D, 15D French poet and dramatist

tarif *m.n.* 22D price, rate

tarte *f.n.* 26ABC tart; tarte au citron 26A lemon tart

Tartuffe *m.p.n.* 15D main character of Molière's play of the same name

tas *m.n.* des tas de 17A, 21D lots of

tasse *f.n.* 25BD cup

tassé *a.* packed, crammed; bien tassé 24ABE strong, with very little water

taureau, -aux *m.n.* 7M bull

taux *m.n.* 5D, 19D rate

taxe *f.n.* 22D tax

taxi *m.n.* 4ADE, 9M, 22D taxi

te *pron.* 8AD, 9A, 10D you

Téchiné, André (1943–) 13M French filmmaker

technicien *m.n.* 19D, 20D technician

technique *a.* 20D technical; *f.n.* 26D technique

technologie *f.n.* 5D, 10D, 18D technology

tee-shirt *m.n.* 12D t-shirt

tel, telle *indef. a.* 15D, 19D, 24D such, as, as such; de telle sorte que 24D such that; tel qui *pron.* 23D he who

télé *abbr. for* télévision 7M, 9ABD, 12M, 17M, 20M

télécarte *f.n.* 22D magnetic telephone card

télécharger (4b) *v.* 10M to download

télégénique *a.* 12M telegenic

téléphone *m.n.* 3B, 11M, 12A, 13D, 19D telephone; jeton de téléphone 22DM pay phone token; annuaire du téléphone 24B telephone directory

téléphoner (4) *v.* 8M, 15M, 22AE, 24BC to telephone

téléphonique *a.* 22M; conversation téléphonique 16D phone conversation; cabine téléphonique 13M, 22ACDEM telephone booth

télétravail *m.n.* 5D, 18D telecommuting, working remotely

télévision *f.n.* 9D, 18A, 20D, 21B television

tellement *adv.* 12M, 14M, 16D, 19A, 23E so, so much, in such a way

témoigner (4) *v.* 24D to bear witness

tempérament *m.n.* 26D temperment

température *f.n.* 12D temperature

tempête *f.n.* 16B storm

temple *m.n.* 26ABE (Protestant) church

temps *m.n.* 5D, 10A, 11B, 12A weather; avoir (du) beau temps 12A to have nice weather; quel temps! 10B what weather!; quel temps fait-il? 9C what's the weather like?; un temps de chien 11D rotten weather

temps *m.n.* 6M, 7A, 8A, 10ABM, 15D time, days, cycle; à temps

partiel 5D part-time; à temps plein 5D full-time; du temps de/que 8A, 17D in the days of/ when; en ce temps-là 11D in those days; pendant ce temps-là 12A meanwhile; en même temps 13D at the same time; moteur à deux temps 18D two-cycle engine

tendre (6) *v.* 13A, 25AD to hold out, to hand; tendre la main 22D to extend one's hand

tendu *a.* 23AB, 25M strained, tense

tenir (37) *v.* 12M, 13M, 16ACM, 24D to hold, to keep, to occupy; tiens!, tenez! 2A, 5A look!, hey!, say!, here!; tenir compte de 18M to take into account; il tint à peu près ce langage 19D he said more or less these words; tiens-toi bien 17M behave yourself!

tennis *m.n.* 6ABD, 7M, 9D, 17M tennis; 11M tennis shoes; jouer au tennis 12AB to play tennis

tension *f.n.* 16D, 19D tension

tentation *f.n.* 26B temptation

tente *f.n.* 23B tent

tenter (4) *v.* 8M, 26ABC to tempt; 23D to try

terme *m.n.* 24E term

terminale *f.n.* 19ABD, 20D, 21D last year of high school in France

terminé *a.* 9AD finished

terminer (4) *v.* 12C, 14C, 16D to end, to finish, to bring to an end; se terminer 14D, 24A to end, to come to an end

terrace *f.n.* 14A, 18AB, 22D terrace

terre *f.n.* 13D, 24BD world, earth; par terre 9M on/to the ground

terrestre *a.* 24A earthly, worldly

terrible *a.* 8D, 23D awful; 17D, 25D awesome, incredible

terriblement *adv.* 4D awfully

terrine *f.n.* 24D earthenware pot

territoire *m.n.* 2D, 7D territory

terroriste *m. & f.n.* 20M terrorist

tes. *See* ton

testament *m.n.* Ancien Testament 20E Old Testament

tester (4) *v.* 8M to test, to try out

tête f.n. 6M, 7DM, 9D, 10AB, 13BD head, expression, look; **quelle tête d'idiot!** 13A what a jerk!; **en tête (de liste)** 17D, 18D at the top (of the list); **ne savoir plus où donner la tête** 23M to have no idea what to do

texte m.n. 2C, 3C, 4C, 5C, 6C text; **traitement de texte** 18BE word-processing

texto m.n. 19D text message

thé m.n. 9D, 24D, 25AE tea

théâtral a. 13D, 15D theatrical

théâtre m.n. 6D, 11D, 16D, 20D theater; **pièce de théâtre** 15D play; **théâtre de boulevard** 24D light comedy

théologal a. 3B theological

théorie f.n. 12D, 19D theory

thon m.n. 16D, 26B tuna

tiers m.n. 20D, 22D third, third part

timbre m.n. 14AB, 15ACEM stamp

timide a. 5M, 16M timid, shy, bashful

tins, tint *passé simple of* tenir

tinter (4) v. 26D to chime

tire-au-flanc m.n. 21M shirker, slacker

tirelire m.n. 15D piggy bank

tirer (4) v. 18C, 19D to draw; **tirer deux coups de revolver** 26D to shoot twice

tiroir m.n. 22M furniture drawer

tissu m.n. 16AB fabric

Titan m.p.n. 14M, 24D giant in Greek mythology

titre m.n. 10AC, 19A, 20D, 24D title; **au même titre** 24D in the same way; **à ce titre** 24D as such; **à titre tout à fait exceptionnel** 4M exceptionally; **à titre expérimental** 22M on an experimental basis

titulaire m.n. **titulaire du baccalauréat** 13D holder of a baccalaureate

Tocqueville, Alexis de (1805–1859) 19D French political historian

Togo p.n. 8M, 14M African nation

Togolais p.n. 9M native of Togo

toi *pron.* 2A, 11D, 13A, 15A you; **toi-même** 8A yourself; **c'est toi?** 12A

is that you?; **c'est encore toi?** 18A are you back again?

toile f.n. cloth; 26D canvas

toilette f.n. **les toilettes** 17D toilets

toit m.n. 10D, 25M, 26D roof

tôle f.n. 22D sheet metal

tolérance f.n. 21D tolerance

tolérant a. 8D tolerant

tolérer (4) v. 19D to tolerate

tomate f.n. 16D, 26ABD tomato

tombant a. falling; **moustaches tombantes** 10AB drooping moustache

tomber (4) v. 13B, 17ABD, 20AM, 21B, 24D to fall; **laisser tomber** 9A to drop; **tomber sur** 13M, 23A to come across; **tomber bien/mal** 24B to happen at the right/wrong time, to come at the right/wrong time; **tomber de sommeil** 24B to be ready to drop; **tomber amoureux** 25D to fall in love

ton, ta, tes a. 8A, 10AD, 13B your

ton m.n. 22D tone (of voice)

tondeuse f.n. 12B lawnmower

tondre (6) v. 12B to mow

tonne f.n. 14M, 18D ton

tonnerre m.n. thunder; **du tonnerre** 12M fantastic, terrific

tonton m.n. (coll.) 8ACD, 9AC, 11M, 13M, 14D uncle

torchon m.n. 24D dish towel

torse m.n. 7M torso

tort m.n. **avoir tort** 14C to be wrong

tôt adv. 15D soon; **au plus tôt** 24A at the earliest; **ce n'est pas trop tôt!** 19D it's about time!

total a. & n. 20D total

totalement adv. 10M, 13D totally

totalité f.n. 12D totality

touchant a. 20E, 26A touching, moving

touche f.n. 18E key

toucher (4) v. 3M, 18D, 26D to touch, to affect; **touche pas à mon pote** 8D hands off my buddy

toujours adv. 3BD, 5D, 6M, 8AB-CEM, 9A always, ever, still; **il vit toujours** 14B he's still alive

toulousain a. 26A from Toulouse

Toulouse p.n. 12D city in southwest France

tour f.n. 6D, 14M, 15AD, 20M, 23ACD tower; **La tour Eiffel** 14M, 15B the Eiffel Tower; m.n. circuit, turn, round (of elections) 12M, 15A, 24A; **faire un tour** 11M, 15ABE, 24A to take a stroll, to walk around; **faire le tour de** 23A to go around; **Le Tour de France** 6D, 15A annual bicycle race around France; **à mon tour** 4M it's my turn, **à son tour** 20D in his turn

touriste m.n. 11M, 20AB tourist

touristique a. 15D, 24A tourist

tourmenter (4) v. 23D to torment

tournée f.n. 26D tour

tourner (4) v. 16D, 25D to turn; 17A, 18A to turn out

Tournier, Michel (1924–) 23D, 24D French writer

tournoi m.n. 16D tournament

tout a. any, every, all; **tout le monde** 3A, 5M, 8AM, 17AD, 20M everybody, everyone; **tout ça** 3A, 6E 14A 16AM, 19AD all that; **tous les deux** 5A, 15D, 16A, 23A, 24A both; **en tout cas** 6M, 8M, 21M, 15M in any case; **tous les jours** 5M, 14B, 20B, 21A, 22A every day; **à toute vitesse** 17A, 18A as fast as possible; **de toute façon** 18A, 24A anyhow, in any case; **tout au long de leur vie** 19D their entire life; **toute la journée** 22D all day long; *pron.* all, every, everything; **tout ira bien** 23A everything will be fine; **c'est tout** 5M, 6M, 7A, 10A, 16A, 24A that's the end of it, that's all; adv. quite, entirely, all, very; **tout rouge** 14A all red; **tout seul** 16D all alone; **toute trempée** 17A completely soaked; **tout simplement** 17D quite simply; **tout près** 18A very close; **c'est tout emmêlé** 18A it's all tangled up; **tout en continuant** 24D continuing all the while; adv. phr. **pas du tout** 6M, 7A, 8M,

14A, 19BD not at all; **tout de suite** 8A, 12A, 14DE, 17A, 18A right away; **tout à l'heure** 10A, 16AB, 22A, 23A just now, a moment ago; 22A in a moment, soon; **tout à fait** 17E, 19B, 21D, 22E, 25M completely, quite, entirely; **tout à coup** 22D all of a sudden

toutou m.n. (coll.) 2AE, 8A, 17M doggie

tout-Paris m.n. 5D fashionable Paris

tracteur m.n. 17AB tractor

tradition f.n. 2D, 8D, 9D, 11B, 16D tradition

traditionnel a. 9D, 18D traditional

traditionnellement adv. 24D traditionally

traducteur m.n. 8D, 24D translator

traduction f.n. 6D, 11D, 20D translation

traduire (13) v. 11D, 12D, 13D, 23D to translate

tragédie f.n. 4A, 15D, 21AE tragedy

train m.n. 4AD, 17B train; **être en train de** 6M 13M, 21A to be in the middle of, to be busy (doing something)

trait m.n. 13D, 15E guise, trait

traitement m.n. **traitement de texte** 18BE word processing

tram m.n. 25D tram, trolley

tranche f.n. 26AD slice

trancher (4) v. 22D to end the discussion

tranquille a. 16AD, 18AB, 19DM, 20A, 26D calm, still, quiet

tranquillement adv. 17M calmly, peacefully

tranquillisant m.n. 24M tranquilizer

transformation f.n. 21B transformation

transformé a. 21B transformed

transformer (4) v. 18D to transform, to change

transgressif a. 21D transgressive

transmettre (24) v. 21D, 26D to transmit

transport m.n. 14M transportation

transportable a. 13M portable

transporté a. 19ABD carried away

transporter (4) v. 12D to transport, to carry

travail, -aux m.n. 5D, 8BD, 9D, 12D, 13D work; **travaux pratiques** 13D practical applications, exercises; **travaux forcés** 20AB forced labor

travailler (4) v. 3D, 5AB, 8M, 9M, 11B to work

travailleur m.n. 5D, 20D worker

traversée f.n. 14M crossing

traverser (4) v. 4D, 12AC, 19A, 22M to cross

trébucher (4) v. 17D to stumble

treize inv. a. & n. 17A, 20D thirteen

trempé a. 17A soaked, drenched

trente inv. a. & n. 15D, 20D, 21D, 22A thirty

très adv. 2A, 3BD, 5ABD, 6ABCDM, 7M very, most

triangle m.n. 21D triangle

tribunal m.n. 13D, 16A tribunal, law court

tricot m.n. 22E knitting

trigonométrie f.n. 21A trigonometry

trinité f.n. 21D trinity

triomphe m.n. **l'Arc de Triomphe** 15B triumphal arch on the place de l'Etoile

triste a. 14D, 15E, 16D, 26A sad, sorrowful

tristement adv. 11D sadly

Trocadéro p.n. 12M area in the 16th arrondissement of Paris, across from the Eiffel Tower

trois inv. a. & n. 3B, 4A, 7M, 8AB, 10AD three; **trois-quarts** 22D three-fourths

troisième inv. a. & n. 4C, 9D, 14M, 21A third

trompe f.n. 19D trunk (of elephant)

tromper (4) v. 19D to deceive; **se tromper** 11AB, 21B, 23AD to be mistaken, to make a mistake, to be wrong

trompette f.n. 14D, 22D trumpet

trompettiste m.n. 6D trumpet player

trop adv. 2AD, 5DM, 6M, 7M, 9E too, too much; **il pèse trop** 7E he weighs too much; **trop de travail** 18B too much work; **je ne sais**

pas encore trop 13A I don't really know yet

trottoir m.n. 22D sidewalk

troupe f.n. 15D troop

troupeau m.n. 16D herd, flock

trouver (4) v. 5M, 7M, 8ADE, 9DE, 16A to find; **se trouver** 12AB to happen to be, to be; 20AC to find oneself

truc m.n. 10M, 11M, 13ABCM, 18E, 19D trick, gimmick; **ce n'est pas mon truc** 7M it's not my thing

Truffaut, François (1932–1985) 18A New Wave filmmaker

truffe f.n. 24AB truffle

truite f.n. 24AB trout

tt abbr. for **tout**

TTC abbr. for **toutes taxes comprises**

tube m.n. 12M, 25B tube

tuer (4) v. 13BD to kill; **ça me tue** (coll.) 13AB that slays me

Tunisie f.p.n. 23M Tunisia

tunisien a. & n. 15D, 23M Tunisian

Turquie f.p.n. 25D Turkey

tutu m.n. 8A tutu, ballet skirt

tuyau, -aux m.n. 18AB, 24B pipe, tube; (coll.) 24ABE pointer, tip

type m.n. 7M, 9C, 15E type, kind; (coll.) 7M, 11M, 12M, 13ABCD, 14M, guy, character, type; **drôle de type** 13A real character; **sale type** 13B unsavory character

typiquement adv. 8D, 22D typically

Tzara, Tristan (1896–1963) 13D Romanian writer who lived and worked in France

ultra-violet a. 12M ultraviolet

uniforme m.n. 14B uniform

Union Européene f.p.n. 3D, 25D European Union

unique a. 3D, 5A, 22D sole, single; 12M unique

uniquement adv. 20D, 21D solely

unir (5) v. 3D to unite

unité f.n. 22D, 26D unit

univers m.n. 19D universe

universitaire a. 24AE university; **Cité Universitaire** 4ACD, 14A group of student resident halls in Paris

université f.n. 2D, 5B, 15D, 18D
university

urgence f.n. 17M, 24M, 21D emergency, urgency

utile a. 3ABD, 5A, 10D, 15D, 21ABC
useful

utilisation f.n. 19D use

utiliser (4) v. 5D, 12B, 17E, 19D,
22D to use

utilité f.n. 21DE utility

vacances f.pl.n. 6D, 8ABD, 9AD, 10D,
12DM holidays, vacation

vache f.n. 4D, 10B, 21D, 24D, 26E
cow; **parler français comme une
vache espagnole** 16D to speak
very poor French; *adj.* 10B, 15M
mean, nasty; **il n'y a pas plus
vache** 10A there's no one meaner

vachement *adv.* (*sl.*) 13M really,
incredibly

vaisselle f.n. 25B dishes; **faire la
vaisselle** 17M to wash the dishes

valable a. 21E valid

valeur f.n. 21D value, worth

valise f.n. 5M suitcase

vallée f.n. 6D, 18D, 24AB valley

valoir (38) v. 18E to be worth; **il
vaut mieux . . .** 19D it's better
to . . .

valoriser (4) v. 18D to place value,
to dignify

Valparaiso p.n. 20B port city in
Chile

vandalisme m.n. 21M vandalism

vanille f.n. 24D vanilla; **glace à la
vanille** 26A vanilla ice cream

vaniteux a. 20E vain, conceited

vannerie f.n. 9M basketweaving

variante f.n. 7D variant

veau m.n. 25E calf; **tête de veau**
25ABCEM calf's head (culinary
speciality); **blanquette de veau**
26M veal in white sauce

vécu p. *part.* of **vivre**

vedette f.n. 26D star

Veil, Simone (1927–) 17D French
minister of health and first
elected president of the European
Parliament

veille f.n. **la veille** 11AB, 15E, 22E,
26D the day/night before; **faire la
veille** 20D to keep watch

veine f.n. 26D vein

vélib' m.n. (*abbr. for* **vélo** + **liberté**)
22D bicycle rental system in
Paris

vélo m.n. 6D, 9D, 14M bicycle, bike;
faire du vélo 6AD to bicycle

vendeur, -euse n. 14D, 18D, 26A
salesperson

vendre (6) v. 12D, 16M, 17AB, 18B
to sell

vendredi m.n. 15D, 22D, 23AD
Friday

vendu a. 13D, 17D sold

venger (se) (4b) v. 18E to avenge
oneself, to take revenge

venir (39) v. 2A, 5D, 9M, 10A,
17D to come; **venir de** + *inf.* to
have just; **Jean-Denis vient de
téléphoner** 11A Jean-Denis just
phoned; **viens voir** 13A take a
look at this!

Vénissieux p.n. 20D suburb of Lyon

vent m.n. 11D, 12D, 16AB wind;
dans le vent 16AB up to date,
with it

ventre m.n. 7ACDEM, stomach, belly; **mal au ventre** 17D
stomachache

Vénus de Milo f.p.n. 23AE famous
Greek statue in the Louvre

verbe m.n. 21D verb; **le Verbe** 3D
the Word

verglas m.n. 12D road ice

vérifier (4) v. 4B, 22D, 25M to
check, to verify

véritable a. 4A, 14M veritable, real,
authentic

vérité f.n. 13D, 14B, 19D, 21B truth

Verlaine, Paul (1844–1896) 6D,
10D, 26D French poet

verlan m.n. 2D, 16M a type of slang
that reverses the letters or syllables of words

vermeil a. 6D bright red

vermine f.n. 14B vermin

verre m.n. 16D, 20AD, 22AD, 25ABC
glass

vers *prep.* 5D, 8D, 12A, 21B, 22A toward, around

vers m.n. 13D, 21A verse, line of
poetry

Versailles (Palais de) p.n. 14BD
celebrated seventeenth-century

royal palace in Versailles, near
Paris

verser (4) v. 22D, 24D, 26D to pour

version f.n. 23D version

vert a. 6A, 11A, 13A, 26BD green;
haricots verts 24AB green beans

vertige m.n. 12D, 14M vertigo

veste f.n. 13A jacket

veston m.n. 22D jacket

vétérinaire m.n. 23ABE, 24M
veterinarian

vêtu a. 13D clothed

veuf, veuve n. 8ABD, 16D, 20D widower, widow

viaduc m.n. 14M viaduct

Vian, Boris (1920–1959) 6D, 17D,
23D French writer and jazz
musician

viande f.n. 17A, 24A, 25E, 26C meat

vice-president m.n. 14ABE
vice-president

vicomte m.n. 14D, 18D viscount

victime f.n. 5B, 13D, 26D victim

Victoire de Samothrace f.p.n. 23ABE
Winged Victory/Nike of Samothrace, Greek statue celebrating a
naval victory, discovered on the
island of Samothrace

victorieux a. 7M, 11E victorious

vide a. 5M, 19D empty

vidéaste n. 18A video artist

vidéo a. 19D, 20BD video; f.n. 19D,
23E, 26E video program

vie f.n. 5M, 6D, 11D, 13D, 14BD life;
jamais de la vie 20A not on your
life!

vieillir (5) v. 18D, 25M, 26M to get
older

Vierge (la) f.n. **la Sainte Vierge** 17D
the Blessed Virgin

Viêt-nam p.n. 13D Vietnam

vietnamien a. & n. 2D Vietnamese

vieux, vieil, vieille a. 2A, 5DM,
10D, 12A, 18D old; **vieux jeu**
10A old-fashioned, out of date; n.
mon vieux 10A old man, old boy

vif, vive a. 6D, 7AD, 10D alive,
lively, living, animated; **avoir
l'esprit vif** 7A to be quick-witted

vigne f.n. 15D vine

Vigny, Alfred de (1797–1863) 11D
French poet of the romantic
period

vilain *a.* 19D vile, nasty

village *m.n.* 9M, 14M, 15D, 16D, 24D village

ville *f.n.* 10D, 16D, 18AB town, city; **hôtel de ville** 23AB city hall

vin *m.n.* 15D, 16D, 19B, 21B, 22D wine; **vin ordinaire** 22D everyday wine

vinaigre *m.n.* 26D vinegar

Vingneault, Gilles (1928–) 16D Quebecois singer and composer

vingt *inv. a. & n.* 8DE, 15B, 18D twenty

vingtaine *f.n.* 18D about twenty

vingt-tonnes *m.n.* 18AD tractor trailer

violence *f.n.* 24D violence

violent *a.* 12D, 23D violent

violet *a.* 13AE violet

violine *m.n.* 26D reddish-purple color

violon *m.n.* 10D, 18A violin

violoniste *m. & f.n.* 18AC violinist

virer (4) *v.* (*sl.*) 12M to kick out

virilité *f.n.* 7M, 23D virility ·

virtuel *m.n.*. 12D virtual

virtuose *m.n.* 18A virtuoso

virulence *f.n.* 13D hostility

visa *m.n.* 4D visa

visage *m.n.* 6AB, 7DM, 10BD, 13B, 23D face

viser (4) *v.* 21D to aim

visible *a.* 26D visible

visiblement *adv.* 7M, 11E visibly, clearly

visite *f.n.* 7M, 16B, 23D visit, social call; **visite médicale** 22D checkup

visiter (4) *v.* 16A, 23A to visit

visiteur *m.n.* 22D visitor

vite *adv.* 9B, 12D, 13A, 15DE, 20B fast; **faites vite** 22B hurry up!

vitesse *f.n.* 12M, 26D speed; **à toute vitesse** 17A at top speed

vitrine *f.n.* 11M, 25D, 26A store window; **lèche-vitrine** *m.n.* 11M window-shopping

vivant *a.* 3M, 14B, 25B, 26B alive, living; *m.n.* **bon vivant** 23AB person who enjoys good living

vivre (40) *v.* 3D, 7D, 8E, 9BM, 13D to live; **vive la Bretagne** 9D long

live Brittany!; **de quoi vivez-vous?** 15AB what do you live on?; **qui vivra verra** 23D live and learn

vocabulaire *m.n.* 21A vocabulary

voici *prep.* 2D, 17D, 23A, 25A here is, here are

voilà *prep.* 2D, 6A, 15A, 20A there is, there are; *int.* 10A there you are!

voile *f.n.* 6ABD, 10AC, 26D sail, sailing; **planche à voile** 6AD windsurfing

voilier *m.n.* 9D sailboat

voir (41) *v.* 9M, 10A, 15A, 18A, 22D to see; **se faire bien voir** 6M to make oneself look good; **on va voir** 4A we'll see; **viens voir** 13A take a look at this!; **va voir** 15A go see

voire *adv.* 16D indeed

voisin *n.* 9D neighbor; *a.* 25ACE nearby

voiture *f.n.* 6M, 8D, 9B, 14DM, 16BD car, automobile; **voiture de police** 17B police car

voix *f.n.* 9C, 12D, 13AD, 17M, 19D voice

vol *m.n.* 14D flight

volaille *f.n.* 26B poultry

voler (4) *v.* 20M to fly; 5M, 23M to steal

voleur *m.n.* 14M thief, robber

volley *abbr. for* **volleyball** *m.n.* 6D, 7AM volleyball

volontaire *m. & n.* 17D, 21D volunteer

volonté *f.n.* **à volonté** 26D to taste

Voltaire (1694–1778) 15D, 26D French philosopher and writer

voltiger (4b) *v.* 11D to flutter

volume *m.n.* 18D, 19D, 24D volume

vos. *See* **votre**

Vosges *f.pl.p.n.* 12D mountain range in northeast France

vote *m.n.* 18M vote

votre, vos *a.* 4D, 5A, 8A, 9A, 10A your; **à votre avis** 6E in your opinion

vôtre (le, la), vôtres (les) *pron.* 24A your, yours

vouloir (42) *v.* 3A, 13AB, 15A, 16D,

24A to want; **vouloir dire** 14AE, 15D, 16M, 17ABC, 18D to mean; **ça ne veut rien dire** 17A that doesn't mean anything

vous-même *pron.* 2A, 14D, 16A yourself

voyage *m.n.* 3AB, 4AC, 15D, 20B, 24C journey, trip; **faire un voyage** 21D to take a trip; **être en voyage** 22A to be traveling, to be away

voyager (4b) *v.* 3D, 13D to travel

voyons 2A, 4A, 6A, 9A let's see!, think about it!

vrai *a.* 5D, 8M, 10C, 16D true, real; **c'est pas vrai!** 10A oh, no!

vraiment *adv.* 2A, 7M, 11A, 13A, 17A really, truly

vu *a.* 15D seen

vu *p. part. of* **voir**

vue *f.n.* 17D, 22DE view, vision

week-end *m.n.* (*angl.*) 17M, 20D weekend

whisky *m.n.* (*angl.*) 19AE, 24A whisky

WC *abbr. for* **water-closet** 13M toilet

X *abbr. for* **Ecole Polytechnique**

xérès *m.n.* 24AB sherry

yacht *m.n.* 13AB yacht

yen *m.n.* 5M Japanese currency

yoga *m.n.* 6D yoga

Yourcenar, Marguerite (1903–1987) 5D, 14D French novelist, first woman to be elected to the Académie française

yuan *m.n.* 5M Chinese currency

Zambèze *p.n.* 21B river in southern Africa, known for its spectacular waterfall

zèbre *m.n.* 3B zebra

zéro *m.n.* 11M zero

Zidane, Zinédine (1972–) 2E, 7M, 17D French soccer player

zoologie *f.n.* 19A zoology

zut *int.* (*coll.*) 13A, 19M darn!, damn!

Credits

Grateful acknowledgment is made for permission to reproduce excerpts and illustrations from the material listed below.

PROSE, VERSE, AND SONG EXCERPTS

Alfred Publishing: Georges Brassens, "La Cane de Jeanne" 216, "Les Amoureux des bancs publics" 190, copyright © Alfred Music Publishing; Jacques Brel, "Madeleine" 283, copyright © Alfred Music Publishing

Colucci, Veronique: Coluche, *L'Horreur est humaine* ("Je sais compter jusqu'à dix" 67, "L'Homme invisible" 99, untitled 138, "Accidents de la rue" 177, "Le Sucre et la petite cuillère" 282, "Régime-régime" 295)

Coquillat, Michelle: Michelle Coquillat, *Qui sont-elles? Les Femmes de pouvoir et d'influence en France*, "Qui est Simone de Beauvoir?" 127

Editions André Balland: Philippe Besnard and Guy Desplanques, *Un Prénom pour toujours*, "Prénoms et professions: Quand un vicomte rencontre un bouvier" 190

Editions Bayard Presse: Marguerite Yourcenar and Matthieu Galey, *Les Yeux ouverts* ("Prénom: Marguerite" 41; "Comme le temps passe!" 138; "De l'histoire" 203)

Editions Christian Bourgois: Boris Vian, "On a le monde" 47; "Mon Ministre des finances" 176

Editions du Seuil: Roland Barthes, *Mythologies* ("Le Vin et le lait" 270; "Le Bifteck-frites" 296); Azouz Begag, *L'Ilet-aux-Vents* ("Il n'y a pas de sous-métier" 191, "Une Visite médicale" 240; "Le Petit Déjeuner d'Azouz" 282; "La Guerre de la faim" 295)

Editions Enoch & Cie: "Les Feuilles mortes" 98, words by Jacques Prévert and music by Joseph Kosma, copyright © 1967 by Enoch & Cie, Paris, all rights reserved

Editions ESPACE: "Fille d'aujourd'hui" 111, words and music by Guy Béart, copyright © Editions ESPACE, 2 rue du Marquis de Mores, 92380 Garches (Paris)

Editions Flammarion: Paul Fort, *Ballades françaises*, "Les Baleines" 177; Norge, *Les Cerveaux brûlés* ("Nationale Sept; poids-lourd" 189; "L'Histoire" 204; "L'Heure exacte" 227)

Editions Galilée: François George, *Professeur à T.* ("Un Match de football" 78 ; untitled 269)

Editions Gallimard: Simone de Beauvoir, *Mémoires d'une jeune fille rangée*, "Rencontre à la Sorbonne" 127; Jacques Prévert, *Paroles* ("Dans ma maison" 41, "Les Belles Familles" 65, "Paris at Night" 86, "Déjeuner du matin" 282, "Pour faire le portrait d'un oiseau" 295); Raymond Queneau, *Le Chien à la mandoline* ("Hommage à Gertrude Stein" 227, "Pour

un art poétique" 294); Jean Tardieu, *Comme ceci, comme cela*, "Récatonpilu, ou Le Jeu du poulet" 154; Jean Tardieu, *Le Professeur Froeppel* ("Petites Problèmes et travaux pratiques"), "La Vie de tous les jours" 125; Michel Tournier, *Petites Proses* ("La princesse Marthe Bibesco" 255, "Habitation et circulation" 272)

Editions Jacques Brel: Jacques Brel, "Les Bonbons" 207, copyright © Editions Jacques Brel

Editions Larousse: *Francoscopie 2010* ("Les Français et le travail" 41, "Les sports et activités physiques les plus pratiqués (en %)" 48; "Coiffure et apparence physique" 54; "La Famille et les Français" 66; "Le Goûter," "Match à la télé" 78; "Lieux de rencontre" 108; "La Santé physique et mentale des Français" 126; "Le Divorce" 139; "Les Français et l'argent," "L'argent de poche" 154; "La Cote des métiers" 191; "L'école à trois temps," "L'intégration à l'école," "Les filles réussissent mieux à l'école que les garçons" 202; "Le téléphone mobile" 203; "Les Français lisent-ils?" 216; "Que lisent les Français?" 217; "Réforme de l'enseignement: les institutions" 228; "Les Français et les langues étrangères" 229; "Les Repas chez soi et à l'extérieur," "La Consommation d'alcool" 239; "Vin et gastronomie" 252; "L'Homme, avenir du cosmétique" 253; "Les Animaux familiers" 269; "Croyances" 282)

Editions Musicales ALPHA: Francoise Hardy and Roger Samyn, "Tous les garçons et les filles" 154, copyright © 1962 by Editions Musicales ALPHA

Editions Odé: Doré Ogrizek, *Paris tel qu'on l'aime*, "Le Bistro" 240

Editions Raoul Breton: Charles Aznavour, "Je hais les dimanches" 297

Editions du Vent qui vire: Gilles Vigneault, "Mon Pays" 167

Jean-Charles, Jehanne: Jehanne Jean-Charles, *Les Plumes du corbeau*, "Arthur tombe dans le bassin" 178

Librairie Gründ: Robert Desnos, *Chantefables et chantefleurs*, "Le Pélican" 216

Librairie Plon: Raymond Devos, *Matières à rire* ("Il y a quelqu'un derrière" 241; "Sévère mais juste" 272); Pierre Jakez Hélias, *Le Cheval d'orgueil*, "Le Pause-café dans la Bretagne d'autrefois" 78

Peermusic: Mouloudji and Georges Van Parys, "Un jour, tu verras" 252, copyright © peermusic

PHOTOGRAPHS AND MAPS

Académie Nationale de Médecine: Claude Bernard 254, courtesy of Académie Nationale de Médecine

ILLUSTRATIONS AND CARTOONS